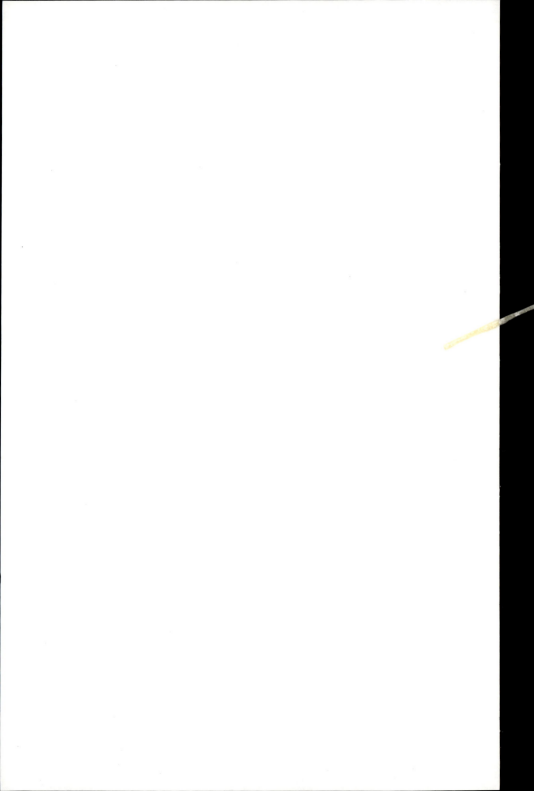

文化生活译丛　Culture & Life

与尼采一起生活

伟大的"非道德主义者"对我们的教诲

[美] 罗伯特·C.所罗门　著

郝苑　译

生活·讀書·新知 三联书店

Simplified Chinese Copyright © 2018 by SDX Joint Publishing Company.
All Rights Reserved.
本作品简体中文版权由生活·读书·新知三联书店所有。
未经许可，不得翻印。

© 2003 Oxford University Press,Inc. "Living with Nietzsche: What the Great 'Immoralist' Has to Teach Us, First Edition" was originally published in English in 2003. This translation is published by arrangement with Oxford University Press.

图书在版编目（CIP）数据

与尼采一起生活：伟大的"非道德主义者"对我们的教诲／（美）罗伯特·C.所罗门（Robert C. Solomon）著；郝苑译．—北京：生活·读书·新知三联书店，2018.1
（文化生活译丛）
ISBN 978-7-108-06022-8

Ⅰ.①与… Ⅱ.①罗…②郝… Ⅲ.①尼采（Nietzsche, Friedrich Wilhelm 1844–1900）－伦理学－思想评论 Ⅳ.① B516.47 ② B82

中国版本图书馆 CIP 数据核字（2017）第 170875 号

责任编辑	李　佳	
装帧设计	康　健	
责任印制	徐　方	
出版发行	生活·讀書·新知 三联书店	
	（北京市东城区美术馆东街 22 号 100010）	
网　址	www.sdxjpc.com	
图　字	01-2017-5769	
经　销	新华书店	
印　刷	北京铭传印刷有限公司	
版　次	2018 年 1 月北京第 1 版	
	2018 年 1 月北京第 1 次印刷	
开　本	880 毫米 × 1230 毫米　1/32　印张 13.75	
字　数	297 千字	
印　数	0,001-8,000 册	
定　价	48.00 元	

（印装查询：01064002715；邮购查询：01084010542）

献给我的了不起的女强人，凯瑟琳

目 录

导言　与尼采一起生活…………001
  我们将如何理解尼采？…………007
  令人不快的尼采…………010
  尼采的美德…………017
  我们应当如何解读尼采？…………020
  尼采会怎样塑造我们？——一种"生存论的"路径…………024
  透彻地思考尼采…………030

第1章　针对个人的尼采…………033
  针对个人的哲学：典型的美德（与恶习）…………034
  尼采的风格与尼采的哲学…………039
  为人身攻击论证辩护…………048
  《瞧，这个人》："尼采是个疯子，不是吗？"…………057
  尼采的视角主义与关于道德的诸多视角…………068
  忏悔录与回忆录：哲学中的个人申辩…………081

第 2 章　尼采的道德视角主义…………084
　　尼采的道德视角主义…………088
　　作为人身攻击论证的谱系学：作为道德诊断的怨恨…………097
　　谱系学是一种起源谬误吗？…………103
　　关于责任的诸多视角：尼采的"谴责性"视角…………114

第 3 章　尼采的激情…………121
　　尼采论"深层的"情感…………125
　　作为意义的情感真理…………130
　　为激情辩护：尼采论人的本性…………136
　　尼采的生理心理学…………143
　　尼采论作为策略的情感…………154
　　提升生命的激情与愚钝生命的激情…………159
　　强力意志与热情的生命…………165

第 4 章　尼采论怨恨、爱与同情…………174
　　怨恨有什么错？…………179
　　尼采论爱与同情…………182
　　对怨恨的重新考察…………197
　　老鹰与羔羊：强与弱的隐喻…………205
　　主人、奴隶与正义的根源…………215

第 5 章　尼采的肯定的伦理学…………226

　　在传统语境下的尼采：虚无主义所支持与反对的…………229

　　尼采、康德与亚里士多德…………236

　　道德的意义…………243

　　美德伦理学：尼采与亚里士多德…………252

　　亚里士多德的城邦，尼采的问题…………261

第 6 章　尼采的美德：他会怎样塑造我们？…………269

　　追寻美德（"价值的重估"）…………275

　　通过范例展示的美德…………280

　　我们怎样具备美德？让我来数数道路…………284

　　尼采的亚里士多德式的美德…………290

　　尼采特有的美德…………310

　　尼采的隐秘美德…………325

　　超人：一幅立体主义的画像…………337

第 7 章　尼采的存在主义…………341

　　尼采的宿命论、决定论与命运…………345

　　尼采论自由与宿命论：悖论还是视角？…………353

　　尼采的古典宿命论…………358

　　"成为你自己"…………365

合理地理解宿命论⋯⋯⋯⋯370
　　什么是"自我创造"？（它需要"自由意志"吗？）⋯⋯⋯⋯375
　　尼采论责任⋯⋯⋯⋯387
　　存在主义式的肯定生命与再论永恒复归⋯⋯⋯⋯392
　　结论：尼采是一位存在主义者吗？⋯⋯⋯⋯403

参考文献⋯⋯⋯⋯406
参考说明⋯⋯⋯⋯421
译后记⋯⋯⋯⋯423

导言　与尼采一起生活

> 不用说，我并不否认——除非我是个傻子——许多被称为非道德的行为应当加以避免与抵制，许多被称为道德的行为应当加以实施与鼓励——但我认为，人们鼓励一些行为而避免另一些行为，他们应当是为了**不同于以往的其他一些理由**。我们必须学会以不同的方式思考——这是为了最终（也许是在很久之后）获取更多：**以不同的方式感受**。
>
> ——尼采，《朝霞》

我们怎么还能继续与尼采一起生活呢？仅仅提到他的名字，就会引起激烈的情绪反应。这种反应不仅存在于大学之中（他在那里也许已经变为陈词滥调），而且还存在于大街之上，滑稽的与严肃的电影之中（如《灼热的马鞍》[①]《大门》[②]），不仅存在于研究室之中，而且还存在于会议室与起居室之内。

[①] 《灼热的马鞍》(*Blazing Saddles*)是由梅尔·布鲁克斯执导，克力文·李托、吉恩·怀尔德等主演的一部美国喜剧片，又名《神枪小子》。——译注

[②] 《大门》(*The Doors*)是由奥利弗·斯通执导，凯瑟琳·奎南等主演的一部电影，这部传记性的影片记述了一位著名摇滚歌星从成名到自我毁灭的经历。——译注

假如"尼采"已经相当于意味着一种肤浅教育的流行的后现代矫饰，那么，尼采也和那种对阴暗的、深沉的、禁忌的东西的不成熟迷恋关联在一起。他为人们提供了一个借口来谈论——如果不是践行的话——不道德的、冒犯宗教的、亵渎神圣的东西。他是一位不加掩饰的精英主义者，他为"少数人"写作，鄙视"群畜"（其他的所有人）。当然，在此存在一些问题。尼采所说的某些话——至少是那些通常被人们最为频繁地引用的段落①——显示了对权力的痴迷，对残酷的喜好，以及对自我的苦难与他人的苦难的一种即便不是嘲弄，但似乎也是满不在乎的态度。因此，他成为反常者、叛逆者的榜样，有时他还成为施虐狂与杀人狂的榜样。②但是，这并不是我们在此关注的那个尼采。

作为本书主题的那个尼采也是榜样，但那是一种颇为不同的榜样。用一种简单而又带误导性的方式来说，他是一个典范性的榜样与向导，让我们以更好的方式生活并导向一种"丰富的内在生活"（尽管我认为，尼采会觉得，这种说法恰恰是难以理解的③）。尼采思想的一个组成部分是不加掩饰

---

① 尼采的那些汽车保险杠招贴式的煽动性格言易于引用，但不易于理解。"那无法杀死我的，让我变得更加强大"（《偶像的黄昏》，"格言与箭"，8）：这句格言如此频繁地出现于一切事物之中，从好莱坞的独白到公司的董事会议，而没有任何讽刺与怀疑的迹象。

② 在此人们常常提到的是那场臭名昭著的利奥波德（Leopold）与洛布（Loeb）审判，因此，我提到该审判的目的仅仅是为了让它不再阻碍我的道路。难道我还需要补充说，这两个疯狂的芝加哥大学的学生并没有真正理解尼采吗？ *Compulsion* (Richard Fleisher, 1959)（根据上述审判改编的一部经典的美国法庭片——译注）。

③ 正是亚里士多德将"内在的"事物与"外在的"事物之间的区别引入西方思想，他是为了以此标志在独立自足的、"自我运动的"活的有机物与没有生命的事物之间的那个不成问题的区别。自此以后，"内在的"事物就密切地相关于形而上学的事物与宗教的事物，特别是"灵魂"与心灵。

精英主义，即如何孕育与激发"更高级的人"，或许还包括他的臭名昭著的**超人**。在他的某些更具论战性的著作中，这是他攻击这样一种道德的根据，他将这种道德完全视为束缚与削弱那些出类拔萃者的系统性活动。但是，尼采的绝大多数读者既不是"更高级的人"，也并非必然是那些缺乏**超人**潜能的人，而在本书中，我想认真地对待这些人（但又不去满足他们也许是"更高级的人"或潜在的**超人**这样的幻想）。尼采并不仅仅为"少数人"写作，而是为多数人写作。现在，成千上万的学生以及其他的人都会从尼采不得已说出的话中学到某些东西。这不仅是为了他们智识上的乐趣，而且还是为了学习如何过一种更好的生活。而尼采的确拥有这样的经验教训来教导我们，教导我们所有人。

就如同他在哥本哈根的精神同谋索伦·克尔凯郭尔一样[①]，尼采尤其是一个"丰富的内在生活"的范例与向导。克尔凯郭尔歌颂一种"充满热情的内在性"的生活，这种生活并不以引人注目的公开面貌为特征（通过出版而显露的公开面貌或许除外），而是以它那丰富的激情、"深刻的"情感、精致的品位和一种典雅而又卓越的个人感受为特征。尼采的哲学包括一种与个人美德有关的强有力的概念，而这类似于苏格拉底与古代的斯多葛学派，他们也将其注意力聚焦于这样一种"灵魂的健康"，这种灵魂的健康多少独立于外在的力量与时运，它颇为不同于外在的表现与英雄的行为。（因

---

① 卡尔·雅斯贝斯在20世纪初首次注意到在克尔凯郭尔与尼采之间的这种相似性，尽管在两者之间也有着明显的差异（克尔凯郭尔的宗教虔诚，尼采好斗的无神论）。

此，将尼采的**超人**视为野蛮人科南①这样的动作片人物或荷马式的英雄，这种做法应当遭到人们的严重怀疑。）但是，斯多葛学派（而不是苏格拉底）将美德与灵魂的健康等同于一种心灵宁静（ataraxia），尼采强调的却是能量、活力、激情以及与这个世界的战斗。（这就是"强力"发挥作用的地方。）一种具备美德的生活是一种创造性的生活，一种充满活力的激情与精致健全的品位的生活。

按照我对尼采的解读，尼采是一种生活的典范，它非常不同于那种在今日被称颂为"成功的"人生。它在表面上是一种简单而又乏味的生活，但又是一种具有丰富激情与入迷兴趣的生活（这些激情与兴趣最初被表述于一个人的私人笔记与私人文字之中），一种具有精致品位的生活（这种品位是通过聆听、观看乃至在生活中最简单的事务中训练优雅的举止而得到培养的）。由于我们的现代世界如此称颂于那些恰恰相反的东西、"名人"、名声与公开的表演、低俗与大众的文化，尼采的众多努力就直接导向对"高级文化"的捍卫。这通常令他看起来像一个恃才傲物者，一个精英主义者，一个只不过是瞧不起"普通人"、瞧不起民主体制下的公民、瞧不起当代政治的"拉平"效果的人。②但是，无论这种精英主义式的不屑一顾的观点在政治领域中可能多么令人反感，若从

---

① 《野蛮人科南》（Conan the Barbarian）是由约翰·米利厄斯执导，奥利弗·斯通编剧，阿诺·施瓦辛格主演的一部冒险电影。该片主要讲述的是，在一个充满黑暗魔法和野蛮的虚构史前世界里，一位名叫科南的男子给自己惨死父母报仇的传奇性历险故事。——译注

② 显然，西班牙哲学家奥尔特加·伊·加塞特的《大众的反叛》可与尼采的这些倾向相提并论。

人类伟大的艺术成就、思想成就与精神成就来看,这正是那种真正算得上是罕见天赋的东西。我们这些其余的人仅仅是观众或拙劣的模仿者,我们对我们自己或许极其重要,但在更大的格局中就几乎没有什么重要性。尽管如此,尼采还是有许多东西可以教导我们。

但是,只要尼采主要关注的是那种充满热情的内在性与丰富的内在生活,他就强烈地感受到了它的那些现实的危险。要成为**一种**具备美德的**灵魂**,维系精致的品位,并仅仅培养最佳品质的激情,这并不容易。尤其是在一个低俗的平等主义与大众的嫉妒盛行的时代里,这些危险不仅四处围绕着我们,而且更为不祥的是,它们还在我们自身之中。在这些危险中首先就是怨恨与各种各样"否定性的"或令人软弱无力的情绪,这些情绪在最大程度上恰恰是由民主以及人类处境中的进步所助长与形成的,而民主与进步最为频繁地被人们称赞为现代世界的伟大功绩。我认为,对尼采来说,若以为他确实鄙视普通的公民或者拒斥与蔑视这些进步,这既不正确又不公正。他只是像克尔凯郭尔一样,痛苦地意识到人们取得这些进步所付出的代价。当一个人被如此众多的消遣与噪声所围绕时,他如何培养一种丰富的内在生活呢?

因此,如此众多的准智识世界——不仅包括好莱坞,而且还有一些低俗的小报——看起来似乎都喜爱尼采,这实在是一个巨大的讽刺。我认为,从未有一位近现代的西方哲学家(除了马克思主义的那些同志们:卡尔·马克思、弗里德里希·恩格斯与弗拉基米尔·列宁)拥有这样一堆观众,拥有这样一群崇拜者,拥有这样一个狂热爱好者的俱乐部。然而,尼采坚称，他不是为"多数人"写作，而是为"少数人"写作。或许，这是一种悲观主义的说法，而不是一种精英主义的措辞。实际上，尼采并不相信大多数人具备这种"丰富的内在生活"的品位或能力，因此，就如同耶稣或克尔凯郭尔一样，他成为一位"得人渔夫"[①]，他以奇特的方式鼓励人们追随自己，并寻找着那些将对此做出回应的人们。

这就是与本书有关的内容：以个人的方式接受尼采，不是将尼采作为一位抽象的哲学家、一位有鉴赏力的文学批评家或一位学者，而是将他视为一种榜样。而对尼采来说，正如引导苏格拉底的德尔斐神谕所言，这就意味着，**接受一个人自身**是错综复杂的，这就算不会以模棱两可的方式刺激这个人去自我审验与自我批判，也会以令人折磨的方式激发这个人去自我审验与自我批判。当然，这既不是人们逐渐描绘出来的那个流行的尼采，也不是学者们如此彻底地审视、分析、解构与重构出来的那个尼采。但这是将成为我们在此处的伙伴的那个尼采，因此，请你准备好迎接这次有时令人不适的崎岖之旅。

[①] 得人渔夫（Fisher of men），根据《马太福音》第 4 章第 18—22 节，耶稣在加利利海边行走，看见弟兄二人在海里撒网，他们本是打鱼的。耶稣就对他们说："来跟从我！我要叫你们得人如得鱼一样。"——译注

我们将如何理解尼采?

[尼采]格言的那些最糟糕的读者可能就是这位作者的朋友,假若他们下决心从一般的立场推测出这些格言所导源的特殊立场;因为通过这种刨根问底,他们就会让这位作者的整个努力都无济于事;因此,他们得到的当然不是一种哲学上的洞识或教导,而在最好或最坏的情况下都无非是对庸俗好奇心的满足。

——尼采,《见解与箴言杂录》

我们将如何理解尼采?这仍然是一个麻烦的问题——实际上,这个问题如今比以往更为麻烦。三十五年前,当我最初研究尼采时,尼采是一个**不受欢迎的**哲学家,英美分析哲学将他作为一个具有先知抱负的疯子而简单地抛诸脑后。相应地,他的格言也被归于他的疯狂,而所有关于"主人"与"强力"的谈论都被简单地归咎于他那所谓的德国沙文主义。在德国,他也仍然被作为早期的纳粹而遭到人们的鄙视,人们仍然将他理解为那种最好被遗忘的过去。在这个国家里,瓦尔特·考夫曼①开创性的论著已经成功地驱散了这种谴责,但是,该论著的传记色彩仍然颇为突出,考夫曼仍然根据的

---

① 瓦尔特·考夫曼(Walter Kaufmann,1921—1980),德裔美国哲学家、翻译家与诗人,他也是著名的尼采研究者,其代表作《尼采:哲学家、心理学家、反基督者》是英语世界研究尼采的里程碑著作。——译注

是尼采的个人特质来解释尼采的哲学。

当我进入研究生院时,阿瑟·丹图[①]正设法将尼采转变成一位哲学家,而且还是一位分析哲学家。丹图对尼采作品的解读,是为了揭示这些作品的哲学论断,而不是为了揭示有关尼采传记的见解。此时,尼采被剖析为这样一位哲学家,他与人们所剖析的大卫·休谟一样机智幽默,但显然更加讨人喜欢。丹图欣赏的仅仅是论证的力量,他切除了经典参考文献的血肉之躯,忽略了所有的风格问题,剥离了匀称的表皮,清空了对同时代的争辩与偏见的幽默在其中自由流淌的管道。尼采可被描绘为一个在当时流行的攻击真理的"符合"理论的倡导者,一个对"道德心理学"中的某些新颖论题的倡导者。引文可按照支持某个"论题"的方式而被堆积起来,论证也可按照同样的方式被建构起来。尼采的诸多见解可被搜集起来切割当前的各种争论,虽然"当前的争论"似乎总是让尼采的诸多见解幸存下来,并继续留存一个年代乃至更长时间。尼采仅仅变成了为认识论、视角主义、自然主义谬误、实在论和反实在论以及真理的本质做出论证的另一个借口。

在20世纪的后半叶,尼采被赋予了合法的地位(这正是他常常希望发生的事情,但也是他最害怕发生的事情)。他迅速成为大学生最喜爱的哲学家,这在很大程度上是由于他们对自己的学长、导师的憎恶。尼采直言不讳。他不仅愤慨地攻击权威,而且兴致勃勃地以粗鲁的方式攻击权威。他谈起话

[①] 阿瑟·丹图(Arthur Danto, 1924—2013),当代著名的分析哲学家及文艺批评家,美国哥伦比亚大学哲学系荣休教授,曾担任美国哲学学会和美学协会的主席,他的论著《作为哲学家的尼采》极大地激发了分析哲学家对尼采的兴趣。——译注

来就像个先知，但又不同于布道者。他写的是那些简短而又易于阅读的短文，他写的书幸好也不厚重。尼采生活的细节不再是一个问题，而尼采也不再被理解为一个脱离现实地制造未完成论证的人。"尼采是谁"这个问题不再具备特殊的重要性，相较于尼采激起的热情，"尼采说了些什么"这个问题已经成为次要的。通过与大多数其他哲学家的那种谨小慎微而最终又是令人生厌的**合情合理性**相比照，尼采是激动人心的、夸张的、辛辣的，甚至是"疯狂的"（这是一个表示钟爱的措辞，而不是一个诊断病症的术语）。因此，在学生看来，尼采与他们自身如此类似。他们因此而喜爱尼采，无论他们是否理解尼采，无论尼采鼓励的自我审验是否会在他们的喜爱造成的类似心境中被他们接受。

即便在哲学中，供给也追随着需求，尼采在哲学课程（尤其是伦理学课程）中变成了一个标准的人物。他不再被当作一个发明了"超人"的精英主义者而遭受嘲讽，而是在教学中被当作一位严肃的哲学家，这位哲学家对道德的基础进行了质疑，而康德与其他哲学家仅仅以理所当然的方式对这个基础做出了分析。他不仅成为哲学史中一位值得一提的人物，而且成为哲学史中一位必不可少的人物，成为"前十位"在哲学史上具有重要地位的已经过世的白种男性之一，他还被重新发现为一个打破传统观念的人，从而预设了20世纪的某些最为重要的哲学运动。但最主要地，尼采还被公认为一位我们可与之相关联、可与之紧密结合的哲学家，因此，"如何理解尼采"这个问题对个人就呈现出一种非同寻常的重要性。

令人不快的尼采

让个体感到不快，这就是我的使命。

——尼采,《笔记》

尼采这位"非道德主义者"乃至"反基督者"如今已经变成一个令人尊敬的人。若用最温和的话来评述，在戴维·莱文①的经典漫画中的那条口吐白沫的疯狗，已经被一条颇为体面且颇有家教的哈巴狗所取代。尼采成为一个美好事物的捍卫者与倡导者，其中包括自主、智识上的勇气与诚实、创造性、民主、女性主义、动物的权利、自然主义、科学的方法、审美的鉴赏力、机智与反讽、诠释学、实用主义、人道主义乃至整晚的美梦。确实，通读当前研究尼采的文献，人们就会留下这样的印象：尼采这个家伙不仅是一个相当公正的哲学家，而且还是一个优秀的作家，只要他更有条理，只要他的论证更加严密，只要他没有如此频繁地夸大他的情况。所有这些感叹都加强了上述印象！

但是，我们应当以极大的怀疑态度来对待尼采获得的新名望，我们应当谨防对尼采的美化与粉饰，康纳·克鲁斯·奥布赖恩②在多年前撰文反对瓦尔特·考夫曼，他称之为对尼采

---

① 戴维·莱文（David Levine，1926—2009），美国艺术家与插图画家，被誉为"20世纪下半叶最伟大的漫画家"。——译注
② 康纳·克鲁斯·奥布赖恩（Conor Cruise O' Brien，1917—2008），当代知名的爱尔兰政治家、作家与历史学家。——译注

的"洗白"。尼采确实说了一些粗暴的话,而且按照如今那种神经质的标准来衡量,这些话更是"政治上不正确"的。在《查拉图斯特拉如是说》中,他对残酷的乐趣做出了就事论事的描述;在《论道德的谱系》中,他又对"主人"的"野蛮"行径做出了就事论事的描述,这些都让人们毛骨悚然(当然,这也是他故意要借此达到的效果)。他对同情与怜悯的抨击无论多么有洞察力,都在某种程度上走向了极端,没有一个正派的人(或尼采的那些过于热心的学生)会乐于去承认。实际上,尼采曾有些自豪地提到一个评论,该评论宣称,尼采试图"消除一切适宜的情感"。① 即便尼采不是一个怪物(所有的私人证据都指明,他是一个完全正派的人),他的确像青春期的叛逆者那样写作,尽管如此,他仍然不失为一位天才。假如他觉得一种说法是恰当的,他就会把它说出来,而不管这有多么不负责任。当他觉得自己的想法相当不错时,他就无异于一个自大狂。正如一位批评家曾向我做出的抱怨:"你怎么能如此宽容地对待这样一位作家,他如此**不宽容地**对待他所写到的一切?"(这种说法虽不完全准确,但也十分接近了。)当尼采体验到"作家的兴奋"时(这种情况并不少见),他的蔑视、他的狂热乃至他或许会说的任何话就都没有了明确的限制。因此,毫不奇怪,保守的耶鲁哲学家布兰德·布兰夏尔德②有一次在盛怒之下将尼采(更确切地说,是尼采的一本书)扔出了房间。

---

① Nietzsche, *Ecce Homo*, "Why I Write Such Good Books", §1.
② 布兰德·布兰夏尔德(Brand Branshard, 1892—1987),美国哲学家,以其对理性的捍卫而闻名于世。——译注

当然，布兰夏尔德的反应并不多见。我们这些喜爱尼采的人一直在与那样一种人斗争，他们仅仅知道或仅仅关注尼采那些夸大的与最令人无法容忍的陈述，或仅仅熟悉描绘尼采的那些漫画，偶尔再加上几行（脱离语境的）原文。当我谈论尼采时，我就经常遇到这种情况。这就好像尼采身上全是恶习，而没有任何美德。"尼采也许仅仅是在讽刺"这种老套的观点并没有什么效果，因为那些质疑者对讽刺的感受（这并不是说他或她的幽默感）是完全没有约束的。一位毫无同情心的牛津哲学家最近声称，尼采的所有想法都是"令人厌恶的"，他将尼采的主要学说罗列如下："将复仇、愤怒与欲望重新划归为美德，'有艺术才能的专制者'的统治，通过荣耀的血腥战争根除成千上万的劣等人，改进人类的种族，用对弱者的卑劣偏见来摧毁基督教，以及一种肯定'强权即公理'的伦理学。"[①] 我想知道这位哲学家是否费心充分阅读过尼采。

我并不否认尼采哲学中的那些令人不安的陈述与含义。我也不想"洗白"他的恶习。无可否认，我并不希望用尼采来助长那种粗鄙的自私自利，它今日如此盛行于这个社会，并且如此明显地影响了我们那些相对没有什么主见的学生。但我极其重视被哲学家称为"宽容原则"的东西，通过将这条原则记于心中，我发现，尼采的那些真正的美德要远比他在表面上的那些恶习重要（请记住，尼采经常坚称，一个人的美德通常也就是这个人的恶习，反之亦然）。实际上，

---

① Felipe Fernandez-Armesto, *Truth: A History and Guide for the Perplexed* (New York: St. Martin's Press, 1977).

尼采自己就提醒过我们："不用说，我并不否认——除非我是个傻子——许多被称为非道德的行为应当加以避免与抵制，许多被称为道德的行为应当加以实施与鼓励。"①

我认为，尼采在表面上是令人不快的，他对人类行为的那些最具冒犯性的方面进行了思考乃至详细论述，而对此做出的最好的，也是最有哲学意味的解释，可被他的这个陈述出来的信念所把握："一切事物的权重必将得到重新确定"，或者也可被他在最后的论著中做出的"重估一切价值"的宣言所把握。假如这得到了认真的对待，假如哲学确实就是对最基本价值的考察，那么，即便是残酷与正义也应当得到重新考察。难道残酷真的是最深重的罪恶吗？② 难道正义确实是"社会体制的首要品质，就像真理是思想体系的首要品质"吗？③ 难道说谎真是错误的吗？④ 难道不能用一个人的艺术成就来为这个人抛弃家庭的行径寻找借口（甚至寻找辩护）吗？⑤ 在哲学家中并不是只有尼采提出过这些问题，但尼采以非同寻常的热情追问着这些问题。

事实上，几乎每一位自笛卡尔以来的哲学家都通过运用某种方法论上的怀疑论回到一种"第一哲学"，从而试图"重

---

① Friedrich Nietzsche, *Daybreak*, trans. R. J. Hollingdale (Cambridge: Cambridge University Press, 1982), 103.
② 比如，参见 Judith Shklar, *Ordinary Vices* (Cambridge: Harvard University Press, 1984)。
③ John Rawls, *A Theory of Justice* (Cambridge: Harvard University Press, 1971), 3.
④ 比如，参见尼采的那篇如今已经声名狼藉而又颇具影响的早期论文：《从非道德的观点看真理与谎言》（该文在当时并未发表）。
⑤ 伯纳德·威廉姆斯（Bernard Williams）在论文《道德运气》中对艺术家保罗·高更的评论，收录于他的论著 *Moral Luck* (Cambridge: Cambridge University Press, 1982)。

新"确定"一切事物的权重"。哲学家试图"为道德辩护",这大致意味着他们悬搁任何关于道德有效性的假设,直到他们对某种道德提出了充分的解释。当然,正如尼采颇为频繁地指出的,他们通常因其丧失了勇气而遭受折磨——要不他们从一开始就从来没有认真过。如果一个人真想要质疑一切,就像现代哲学家如此频繁地宣称的,那么,这个人就应当重新权衡事物。如果这么做令我们局促不安,这仅仅表明,我们正在认真对待这个使命,而相较于许多哲学家想让我们相信的,我们可能更为谨慎与保守。

对尼采的令人不快,还有一种从个人处境出发的解释。尼采的那些更为令人不安的宣称来自这样一个人(而在此之前他是这样一个男孩),他本人被这个世界的残酷以及降临于人类的悲剧所压垮。甚至在他还是个孩子的时候,他(在四岁时)就不得不应对其父之死。实际上,根据大家(包括他自己在内)所说,他拥有一颗高度敏感而又有同情心的灵魂,这让他更加无法忍受他所见证与获悉的所有残酷与悲剧。但不同于他批评的那些人——苏格拉底、叔本华与基督教的追随者,在此只需要提到这三个名字——尼采拒绝远离或否认这个世界的可怕之处。他也不情愿屈服于悲观主义,不情愿屈服于"生命毫无美好之处"的结论(或者借用古老的西勒诺斯①的话来说,"最好是不出生,其次是尽快地死去")。因此,从最早的作品开始,就有一种双重的视角界定了尼采的哲学,一方面是对这个世界的可怕之处的承认,另一方面

---

① Silenus,希腊神话中酒神狄奥尼索斯的随从。——译注

则是对生命的肯定。正是因为将此牢记于心，尼采才通过描绘残酷与不公正来反复敲打我们，从而确保我们能持久地意识到这一点，并为他希望助长的肯定生命的态度提供必要的条件。

我如此频繁地遇到的另一个拒斥尼采的理由是那种或许最好将之称为"尼采的自恋"的东西——我承认，我自己也断断续续地为之困扰。吕迪格尔·萨弗兰斯基① 告诉我们，年轻的尼采在他十八岁之前，撰写的自传性文章就不少于八篇。当然，在某种意义上，尼采的**所有**论著在相当大的程度上都是自传性的，都试图将他那充满问题的人生置于某种秩序之中。因此，他的最后一本书《瞧，这个人》只不过是其毕生追求的"自我组构"（更不用提"自我称颂"）的结局而已。但是，根据尼采的人生与抱负，可对此给出充分的解释。首先，相当自然地，尼采要应对的是失去其父的局面，随后，他要应对的是失去其孩提家园的局面。但更为关键的是尼采的那个广为流传的"分裂自我"的概念——比如，如此显著地出现于他的论著之中的那个充满激情的自我与尼采在大庭广众中，乃至在他的朋友中呈现出来的那个极其矜持的自我（他在小学时的朋友们称他为"小牧师"）。同样地，还有那个如此频繁地出现于他的文字之中的易怒的、恶毒的与傲慢的自我和那个不时出现的较为宽大的、不太妄下评判的自我，后者界定了尼采的某些最为精致的观念与抱负。尼采的哲学

---

① 吕迪格尔·萨弗兰斯基（Rüdiger Safranski, 1945— ），德国当代著名思想史作家，传记作家，因所著霍夫曼、叔本华、海德格尔、尼采、席勒等德国重要思想家的传记而名噪文坛。——译注

作为自我转化的哲学，它的使命之一正是让这些相互冲突的自我协调一致，或无论如何也要调和这些自我，合众为一（*e pluribus unum*）。即便是在《偶像的黄昏》这样的晚期著作中，尼采**举出了**从诸多低层次的自我冲突中"创造自我"这个令我们赞叹不已的**理想**，而该理想在歌德这个例证中得到了尤为突出的体现。当然，这也是尼采对他自己下达的命令——也可以说是对我们下达的命令。

记住这一点，我们也许就能迅速地看一眼尼采最后的著作《瞧，这个人》，尼采的直言不讳而又令人无法容忍的自传——某种意义上的自传。他确实回到了他已经撰写过的文集上，并对他自己的论著做出了某种剖析与诊断，但他还是将他的最初章节冠以这样的标题："我为什么这样聪明"，"我为什么这样有智慧"，"我为什么能写出这样优秀的书"。人们通常将之谴责为尼采的那种妄自尊大的自恋已经失去控制，或者正如众多注释者所坚持认为的，这正是尼采的精神健康已经无法回归的证据。但考虑到有相当明显的证据表明，撰写自传的大多数作者都颇为清晰地显示出，他们写作的关键是向我们解释为什么他们这样聪明，为什么他们这样有智慧，为什么他们能写出这样优秀的书，人们就能更宽容地承认，尼采从来也不是一个拙劣模仿、自以为是的文学门外汉，他无非说出了大多数作者不敢说出的话，而通过这么做，他既间接动摇了这种说法中的狂妄自大，又为他自己的那种在此刻得到统一的异乎寻常的天赋提供了例证。

尼采的美德

> 你们这些善良的人啊,你们也想要得到回报!……此刻你们对我生气,难道不是因为我的教导说,对此并没有什么回报与回报者吗?确实,我甚至没有教导说,美德本身就是回报。
>
> ——尼采,《查拉图斯特拉如是说》

因此,这是一本关于尼采的美德的书,因而也是一本关于尼采向我们表现出来的美德的书(尽管我也很尊重那些不免会被尼采所说的某些话或许多话冒犯的人们)。我用"尼采的美德"意在表示双重的含义。首先指的是尼采具备的作为作家的众多美德——他的风格、他的胆魄、他的热情、他的众多深刻见解、他的影响(请暂时忽略那些危险的**误解**及其影响),以及他对严肃哲学通常的写作方式(及其沉闷的节制)所做出的戏剧性挑战。**其次指的是被尼采称赞的那些美德,其中有许多被尼采列为作家美德的典范。最终成为本书关注焦点的,恰恰是后面这一组美德**,但是,我想以前面那一组美德以及尼采的那种非常个人性的哲学本质来作为我的出发点。坦率地说,我的全部理解就是,我将尼采(就像柏拉图一样)视为一位主要从事转化自我(或转化灵魂,假如你更偏爱这种说法)工作的哲学家。这既指的是尼采通过他的思考与写作而实现的他自身的自我转化，又指的是作为他的读者的**我们的**自我转化，而后者对我们更为重要。前者或许会让我们感兴趣，我们可能会将之作为与尼采有关的谣言和自传，而恰恰是后者，才让我们在人生道路的每一步上都持续不断地去解读尼采，为尼采苦恼，乃至与尼采搏斗。

这两组美德——尼采作为一个作家的美德与尼采称赞的美德——并不相同。作家们常常无法实现他们所陈述出来的理想（而善良的人有时却无法赏识与理解自己的美德）。但是，践行这些美德与书写这些美德之间的关系是密切而又复杂的，这尤其体现于尼采这个例证中。他坚持认为，哲学家必须是一个"范例"，因此，本书有相当一部分内容致力于去理解这种关系，去理解尼采在他的论著中写到的那些具体的美德，而不是以超然冷峻的态度来说服大家去接受与追求这些美德。

换句话说，我将尼采解读为一位**道德**哲学家（我指的是这个术语的最强意义）。尼采的哲学并不是什么"伦理理论"（更不用提"美德理论"了），但是，他持久地对之保持着兴趣，并根据自己的见解做出了精致雄辩的高谈阔论。尼采其他的哲学——关于"真理"的研究工作，关于**超人**的空想，尼采精致的文学风格，他对基督教的攻击——都是用来作为支持的素材。尼采试图捍卫并敦促我们接受的，若要明确描述，也许无非是**热爱生命**，但根据尼采的理解，在普遍苦难与"来世"慰藉的教诲所构成的背景下，这个模糊的命令就呈现出了明显的紧迫性。尽管如此，那些向尼采寻求道德原则，乃至那种谴责谋杀、虐待、通奸或偷窃的简单陈述的人们注定会失望。不需要我多说，这并不意味着尼采赞同这样的行为。但这并不是他的哲学思想的关键所在。他并不是为了那些杀人犯、虐待狂和诸如此类的人们而写作，而是为了（就像他一样的）那些过于驯服的人们而写作，这些人被自己的罪恶感搞得千疮百孔，他们极度渴望拥有某种人生（或来世）的幸福展望，而不管这个世界有多么悲惨。

尼采最重要的美德是，他不会否认残酷的现实或人类的悲剧，相反，他会越过我们的苦难去直视生命本身的奇迹。即便他有时就好像是在支持残酷与悲剧，我却认为，这也许是尼采偶然出现的绝望的征兆，也许是尼采更为频繁地出现的狂喜的征兆，在狂喜之中，**不顾**苦难而肯定生命的需要与那种所谓的肯定生命及其所有苦难的需要融合在一起。但我认为，那些用来表达普遍接受态度的并不常见的话语，构成了尼采思想的一个弱点，（在我看来）它们并不需要都得到认真对待。进而，对生命的肯定既是一种对非特定激情的自然表达，又是一种对悲观主义与绝望的恰当回应，不过，它并不是对某个具体的伦理学的替代品，也不会专门导向某个具体的伦理学。人们同样不应当期望从尼采那里得到对"为什么谋杀与虐待是错误的？"这个问题的解释。① 传统的伦理学家可能会将之作为缺点或罪恶，但尼采的那个更为宽宏

---

① 但是，这里有一个更一般的问题，即能否有**任何**一种伦理学可对"为什么谋杀与虐待是错误的？"这个问题给出恰当的解释。威廉·加斯（William Gass）在一篇经典的文章中为如下观点做出了论证：标准的伦理学理论不可能在这方面给出恰当的解释（"The Case of the Obliging Stranger"）。这种指责经常被用来反对康德，比如，黑格尔就做出了这样的指责，而这仅仅在康德提出将他的"绝对律令"作为对道德准则的检验的数年之后。

的伦理观不是对康德的怀念,而是对亚里士多德的追忆,它可能会将之视为美德。该伦理观并不告诉我们什么是错误的以及为什么这是错误的,而是要我们以这样一种方式来理解伦理学:伦理学首先是提醒我们如何生活以及如何幸福地生活,并让我们在面对人生的所有不幸与荒谬的过程中做到这一点。

我们应当如何解读尼采?

> 我逐渐明白了,迄今为止的每一种伟大哲学究竟是什么,即其作者的私人忏悔录与一种不自愿与无意识的回忆录。
>
> ——尼采,《超善恶》

学生与严肃的学者都经常会提出这个问题:我们应当如何解读尼采?在本书中,我的建议是,我们要用一种生存论的观点来解读他,将他作为一个意在改变我们看待自身生活方式(就像他试图改变他自己的那样)的挑衅性作家。换句话说,我们应当**以个人的方式**来接受尼采。当然,尼采还是一位预言家、一位社会批评家、一位思辨型的人类学家、一位语文学家、一个意识形态的倡导者、一个煽动者、一个大声抱怨的病人、一位医治者、一位病理学家、一个喜爱玩弄语言的人、一个疯狂声讨他自身倾向的古怪的道德家,而对于那些倾向于将尼采视为哲学家的人来说,尼采又是这样一位哲学家，他让人联系到当前在伦理学中与实在论和反实在论、认知主义和非认知主义有关的一些问题。这些替代性的解读方式有可能是以鲜明的**非个人方式**来解读尼采的。当然，人们可以按照非个人的方式来思考尼采，将尼采作为一个难以理解的研究对象，作为一个谣言的目标，作为一个颇为远离于他试图说出的那些道理的纯粹"作家"，作为一个其主张的论题必须要被判定出真假的预言家、批评家或哲学家，但是，我接受这些视角的目的仅仅是为了推进与澄清我在生存论上的探索，这将探索尼采对他的读者，即对**我们**的深刻影响（无论好坏），而对于那些宁愿退出这种探索的人们来说，这更明确的是在探索尼采对**我**的深刻影响。

正如斯蒂芬·阿施海姆（Stephen Aschheim）以详尽的细节表明的，在过去一百年中，已经有上百个团体与运动声称拥有尼采的所有权，更不用提做出此类断言的成百上千的学者与成千上万的学生了。他们中的大多数人无疑都错误地理解了尼采。但是，正如尼采本人都会首先承认的，并没有什么**真实的**尼采，也不可能有什么**真实的**尼采，更没有什么**正确理解**尼采的唯一道路。而我在此采纳的生存论路径，绝不可作为严肃的分析与学术研究的替代品，绝不可作为细致文本研究与私人传记研究的替代品。但是，在当前成群的研究尼采的论著中，这种生存论的观点过多地被研究者简单抛弃了。

与当前众多有关尼采的评注和文献相对立，我在尼采那里发现的具有重大价值的东西，与哲学的大问题（真理、自由意志、道德判断的地位等）并没有什么关系。尼采时常提到并偶尔讨论过这些问题，但主要是为了表达他对这些问题的厌烦。他并不是一位讨论抽象理念的哲学家，而是一位具有耀眼的个人见解与挑衅性评论的哲学家。他并不揭示永恒的真理，但他的确对他的读者产生了有力的影响，激励着他们以一种不同的崭新方式来看待他们自身。我认为，其中的原因是：一个人在仔细阅读尼采的那些充满活力但又思路不清的散文时，会宁愿每次只阅读一小部分，这个人会被激励着（特别是被其他的哲学家激励着）去思索哲学中的大问题（如真理、自由意志等），但他乐于记住并在暗中更加执着于思考的是这样一些小小的震撼与反思——对同情的真实动机的简要评述、关于教育的格言、对虚伪的巧妙暗示。我以为，可以完全坦率地说，假若人们仅仅想要理解尼采关于哲学中的大问题的论述，那么，相较于比如像康德、伯特兰·罗素、维特根斯坦乃至让-保罗·萨特这样的哲学家，人们几乎不会在尼采那里找到多少东西（暂且不考虑哲学注释者的那些职业追求）。而这甚至也包括那些被人们最为频繁地联系于尼采的大观念——强力意志、"永恒复归"以及声名狼藉的**超人**。

因此，在本书中，我实在不想"理性重建"一个尼采，也不想以这样的方式展示尼采，就好像他有可能作为一个受人尊敬的哲学家，一个伦理学的理论家，某个对真理的本质、公正以及哲学的道路持有激进见解的人而重新出现。我更感兴趣的是尼采不断对其读者施加的影响。这是否意味着我们中的任何人都可以仅仅通过挑选而创造出他或她的那个尼采呢？好吧，并非如此，但是，这要优于那种以冷漠而又"不带偏见的"方式对"真实的"尼采做出的探究。① 我们应当试图理解"尼采真正说了些什么",但我们总是会留一只耳朵来倾听尼采要对我们说的问题。这是一种有生命的对话,而不是对尸体的剖析。因此,我写作这本书的指导思想与其说是"尼采**真正**说了些什么"或"我们应当如何理解尼采",还不如说是"**尼采会怎样塑造我们**"。

当然,对此有这样一个反对意见,即尼采根本就不是为了"我们"而写作。他说话的对象是那些有可能成为"更高级的人"的"少数人"。但我并不是从尼采那不加掩饰的精英主义(这当然是他作品的主旨之一)中获得了启发,而是从那些阅读尼采的学生的各种反应中获得了启发,这些学生根据自己对尼采的解读而受到了激励并获得了成功。因此我认为,过于强调歌颂"更高级的人"这样的特定主题,这暴露出某些尼采注释者的妄自尊大,就像这也暴露出尼采本人的妄自尊大一样。我们应当铭记于心的是,尼采是在19世纪"崇拜天才"的符咒之下写作的,他极其希望自己成为天才的范例,他的写作是为了捍卫"高级文化",而尼采认为,这种"高级文化"受到了大众低俗趣味的威胁。尼采认为,某些人比其他人更有才华、更为高贵,我并不想与尼采的这个经验性论断争辩,我也并非不赞同尼采对道德的谴责,只要那种道德以直接或间接的方式有损于这类天才的发展。但我认为,

---

① 尽管如此,有必要对尼采作品的来源说两句。瓦尔特·考夫曼翻译与编辑的,以《强力意志》(Random House, 1969)之名收集出版的尼采那些未公开发表的笔记(遗稿)已经激起了全面的争议,在该领域中的几乎每一位注释者无疑都对之做出了评述。在我看来,最佳策略是,只有在得到了尼采已发表陈述(因此也包括偶尔以更引人注目的语言做出的重申)的确认时才去信任那些笔记。就"作为物理学假设的永恒复归"来说,并不存在这样的陈述。

尼采的灵感具有更为宽泛的吸引力,并具备更为广泛的用途,这可被其对更多普通人产生的效应所证明,这些普通人即便在他们最疯狂的异想天开所形成的自欺中,也没有将他们自身设想为天才。我认为,对他们来说,能让他们兴奋的问题仍然是:尼采会怎样塑造我们?

尼采会怎样塑造我们?
——一种"生存论的"路径

> 假如这个想法占有了你,它就会改变你,甚至能碾碎你。
>
> ——尼采,《快乐的科学》

有许多可资利用的书籍来为学生与一般公众"净化"与"澄清"尼采,而我将这项任务留给我那些博学的同事,他们构成了被凯茜·希金斯①恰当地命名为"尼采警察"的那批人,他们围剿并恰当批评了对尼采的学说、思想与话语的众多持久的误解与滥用。而我也将这项任务留给诸如吕迪格尔·萨弗兰斯基与莱斯利·张伯伦②这样的敏锐作家,尤其是

---

① Kathy Higgins,罗伯特·所罗门的妻子凯瑟琳·希金斯(Kathleen Higgins)的昵称。——译注
② 莱斯利·张伯伦(Lesley Chamberlain, 1951—),英国新闻记者、旅行作家与文化史学家,其作品包括《尼采在图林根:一部私密传记》《秘密的艺术家:对西格蒙德·弗洛伊德的仔细解读》《祖国:俄国哲学史》等。——译注

欧文·亚隆①,他那本令人产生共鸣的优秀小说《当尼采哭泣》让我们与尼采建立起亲密的关系,让我们得以了解他那悲惨而又孤独的人生的诸多细节,而这些细节是人们无法轻易从尼采公开发表的那些激动而又好斗的论著中收集到的。②但我是一个存在主义的哲学家,而不是一位传记作家。③我还有别的事要做。

我的想法是这样的。(无疑,你们中有些人此前就已经听过。)尼采拥有一个著名的学说,该学说被他称为"永恒复归",即无论发生过什么事,无论我们做了些什么,无论我们遭受了什么苦难,它们都是对过去的重复,并将(以相同的顺序)无数次地重复自身。尽管尼采用来阐述这个论题的段落并不多,尽管尼采并不怎么关注这个论题,但是,人们不断耗费大量笔墨来论述它的意义。倘若将它作为一个按照字面意思来理解的假设,我宁可将它作为过时的物理学与错误的数学的混合物而立即抛诸脑后。倘若将它作为一个依循着比如说康德的"绝对律令"路线的严肃的伦理学提议,我认为,这个论题徒有其表。但是,尼采既没有将永恒复归陈述

---

① 欧文·亚隆(Irvin Yalom, 1931—)是美国斯坦福大学医学院精神医学的荣誉退休教授,他与维克多·弗兰克(Viktor Frank)和罗洛·梅(Rollo May)并称存在主义心理治疗法的三大代表人物,他也是《当尼采哭泣》(此书曾荣获1993年联邦俱乐部小说金奖)、《爱情刽子手》和《叔本华的治疗》的作者。

② Irvin D. Yalom, *When Nietzsche Wept* (New York: Basic Books, 1992).

③ 根据张伯伦的说法,尼采自己被全世界哲学系的终身聘用教员专注的一个粗鲁问题所折磨:"你是一位哲学家吗?"(其标准通常由提问者那有限的文凭所支配。)参见 Lesley Chamberlain, *Nietzsche in Turin: An Intimate Biography* (New York: Picador, 1996), 4, 她在那里描述了尼采在1888年撰写的一封信。我自己的观点是,假如尼采不是一位哲学家,那么,人们还可以合理地断言谁是哲学家呢?

为物理学或形而上学,也没有将永恒复归陈述为一种伦理学的决策过程,而是将之呈现为一种对我们的生活态度的"检验"。即便如此,我仍然怀疑这个论题能否经得起一个讲究实际的头脑的仔细检查。比如,对以完全相同的方式重复(而又没有在过去重复的任何记忆)的人生观以及得到确定的"瞬间"的范围与本质,就有许多可以谈论与争辩的东西。我发现,根据尼采在文本中勾勒出的梗概,我几乎没有什么理由去倾向于人们对此做出的某一种解释。但(至少)对我与我的许多学生来说,不需要争辩的是尼采的"思想"所具备的强有力的影响。

我在几十年前第一次读到与听到永恒复归的学说,当时我在密歇根大学旁听福瑞斯杰夫·伯格曼①的课程"文学中的哲学"。我在那段时间里是一个并不怎么快乐的一年级的医学生,我已经加入了新民主社会学生会,而这刚好在肯尼迪遇刺之后。伯格曼的讲座谈到了尼采与永恒复归的观念,我在那种个人情绪与政治情绪交织而成的旋风中聆听着尼采的观念,这改变了我的人生。这激起了我以哲学解决问题的方法来锻炼我自己,从而让我更为彻底地审视我的人生、我的不幸、我的困惑以及我在这个世界上发挥的更重大的作用。在那时,我试图应用这些方法,并将这些方法理解为对永恒复归概念的个人"检验",而在伯恩德·马格努斯②的早期作品

---

① 福瑞斯杰夫·伯格曼(Frithjof Bergmann,1930—),密歇根大学哲学系荣休教授,他主要教授的是存在主义与欧陆哲学。——译注
② 伯恩德·马格努斯(Bernd Magnus,1937—2014),美国加州大学河滨分校荣休哲学教授,著名的研究尼采的学者。——译注

中，他也将永恒复归的概念称为"尼采的生存律令"。① 我在上完这门课之后离开了医学院，进入了哲学的生涯，这是我做出的一个从未后悔的抉择。

如今看来，我的人生很有可能是建立在对尼采的误解之上的，这是一个多少有些让人难受的暗示，尽管如此，我肯定会对之做出如下回应："这真的重要吗？"我并不精确地知道尼采头脑中想的是什么，对此也没有任何真正的证据，除了尼采某些论著中的少量激动人心的引文。正如经常发生的那样（我将之作为解读尼采的基本原则），我认为，尼采的激情要远远超过他全盘考虑其观念的意愿。这并非意味着我不认真对待尼采。恰恰相反。但我认为，尼采的严肃性应当定位于他的观念与未经阐明的"思想"所产生的肯定生命与转化生命的效应上，而不应当定位于任何系统的哲学观上。

我倾向于怀疑，就"永恒复归"而言，尼采的头脑中并没有任何特别明确的东西。我确实怀疑，尼采会将这个概念构想为一种终结医学院中的不快乐生涯的手段。我毫无疑问地确信，尼采主要关切的是理解他自己的那个遭受疾病折磨的、孤独而又不幸福的人生，并由此肯定这个人生。（在《瞧，这个人》中，他宣称，带着同等的绝望与狂喜，"我怎么能不感谢我的整个人生呢？"此后他在该书中又写道："一个人不想要除此以外的任何东西，将来不要，过去不要，永远都不要。不仅要承受必然性……而且还要**热爱它**。"）② 尽管尼采不

---

① Bernd Magnus, *Nietzsche's Existential Imperative* (Bloomington: Indiana University Press, 1978).

② Nietzsche, *Ecce Homo*, "Clever", §10.

时高傲（而又相当荒谬）地声称，实际上他并不**想要**他的书被人们阅读，他的书是为了"极少数人"而写的（甚至当他向朋友们抱怨他的书卖不出去时，他也这么说），但相当清楚的是，他之所以感到激动不安，是因为他希望，通过他的书籍所激起的彻底的自我审验以及他的人物查拉图斯特拉向我们敦促的"沉沦"，他的读者也像他自己那样得到转变。在我个人的经历中，尼采确实获得了成功。

这或许仅仅是我的自传的一小段并不特别有趣的花絮。这绝不是对尼采在提出永恒复归思想时的真实意图的一个论证。尽管如此，我相信，我们中有那么多人（既包括稚嫩的学生，又包括成熟的学者）着迷于尼采的原因是，他以这样一种方式来要求（与命令）我们做出对自我的审验，而这是包括康德、黑格尔乃至柏拉图在内的其他大哲学家不曾做到的。无论尼采是否被理解为是在提供**道德建议**（这种暗示已经受到了诸如伯恩德·马格努斯与亚历山大·内哈马斯[①]这样的知名学者的严厉批评），这肯定是尼采给予我们的**效果**。

我并不想让尼采成为某个"在哲学上的崇高的安·兰德斯[②]"——请允许我借用马格努斯这句更为可笑的挖苦

[①] 亚历山大·内哈马斯（Alexander Nehamas，1946— ），普林斯顿大学哲学与比较文学教授，美国文理科学院院士，他的《尼采：生命之为文学》是近三十年来研究尼采的最为重要的英语论著之一。——译注

[②] 安·兰德斯（Ann Landers，1943—2002）是《芝加哥太阳时报》的专栏作家鲁思·克劳利（Ruth Crowley）的笔名。安·兰德斯每天以她的忠告专栏帮助失恋的少年、困惑的父母、处于离婚边缘的夫妇、悲伤的遗孀以及无数需要咨询的人。在她人生的最后阶段，她已经成为拥有全世界最大读者群的专栏作家。她的文章被翻译成20多种文字，刊登在美国国内外超过1200家报纸上。——译注

话。① 但我的看法恰恰是，尼采的论著中充斥着此类建议，它们或许走的不是"不要说谎"与"每日要更换你的内衣"这样的套路，而尼采确实向我们提供了大量小小的教训与建议，这些教训与建议所针对的是爱、友谊、饮食这样的安·兰德斯式的主题乃至战争、暴行、惩罚的欲望与我们对闲言的喜好等更沉重的主题。快速地看一眼《朝霞》或《人性的，太人性的》，就可揭示出成百上千条如此直言不讳的"简洁真理"，比如："帮助饱受窘迫折磨的人们，并让他们冷静下来的最佳方法是，将他们挑选出来表扬一番。"② 或许这就是尼采如此离谱地表扬他自己的原因。

但一般而言，尼采主要鼓励的是对自我的审验。③ 无论这是否算得上是一种"道德建议"，它确定无疑地将尼采置于从苏格拉底到萨特的那群伟大的存在主义道德家的名单上。这些存在主义者的首要目的不仅仅是改变他们的读者的"心灵"，而且还要改变他们的读者的意识与品性。无可否认，苏格拉底的那些漫长的哲学推理，也没有给出那种流俗意义上的"道德建议"。不过，苏格拉底的整个哲学同样旨在激发人们对自我的审验与"自我的经历"，激励人们去"认识你自

---

① Bernd Magnus, Stanley Stewart, and Jean-Pierre Mileur, *Nietzsche's Case: Philosophy as/and Literature* (New York: Routledge, 1992).

② Friedrich Nietzsche, *Human, All Too Human*, trans. R. J. Hollingdale (Cambridge: Cambridge University Press, 1986), 301.

③ 莱斯特·亨特（Lester Hunt）承认，当他还在上大学时，他也犯了一个类似的幼稚错误。他想要知道，**超人是否会去投票或结婚**。亨特写道，他如今再也不会提出这样的问题，但"尼采的作品是深刻的见解与激励的一个源头。正如亨利·米勒（Henry Miller）会说的，它们肯定不仅仅是'文学'"。Lester Hunt, *Nietzsche and the Origin of Virtue* (London: Routledge, 1991).

己",并最终"成为你自己"。而在现代人的眼里,柏拉图所撰写的那些对话多半都是学者的素材,其修辞与演绎推理都是用来剖析的,而不是以挑衅性的方式与那些首先想要找到生活方式的读者密切相关。

透彻地思考尼采

> 你相信什么?我相信,一切事物的权重必将重新得到确定。
>
> ——尼采,《快乐的科学》

在接下来的章节中,我将试图处理与"尼采会怎样塑造我们?"有关的一些问题。当然,为了对这个问题给出一种有学识的解答,就必然要说出许多东西来表明尼采究竟说了些什么——以及没有说过什么。我尤其打算撼动这个广为流传的想法,即尼采即便没有在我们行动中"造就"了某种真正令人厌恶的、完全自私与自恋的,乃至残酷的东西,也在我们思想中"造就"了某种真正令人厌恶的、完全自私与自恋的,乃至残酷的东西。有鉴于此,我要花费大量时间来思考那些赞成或反对尼采的反道德运动(或更确切地说,尼采反对的是犹太教与基督教的道德)的理由,以及那些赞成或反对他的道德心理学的理由,特别是他的那个作为道德基础的怨恨(或**憎恨**)概念。我想要论证的是,尼采并不是一个支持"非道德的"或"反道德的"哲学家,他只是支持一种极为不同（而且颇具"肯定性"）的伦理观而已。

相较之下，我将花费不多的时间来讨论尼采那众所周知的对基督教的粗暴攻击，从他宣称的"上帝已死"到《反基督者》的猛烈批判。我只能隐约地想象，当尼采发现他童年虔诚的信仰所根据的是谬误与空想时，他所体会的愤怒与被背叛的感觉——他被**欺骗**的感受。但我的确认为，尼采并没有拒斥所有的宗教，或说得更确切些，尼采并没有拒斥所有的信仰，他仍然保留着某种意义上的深刻虔诚，它是"尼采的激情"之一。而这才是我真正想讨论的。

我认为，尽管"怨恨现象"这个主题是尼采最伟大的创见之一，但它对尼采来说也是最痛苦的主题之一——对我们来说同样如此。尼采持续不断地饱受疾病的折磨，但他又从自己早年对叔本华悲观主义的阅读中获得了激励。尼采敏锐地意识到，苦难遍布于人生，而我们强烈地倾向于去怨恨那些让我们具有挫败感的人（或更简单地说，那些比我们更幸福、更有力，或更享有特权的人）。他为了克服他自己的怨恨而斗争，尽管并不总是获得成功，而他对"肯定生命"与"热爱命运"的呼吁，更多捎带的是一种孤注一掷，而不是真正的喜悦。因此，尼采看到，一位思想家与他或她的思想之间的联系既是无可回避的，又是相当含糊的。哲学既可以代表一种自我实现，也可以代表一种对自我的合理化乃至对自我的否定。当我们这些读者不仅在尼采中，而且在我们自身中都感受到了怨恨的立场时，我们就会意识到，有多少观念可被个人的感受所影响。由此就显明了尼采最有价值的工具之一——人身攻击的论证的重要性。人身攻击的论证在哲学主流中通常被认为是一种谬误，但尼采对这种论证做出了精妙的运用。他不仅攻击观念，而且攻击持有这些观念的人。在让众多伟大的哲学人物蒙羞的过程中，他也有效地让我们感到窘迫。

在第 1 章中，我想要讨论尼采对人身攻击论证的运用。我还将谈到尼采的"视角主义"这个被人们大量讨论的问题，但我不是将之作为一种认识论的论题或一种可疑的真理理论，而是将之作为一种领会道德差异以及理解这些差异的心理基础的手段。在接下来的章节中，我想要消除掉这样一个常见的看法，即将尼采主要作为一个"否定性的"哲学家，他除了摧毁其他人的观念与理想之外，并没有在原本的位置上给我们留下任何东西。自此之后，我才将开始直接处理"尼采会怎样塑造我们？"这个主题。我将勾勒并讨论"尼采的美德"，也就是尼采式的个体所具备的那些令人敬佩的特点，尼采多少比较一致地向我们推荐了这些特点（有些人可能认为，这些特点在尼采有关**超人**的想象中达到了极致）。最后，我对这种存在主义的视角提出了质疑，并提出如下问题：尼采自己的作品是否是一种接近他的恰当道路，尼采是否或能否被恰当地认为是一位"存在主义者"。正如人们或许会预料到的，我的答案是肯定的，但在捍卫这个观点的过程中，我获得了一种有趣的方式来重新思考存在主义以及它的那些最为著名的主题。

第1章　针对个人的尼采[①]

从我的作品中看出我是一个无与伦比的心理学家,这或许是一位优秀读者——一位配得上我的作品的读者首先获得的深刻洞识。

——尼采,《瞧,这个人》

[①] 本章的部分内容先前发表于 "Nietzsche, Postmodernism, and Ressentment",该文收录于 *Nietzsche and Postmodernism*, ed. Clayton Koelb (Albany: SUNY Press, 1990),部分内容还发表于我的论著 *A Passion for Justice* (New York: Addison-Wesley, 1990) 第6章与 "One Hundred Years of Ressentiment: Nietzsche's Genealogy of Morals",该文收录于 *Nietzsche, Genealogy, Morality*, ed. Richard Schacht (Berkeley: University of California Press, 1994)。

针对个人的哲学：典型的美德（与恶习）

尼采反复坚称他作为一位心理学家的重要性[①]，而他的这种说法并没有得到人们应有的认真对待，尤其是没有得到哲学家的认真对待。哲学家倾向于强调一个信念的真实性，而心理学家更感兴趣的是为什么一个人会相信他的信念。"一个判断的错误对我们来说并不必然是反对它的理由……问题在于，它在何种程度上有助于保存生命。"[②] 哲学学说还含有强烈的普遍性与必然性，而心理分析不可避免地局限于与某个人格或某个人有关的特殊偶然性。但尼采对普遍而又必然的论断抱持怀疑的态度，他几乎总是更喜欢那种机智的、光彩夺目的乃至冒犯性的心理洞识，而不是宏大的哲学论题。

当尼采在《偶像的黄昏》中写到苏格拉底时，他以类似于一个恶意的小报记者的方式告诉我们，"就出身而言，苏格拉底属于最低的阶层，他是一个市井小民……他是丑陋的"[③]。当提到康德时，尼采指出："在一切事情上都出错的本能，作为本能的**反自然**，作为哲学的德国式颓废——**这就是康德！**"[④] 就这种道德的"低劣"起源而言，尼采认为，"当怨恨

[①] 参见 Friedrich Nietzsche, *Beyond Good and Evil*, trans. Walter Kaufmann (New York: Vintage, 1966), I, 23.

[②] Nietzsche, *Beyond Good and Evil*, 4. 参见 "人们需要的是某些必须持以为真的东西，而不是某些真实的东西"（Nietzsche, *The Will to Power*, §507）。

[③] Friedrich Nietzsche, *Twilight of the Idols*, trans. Walter Kaufmann (New York: Viking, 1954), "The Problem of Socrates", §3.

[④] Friedrich Nietzsche, *The Antichrist*, trans. Walter Kaufmann (New York: Viking, 1954), §11.

本身变得具有创造性并产生出了价值时，道德中的奴隶反叛就开始了"①。而对德国的哲学，尼采抱怨道："在德国的智力中有多少啤酒啊！"②

尼采将他自己视为并称赞为一位**诊断家**，他的哲学在相当大的程度上是由思辨性的诊断构成的，这种思辨性诊断关注的是尼采阅读的以及通过阅读而知悉的那些人的美德与恶习，他们的影响确定了诸多时代的特征。相应地，尼采的核心策略是运用人身攻击的论证，这种修辞技巧经常被人们作为"谬误"而摒弃，它攻击的是对手的动机与情感，而不是对他们所持有的观点的驳斥。（"我们知道，我们自己也能看到，[苏格拉底]有多么丑陋。可是，丑陋本身就是一种反对的理由，而在希腊人中间，它几乎就是一个反驳。"）③

尼采常常被人们视为那种不受外界干扰的思想家之一，他的整个宇宙完全由他的那个孤立的自我以及他的那些与"现代性""文化"与"人性"有关的宏大观念构成。不过，尽管尼采在思想上的孤独与过高的抱负是显而易见的，但更为明显的是，他并不特别倾向于批判性的自我审查，即便他对自己花费的笔墨并不少，并不时附带着忏悔或额外的告诫。他通常并不用宏大的概括来写作，虽然他也拥有哲学家对抽象理念（比如，他那夸张的"强力意志"理论与他那奇特的"永恒复归"论题）的巨大兴趣。当尼采提出这种抽象论题时，

---

① Friedrich Nietzsche, *On the Genealogy of Morals*, trans. Walter Kaufmann (New York: Vintage, 1967), I, 10. "低劣"这个形容词源自 *The Will to Power*, §7.
② Nietzsche, *Twilight of the Idols*, "What the Germans Lack", §2.
③ Nietzsche, *Twilight of the Idols*, "The Problem of Socrates", §3.

它们与其说是一种形而上学的论题，不如说是一种心理的测试。尽管尼采并不是通常意义上的"人道主义者"，他乐于理解与书写人。他最为精彩与尖锐的意见、评论与短文涉及的是一种对人的敏锐见解与理解，无论是作为团体的人、作为种类的人，还是作为个体的人。

尼采想要知道，是什么让人们"工作"，而他正确地猜测到，人们对他们自身以及他们的理想所想所说的，通常几乎都是误导性的、误解的，或完全是欺骗性的。但是，自欺与虚伪最为盛行于生命的这些方面，不仅哲学家与神学家，而且普通人都倾向于用诸如上帝、人类的自由与道德这样的高尚主题来对之做出宏大的声明。尼采的人身攻击的论证与其说是对这种宗教与道德的学说的反驳，不如说通过揭露激发它们的（有时是可悲的）动机与情绪来撼动这种学说的根基。（比如，他写道："自柏拉图以来的希腊哲学家的道德主义局限于病态。"）①

尼采观察过他周围的人，并阅读过往昔的伟大思想家。他对某些隐藏的动机与情感做出了反思与推测，这些隐藏的动机与情感打动人们去武断地谈论"道德"并教条地捍卫那些与上帝、神圣的正义、天堂以及地狱有关的信仰，而这些信仰有时并不融贯。他想要解释诸如禁欲主义这样有悖常情的否定自我的做法与迂腐学者所做的那种看上去"公正的"工作。他想要理解被他称为"求真意志"的东西，想要认真处理诸如同情、虔敬以及大量以爱的名义呈现自身的可疑情

---

① Nietzsche, *Twilight of the Idols*, "The Problem of Socrates", §10.

感的真实本质。尤其重要的是，他想要追踪一组典型地自以为是的潜在情绪的变迁，这组情感孕育了被我们称为"道德"的东西，其中最显著的是**怨恨**及其影响深远的道德偏见与道德原则。

尼采的那个如今已经出名的论题是，我们称为"道德"的东西实际上起源于一组特别"奴性的"与"否定生命的"价值。比如，谦卑就是这样的一种价值。它是对自豪的否定，拒绝承认一个人自己的才华、成就与品质。因此，自称为异教徒的哲学家大卫·休谟将谦卑斥为一种"修道士的"美德，而真正的异教徒亚里士多德则将之批评为一种恶习。奴性的价值倾向于否定快乐，歌颂严肃，反对风险威胁，强调安全保障。它们鼓励的是谨小慎微的反思，拒斥或贬低激情与"本能"。简而言之，它们"对生命说'不'"。

尽管如此，这种"奴隶的道德"并不认为它自身是一种特殊的心理视角，一种看待这个世界并在这个世界上生存的方式。相反，它将自身展示为一种"客观的"、本质的与普遍的规范，甚至是人类生活的先决条件。尽管道德假装根据的仅仅是最高尚的动机，乃至"纯粹的实践理性"，但实际上，它最终证明主要是在不安、怨恨乃至报复的激发下形成的。通过在其他人那里揭露这种迂回的动机与情感，尼采试图让人们怀疑他们的观念与价值，并经常获得成功。而通过称赞另一些人（他们通常已经过世数个世纪），尼采指出了通向那些替代性的观念与价值的道路，而它们的动机并没有如此令人怀疑与如此不可告人。令人遗憾的是，当尼采陈述他的那些与耶稣或苏格拉底有关的尖刻而又模棱两可的偏见时，尼采辛辣的风格并不总是能让人清楚地看出,他究竟意在质疑与谴责,还是意在称赞与钦佩这种奴隶道德的天赋。("苏格拉底以他的那种快乐的严肃性与那种构成人类灵魂最佳状态的**充满恶作剧的智慧**而著称,他在这方面超过了基督教的创立者。进而,他还拥有更大的智慧。"以及"苏格拉底是一个让人们严肃对待他的小丑。")① 因此,即便尼采看起来在推进他自己的道德论题时,他采纳的典型方式也是提问与打比方,而不是论断。

在本章中,我想要审视的是既作为人身攻击论证的运用者又作为人身攻击论证的受害者的尼采。尼采的论著中充斥着这样的论证,而反过来,批评与贬低他的人通常也用这样的论证来反对他。(阿兰·布鲁姆②写道,"尼采……认为,写诗能够像性交那样成为原始的色情行为"。)③ 我想让我们的注意力聚焦于他在哲学中的有时颇为私人性的心理转向。通过坚持认为这种私人性无法脱离哲学,我想要审视的是尼采的不可仿效的风格与他的"视角主义"论题,即**所有的**学说与意见都仅仅是片面的,它们都受到某个特殊的视点的局限。[就哲学与哲学家而言:"假如一个人想要解释某个哲学家最为深奥的形而上学论断真正是如何产生的,那么,他首先提出的那个恰当(而又明智)的问题就始终是:对这个哲学家

---

① Friedrich Nietzsche, *The Wanderer and His Shadow*, trans. W. Kaufmann (New York: Viking, 1954), §86; *Twilight of the Idols*, "The Problem of Socrates", §6.
② 阿兰·布鲁姆(Allan Bloom,1930—1992),美国思想家、政治哲学家及翻译家,他的著作包括《美国精神的封闭》《巨人与侏儒》《爱与友爱》等。——译注
③ Allan Bloom, *The Closing of the American Mind* (New York: Simon and Schuster, 1987), 231.

来说，所有这一切的目的是为了什么道德？"就康德的"神学本能"而言："再说一句话来反对作为**道德主义者**的康德。一种美德必须是我们自己的发明，我们最必要的自我表现与自我捍卫：任何其他种类的美德都仅仅是一种危险……'美德''义务''善本身''非个人性的与普遍有效性的善'——都是幻想，都是生命衰落与生命最终枯竭的表现……自我保存与生长的基本定律要求的是恰恰相反的东西——每个人都发明**他自己的**美德，**他自己的**绝对律令。"]① 然后，在接下来的三节中，我将更加仔细地审视尼采运用人身攻击论证对"奴隶道德"与怨恨做出的并非浪得虚名的攻击，从而恰当地领会这种论证能有多么复杂，能有多么令人信服。

尼采的风格与尼采的哲学

> 这是为了避免我改变自己的风格。我的风格是肯定性的，我将否定与批评仅仅作为一种手段，无非是不情愿地与它们打交道……
>
> ——尼采，《偶像的黄昏》

> 让个体感到**不快**，这就是我的使命。
>
> ——尼采，《笔记》

---

① Nietzsche, *Beyond Good and Evil*, I 6; *The Antichrist*, §11.

> 我不信任一切体系的制造者，我躲避着这些人。追求体系的意志，就是缺乏真诚。
>
> ——尼采,《偶像的黄昏》

尼采经常被人们指责为"仅仅是破坏性的"，他批判却不肯定，摧毁却不建构。可以有充分的理由认为，尼采的众多人身攻击的论证确实"添加"了一种肯定的哲学，而我将在第5章中为之论证。诚然，尼采的哲学并不是一种黑格尔式的体系，但它有一个融贯的视点，它是一组与众不同而又常常是肯定性的观念。[①] 尼采的风格不仅是断片式的，而且经常是格言式的，这让他的思想以难以综合或概括著称。他的一些最宏大与最广为人知的概念——永恒复归、强力意志与**超人**——多半是在他未公开发表的笔记与他的文学杰作《查拉图斯特拉如是说》中被发现的。但假如我们放宽对统一的哲学学说的要求，转而审视尼采从个人出发来广泛处理各种问题的方式，显而易见的是，尼采确实对某些自古代起就在挑战哲学家的传统问题感兴趣：伦理、道德与宗教的本质，社会的起源与结构，自我

---

① 尼采观念的融贯性是一个已经激起了大量评论的问题，其中既包括卡尔·雅斯贝斯的那个相当不合情理的论题，又包括当下流行的那些"后现代的"论题（它们的坚定令人生厌）。前者认为，尼采完全与他自身相矛盾，后者则认为，尼采用不同的声音，从不同的视角来言说，并不存在一个单一的"尼采"。对于后者人们只能回应："当然是这样。"尽管如此，不同的声音可以按照和谐的方式吟唱，不同的视角可以会聚到唯一的一组目标，并且承认它们拥有相似的根源。关于尼采的"肯定"哲学的论述，参见收录于 Yirmiyahu Yovel, ed., *Nietzsche as Affirmative Thinker: Papers Presented at the Fifth Jerusalem Philosophical Encounter, April 1983* (Dordrecht: Nijhoff, 1986) 的多篇论文，特别是 Alexander Nehamas, *Nietzsche*, 221–234.

的中心以及所谓的自由与合理性。但他的解答通常包含的既是对这些争论的拒斥,又是对这些问题的拒斥。

显然,尼采并不试图简单地为这些陈旧的问题提供新的解答,他也并不试图重新表述这些问题。相反,他试图弄清的是这些奇妙的问题——以及提供了这些主题的概念——是如何产生的。因此,有人就多少会貌似合理地认为,尼采与其说是一位哲学家,不如说是一位希望终结我们通常所认识的那种哲学的"反哲学家"。[①] 我认为,这种论断的立场过于强硬,对于"哲学是什么"与"哲学必须是什么"的问题,它预设了一种过于狭隘的观念。比如,从我们的生存论的视角看,尼采的努力尝试应该被理解为以他的读者为目标,而不应该被理解为作为一门学科的哲学。但人们能以另一种方式来接受这种"反哲学"的诠释。尼采是一位古人(特别是古代的怀疑论者)的学生。[②] 怀疑论者的教导是,一个人会由于仅仅关注抽象的哲学学说而感到迷惘,并因此而对他或她的人生感到迷茫。所以,尼采也可以被理解为是在攻击这种人生的迷惘,它起源于人们对非生存论的哲学问题的过度关注。

尼采自己处理哲学的路径尤其带有心理学的特征,但我们在此不应当夸大哲学与心理学之间的区别,尼采有时暗示了这种区别,但他并不会支持这种区别。尼采关心的并不是对哲学的概念与学说的分析与辩护,而是对表述这种概念并

[①] Bernd Magnus, "Nietzsche and the Project of Bringing Philosophy to an End", *Journal of the British Society for Phenomenology* 14 (October 1983): 304–320.

[②] 就此见解,我受益于我的一位研究生,杰西卡·贝里(Jessica Berry),她的博士论文论述了尼采与古人的关系。

相信这种学说的那类人的理解。他并不像许多哲学家那样仅仅专注于概念或学说。("保罗想出了这个点子,加尔文重新考虑了这个点子:无数人被判决为永远遭受天谴,制订这项美好的世界计划是为了揭示上帝的荣耀……第一个想出或第二个想出这个点子的人,其灵魂中闪耀的必定是多么残酷而又不知满足的虚荣心啊!")① 他并不以永恒真理为目标(除了将之作为攻击的靶子),但他的哲学也并不仅限于试图揭露虚假的真理与欺骗性的问题。它并不是反哲学,而是一种更为个人性的哲学进路,其中哲学与哲学家并没有如此彻底地相互区分,其中重要的是一个人的品性,而不仅仅是他或她所相信的东西的"正确性"。("**利己主义的自然价值。自私自利的价值与自私自利者所具备的价值相一致。**")②

这条进路体现于(但它断然不可简化为)尼采的那种高度个人性的挑衅"风格"。尼采并不仅仅书写哲学(即记录他的思想并阐明他的观点与论证),而是几近于向我们**大声呐喊**。他劝诱我们,他挑逗我们,他信赖我们。他令我们困惑,迫使我们思考自身。比如,在《超善恶》第36节中,尼采就他那个颇具挑衅性的强力意志的概念,向我们提出了一种更为宽泛的版本。这个论题被虚拟语气与联想到的假设所包围,以至于人们几乎不可能确定,它论断的究竟是什么(如果它真有什么论断的话)——尤其是,人们无法确定是否应当相信尼采的这个表面上的结论,即"整个世界将不得不被理解

---

① Nietzsche, *The Wanderer and His Shadow*, §85.
② Nietzsche, *Twilight of the Idols*, "Skirmishes of an Untimely Man", §33.

为强力意志，此外没有任何东西"。显然，这整个演练都是一种精致的思想实验，但也正因为是这样，完全不清楚的是，尼采对此真正相信些什么。即便尼采在阐明平淡无奇的观点时，比如说，在称赞诚实时，他称赞的方式是引人注目的与令人难忘的，或许是夸大其词的，或许是轻描淡写的，因此，尼采煞费苦心地以并不清晰的方式来阐明自己的观点。但是，"尼采的风格"并没有，也并不应当让他为之辩护的观念黯然失色，人们也许错误地假定，各种各样的风格反映的是一种不融贯的，在严格意义上是自我毁灭或"自我损耗"的哲学。尼采的文字是由诸多观念构成的，它们时常是一些光彩夺目的观念、见解与辱骂，而不仅仅是"比喻"与修辞。尼采断言自己"用鲜血书写"，这并非仅仅是另一个文学上的夸大其词。尼采这个人如果并不**严肃**，那他就无足轻重。而假如他偏爱格言或警句，偏爱夸张手法的运用，偏爱做出夸张的第一人称宣告，这仅仅是为了让我们去思考那些观念与问题。不管尼采有可能是什么样，他都是一位严肃的哲学家。

尼采不太像在做语言游戏，尼采也不太像以不严肃的方式来对待他自己的道德成见。[①] 如果说以前的批评家过于轻视尼采的创造性的散文，那么，许多新近的注释者则对如下这个事实留下了过于深刻的印象，即尼采的写作风格显然是如

---

① 理查德·罗蒂尤其为那种"嬉戏的"尼采做出了辩护，以对立于作为严肃哲学家的尼采（"各种尼采中最糟糕的一种"）。但是，除了在哲学专业中的某些内在的小冲突之外，人们凭什么觉得必须要将这两者视为相互对立的呢？参见 Richard Rorty, *Contingency, Irony, and Solidarity* (Cambridge: Cambridge University Press,1989)。

此不适合于今日的绝大多数学术期刊。① 但是，哲学中的风格并不仅仅是一个与（被公认为非同寻常的）文学感受力有关的问题；它首先是一种思想的风格，一种生命的道路，而不仅仅是一种书写的方式。一种风格并不是肤浅的，而是深刻的，它本身并不是文字游戏，而是一种世界观，一种对**自己究竟是谁**的深刻表达。一种风格本身就是一种哲学，或者换个角度说，哲学首先就是一个风格的问题。这个问题绝对不能被轻视，尤其不能在尼采那里被轻视。尼采哲学的关键是如何**生活**，而不是如何书写，将尼采在字面上的嬉戏态度与他在道德上的严肃态度相混淆，这就纯粹误解了尼采②："为了教育一个真正的哲学家，他自己或许必须是……批评家、怀

---

① 以往那些更为严厉的批评家包括布兰德·布兰夏尔德与伯特兰·罗素，而新近的注释者包括一小队后现代主义者与解构主义者，但最典型的或许仍然是保罗·德曼，比如，他的论文 "Nietzsche's Theory of Rhetoric", *Symposium* (spring 1974)。关于尼采风格的三个出类拔萃的讨论是 Arthur Danto, "Some Remarks on Nietzsche's Genealogy of Morals", 该文收录于 *Reading Nietzsche*, ed. Robert C. Solomon and Kathleen M. Higgins (New York: Oxford University Press, 1988); Alexander Nehamas, *Nietzsche: Life as Literature* (Cambridge: Harvard University Press, 1985) 与 Magnus, Stewart, and Mileur, *Nietzsche's Case*。

② 在最近的一次争论中（其焦点是亚历山大·内哈马斯的论著《尼采：生命之为文学》），内哈马斯与伯恩斯·马格努斯都做出了相当详尽的论证来反对这个观点，即尼采在某种程度上试图告诉我们"如何生活"。我接下来的回应是，就像我在这里坚持认为的，尼采的那些充满激情的建议与他的影响无法以其他方式来理解。当然，"告诉某些人如何生活"并不必然包含"永远不要说谎"或"每天更换你的内衣"这样的具体建议，但它或许完全是由一般性的劝诫构成的。在合适的环境下，对合适的读者来说，"成为你自己"（或"成为你所是的那个人"）就不是令人厌烦的空话，而是一种深刻的，乃至能改变人生的告诫。因此，对于某些人来说，"不要感到内疚"或许也与"永远不要说谎"这样的东西完全不同，它或许是这些人曾经收到的最为重要的告诫。

疑论者、教条主义者、历史学家，此外他还必须是诗人、收藏家、旅行者、解谜者、道德家与预言家……但是，所有这一切都仅仅是他的使命的前提条件；它要求他**创造价值**。"①

尼采常常拥有漫画家、预言家、社会批判家，乃至传播流言蜚语者的风格。通过尼采对其他人的特定动机与情绪的兴趣来接近尼采，这看起来就像是用一种颇有局限性的乃至庸俗的方式来接近他那种以精妙著称的哲学。何不通过一种导致尼采以种种方式宣称不存在真理的宏大的怀疑论来接近尼采？②"永恒复归"、**超人**与强力意志这些宏大而又著名的主题在何处符合这种务实的接近尼采的心理学进路？以此为基础来毁灭性地批判基督教以及犹太教与基督教共同提倡的道德，这种素材难道不是有点薄弱吗？但是，我们倾向于相信（特别是倾向于相信真理）的习性本身就是一种有待解释的现象，而查拉图斯特拉的著名的三重境界学说最好**不要**被理解为宏大的哲学论题。

为什么"真理"不仅对哲学家，而且对我们也如此重要？③高贵的或有教益的谎言是否对我们也如此重要呢？不过，为什么我们应当认为，对这个令人困扰的问题的解答在于抽象层面的概括，而不是对我们这些易受伤害的人类本身的仔细审验呢？类似地，我认为，对永恒复归的最佳诠释是，用伯

---

① Friedrich Nietzsche, *Beyond Good and Evil*, §211.
② 比如，*The Will to Power*, §540。
③ 我在 "What a Tangled Web: Deception and Self Deception in Philosophy" 中追问了这个主题，该文收录于 *Lying and Deception in Everyday Life*, ed. Michael Lewis and Caroline Saarni (New York: Guilford Press, 1993)。

恩德·马格努斯的话来说，将之作为一种"生存的律令"，一种对人生的特定**态度**，而不是一个关于时间本质的理论或一个关于存在意义的宏大论题。① 若不得不一遍又一遍地重复此生、此刻，那么，人们对这种前景会有什么感受？根据特定情感的在场（与缺席），将超人描绘为一种人生态度，这将远胜过将之作为一种形而上学的规划方案或一种生物进化论的可能产物。无论如何，**超人**是我们在最为深刻的意义上想要成为的那种人。强力意志只不过是尼采试图构造的一种无所不包但最终并不那么令人心悦诚服的心理学假设。我们如何解释受虐狂、自毁行为、道貌岸然的自我否定、殉道的冲动与肆无忌惮的残酷行为？"欲求快乐"无法对以上的所有这一切给出解释。欲求强力则让我们更好地理解这一切。

恰恰相较于哲学、神学与形而上学的教条有时做出的傲慢主张，纯粹求助于动机与情感的做法获得了它自身的力量。尤其是在攻击基督教与基督教道德的过程中，尼采并不像他在宗教与道德上的对手那样停留于深奥难懂的抽象层面。相反，他所做的是**撼动**他们的**根基**。若要反对某些哲学家与神学家自吹自擂的道貌岸然，还有什么比削弱他们信誉的人身攻击论证更具破坏性？若要反对那种不断通过说教来反对私心与私利的道德，还有什么比指控它实际上也是一种软弱而又虚伪的自私自利更让其颜面尽失？若要反对有神论，还有什么比那种嘲弄这种信仰从中兴起的根基的论证更为有效？（"**作为决定性反驳的历史反驳**——以往，人们寻求的是上帝

---

① Bernd Magnus, *Nietzsche's Existential Imperative* (Bloomington: Indiana University Press, 1978).

不存在的证明——如今，人们则表明了上帝存在的信仰是如何**产生**的以及这种信仰是如何获得它的权重与重要性的，因而使不存在上帝的证明成为多余的证明。")① 当然，这种羞辱是尼采在他反对基督教以及犹太教与基督教的鄙俗道德的心理游击战中所欲实现的目标。换句话说，羞辱是他的风格。他想让我们震惊。他想让我们反感。他想让我们看穿传统道德那得到良好合理化的表面，从而看到位于它背后的历史发展与真实的人类。就像黑格尔这位遭到极大误解的前辈一样，尼采坚持认为，只有当一个人理解了一个现象的起源、发展以及它在意识中的总体地位，这个人才真正理解了这个现象。但是，在此意义上，理解了一个现象，并不总是导向对这个现象的进一步的欣赏。

尼采在他的"中期论著"《朝霞》与《快乐的科学》中表明了他的道德理论，但他在《超善恶》(1886)，尤其是在《论道德的谱系》(1887)中才首次完整地阐明了这个理论。他声称，我们称为"道德"的东西起源于卑鄙的奴隶，古代的**流氓无产阶级**（即社会的最低阶层，这是马克思引入的一个术语）。道德不断受到这些人奴性的与怨恨的情绪的激发，他们不仅在"精神上是贫乏的"，而且感受到了他们自身的低劣性。无论是伊曼努尔·康德对纯粹理性的命令做出的杰出辩护，还是功利主义者对"最大多数人的最大幸福"做出的杰出辩护，"道德"从根本上是弱者对强者获得某种优势（或至少不处于劣势）的迂回策略。我们称为道德的东西，即便

---

① Friedrich Nietzsche, *Daybreak*, I, §95.

它包含了（与真正强调了）生命的神圣不可侵犯，它展示的依然是对生命的憎恶与"厌倦"，对"彼岸"的怀念，它更喜爱彼岸的某种理想化的生存，而不是此生的生活。

当然，要表明这一点，并不是要"反驳"道德的主张。道德或许就像康德所论证的那样，它仍然是实践理性的产物，仍然是那种与普遍化的原则有关的问题。它确实有可能导向最大多数人的最大幸福。但是，若看到这种对理性原则与公共幸福的着迷是一种潜在的低劣感的产物与症状，那么，这肯定会除掉道德的魅力以及它在表面上的"必然性"。① 证明这个令人难堪的真相，就是尼采的主要目标之一，而他的风格则是活体解剖式的——这无可置疑的是一种令人作呕与令人震惊的职业。带着"让我们作呕"的意图，尼采切向道德的心脏，他是一个冷酷无情的诊断医生，而他的诊断方法则是人身攻击的论证。（"让个体感到**不快**，这就是我的使命"，尼采在笔记中如此写道。）②

为人身攻击论证辩护

一切哲学都是某个人生阶段的哲学。哲学家发现他的学说是通过人生的某个阶段反映出来的……因此，叔本华的哲学始终反映的是热情而又忧郁的**青年时代**——它不是年长者的

---

① 比如，参见 Albert Jonsen, Stephen Toulmin, *The Abuse of Casuistry* (Los Angeles: University of California Press, 1990)。

② Friedrich Nietzsche, *Notes* 1875, vii, 216, in *The Portable Nietzsche*, trans. and ed. Walter Kaufmann (New York: Viking, 1954), 50.

思维方式。而柏拉图的哲学令人回想起三十岁的中年，在那时，一股寒流与一股暖流时常对着彼此咆哮，从而产生了那种薄雾与轻柔的小云团——在有利的环境与阳光的照射下，还会产生迷人的彩虹。

——尼采,《见解与箴言杂录》

人们会注意到，我的愿望是对德国人公正：我不想在此对我自己食言。因此，我必须向他们提出我的异议……在德国的智力中，有多少令人不满的沉重、蹩脚、潮湿……和**啤酒啊**！

——尼采,《偶像的黄昏》

人身攻击的论证，正如每个人在任何逻辑入门与基础的写作课程上学到的，是一种"针对个人"的攻击，而不是针对他或她的论点或论证的攻击。若如此攻击一个人，就犯下了一种常见的基本谬误，尽管是一种"非正规的"谬误。然而，虽然人们看不惯这种谬误，但人们仍然习惯于在哲学、政治与其他几乎是一切的人类的努力活动中实际地运用着它，在那些活动中，人们更为关心的是赢得论证，而不是遵循学术规范所定下的规则。

但人身攻击的论证真的是谬误吗？它们难道没有提供合理的根据来拒斥或至少怀疑某个人的观点或意见吗？对第二个问题的答案是："当然是这样。"而对第一个问题的答案是："不一定。"若辨别出某些人是强迫性的说谎者,那就至少会怀疑他们的那些最为真诚而又合理的声明。若察觉到某个人在一起案例中有个人的利益或私人的投资(比如,一名受雇于烟草公司的科学家要证明吸烟与癌症之间并不存在关联),那就是一个好的理由去深深地怀疑这项研究所谓的"客观性",无论研究者煞费苦心地让这个实验方法显得多么纯净。当然,这种怀疑确实没有表明这种声明或这种研究的结论是错误的。但是,真理与方法、认知与认知者是如此纠缠在一起,以至于人身攻击的论证——至少作为一个实践的问题——经常是令人信服的。某个论点或许是真的,但在缺少来自其他较不令人怀疑的同类人提供的证明的情况下,我们也许就完全不再情愿去听取这个观点。

人们经常说,人身攻击论证的问题是,它将一个(可能是好的)观点或论证简化为其发表者的过错与缺点,由此排除或遮蔽了我们对真理的追求。一种廉价的论证("他喝醉了"或"她仅仅是一个大学生")或许拥有这种不恰当的效果,但是,一个精心制作的针对个人的深刻见解就有可能解释许多页或许多小时的分析与文本注释都无法解释的东西。("我设法领会的是,究竟是什么特质让苏格拉底将理性、美德与幸福三者等同起来:进而,这种最为古怪的等式对立于先前的希腊人的所有本能。")[①] 人身攻击的论证扩展了而不是限制了哲学论证的领域。针对个人的方法并没有将自身仅仅集中于正题、反题与论证,而是引入了那些在论辩结果中有重大利益的人们的动机、意图、境遇与背景。或者,用尼采的隐喻说,人身攻击的论证

---

① Nietzsche, *Twilight of the Idols*, "The Problem of Socrates", § 5.

不仅让我们审视花朵从中生长出来的植物,而且让我们审视其土壤与种子。它还让我们看到了**没有**被说出与论证的东西,看到一种立场的局限性与它的诸多可能性。("苏格拉底的美德得到鼓吹,因为希腊人已经失去了这些美德。")①

真实的情况是,即便是最为保守的哲学家也为人身攻击论证的正当性留下了某些余地。如果一个人指望在重要的教科书中看出所谓的人身攻击的谬误是如何被限定的,那么,他就会发现,人身攻击论证的某些特定用法从根本上就不是谬误,尤其是在与"专家"有关的情况下。比如,霍华德·卡亨②在他的《逻辑与哲学》中对它给出了通常的定义:"一种对个人的攻击,而不是对论证的攻击。"③但是,他补充说,它并不一定是个谬误。律师在攻击一个专家身份的证人所做出的证言时,就会质疑他或她的道德品性,由此他就运用了人身攻击的论证,但他并没有以谬误的方式运用这种论证。④但为什么"专家身份的"证人就应当是例外呢?一名专家被描述为(或将他

---

① Nietzsche, *Twilight of the Idols*, "What I Owe to the Ancients", §3.
② 霍华德·卡亨(Howard Kahane, 1928—2001),纽约市立大学巴鲁克学院哲学教授,批判思维运动的奠基人之一,他对逻辑学的普及与推广做出了重要的贡献。——译注
③ Howard Kahane, *Logic and Philosophy*, 8th ed. (Belmont, CA: Wadsworth, 1998), 240.
④ Michael Scriven, *Reasoning* (New York: McGraw-Hill, 1977), 228, 他似乎也同意"专家"是一种例外,而他在心中想到的仍然是法律的背景,在此条件下,他区分了证人的"可靠性、一致性与可信性",在对证人的道德品性的批评中,以上三种关切或许是"恰当的"。但问题仍然是,是否只有针对"专家身份的证人"的人身攻击论证才是可容忍的,而一般性的人身攻击论证则是不可容忍的?保罗·费耶阿本德(Paul Feyerabend)对这种多少有点反权威的差别对待无疑会感到非常高兴,但为什么要把专家挑选出来遭受人身攻击的侮辱呢?为什么人身攻击论证的正当性应当被局限于法庭,却要被哲学研讨课排斥在外呢?

或她自身描述为）在某个领域特别博学，而对这些专家的博学或客观性产生怀疑，这将让他们的证言丧失可信性，并撼动他们陈述的意见的根基。但是，只要任何人在任何领域做出任何声明，他们难道不都会将自己描述为博学的，并将因此而遭到相似的乃至更多的怀疑吗？质疑他们的知识、说谎或夸大的倾向，追问他们是否为某个利益团体的组成部分，难道这不正是有相关性与（有时是）决定性的吗？我们假定，一位专家（即便不是在实践中，也是在理论上）不仅通过他或她的知识，而且通过他或她的"客观性"与"无私利性"而得到（部分的）界定，但事实是，法庭上的法律专家通常受雇于某一方，并由某一方支付酬金，他们的辩护立场即便没有违背其"客观性"，显然也违背了他们的"无私利性"。实际上，通过审视学术界（不仅仅是学术界），人们就能更加明显地发现，许多"专家"越来越倾向于不仅仅根据他们的知识（更不用提客观性），而是根据众所周知的地位与根深蒂固的敌对情绪来界定他们自身。（一个人的地位将轻而易举地为人所知，只要知道"她是一个解构主义者"或"他是一个自由主义者"——无论这个人的地位是否会因此而遭到损害。）

对于我们这些并不将自己称为"专家"，但或许会在某些场合以这样的方式说话的人来说，人身攻击的论证经常有效地让我们意识到自身的地位。（比如，"你怎么可能知道那种事？"以及"你仅仅是在嫉妒。"）但最有效的或许是这种一般性的整体回应："哦，你认为你知道一切"，"你就是想在一切事物中吹毛求疵"或"你无法接受任何人的意见，除了你自己的以外"。对特定的判断或意见提出质疑，这让说话者改

第 1 章 针对个人的尼采

变他的姿态,转变她的重点,或对已经说出的东西做出限定。但是,那种一般性的整体反驳则撼动了说话者所说出的或有可能说出的一切的正当性。因此,尼采寻求的是摒弃整个道德,其根据是它诞生于**怨恨**。("一切贵族道德都是从对自身的成功肯定中发展而来,奴隶道德则从一开始就对'外在的'东西、'不同的'东西、'不是它自身的'东西说**不**。")① 因此,尼采用他的"作为决定性反驳的历史反驳"来补充他笔下的"疯子"做出的"上帝之死"的宣告。②("以往,人们寻求的是上帝不存在的证明——如今,人们则表明了上帝存在的信仰是如何**产生**的以及这种信仰是如何获得它的权重与重要性的,因而使不存在上帝的证明成为多余的证明。")③

撼动一位"专家",就要表明他不应该被人们信任,甚至他的博学也并非毫无问题。但假如我们碰到这样的主题,在这些主题中,博学的含义绝对不是显而易见的,那我们将说些什么?——比如,在伦理中(对立于伦理理论与论证的技术性研究)、在宗教中(对立于神学或宗教史的学术研究)与在哲学中(对立于哲学史的学术研究或有关符号与论证的特定技术的运动)。在哲学中有任何"事实真相"吗?(尼采肯定会说"不"。将哲学局限于先验演算的持久努力是为了给予哲学一个独有的主题,但这是一种并不特别巧妙的专业化的努力尝试。)有信仰的人必然比没有信仰的人更为博学吗?(克尔凯郭尔肯定会发出"不"的回响。)道德真的要求人们

---

① Nietzsche, *On The Genealogy of Morals*, I, 10.
② Nietzsche, *Gay Science*, §125, 试比较 §343。
③ Nietzsche, *Daybreak*, I, §95.

除了懂得"对错的差别"之外，还要懂得更多并具备在实践问题中的深思熟虑的能力吗？（亚里士多德会给出一个多少有些限定的"否定"答复，但尽管如此，他会敦促人们学习伦理学。尼采则会毫不妥协地说"不"。）在这些领域中并没有什么专家，人们或许会说，每个人都是一位"专家"，也就是说，我们在这类知识上的差别并不特别重要，但我们的身份与我们的行动则具有极大的重要性。要评判一个基督徒，应当根据的是信仰，而不是神学。要评判一个道德家，不应当根据他或她所说的，而应当根据他或她所做的。要评判一个哲学家（要做好这件事是相当困难的），则不应当仅仅根据他或她的论证或机智（这却是当前的整个哲学职业的目标），而是应当以整体的方式，不仅根据他或她的哲学，而且根据他或她的感受、行动与关联。"你与反犹太头目的关系所体现的东西，在我的整个生活方式之外，这种关联一次又一次地让我充满了愤怒或悲哀……查拉图斯特拉之名被用于每一封**反犹太信件**，这多次让我近乎作呕。"[1]

威廉·霍尔沃森（William Halverson）为我们给出了这样的标准见解："理性讨论要求的是，各种观点应当根据它们自身的价值来得到考虑，而不管它们碰巧是被什么人持有或表达的。若某人在反对一个特定观点时不是去评价这个观点本身的价值，而是试图去败坏持有这个观点的人的名声，此时发生的就是人身

---

[1] Friedrich Nietzsche, letter to his sister, Christmas 1887, in Kaufmann, *Portable Nietzsche*, 456–457.

攻击论证的谬误。"① 霍尔沃森并没有费心去限定或质疑这种所谓的谬误的范围，而在这一点上，我们或许会做出这样的理解：他为我们提供的仍然是那同一种陈旧而又标准的传统观点。但他还为我们给出了一个具体的恰当例证："不要浪费你的时间来研究尼采的哲学，他不仅是一个无神论者，而且以疯狂的状态死于精神病院。"② 霍尔沃森继续将人身攻击的论证区分为侮辱性的论证（它旨在攻击一个人的品性，或在观众那里引起反对这个人的负面情绪）、情境性的论证（它旨在攻击一个人的背景以及这个人可能具备的个人动机）与"你也是如此"（*tu quoque*）的论证（它将注意力的焦点从被指控者转向指控者）。当然，以上这三种人身攻击的论证都被用来反对尼采：（1）他是个疯子（侮辱性的论证）；（2）他生活在一个由信奉新教的妇女组成的家庭之中（情境性的论证）；（3）他不也和其他人一样充满着**怨恨**（"你也是如此"的论证）？假若人身攻击的论证在哲学的审判庭上是可接受的，那么，对它们的适用难道不会对那位在道德心理学中自封为"专家"的弗里德里希·尼采产生毁灭性的后果吗？

人们可能会认为，人身攻击的论证无助于表明一个命题的真实性（无论是谁说出这个命题）或一个论点的合理性（无论是谁为之做出论证）。但是，命题之所以被提交考虑，这仅仅是因为它们被某个人在某种情况下为了某个理由而大声说出来，论点之所以得到论证（在逻辑课或论辩课上的情况也许除外），这仅仅是因为某个人（在某种情况下为了某个理

---

① William H. Halverson, *A Concise Introduction to Philosophy* (New York: Random House, 1967), 58.

② Halverson, *Concise Introduction*, 58.

由）想要证明它或确立它。在真理可以通过颇为独立的方式来认知或研究的地方（比如，关于"冷聚变"的可能性的论断，显然意在赢得科学团体的掌声与金融团体的投资），人身攻击论证就是某种次要的东西，它最多是一种将注意力集中于发表见解者与转移人们对研究本身的注意力的手段。（这种论证即便并非被怨恨所激发，通常也受到了怨恨的驱使，但这是一个颇不相关的事实。）但是，当不存在这种可资利用的真理或证据时（如哲学中典型的本体论论断），或当论证从根本上是不完备的时，人们就可以看到大量的反例与反证，那么，人身攻击的论证在此时就变得特别有吸引力与特别恰当了。当一个在其他情况下表达清晰的哲学家反复提出一个不可理解的或最不合情理的论题时（"苏格拉底将理性、美德与幸福三者等同起来：这种最为古怪的等式"），当论证并不是特别说得通或并不融贯时（"卡莱尔：……总是被一种对强大信仰的渴望以及他对之无能为力的感觉所吸引。"），或者当一个论证因其不合格而臭名昭著时（"众所周知，教会归根结底是为了支持'精神上的贫乏'而与'有识之士'展开了斗争。人们怎么能指望它展开一场反对激情的理智战争呢？"），人身攻击的论证就是恰当的。① 当然，也存在着糟糕的人身攻击论证，即那些没有根据的论证（比如，说话者根本就没有归于他的那些典型特征），那些乞灵于不相关特征的论证，这种论证与直接要处理的观点或论证没有关系，或仅仅陶醉于它们给人带来的不快。（"我无法忍受这种五颜六色的墙纸风格，

---

① Nietzsche, *Twilight of the Idols*, "Socrates", #3.

同样无法忍受乌合之众对慷慨情感的追求。……她自始至终有多么冷酷，这个让人无法忍受的戏子！她就像拧紧一只钟表那样拧紧她自身——并进行写作……她自始至终有多么自得地躺在那里，这头丰腴的写作母牛。")① 就科学而言，人身攻击的论证或许只具有次等的重要性，但就道德、宗教与哲学而言，它们多半是极为恰当的，因为我们在此不仅应当关注论证，而且还应当关注**人本身**（*hominem*）。

《瞧，这个人》："尼采是个疯子，不是吗？"

> 与他那病态的纤弱灵魂的内在斗争，满溢着同情，这导致他鼓吹："要冷酷无情！"并带着钦佩之情仰视那些文艺复兴时期的暴徒，他们为了实现自己的目标而冷静沉着地跨过一具具尸体。
>
> ——玛丽·冯·布拉克（Marie von Bradke，1886年夏，她在锡尔斯-玛利亚与尼采结识）

> 我认为，反对"尼采的"哲学的最终论证，就像反对任何令人不快而又内在自我融贯的伦理学一样，并不在于对事实的诉求，而在于对情感的诉求。
>
> ——伯特兰·罗素，《西方哲学史》

---

① 尼采在此指的是乔治·桑，参见 *Twilight of the Idols*, "Skirmishes", #6, #12; "Morality as Anti-nature", 1。

人们可能过高估计了传记的重要性,而以这种方式对待尼采,实在太有诱惑力,尤其是对那些宁愿简单抛弃或忽略尼采的观念的人们。(比如,我想到了本-阿米·夏夫斯坦对尼采做出的有趣但完全是还原主义的心理分析的描述。)① 但是,当然,在一种明显的意义上,这是尼采"自找的"。他并不是巴特与福柯所谈论的那种消失的(有时被说成是"已死的")后现代作者。不同于马尔科姆·布雷德伯里② 为这种现象提供的可笑例证(**门桑格**③),那位作者完全消失了,并且颇为名副其实地留下了一些没有作者的作品。尼采则总是"在我们的面前",他不仅作为个体而在场,而且不断地提醒我们他**究竟是谁**。

相应地,人们不仅能够,而且或许应当将尼采自身作为一个哲学上的榜样。④ 不清楚的是,他是否从根本上表现良好。他是孤独的,铤而走险的,他的行为偶尔还令人尴尬,更不用提他的某些公开发表的作品。这位伟大的"诱惑者"⑤,他缺乏与人相处的能力,以至于他与女人在一起就感到自卑,他没有参与到任何伟大的友谊之中,也没有令人难忘的恋爱关系(他甚至没有合情合理的恋爱关系)。他并没有完成过伟大的功绩。

---

① Ben-Ami Scharfstein, *The Philosophers: Their Lives and the Nature of Their Thought* (Oxford: Basil Blackwell, 1980).
② 马尔科姆·布雷德伯里(Malcolm Bradbury, 1932—2000),英国著名的小说家、批评家和学者,著有七部小说与多部非虚构的幽默讽刺作品。——译注
③ 门桑格(Mensonge),马尔科姆·布雷德伯里的一部讽刺结构主义与解构主义的作品 *My Strange Quest for Mensonge: Structuralism's Hidden Hero* 中的虚构人物。——译注
④ 请再次考虑那个粗鲁的反对尼采的人身攻击论证,它仍然是来自一本逻辑教科书:"不要浪费你的时间来研究尼采的哲学,他不仅是一个无神论者,而且以疯狂的状态死于精神病院。"(Halverson, *Concise Introduction*, 58)
⑤ 正如尼采彻底了解的,狄奥尼索斯也被认为是一位伟大的诱惑者(比如,参见欧里庇得斯的《巴克科斯》)。

第 1 章 针对个人的尼采

他对自己的人生颇为厌恶。不同于他想象中的那个**改变了自我**的查拉图斯特拉与他先前的导师瓦格纳,他没有向任何一群人做过演说,没有引起什么注意,也没有遇到任何敌人。就像几乎与他处于同一个时期的哥本哈根的索伦·克尔凯郭尔一样,他并未拥有多少值得一提的人生(尽管对克尔凯郭尔而言,至少他确实拥有真正的激情在现实中树敌并与之对抗,即便仅仅是用出版文字作品的方式)。但对尼采与克尔凯郭尔来说,重要的恰恰是"内在的生活"与"充满激情的内在性"。我们因为尼采的疾病与孤独而对尼采感到遗憾,尽管如此,我们或许仍然会羡慕与钦佩他在人生中的那种明快的激情与真正的狂喜。比如,他享受过阿尔卑斯山上的那种(公认的引人入胜的)环境,他在聆听伟大的音乐时不断喷涌出欢乐,这是我们中极少有人体验到的。而在撰写哲学的过程中(其中包括他的许多关于新书的或大或小的计划,关于新的多卷本论著的计划,甚至还包括一个用五年时间撰写一部认识论著作的计划,尼采显然从未着手去完成最后这项计划),尼采也体验到了一种真正可作为榜样的人生的乐趣与丰富性。从这个视角看,我们当然能够,也应当将尼采作为一个榜样,正如许多哲学学生与某些哲学教授显而易见所做的。

但是,一种丰富的内在生活并不是一种具备美德的生活,而我在此提出的一个观点是,尼采不仅是"充满激情的内在性"的一个典范,而且还是哲学的品质与人类的美德的一个典范。即便撇开尼采所说的那些更为粗暴与不负责任的胡言乱语,我们肯定应当寻求比内在的狂喜与充满激情的文字更多的东西来构成一种具备美德的生活。美德有可能完全是"内在的",乃至"私人的"吗?在何种意义上,一种丰富的内在生活是一种令人钦佩的生活,一种具备美德的生活?在克尔凯郭尔那里,考虑到他专注于个人的宗教信仰,这看起来也许是合乎情理的。但这并不适用于尼采,对尼采来说,丰富的内在生活几乎不可能充分满足他的要求。他的战士与粉碎大地("爆炸性")的隐喻无法合乎情理地被局限于思想与笔记,被克尔凯郭尔称为"主观性"的东西几乎不是他特别喜爱的领域。尼采的哲学是一种英雄的哲学,如果你并不了解他的话,你还会认为,尼采的哲学是一种行动的哲学。但令人遗憾的真相是,它已经几乎退化成一种自我救助式的健康哲学。大众最喜欢引用的两段话是:"那没有杀死(压倒)我的,让我更加强大。"与"生活在险境中!"我总是以为,第一句话几乎就是胡说。最有可能的情况是,那没有杀死我的东西让我变得虚弱。那第二句话呢?尼采可曾真正做过什么冒险的事?一些糟糕的评论?在阿尔卑斯山的一次散步中迷了路?偶尔服药过量?公然蔑视死亡的形象并没有掩盖这个事实,即尼采终其一生都在生病。他将"健康"称赞为一种哲学理想与哲学标准,考虑到他是一位长年患病的哲学家,这最多也是令人同情的。但接下来需要再说一点,我们有多么轻易地将健康视为理所当然,尼采在心中也必定将之视为理所当然。

当我们在详述尼采的人生的**痛苦**时,我们肯定会注意到,尼采以糟糕的方式死去。在能够想象到的情况中,他或许是他自己的那个明智教诲"死得其时"的最糟糕的反例。在整整十年间,他在自己妹妹的照料下,苟延残喘于一种近乎植物人的状态,他鄙视他妹妹所持有的那些观点,而他妹妹最终却公开利用他来为那些观点辩护。他对同情的反对贯穿其事业的始终,但根据那些了解他的人的说法,这种软弱的情感正是尼采自己人格的最突出的特征之一。①(他为了动物的福利而做出的最终姿态,值得人们由衷地赞赏。)作为一个榜样,尼采可以更为合理地被视为一场由对立面组成的戏剧,就像卢梭一样,尼采无法仅仅根据他的论著或他的人生来得到理解。

因此,尼采的人生(只要它试图要从根本上充当一个榜样)可能看上去就像这样一个榜样:一个痛苦而又不幸的心灵通过他的天才与他的苦难,设法创造出一个华丽而又伟大的作品文集。因此,亚历山大·内哈马斯在哲学上与传记上对尼采做出了重构,而这是自柏拉图将自身的目光放到他导师苏格拉底的生涯以来的最为精巧的重构之一。内哈马斯给了我们合适的理由来忽略那个名叫"尼采"的"悲惨而又渺小的男人",并让我们转而接受那个被他创造出来的名为**尼采**的**角色**。② 人们可能会通过坚称"生命不是文学"来反对这种做法③,但我现在认为,这种生硬的对比不仅掩盖了在尼采与**尼采**之间的极具吸引力的紧密关系,而且破坏了"角色"这个概念的某些最具吸引力的特征,从而让哲学中的个人统一性与人身攻击论证的本质变得模糊不清。

简要地说,这种紧密关系相关于一种错综复杂的相互影

---

① 参见本节开头所援引的玛丽·冯·布拉克的话:"他那病态的纤弱灵魂……,满溢着同情。"

② Nehamas, *Nietzsche: Life as Literature*.

③ 参见我对内哈马斯的评论,"Nietzsche and Nehamas's Nietzsche", *International Studies in Philosophy*, special issue on Nietzsche, 21.2 (summer 1989).

响，即在一个人的想法、计划、情感以及自我的概念与一个人或许（以成问题的方式）支持的那些与个人的行为、成就、评论以及历史相关的赤裸裸的"事实"之间的相互影响。我在此关注的是让-保罗·萨特在"事实性"与"超越性"之间做出的熟悉区分（在没有陷入被萨特称为"为他者的存在"的东西所引起的迅速增长的复杂情况的条件下）。问题在于，我们如何"解读"一个人的行为与那段历史的叙事，这在很大程度上取决于这个人的意向、抱负与理想。在尼采的例证中，他生活中的"事件"是如此渺小，而他的意向、抱负与理想是如此宏大，因此，若没有持续地参照这两方面来理解尼采，这既是错误的，又是不公平的。换句话说，我试图要做的是，在那种过度指向个人的心理分析式的还原主义与阿瑟·丹图的那个"作为哲学家的尼采"的老观点（丹图本人已经收回了这个观点）① 之间清理出一条道路。

尼采与**尼采**之间的关系引发了各种各样令人困扰的问题，比如，良好的财产状况——或良好的健康状况——是否是一种具备美德的**幸福**人生的前提条件？或者（就像在康德

---

① Arthur Danto, *Nietzsche as Philosopher* (New York: Macmillan, 1963). 当然，我一点也不想否认，丹图那本书的出版在研究尼采的学术活动中是最为重要的事件之一。瓦尔特·考夫曼在几年前对尼采做出了同等重要的去纳粹化的研究，此后，丹图以这样一种方式把握了尼采的观念，即让尼采在当时由分析哲学压倒一切的美国职业哲学的世界中"获得尊重"。他承认这种研究路径的局限性，人们可在多处找到他的这个论断，其中包括丹图于1983年在美国哲学学会所做的主席致辞["Philosophy as/and/of Literature"，重新发表于 *The Philosophical Disenfranchisement of Art* (New York: Columbia University Press, 1986)] 与他的论文 "Some Remarks on the Genealogy of Morals"，该文收录于 *Reading Nietzsche*, ed. Robert C. Solomon and Kathleen M. Higgins (New York: Oxford University Press, 1988)。

那里）它们从根本上是不相关的？美德问题以及作为榜样的哲学家问题，首先就是要根据哲学家自己书写的文字本身来做出解答。这常常不是简单与轻松的。（请考虑马丁·海德格尔与埃兹拉·庞德的情况，他们两者都支持纳粹的事业。我们在何种程度上可以在他们的作品中分辨出这种可鄙的意气相投？他们的作品在何种程度上受到了他们政治立场的连累？）如果认为，人身攻击的论证应当审视的是个人的品性，**而不是**写作的文字，这是一个巨大的错误，但更大的错误是这种做法的反面，即仅仅阅读这些文字而遗忘了那个想出这些文字并创造出这些文字的人。恰恰是那个在哲学中的哲学家才应当是我们的焦点。哲学家的美德是那些在哲学中显而易见的美德。①

就像许多哲学家一样（我想起了柏拉图、卢梭与马克思），尼采创造了一个理想的世界——在他的情况下这或许是一种身份——这个理想的世界戏剧性地不同于他的经验世界。在一种萨特式的重要意义上，这种幻想成为这个哲学家的身份的本质组成部分。因此，对于"一位哲学家应当成为一个榜样"这个观点，还有另一种理解，其要求的戏剧性多少有点降低。一位哲学家没有必要是一个世界史中的人物，没有必要是一个英雄，甚至没有必要是幸福的。当然，一位

---

① 整合哲学家与哲学的要求，使哲学有别于大多数其他的学科，这也让我们对以下这种情况感到奇怪，即我们遇到的"哲学家"（他们几乎总是哲学教授）完全分隔他们的哲学兴趣，使之分离于他们人生的其余部分——无论是令人兴奋的还是令人厌倦的，无论是令人钦佩的还是令人厌恶的。这种要求也促成了"海德格尔的危机"。参见 Hans Sluga, *Heidegger's Crisis* (Cambridge: Harvard University Press, 1994)。

哲学家不能是一个伪君子，仅仅这一点就会排除掉大量潜在的哲学家，而不仅仅是一些哲学教授。我们评判一位哲学家——而不仅仅是他或她的观念，根据的是他或她所说的，即便是用（特别）反讽的方式所说的。求助于"游戏性"不会让你摆脱困境。在写作的过程中，假如有任何人怀疑这一点，那么，这个人就背叛了自己——无论是以笔名的方式、嘲讽的方式、对话的方式，还是用学术的方式。换句话说，尼采的品性无法与他的作品相分离。尼采与**尼采**无法为了批评与诠释的目的而被如此轻易地区分或分离。①

另一种对尼采做出的颇为不同的回应（并不必然对尼采有利）是由一群以古怪的方式坚持不懈地痴迷于疯狂品质的法国人发布出来的，这导致了某些通晓巴黎风尚的新尼采主义者（如乔治·巴塔耶）提出，尼采是一位伟大的哲学家，**因为**他是疯狂的。但我发现，在尼采撰写他的绝大多数论著时，没有证据表明他是疯狂的。C. G. 荣格在他的研讨班中认为，尼采最终疯狂的断层，已经作为神经官能症而呈现于他的生涯的始终。即便这是真的，我并不认为尼采的人生会与对尼采见解的恰当评价相抵触。②问题是，既然我们能以一种方式来使用这把刀，为什么就不能以另一种方式来使用它？我们在开始正当化尼采反对他人的人身攻击论证时，又怎么会没有发现，我们已经将尼采作为某种无法认真对待的怪人

---

① 我在"Nietzsche and Nehamas's Nietzsche"中给出了我的异议来反对内哈马斯在《尼采：生命之为文学》中关于作为**尼采**的尼采重构，我在此处将更改我的异议。在我看来，这个问题如今更为复杂。

② *Jung's Seminar on Nietzsche's Zarathustra*, ed. James L. Jarrett (Princeton, NJ: Princeton University Press, 1977).

而将他抛弃了呢?套用爱德华·G. 罗宾逊①在《小凯撒》中的著名台词,"他能把它分发出去,但他能接受它吗?"

假如读者在此处察觉到了某种不一致,它却不是我有意道歉的那种不一致。若要诊断一种动机,并非必然要为了这种动机表现的天赋而进行争辩。若在一个哲学家身上发现了痛苦,并不因此就会抛弃这个哲学家所抱持的哲学。人身攻击的论证并不必然导致抛弃的结果。我们审视思想家本人(而不仅仅是其思想)越多,我们或许就能发现更多的可敬之处,即便是通过他或她的缺点或弱点。请让我举一个最具戏剧性的例子——苏格拉底。在尼采对苏格拉底的多次攻击中,尼采对苏格拉底这位古代雅典英雄的反讽天才以及苏格拉底将他的那种相当令人反感的人格转化为一种有力武器的能力,清楚地显露出了最高的钦佩乃至嫉妒,而这引起了关于尼采从根本上究竟"喜欢"还是"不喜欢"苏格拉底的争吵,这个争吵无休无止但最终并没有什么意义。尼采"看透"了苏格拉底,但在这么做的过程中,尼采将他的这位伟大先驱的所有成就变得更加显著。

更确切地说,尼采根据道德潜在的**怨恨**动机而对道德做出的著名批判,实际上要比人们通常所认为的具备更多摇摆不定与更多方面的内容。②尼采远不是简单地拒斥"奴隶道德",他在奴隶道德的起源与诸多可能性中发现了许多可钦佩的东西。确实,他对苏格拉底的攻击以及他对大量道德与许

---

① 爱德华·G. 罗宾逊(Edward G. Robinson, 1893—1973),美国著名演员,尤其擅长扮演歹徒与黑帮老大的角色。——译注
② 参见我的"One Hundred Years of Ressentiment"。

多虔诚的道德主义者的攻击通常是恶毒的，它们通常是最糟糕意义上的人身攻击，它们通常毫不妥协，丝毫没有展示出任何摇摆不定的迹象（"肠道疾病与神经衰弱一直侵袭着教士。"）。① 但是，尼采并不轻易给出称赞。尼采也不是那种对自己的意见与偏见欣然给出"一方面……另一方面"式的解释的哲学家，无论尼采自己有多么频繁地敦促我们一会儿采纳这个视角，一会儿采纳那个视角。因此，毫不奇怪，他的文字中充满了最具诽谤性的人身攻击论证。然而，更为仔细的解读要求的是穿过尼采这方面的"风格"，审视尼采哲学中某些最为重要的模棱两可之处，它们通过语境与对比而显露出来。一个人身攻击的论证既能显露出恶习，也能显露出美德。对一位哲学家的描绘应当让我们对他有更多的看法，而不是更少。

若暗示尼采的论著既不是他自己的替代品，也不是对他自己的表现，而是一种对他的孤独与苦难的狂怒，对那些寻求掩饰或否定他们自身苦难的人的狂怒，以及与他自身达成和解并从中产生出某些惊人的东西（即便不是"美丽的"东西）的持久努力，这并非不合情理。因此，尽管有角色存在，但是，在这位作者与他的文本之间的关系并不是一种自我表现，而是一种对立的与辩证的关系。难道情况不会是这样：尼采远没有宣称他自己就是那些作为未来希望的"少数人"之一，他更类似于让-雅克·卢梭，尼采非常清楚自己的不幸，他通过倔强的行为毫无保留地表明，他关注的是展望

---

① *Genealogy*, I, 6.

与推进一个其中不再有任何人与尼采自己相似的世界？恰恰与自我吹嘘相反，卢梭的论著（当然，他的《忏悔录》除外）为之论证的是一个充斥着与他自己**不同**的人们的世界，这些人并非那么不幸，并非如此"败坏"。的确，尼采有时曾经向"未来的哲学家"说过话，尼采希望，这些哲学家将来会阅读他自己的著作。但是，难道这就能推断出，尼采将他自己视为他们中的一员，尼采就像他们一样，是他们中的一个不合时宜的先行者吗？我并不这么认为。尼采尖锐的论证反对的是他自己与孕育他的那个鄙俗而又小家子气的道德主义的世界。根据这种诠释，**热爱命运**就是尼采最终的自我嘲讽；但愿他能够接受像他这样的人生，而不想要另一种人生，一个新的时代，一种新的哲学家，或一个**超人**。（"对于人类的伟大，我的公式是**热爱命运**：一个人不想要任何不同的东西，未来不要，过去不要，永远都不要。不仅要忍受必然的东西，更不要隐瞒它……而是要**热爱**它。"）①

我相信，尼采想要的就是这样的生活。他的人生就是对"热爱命运"的检验。他没有成功地通过这个检验。但话又说回来，我们中有谁能通过这个检验呢？尼采时常告诉我们，将你自己的弱点转化为美德与优势，这有多么重要（尼采告诉我们，希腊人将他们的苦难转化成美，而拿破仑用更糟糕的口吃弥补了他自己的口吃）。尼采**利用**了他的怨恨。他将怨恨变成他的风格——狼蛛式的攻击与迅速的撤退，在私人洞穴的安全处所中发出极为猛烈的抨击——而带有明显的反讽

---

① Nietzsche, *Ecce Homo*, II, §10.

色彩的是，他的目标是其他人的怨恨。恰恰是通过这幅关于这位失败的哲学家及其英雄性哲学的不同寻常的整体图画，我们才能以最佳的方式来理解尼采。而恰恰是需要一幅关于人类的不安全感、怨恨以及人们强加于自身的绝对戒律的相似的整体图画，我们才能以最佳的方式来理解被我们称为"道德"的那种相当引人注目的现象。

尼采的视角主义与关于道德的诸多视角

> 存在的仅仅是视角性的观看，仅仅是视角性的认知；我们允许谈论的一个事物的效果越多，我们能用来观察一个事物的**眼光（不同的眼光）就越多**，我们关于这个事物的"概念"，我们的"客观性"就越全面。
>
> ——尼采，《论道德的谱系》，III, 12

为一个"人身攻击的论证"提供辩护的，是在思想与思想家之间的本质关联，以及一个观念的品质或价值对提出这个观念的人及其背景的部分依赖性。但是，**这样一种人**却未必与论点有关，也就是说，作为一种"赤裸裸的特殊性"的人或作为一组不可胜数的面貌、属性与关系的偶然拥有者。一个人"在……的范围内"与一个观念有关：只要他或她是基督徒，只要他或她相信上帝，只要他或她是共和党员或无神论者，只要这个人是男人或女人，只要这个人是美国人或亚洲人。一位哲学家抽雪茄这个事实与她对亚里士多德的见解或她的宗教信仰无关。而一位哲学家开莲花跑车这个事实与他对生命意义或死亡的不可更改性的见解或许有关，或许无关，这取决于他相信的意义与他倾向的驾驶方式。换句话说，一个人与一个论题或观点有关，这是由于他或她在某个特定阶层中的成员身份：在浅显的意义上说，就是那些宣扬这个论题或观点的阶层。我们的观念很少是我们自己的。尽管"个人的道德"这个措辞颇为流行，但没有什么人真的拥有一种"个人的道德"。我们与我们的团体，我们的社会阶层，我们的宗教附属机构，我们的政治联盟，我们的家庭、部族、利益集团以及事业机构共享着我们的道德。因此，我们不仅作为个体，而且作为代表与我们的观念和我们的价值相关。

我们与那些位于相似的社会处境与社会立场的阶层，那些共同享有某些特定关切的人，那些可利用某些特定的知识工具（无论是仪器还是语言）的人分享着我们的观念与我们的价值。举一个明显的例证，关于遥远而又神秘的天文现象的存在与本质的论证，取决于能否利用某些非常复杂而又极其昂贵的仪器以及由此获得的证据。人们能在没有这种仪器的优势条件下对这个问题做出论证（黑格尔对在我们的太阳系中仅仅存有7颗行星的必然性做出的先验论证，就是一个令人尴尬的典型例证），但是，一旦这种仪器是可资利用的，对这个问题来说，对这种仪器的使用就是必不可少的。因此，构成天文学知识的信念并不仅仅与宇宙学的事实有关。在它们中间的是由望远镜（及其接替者）提供的视角，没有这种视角，它们如今就是不可想象的。

在宗教中，所考虑的阶层有可能是信徒的阶层，尽管这个阶层究竟是什么，将取决于所考虑问题的特殊性。关于教皇无误论的争辩倾向于仅仅将天主教徒包括在内（尽管其他人或许也乐意说出他们的那些不相关的意见），而关于"谁是犹太人"的论证主要包括的是犹太人、以色列的政治家与（可悲的）反犹太主义者。关于基督的神圣性的问题自然将几乎每一个基督徒都包括在内，而尼采的反对犹太教与基督教传统的人身攻击论证预设了某种对抗性的姿态，不难理解，这种姿态倾向于离间与惹怒信徒。但同样需要指出的是——而这是一个批判性的观点——反对犹太教与基督教传统的对抗性观点来自这种传统的**内部**。尼采的父亲是路德教派的牧师，而尼采自己在成长的过程中认为，他被牧师所束缚，这并不是反讽性的偶然事件。人们几乎无法设想尼采的狂怒（以及他的知情人的那些见闻），假若尼采没有持续攻击并不断试图以他的方式走出他自己的童年的视角的话。因此，当尼采在他的自传中评论说他是一个"出于本能的"无神论者，最好还是将之作为他的那些并不坦率的反讽话语。① 人们在仅仅是由无信仰者构成的隐蔽之处不会发现如此恶毒的无神论者。

因此，所有与道德有关的问题也取决于一个人对某种文化的归属。（克劳德·列维-施特劳斯："当我在我自己的社会中见证到某种决定或行为模式时，我充满了义愤与憎恶，而假如我在一个所谓的原始社会中观察到相似的行为，我不

---

① Nietzsche, *Ecce Homo*, II, 1.

会试图对之做出价值判断。我试图要做的是去理解它。")① 如果存在任何普遍的道德规则或道德原则,那么,这也是因为我们享有一个共同的背景,在最低限度上,一个都是"人类"的背景。(在此隐约会出现的是被彼得·辛格②称为"物种歧视论"的指责,即夸大地估计了人类利益的重要性,并忽略了其他物种的利益。③尼采会非常赞同这种指责。)道德依赖于背景,而无论是否存在普遍的道德规则或道德原则,一个人关于"是什么"与"应当做什么"的问题的见解,取决于这个人所归属的特定文化、背景与经验、这个人的家庭与朋友、这个人的阶层、这个人的健康与经济地位。因此,更普遍地说,在哲学中对真理的追求,也取决于一个人的能力、方法与观点。在哲学中对"方法"的持久寻求,反映了一种永恒的愿望,即追求某个可直接通达问题的确定视角,但是,这种方法的增生(比如,现象学的方法与分析的方法)只不过强调了这样一个明显的事实,即正如人与人之间有所不同,视角与视角之间有所不同,哲学家之间也有所不同。一个人(在相关的意义上)是谁?这是哲学研究结果的一个确定的(但并非充分的)决定要素。④"方法"通常特别设定了确证

---

① Claude Levi-Strauss, interview, 1970, 这段话被引用于我的论著 *Ethics: A Brief Introduction* (New York: McGraw-Hill, 1984), 9。
② 彼得·辛格(Peter Singer, 1946—),澳大利亚与美国的著名伦理学家,是世界动物保护运动的倡导者。——译注
③ Peter Singer, *Animal Liberation* (New York: NYRB Press, 1973).
④ 人们也许会非常慎重地将此与分析性的知识论中新近的一次运动,尤其是欧内斯特·索萨(Ernest Sosa)的哲学联系起来。它有时被称为"德性知识论",是阿尔文·戈德曼(Alvin Goldman)的所谓的"可靠主义"的一个变种,这种知识论将根据"认知者"的德性或证据来源的可靠性来对知识做出理解。

的手段。

　　换言之，尼采对人身攻击论证的使用，与他那个极具争议的"视角主义"颇为相关。尼采的视角主义是这样的观点，即一个人总是从某个特定的"视角"来认识、感知或思考某个东西——当然，视角并不仅仅是一个空间性的角度，而是由周围的印象、影响与观念构成的特定背景，它是通过一个人的语言与社会素养构想出来的，并最终由一个人的心理构成、历史乃至与这个人自身有关的一切所决定的。因此，尼采有时在公开表明的观点中坚持认为，严格地说，视角是**个人的**，实际上，每个人的视角都是"独一无二的"。在某种微不足道的意义上，这是真的。没有其他人能恰好在同一时间位于我的空间位置，并恰好拥有我的背景与经验。事实上，尼采有时甚至走得如此之远，以至于他将视角分成诸多瞬间的视角，尼采提出，我们中的每一个人都拥有许多自我，而不同的自我或许拥有不同的视角。或者我们根本就没有自我，我们**仅仅**是这些瞬间性的视角，一会儿以这种方式看待世界（比如，当我们发怒时），一会儿以那种方式看待世界（比如，当我们坠入爱河时）。但我认为，将事物划分到这种程度，剥夺了这个概述性论题的真正力量，视角主义意在坚持认为，并不存在独立于视角的整体观点，并没有什么"神目"观，存在的只是这一个或那一个多少是特定的视角。人身攻击的论证具备某种有效性，因为并不存在独立于视角的观念或真理，它们**都来自某处，来自某人**。

　　这个论题通常被转化为尼采的所谓的"视角主义"的"学说"（对"视角主义"这个术语，尼采仅仅用了一次）。根据这个学说，在我们的信念与真理"本身"之间，并不存在外在的比较或对应关系，存在的仅仅是在视角之内以及诸多视角之间的比较、竞争与品质的差异。由于将人身攻击论证作为谬误的指责依赖于这个假设，即在我们的信念与真理"本身"之间存在着现成的区别与可资利用的比较，而这个假设已经遭到了尼采的拒斥，因此，尼采的视角主义就能成为对他的人身攻击论证的方法的辩护。

这个视角主义的隐喻（而视角主义确实是一个隐喻）实际上将以下这个问题保留为一个开放性的问题，即是否有可能存在某种"真理本身"，它们是一切视角的最终对象（即便它们从来也不是"没有中介的"）。毕竟，要坚持认为某物是从一个视角得到审视的，这似乎已经假定了这个"某物"是独立于视角而存在的（罗伯特·诺齐克在他的《哲学解释》中就这么认为①）。尼采对这一挑战的答复是模棱两可的、不完整的。他的著名论断是，"没有事实，只有解释"，而他在别处告诉我们，"没有道德的事实"②。但这种浮夸的相对主义是典型的误解，首先，它跳到了这样一个没有根据的结论上，即解释因此就没有任何根据，诸多视角因此就无法相互比较。其次，它以相似的方式跳到了这样一个结论上，即视角主义并没有为评价留下任何根据。在一种最粗俗的相对主义中，"一个解释与其他任何解释都一样好"。（要坚持认为某物"仅仅是个解释"，这并不必然就是在说它不是真的。）

---

① Robert Nozick, *Philosophical Explanations* (Cambridge: Harvard University Press, 1983).

② Nietzsche, *The Will to Power*, §481; *Beyond Good and Evil*, I, 22; IV, §108.

一个视角总是对某个事物的视角。但是，假如根据那个"某物"来比较与对比诸个视角是没有意义的，假如在一个视角与另一个视角之间权衡利弊是没有意义的，那么，也就没有什么意义来谈论诸多的视角。从两个不同视角来考虑的那个"某物"是否是在这两个解释下的同一个事物，这是一个悬而未决的（有时是无法回答的）问题。（古典遗传学中的"基因"，是否与被称为DNA的复合蛋白质的某些组成部分或某些微粒"相同"？在着迷的恋人看到并描述的某个人的身体，是否与这个人在体检医生眼中的那具身体"相同"？）因此，谈论视角，也并不是要否定有关"忠实于"原意，"深度"和"洞察力"，"歪曲"或纯粹的不合情理的所有这些理解问题的重要性。当然，存在着一些启发性的实践关切，它们非常迅速地让我们更喜欢某些解释，而不是其他的任何解释。视角与解释总是受制于评估，或许，它们并不是与某些外在的"真理"相比较，而是在它们的背景下并根据它们所采纳的目的来对它们做出评价。

　　非常值得注意的是，尽管尼采可能会否认存在任何"神目观"的视角，他却总是渴求着一种在人类之上的视角，并时常为我们的那种"人性的，太人性的"视点而感到痛惜。这不会有什么意义，除非尼采容许我们**可以逃离我们同时代的人类视点，可以设想**比如说**超人**或三千年前的"主人"的生活与心理。假如尼采仅仅注意到乃至仅仅哀叹我们陷入了我们的那个人类的视角，这是一回事，但将之批评为"人性的，太人性的"并建议（即便不是敦促）我们走出这个视角，这又是另一回事。

第1章 针对个人的尼采

我们应当注意到,尼采自己有多么频繁地这么做,这有时带有令人震惊的后果。比如,在《论道德的谱系》第2篇论文中,尼采对残酷做了臭名昭著的讨论,在该讨论中,他不带任何谴责地描述了残酷的古代节日(以及它们在现代刑罚中的等价物)。这并不是说,尼采鼓励或容忍这种行为——他显然并非如此,但是,他也没有以随大流的方式添加任何表达痛恨或道德义愤的语句,而任何当代作家都会被要求这么做(比如,请考虑当代作家所写到的大屠杀、美国的奴隶制或当代作家所提到的利奥波德二世在刚果发动的种族灭绝)。在这些段落的文字中,尼采采纳的是一种诊断性的视角,就像一位肿瘤学家在检验恶性肿瘤的生长,而(暂时)没有提到她对自己病人的同情或感伤。因此,当尼采考察道德的整个历史时,他也是这样做的。无可否认,这个视角多少带有某种嘲讽性,但(对这个视角来说)更重要的是要保持一种真正在人类之上的距离——换言之,无论针对的是什么观点,尼采都更像是一位美国的人类学家在描述遥远的马哈拉施特拉邦①中的印度人与穆斯林之间的关系,或者是一位动物学家在描述两个物种(比如说,羔羊与靠捕食羔羊为生的那些猛禽)之间的关系,他是超然的与完全不介入的。

在人类之上的(而不是**超越于**人类的)视角这个概念解释了尼采在分析中采纳的大量"不辨善恶"的腔调。康德毫不辩解地就以道德**之内**的领域为出发点,他接下来则试图描述道德的必然性。不同于康德,尼采坚定地走到"道德的观

---

① 马哈拉施特拉邦(Maharashtra),旧译"摩诃罗嵯",位于印度中部。该邦首府为孟买,是印度的主要经济和文化中心之一。——译注

点"之外,并将它作为一个样品来检验。无可否认,尼采的检验所根据的是众多不同的观点,但其中没有一个是道德的观点。以同样的方式,尼采也考察了那个养育了他(并且成为他年轻时的志向)的宗教,他有时根据的是被这个宗教欺骗与背叛的知情人的视角,有时根据的是文化人类学家的观点,这种观点将基督教仅仅视为人类的另一种好奇心。

如果以一种松散而又抽象的方式来讨论视角,就好像它们只不过是潜在的观点,这就遗漏了尼采的视角主义的批判性,就遗漏了"一个视角是**被占据的**"这个事实。人们或许会用打比方的方式来谈论视角,就像尼采所说的,"一会儿通过这扇窗户向外看,一会儿则通过那扇窗户向外看"①,但是,关于一个尚未被占据的视角的形象掩盖了尼采论点的基本要旨。观看者无法与视角相分离,在评价一个视角的过程中,我们不可避免地也会评价另外的视角。当然,在理论上,一个人能够以毫无顾虑的方式一方面谈论一个可能的视角,另一方面谈论那个有可能占据这个视角的人。但在一个视角之内,在那个特定的人与那个视角本身之间,并不存在这种现成的区分。假如我的见解就是犹太人、学者、悲观主义者或叛教者的见解,那么,这个见解中有多少算得上是来自**我的**视角,有多少算得上是来自犹太人、学者、悲观主义者或叛教者的**那个**视角呢?为了要坚称每一个人可能(或必然)采纳的恰恰是"相同的"视角,这需要的是多么贫乏的自我概念?这断然不是在暗示,"每个人都拥有他或她自己的视角",

---

① Nietzsche, *The Will to Power*, §410.

也不是在暗示，诸多视角在彼此之间无法比较或对比。而这正是与人身攻击论证有关的一切，对于人身攻击的论证来说，它并不是用纯粹冒犯性的侮辱来替代人们对成问题论点的严肃思考，而是对那些人与那些视角的严肃思考，一个论点只有通过那些人与那些视角，才成为值得讨论的问题。

因此，被某人所构想与采纳的一种解释，以及这种解释的质量与价值，也部分取决于我们对这个解释者的看法。诚然，一个简单的经验观察（"猫在垫子上"）可以在没有深入研究说话者品性的条件下或多或少地得到确证。但是，难道任何与价值有关的陈述——无论与它有关的是咖啡的味道，还是降低资本利得税的可取性——能在没有问到提出者的情况下得到充分考虑吗？针对个人的哲学进路会问，这是谁的解释？假如是有关正义的论断，那么，它是由善良的苏格拉底做出的，还是由粗俗的色拉叙马霍斯（Thrasymachus）做出的？并非偶然的是，《理想国》的全部"论证"是，色拉叙马霍斯被柏拉图表现为一个带有讽刺意味的恶棍，而苏格拉底被柏拉图表现为美德的化身。苏格拉底的论证并非真的都是好的或令人信服的，而色拉叙马霍斯的政治"现实主义"也并非都那么不合情理。但凭借着品性的力量与前景的宏大，苏格拉底赢得了胜利。柏拉图的其他对话录以类似的方式向我们表明了一种**品性**，而不是被某些戏剧性事件分开的一系列论证。说服我们的恰恰是苏格拉底的美德与魅力，而不是他的论证。

尼采自己被苏格拉底迷住了，他常常将苏格拉底称为一个"小丑",而这是一个有点表示亲热的字眼。① 毫不奇怪,正是苏格拉底的品性(与外貌)吸引了尼采的注意力,即便对尼采与我们来说,苏格拉底多半是柏拉图为了我们而创造的文学角色。② 无法轻易区分角色与立场,除非通过一种致命的活体解剖,即在脱离语境的条件下套取论点。在柏拉图对话录的其他地方,角色也被表现为一种"论证"。克法洛斯(Cephalus),一位富有但肤浅的老人,在《理想国》中就像色拉叙马霍斯那样,不仅提出了他的观点,而且也展示了他的观点。在《会饮篇》中,无赖般的阿尔西比亚德(Alcibiades)与美丽的年轻诗人阿伽通(Agathon)这两个角色,对于他们关于爱的"演说"都是必不可少的。《会饮篇》中的苏格拉底这个角色表现得过于超然并有点不够敏感,这展示了某些重要的东西,这些东西与我们应当如何看待苏格拉底的某些学说有关,这些学说导源于他与沉思的狄奥蒂玛(Diotima)的假定对话。③ 一个解释并不仅仅是一种抽象的可能性;它是一个有所表现的,时而充满激情的观点。它涉及的是一种紧密的关系,而冷静的逻辑论证或许与它没有什么关联,对它几乎没有什么大的利害关系。因此,某些逻辑学家的修辞学把

---

① Nietzsche, *Twilight of the Idols*, II, 4. 他对他自己(*Ecce Homo*, IV, 1)与莎士比亚(*Ecce Homo*, II, 4)都同样说过这种话。
② 关于"真正的"苏格拉底,参见 Gregory Vlastos, "The Paradox of Socrates", in *The Philosophy of Socrates*, ed. Vlastos (New York: Doubleday, 1971), 1–34。
③ 比如,参见 Vlastos, "The Individual as Object of Love in Plato's Dialogues", in *Platonic Studies* (Princeton, NJ: Princeton University Press, 1973), 1–34; Martha Nussbaum, "The Speech of Alcibiades", *Philosophy and Literature* 3.2 (1979): 131–169。

戏轻易就证明了解释的无限增长性与神话般的"原始文本"的不可通达性，但这些把戏在实践中迅速失败了。位于诸多解释之下的是一个人，尽管我们欣然承认，一个人对一个问题能拥有"两种（或更多）意见"，但在现实生活中，却存在着逻辑有可能无法识别的终止这种状态的地方。

　　难道就不能合情合理地认为，每一个解释与视角都和其他任何的解释与视角一样好？只要人们以抽象的方式将解释与视角分离于它们得到评价的背景。但这恰恰是尼采十分明智地加以否定的。**总是**存在着这样的背景，它部分地被持有这种解释的那个人的品性与境遇所界定。某些解释与视角优于其他的解释与视角，这是因为某些人比其他人受到了更好的教育，更为灵敏，更富有洞察力。只有那种最为堕落或懒散的平等主义才会认为，"每个人都拥有他自己的意见"（也就是说，"一个人的意见与其他任何人的意见都一样好"），所有的解释与视角都是平等的，因为所有人都是平等的，无论这些人其他方面的真实情况如何。（当然，甚至这种最低限度的平等的真实性，也是尼采最想要质疑的学说之一。）人们或许还会认为，总是存在着诠释的多样性，除了某些特定的视角或目的，在它们之间的选择是"不可判定的"。但是，这个貌似合理的暗示已经荒谬地扩展到纯粹是数学的可能性之中，即或许存有无限的解释与视角，因而并没有什么"真理"或"事实"来对它们做出分辨。尽管如此，假若我们考虑到与我们的实践关切有关的"真理"以及与我们的社会和生物的具体现实有关的"事实"，难道还将有（或还会有）无数相互冲突的解释对我们具有真正的重要性吗？人们不应当过度执着于美国人对"实用的"这个词的独特用法,但尼采对价值的见解完全是"实用的"。重要的恰恰是"产生差异的"东西,而不是这种差异(或**延异**)的抽象可能性。

以类似方式界定我们对知识与价值的关切的背景的,是与**冲突**有关的无可回避的"事实"。我们通常逐渐意识到我们拥有一个视角,我们所相信的(仅仅)是一种解释,这只有当我们偶然碰到一个不同的视角或面对一种替代性的解释时才会发生。我们遇到一个人或进入一种文化,我们发现自己简直无法理解正在发生的事情。我们进入讨论并发现我们之间存在着尖锐的分歧,不是关于"那些事实"的分歧(只要这些事实并非同样被我们的解释所决定),而是关于那些事实的重要性的分歧。两种知识的论断彼此矛盾,两种价值的体系在很有可能成为意识形态斗争的东西中发生冲撞。但诸多解释之间发生冲突,这恰恰是因为它们都宣称自己是同一个现象的解释,恰恰是因为它们都宣称共享有一个背景,即便它们对我们的人生具有非常不同的与不相容的含义。视角可被确认为视角,这正是因为它们有所不同与有所分歧。因此,我们就需要评价我们的分歧并整理我们的视角的标准。我们将运用"事实"来作为标准,只要我们能发现事实,但是,在绝大多数的哲学问题中,我们更有可能立足于我们自己的确信感,激发我们运用论证与修辞的武器来避开怀疑,遏制羞辱性的反驳(尽管如此,这些怀疑与反驳很少能动摇我们对那些成问题的学说的信仰)。换句话说,我们倾向于主要根据"它们恰巧就是我自己的东西"这独一无二的事实来为我们的视角辩护。("'我的判断就是**我的**判断':没有其他人可以轻易享有它——这或许就是未来的哲学家对他自己所说的。")①

忏悔录与回忆录:哲学中的个人申辩

> 我逐渐明白了,迄今为止的每一种伟大哲学究竟是什么:即它的作者的私人忏悔录与一种不情愿而又无意识的回忆录。
>
> ——尼采,《超善恶》

尼采的哲学是"它的作者的私人忏悔录",不管它是"不情愿的"还是"无意识的"。如果尼采不这么主张,那对他来说就是彻底的不一致(尽管如此,我猜想,他可以设法充分利用"迄今为止"这个在他评论中的措辞,并断言他自己是第一个例外)。当然,尼采的哲学不仅仅是忏悔录。(任何伟大的哲学都不可能仅仅是忏悔录。)它是一种**个人的**哲学,不可简化。尼采认为,在一切情形下,哲学表达的是哲学家的看法,它(有时以误导性的方式,有时以欺骗性的方式)界定了哲学家与这个世界以及他人的紧密关系。因此,对哲学的批判蕴含着对哲学家的批评,反之亦然。但是,将哲学解读为"回忆录",将尼采自己的哲学理解为一种"表达",而不是"忏悔",这并没有给出任何理由来让我们忽略哲学,也

---

① Friedrich Nietzsche, *Beyond Good and Evil*, §43.

并不意味着我们不需要（de rigueur）论证的可靠性与说服力。

　　根据恰当的理解，人身攻击论证鉴别的不仅仅是观念的深刻性与论证的效果，而且还包括它们的来源与提出者。① 因此，它包含的是一个关于自我的丰富概念，这个自我的概念对立于那种最小的、贫瘠的、仅仅是"先验的"自我，后者不受情感、欲望、性格或品性的"妨碍"，并被从笛卡尔与康德到约翰·罗尔斯的如此众多的哲学家预先假定。尼采假定的则是一种本质性的自我，但它当然不是一种笛卡尔式的自我，而是作为诸多冲动的构造，一种心理意义上的自我，它无法与它的属性、态度和想法相区分。尼采对观点与论证持有一个同样实际的见解，他并没有将它们作为抽象的命题，而是作为宣扬它们的那个人或那些人的重要组成部分。因此，对尼采来说，第一人称的声音并不像笛卡尔在《沉思录》中所主张的那样，仅仅是一连串思想的表达手段与修辞支柱，并（意在）让任何人都可以怀有这样的思想。尼采不断强调他自己的独一无二（这是他着迷的风格之一，这也让他更容易遭到人们的谴责），这种做法对他的狂妄自大并非必要，它的重要性在于，可以借此传递出一个更有节制的信息，即在这些话语、这些书籍与这些观念的背后，总是存在着一个特别的人。

---

① 有趣的是，我发现尼采总是被誉为"作者之死"这个运动的主要促成者，该运动是由晚期的米歇尔·福柯与罗兰·巴特这样著名的成功作者推进的。这是内哈马斯新近作品的重要主题，而实际上，尼采确实以相当不认真的态度考虑过叙事的身份与"面具"。但是，我终究无法设想这样一位哲学家，他更多的是一个煞费苦心的作者，但他又可以被认同为一个非常真实的、有血有肉的书写者。

第 1 章　针对个人的尼采

　　根据尼采的观点，哲学首先是一种个人的参与，而不是论点以及对论点的反驳。哲学的**概念**并没有自己的生命，无论它们是在某个柏拉图式的天堂里还是在某个哲学休闲室的黑板上。它们从一开始就是由文化构造与培育的，只要它们从根本上拥有任何意义，那些意义首先就是个人的意义。这并不意味着它们是私人的，更不意味着它们是个人创造的，而是意味着它们是被个人**感受**的，它们沉浸在那个人的品性之中，并由那个人的品性所组成。我对那个所谓的人身攻击的"谬误"的谈论就到此为止。恰恰相反，真正的谬误假定，哲学及其论证可以割裂于其停泊的个体灵魂以及该个体所处的文化，并且正如常言所说，可以在永恒的庇佑下对它们进行探讨。而这恰恰是尼采拒绝做的。

第 2 章 尼采的道德视角主义

> 在漫步于众多更敏锐与更粗俗的道德（它们迄今已经盛行于这个世界，或仍然盛行于这个世界）之后……我最终发现了两个基本的类型与一个基本的差异。存在的是**主人道德与奴隶道德**……道德所分辨的价值或者起源于统治集团，他们欣然意识到自身与被统治群体的差异——或者起源于被统治者、奴隶与任何等级的依赖者。
>
> ——尼采,《超善恶》

尼采的《论道德的谱系》（或许还连同《超善恶》）是论述世俗伦理理论的影响深远的五六部论著之一。它在那些影响深远的伦理学论著中是最令人无法容忍的一部。柏拉图给了我们一个完美的社会；亚里士多德给我们描绘了一种具备美德的幸福人生；康德提供了一种对道德与实践理性的分析；约翰·斯图亚特·穆勒给了我们一种功利原则，它温和地强调了高质量的集体幸福。相较之下，尼采为我们提供了一种诊断，其中显现出来的道德是某种卑鄙而又软弱的东西。我们所知道的道德实际上是"奴隶道德"，它被如此命名，不

第 2 章　尼采的道德视角主义

仅仅由于它的历史根源，而且还由于它持久具备的那种奴性的与低劣的本质。尼采告诉我们，奴隶道德的基础是**怨恨**（他用的是法语词汇 *ressentiment*），一种充满敌意的回应性情感，它的基础是低劣感与因挫败而产生的怀恨在心。他将奴隶道德与那种被他以不同的方式称为"贵族"道德与"主人"道德的东西相对照，他为后者呈现了更多可能的面貌。几乎没有什么悬念，他的描述表明了他更喜欢哪种"道德类型"（从而也表明了我们更喜欢哪种"道德类型"）。尼采的道德"谱系学"让没有什么经验的读者对他或她自己的奴性态度感到不快，但它还意在以诱惑的写作方式激发出一种优越感，促使我们变得"高贵"。这些态度是危险的，颇为对立于那种我们通常期待从伦理学论文中获得的有教益的道德支持。就像绝大多数的诱惑一样，它们也是极具误导性的，无论是作为一种道德的指导原则，还是作为尼采自身意图的一种表现（这可根据尼采其他的某些作品而做出判断）。

尼采最频繁提及的是"贵族"道德，它在道德问题中是一个远比**主人**更有吸引力的术语。是的，尼采确实提到了统治阶级的道德规范，但是，**主人**这个术语拥有更生硬的含义，即作为标准的"主人—奴隶"两分法的其中一半。（尼采也将奴隶道德称为"群畜"道德，这或许仍然是贬低性的，但它至少没有求助于那种打击与镇压的景象。）然而，尼采在心中最终想到的并不是社会的地位，而是**文化**，或者是过去一直被称为"高级文化"的东西。他珍视的是一种特定的教养、一种精致的品位、一种接受自身与思考自身的方式。他鄙视的是缺乏教养、庸俗、糟糕的品位、媚俗。那些拥有高贵品位的人通常来自特权阶层，而（在现代民主制得到发展之前）那些拥有庸俗品位的人往往来自下层社会，这个历史事实并非在此要考虑的问题。穷困的尼采是拥有精致品位的人的一个典范。而所有普鲁士人的领袖俾斯麦则是庸俗的一个典型例证。因此，尽管我偶尔写道，尼采更偏爱于"主人道德"，但是，请记住，尼采倡导的是那种文化意义上的高贵，而不是对蓄奴时代的错误怀旧。

事实上，尼采的"谱系学"只有一小部分是谱系；它更多是一种心理学的诊断。它确实包括了一种关于道德的历史与演化的颇为简练并相当著名的解释，但是，这种解释的核心是关于那种历史与演化的潜在动机与机制的心理学假说。尼采在《论道德的谱系》第一篇论文的第 10 节中告诉我们，"当**怨恨**本身变得具有创造性并产生出了价值时，道德中的奴隶反叛就开始了"[①]。现代批评家很可能将这种反思作为另一个版本的起源悖论：问题并不在于诸多道德的谱系、起源或动机，而在于（用新康德主义的术语来说）我们的道德原则的**合法性**。因此，传统的道德理论家与尼采的评注者常常以各自的方式谈论过去，前者专注于与道德戒律的形式与辩护有关的论证，后者则揭露潜藏于那些所谓普遍的、非个人的与必然的理想之下的历史与隐秘动机。还有一个在很大程度上没有得到解答的大问题——在当下的道德关切与道德哲学中，谱系学与心理学如何能以最佳方式建立密切的关系？但是，在本章与接下来的章节中，我想要专注的仅仅是一个

---

① Nietzsche, *On the Genealogy of Morals*, trans. Walter Kaufmann (New York: Vintage, 1967).

第 2 章　尼采的道德视角主义

更特别的问题，即尼采在他的《论道德的谱系》中提出的这个问题——怨恨的伦理维度以及怨恨对伦理学可能带来的后果。

怨恨如何形成伦理的判断？这对于那些伦理的判断来说又意味着什么？这种怨恨难道是一种"糟糕的"情感，因此，对它的诊断难道就意味着以它为基础的道德的不恰当性吗？马克斯·舍勒在多年前就对怨恨与基督教的关系提出了相似的问题；他的意图是保护基督教，令基督教免受尼采的那些最为严厉的指控。① 我在此并没有这样的目的，但我对尼采反道德与**怨恨**的运动确实拥有一种复杂的感情，而这将在本章与接下来的章节中变得显而易见。就像大多数没有什么经验的读者一样，我也曾经对主人与奴隶/强者与弱者的两分法狂热地感兴趣（虽然我在当时只有十八岁，我肯定将自己算作那些"主人"之一）。但我承认，作为一个所谓负责的哲学教师与教育作家，我也许过于长久地宣扬与坚持了这种两分法。② 不可否认，尼采自诩的"争辩"有着强大的力量，但是，我们这些哲学上的羔羊在对那些猛禽表示敬意的同时仍然应当保持警惕，无论那些猛禽或许有多么高贵。

---

① Max Scheler, *Ressentiment* (New York: Free Press, 1961)（最初撰写于 1912 年）。
② 我的这点告白与含蓄的歉意受益于凯瑟琳·希金斯教授与福瑞斯杰夫·伯格曼的激励，前者是我先前在《从理性主义到存在主义》（1972）中助长的尼采式的自负的接受者之一，后者在 Solomon and Higgins, *Reading Nietzsche*, 29–45 中多次表达了相同的关切。

尼采的道德视角主义

> 善恶的概念拥有一个双重的史前史：首先在占统治地位的部族和种姓的灵魂之中……然后在受统治的、无能的灵魂之中。
>
> ——尼采，《人性的，太人性的》

尼采的视角主义在他的道德哲学中最引人注目，也最有争议。在《超善恶》中，他引入了两个支配道德思考的视角，在《论道德的谱系》中，他对这两个视角做出了解释。这两个对立而又彼此冲突的视角分别是贵族的视角与奴隶的视角。按照他的视角主义，尼采否认存在任何"道德的事实"，但从尼采的观点看最引人注目的是，贵族（主人）道德与奴隶（群畜）道德都没有把自身视为一个视角，更没有把自身仅仅视为一个解释。两者都将自身视为"真实的"。

贵族简单地将他自身与他的见解视为优越的，而且在大多数情况下不假思索地假定"奴隶"与他共享同一个视角（根据这个视角，"奴隶"当然就是失败者）。然而，贵族优越性的标准是贵族自己的标准，它在绝大多数情况下是未经审验的与自我实现的。贵族是他自己的道德典范。正如在喜剧《春光满古城》①中那位傲慢的贵族唱道："我就是我自己的完美典范！"另一方面，奴隶在心理上则更为复杂有趣。奴隶道德

---

① *A Funny Thing Happened on the Way to the Forum*，英国名导演理查德·莱斯特应邀赴好莱坞拍摄的第一部电影，改编自同名百老汇歌舞喜剧。——译注

从一开始就是对贵族道德的一种**反应**。不同于贵族的道德，它注定是一种理论的框架，并且渴望进行自我辩护。奴隶道德的形成，首先是由于它不顾一切地要应对这个事实，即根据主人道德的标准，奴隶就是失败者。他们不仅缺乏贵族的力量与荣耀（因而缺乏大多数被贵族认为是好的东西），不仅缺乏财富与地位，更重要的是，他们还缺乏伴随着高贵的美德。因此他们做出反应，而这在他们的那种不可思议的自以为是与他们拿来支持奴隶道德的理论与神学的剧增中最为显著地展示了自身。相较之下，几乎不可想象会有一种贵族道德的"理论"。最接近于这种理论的或许是亚里士多德的《伦理学》，其中，雅典人的美德仅仅得到了列举与描述，此外还对精致的区分与观察做出了丰富的评述。尽管如此，亚里士多德（比如说，对立于康德）并没有给予我们任何理论，也没有试图做出辩护。在亚里士多德看来，要对那些美德做出捍卫或辩护的想法也许是荒谬的，而"我为什么应当具备美德？"这个问题则是缺乏教育或心智邪恶的迹象。根据尼采的观点，只要亚里士多德的伦理学确实有理论的倾向或某种辩护的倾向，那么，这种伦理学就已经是"颓废的"，它远不如尼采有时似乎为之辩护的那种完全自信的荷马式的美德。在其最初的形式中，贵族道德是这样的一个视角，尽管贵族道德从来都不愿承认自身是一个视角，但是，凭借贵族道德的践行者自身无可争议的内在优越性，该视角就被这些践行者理解为**那种独一无二的**视角。

"奴隶"的道德也被视为那种仅有的道德视角——它是"大写的道德"（Morality，我从现在开始用"大写的道德"

来指称这种道德）。因此，它也没有仅仅被视为一个视角，而是被视为仅有的视角。"道德的视点"这个当前的措辞就像"道德的立足点"这个原先的措辞一样，都决定性地承认了它是或有可能是众多见解中的一个见解。但是，"大写的道德"凭借如下这个事实而获得了支配我们的力量与所谓的对它自身的辩护："大写的道德"不仅是唯一的选择，而且并非凑巧的是，它还是被天上唯一的神所认可的（或至少是最强大的神明）。（贵族同样假定，他们自身是"那些神的宠儿"，但根据奴隶的意见，贵族的那些神都是**虚假的**神。）奴隶将他们的报应（即贵族道德）仅仅视为一个视角，但即便它不是基于傲慢、自私与对虚假之善（财富、奢侈品、名望、美丽、优雅、高贵与世俗的快乐）的追求的邪恶视角，它也是一个虚假的视角。进而，奴隶道德严格的平等主义势必让精英主义的主人道德成为不道德的。由此，奴隶强调"内在的善"，并以此反对外在的时运，这实际上将主人及其财富与力量都置于一个在道德上极其不利的地位。

最为神圣的复仇行动。正是犹太人以令人惊叹的坚持不懈，敢于颠倒贵族的价值等式（善＝高贵＝有力＝美丽＝幸福＝神的宠儿），敢于将这种颠倒依附于他们强制实施的手段，那些充满了最深不可测的仇恨（无能者的仇恨）的强制手段。他们说："只有不幸者才是好人；只有受难者、贫穷者、病患者、丑陋者才是虔诚的，只有他们才受神的祝福……你们这些强大而又高贵的人则恰恰相反，你们是邪恶的人、残酷的人、贪婪的人、不知满足的人、永远不信神的人，你们将永远是不幸的人、受诅咒的人和被罚入地狱的人！"①

贵族将奴隶视为低劣的，将他们自己在现实中的优越性与有利条件当作显而易见的。由此，他们能够轻易否定或（更有可能）忽略奴隶道德的那些古怪的胡言乱语与自我辩解。但是，由于奴隶明确地将贵族道德视为一个视角，他们觉得有必要通过反对贵族道德来捍卫他们的"大写的道德"。奴隶道德是"回应性的"，这是因为它首先存在于对一个对立视角（即贵族道德的视角）的拒斥之中。作为一种"大写的道德"的理论的伦理学理论在随后的演化中就试图界定与捍卫"大写的道德"，反对所有对它的异议与替代者。它首先就试图彻底败坏贵族道德的名声，在它的解释下，这种道德根本就不是道德，而仅仅意味着"强权即公理"与自私。

由于它是真实的与绝对的（无论它是神的命令，还是实践理性的命令），奴隶的视角就没有被视为一个视角。"视角"的概念不仅暗示"不止一个"，而且还倾向于让任何视角所做的关于自身"正确性"的论断无效。因此，"大写的道德"不能是一个视角、"观点"或"立足点"。从十诫到伊曼努尔·康德的"绝对律令"的整个有关"大写的道德"的历史都显明了"大写的道德"的这种绝对本质，而它的内在逻辑也会表明这一点。

"大写的道德"意味着要"压倒"具体的情况。根据这种绝对而又无条件的大写道德观，一个道德上的反对意见每次都将压倒那种实际的、审慎的，或仅仅是工具性的考虑要素。（没有

---

① Nietzsche, *On The Genealogy of Morals*, I, 7.

什么目的可以为一个不道德的手段辩护。）然而，即便大写的道德无法将它自己视为一个视角或一个"视点"，但它恰恰就是这样的东西。无论尼采的"谱系学"分析有多么过分，但它恰恰提醒了我们这一点而具备了救赎的品质。尼采就像康德一样，也对"内在的道德律"惊叹不已，但是，康德"敬畏地"接受了它的存在，而尼采倾向于对之做出仔细的考察，他想要知道的是，究竟是什么东西激起并助长了这样一种视角。

由于康德将"大写的道德"照单全收，他就将自己的首要任务视为分析：究竟是什么东西构成了"大写的道德"（作为对立于惯例、习俗、道德感受、个人良知等的道德）？康德的结论是，"大写的道德"可借助于它的形式的或"先验的"特征而得到辨别。"大写的道德"并不是简单地用经验来教导或学习的，也不是根据情境推导出来的。它是由纯粹的（也就是说，非经验的）实践理性的法则（"命令"）构成的。尼采对"大写的道德"的批判，首先就拒绝与康德一起分享那种对所谓的道德逻辑的形式的与先验的特性的迷恋。相反，他强调的完全是情境与品质的经验特性。或许可以这么表述尼采的问题：哪种人会采纳（以及哪种人实际上已经采纳了）这种被康德如此深刻分析的实践"逻辑"？哪种哲学家会耗费他们的生命来对这种逻辑进行分析（与辩护）？借助于这种痴迷，他们要回避与否定的是什么？

我应当在此指出，尼采绝不是一位研究康德的学者，他甚至不是一个仔细的读者。我将尼采的道德视角主义解释为主要对立于康德的伦理学，这相当于以有争议的方式（从研究康德的学者的观点来看，这无疑是一种不负责任的方式），在某种意义上制造了一个不仅有关"康德",而且有关"康德哲学"的稻草人来作为尼采的攻击目标。但由于尼采提出的问题如此彻底地不同于康德提出的问题,我们就难以看到一个能公正地对待他们两者的辩论场所。又由于这是一本论述尼采以及尼采会怎样塑造我们的书,而不是一本论述康德以及康德会怎样塑造我们的书,我就不会由于与尼采一起夸张地描述那位伟大的"哥尼斯堡的中国人"而感到过于不安,只要我将确定一个在哲学上引人注目的攻击对象作为一种手段来澄清尼采在伦理学中的那个背道而驰的抱负。

"大写的道德"的逻辑是什么?首先,它就是对自私(以及各种更温和的自利)的拒斥,而为了做到这一点,它支持的是这样一种逻辑原则,该原则不仅系统地排除了对一个人自身的参照,而且还系统地排除了任何对特定个人或特定情境的参照。相应地,这种逻辑的关键就是**可普遍化的特性**,而某些作者已经将之作为"大写的道德"与道德判断的概念核心。一个人**应当**做些什么,其他任何人(在足够类似的场合下)也就应当做些什么。在表面上看,可普遍化的特性表达了一种严重的平等主义——我们所有人在道德上都是平等的。并没有什么例外,并没有什么特殊情况,并没有什么享有特权的人或阶层。

自黑格尔以来,这个观点所引发的混乱(尤其是它附加的限定条件)就已经成为一个激起人们严肃争辩的问题[①],但

[①] 早在19世纪初的耶拿演讲中,G. W. F. 黑格尔就拒斥了康德道德的形式主义。黑格尔在他的《精神现象学》(1807)与《权利哲学》(1821)中公开拒斥这种形式的"道德",并支持一种更具情境性的"习俗伦理学"。

尼采所指出的是，可普遍化的构想预设了一个貌似自明的谬误，即所有的道德行动者（至少**作为**道德行动者）从本质上是相同的。因此，可普遍化的性质代表的恰恰是人身攻击论证的对立面，因为它的整个关键在于否定个人差异的相关性，坚持主张我们不应当将我们自己当作道德法则的例外。康德警告我们说："现在，假如每当我们逾越一个义务时我们都关注我们自身，我们就会发现，我们实际上并不愿意让我们的准则成为一个普遍的法则……我们仅仅擅自为了我们自身而破例（哪怕只有这一次）。"①

因此，也可以认为（尽管康德不会以这种功利主义的方式做出论证），由于我们所有人都在同一条道德的小船上，道德最终对每一个人都有利。但是，任何具有实质内容的规则，无论有多少人从中受益，都将对某些人产生不利的效果。一个"平坦的竞技场"就不利于那些擅长翻山过坎的人。一个宽松的评分体系（"分数贬值"）就有悖于那些最优秀的学生的利益，他们将没有机会来表现他们的出类拔萃。奴隶道德取决于这样一个推测，即我们所有人在某种意义上都具有相等的道德价值。奴隶道德成功地保护了那些易于遭受伤害与冒犯的人，与此同时又阻止了那些能够轻易保护自己不受伤害的人去利用其他人。至少在某些时候，这种限制有可能不利于那些更强有力的人。无疑，由于我们的平等主义的正义观，我们坚持认为这种安排的公正性，但这不是问题所在。问题在于，是否存在着确保每一个人的利益的普遍规则，而

---

① Immanuel Kant, *Groundwork of the Metaphysics of Morals*, trans. H. J. Paton (New York: Harper and Row, 1964), 91.

不管流俗的假定是什么，这种"大写的道德"并非如此。

当然，尼采并没有宣称要为伤害与冒犯他人做辩护（尽管他有时十分危险地接近于在这么做，比如，他以明显的方式为残酷辩护，而且他坚持主张要制造敌人）。① 尼采的"残酷"多半专门针对的是一个人自身，就如同他时常表示赞同的那种"禁欲主义理想"一样。考虑到尼采的谦恭有礼，触怒人们从来也不是尼采的目标，而是提醒他自己不要过于谦恭有礼，不要过于考虑其他人的感受，以至于无法忠实于自己（这就类似于那种"训练坚定自信"的提醒）。但他在"大写的道德"的普遍约束中确实看到了一种偏见，这种偏见反对的是那些为了自身与社会的好处而愿意肯定自身、能够肯定自身与应当肯定自身的人们。有人认为，自从古代以来，那些统治者与那些为了社会而承担最大风险的人（无论这是否是他们的个人目的）必定会在某些时刻忽视那些束缚普通民众的道德禁忌。自19世纪以来，至少有一些艺术家与知识分子经常认为，假如他们要具备创造性，他们就必须要保持在普通价值"之上"，这种观点在浪漫主义的天才崇拜中达到顶峰，而尼采与这种天才崇拜密切相关。（比如，"我的天才概念。伟人就如同伟大的时代，是其中积蓄着巨大力量的炸药……这与环境、时代、'时代的精神'、'公众的意见'有何相干！"）② 而"大写的道德"的另一个错误在于它向我们隐瞒的东西与它改变我们的方式，即便我们是普通的民众。通过

---

① Nietzsche, *On The Genealogy of Morals*, II, §6, §7.

② Nietzsche, *Twilight of the Idols*, "Skirmishes of an Untimely Man", §44.

假定一个全然是最小的自我,通过假定遵循一组特定的普遍"道德"规则的重要性,它免除了对个人的特性与品质的所有考虑(当然,除了那些或许可被重新界定为"在原则上遵循规则的强烈冲动"的个人特性与品质)。"大写的道德"失去的是**卓越**这个古代的概念,它的含义远比"执行你的义务"与"不要破坏道德规则"更为丰富。

"人们屈服于道德,或因奴性,或因虚荣,或因自私,或因顺从,或因愚钝的狂热,或因没有思想,或者就是一种绝望的举动,这就像屈服于一位君王:它本身毫无道德可言。"① 尼采并不是一位"非道德主义者"——尽管他偶尔喜欢以这样的方式来宣传自己。相反,他是一种更丰富的道德,一种更宽宏、更多变的视角(或更准确地说,无数个视角)的捍卫者,在这种道德的视角中,每个个体的天赋与才能具有首要的价值。尼采并没有倡导不道德的行为;相反,他指出了那种"汝不应当"式的"大写的道德"有多么渺小与不恰当。他表明,"大写的道德"从根本上不亚于是对生命的否定,对我们最佳的才华、我们的活力与我们的抱负的否定,对我们中最值得敬佩的人的否定。尼采并没有说,我们应当违背那些反对偷窃、杀戮与说谎的标准的道德律令。尼采反复申明,他心中并没有这样的打算。他想要表明的是,我们应当看到,在缺少其他的性格品质或优点的条件下,**仅仅**遵守这种规则,这有多么渺小与可悲。对道德来说,以牺牲诸如英雄主义、机智、魅力与狂热的忠诚等其他"非道德的"

---

① Nietzsche, *Daybreak*, §97.

品质为代价来赋予它自身以"王者"的地位,这有多么自以为是!当我们有可能拥有伟人时,我们真的还想要称赞那种"好"人吗?

作为人身攻击论证的谱系学:作为道德诊断的怨恨

> "坏"与"恶"这两个词有多么不同啊,尽管它们在表面上都同样是"善"这个概念的反义词。但是,这个同样被称为"善"的概念并不相同:人们应当追问的是,在**怨恨**的意义上,究竟**谁**才是"恶"的?
>
> ——尼采,《论道德的谱系》

我想要表明,谱系学是某种有所延展而又更为显著的人身攻击论证。谱系学并不仅仅是历史,并不仅仅是对根源(无论是字面上的根源还是实质上的根源)的探求,而是以某种方式剥夺、揭露乃至揭发关于普遍性与纯粹自私自利的宗教论断的伪装。尼采对谱系学做出了这样的描述,就好像它无非是一种描述,但他使用的语言表明,它根本就不是一种描述。瓦尔特·考夫曼感到有必要提醒我们,尼采在此并不是在捍卫贵族道德或主人道德与攻击奴隶道德[①],然而,一旦尼采一方面根据"高贵"与"卓越",另一方面根据"不幸"与"痛

---

① Walter Kaufmann, *Nietzsche: Philosopher, Psychologist, Antichrist* (New York: Vintage, 1968), 302.

苦"而完成了对这两种道德差别的描述,难道还会有人怀疑"尼采的偏好"吗?这是一个针对个人的问题:哪种人会想要成为一个奴隶,而不是一个主人呢?① 又是哪种人才会仅仅将它们视为一对可供选择的生存方式,即"生活方式"呢?

简要地说,《论道德的谱系》的论证思路是,我们称为"大写的道德"的东西,实际上只不过是大量深受压迫的人们所持有的一组特别实际的"偏见"的发展产物。谱系学向历史学与社会心理学的双重求助,旨在对道德原则与道德现象做出解释——而不是做出辩护。它给出的部分解释是,"大写的道德"是由普遍的原则构成的,这些普遍原则是为了将某种一致性强加给社会世界,而社会世界却是由本身根本不一致的诸多个体组成的。正是这个过程被尼采称为"拉平",尼采是在克尔凯郭尔之后(但他并没有追随克尔凯郭尔)对之做出命名的。谁将从这个过程中获益?显然,是那些最糟糕与最软弱的人,但或许也包括那些平庸的一般人。这个体系的运作,首先是为了压制那些优越者与强大者的冲动与活力,这些人宁愿自己取得成功,而这些成功是"大写的道德"所不允许的,或无论如何都不足以让"大写的道德"承认的。

如果我们关注的并不仅仅是对"大写的道德"表示敬意,而与伟大、英雄主义与艺术性有关,那么,"大写的道德"就远远达不到我们的理想。从这个视角看,"大写的道德"就显

---

① 但请比较卡夫卡的《信使》:"他们被给予了如下的选择,或者成为国王,或者成为国王的信使。出于孩子的本性,他们都想要成为信使。" Franz Kafka, *Parables and Paradoxes* (1958); reprinted in Robert C. Solomon, *Existentialism* (New York: Random House, 1974), 167.

得不是一种积极的品质，而是一种障碍。需要再次申明的是，这并不是说，为了伟大的理想，人们就应当违背道德规则或伤害他人，而是意在表明，道德置于我们之上的绝大多数要求是最低限度的要求。当然，康德主义者会正确地回复说，这就是人们能够或者应当期待"大写的道德"所做的全部内容，进而，英雄行为和圣人（"超出本分的"）行为的可取性与总体上的出类拔萃的可取性，它们根本就不是我们用"大写的道德"来意指的东西。但当道德律令被用来坚持一致的平等而不惜任何代价来否定或压倒所有非道德的品质时，我们就看到了一个极为不同的故事。正是为了反对这种"拉平"（据说，这种"拉平"是被那些影响越来越大的民主制与社会主义的意识形态所强行规定的），尼采才发动了他的反对"大写的道德"的运动。他反对康德的可普遍化的（奴隶）道德，转而捍卫荷马式的英雄美德与亚里士多德的贵族道德。道德的目标是成就伟大，而不仅仅是确保善的行为。

　　因此，根据尼采的观点，普遍性就不像从康德到 R. M. 黑尔的哲学家所论证的那样，与其说它是道德判断的一个逻辑特征，还不如说它是弱者用来否定非道德的（"假定的"）品质的重要性并将他们自己的"大写的道德"强加于其他人的部分策略。毕竟，这正是奴隶道德的所有关切：对那些或许并不属于奴隶本身的道德范畴的人们做出判断："毫不奇怪，那些被压制的，暗中闪耀着复仇与敌意的情绪的人们为了他们自己的目的而利用了这样一种信念，事实上，他们甚至以无可比拟的方式强烈地坚持着这种信念：强者可以自由地选择成为弱者，而猛禽可以自由地选择成为羔羊——由此，他们就有权让猛禽对自己成为猛禽**承担责任**。"① 因此，即便可普遍化的特性是道德语言的一个（并非微不足道的）逻辑特性，人们还是能够提出这样的问题，即为什么某些人会采纳这种逻辑与这种语言，为什么他们会像康德与其他人所做的那样，如此努力地去捍卫它并为它**辩护**。② 这种道德语言的最终目标是让那些有可能比你优越的人发生动摇，即便这无法奏效，一个人也能获得某种在主观上感到自以为是的好处，这能让他知道自己是"对的"与"善的"，而他们是"错的"与"恶的"。

  贵族道德同样做出判断，但这些判断首先是导向**自我**的，它们关注的是自身的美德，它们多半是**称赞**自己的判断。"让我们成为善良的人们的道路真多啊！"因此，亚里士多德为我们提供了一份美德的清单，其中罗列的是他发现盛行于公元前 4 世纪雅典贵族之中并受到普遍称赞的那些美德。他罗列的每种美德都伴随着两种恶习，一种是由过度造成的，一种是由不足造成的。无法成就德行，或（更糟糕地）成功实施了恶行，这确实该受谴责，但亚里士多德明确表示，他的伦理学的首要关切是美德与优点，而不是恶习与弱点，在绝大多数情况下，后者仅仅得到了短暂的关注。在这一点上，请比较希伯来的圣经与基督教的圣经。根据尼采的观点，奴隶道德执着于恶的范畴，而它倡导的美德多半是平庸的或仅

---

① Nietzsche, *On The Genealogy of Morals*, I, 13.
② 可普遍化的特性是一个微不足道的特征，人们经常为了这个观点而发生争辩。R. M. 黑尔与其他人所捍卫的观点是：可普遍化的特性是道德语言的一个本质特征，但也可参见 Don Locke, "The Triviality of Universalizability" in the *Philosophical Review* (1977).

仅是服从。然而，对亚里士多德来说，显而易见的是，不同的好人有可能在不同的程度上展示出不同的美德。① 另一方面，弱者的武器就是单一的价值尺度，它或者忽略了诸多美德，或者将诸多美德都中和为一种最低限度的美德，"服从"的美德——或者更糟糕地，仅仅是被动性——即以毫不多做事的方式不做错事。（"只有那些被阉割过的人才是好人。"）②

亚里士多德的贵族通过"成为他自己"与做好自己最擅长的事来表明他自己是善良的，而康德的道德奴隶通过**不做**"大写的道德"法则禁止的任何事来表明他自己是道德的与具备美德的（仅仅是单数的美德，而不是"诸多美德"）。因此，更为常见的情况是，普遍化一种否定性的戒律，以杜绝某些特定的行为（"汝不应当……"），而不是普遍化一种要求人们去做某事的肯定性的指示。比如说，法律禁止溺死某个人，但是，几乎没有任何"善良的撒玛利亚人法"③要求过路人必须实际救助乃至试图帮助那些溺水的人。确实，在大多数情况下，一个人在钓鱼时看到有人溺水却"见死不救"，这并没有违背任何律则。（哲学上对"杀死"与"任其死亡"所做的

---

① 人们可能已经注意到，亚里士多德对道德做出的那种"堕落的"让步，体现于他对"美德的统一性"做出的相当缺乏说服力的辩护，这种观点认为，一个好人必定拥有或将会拥有**所有的**美德。很自然地，这是尼采全然拒斥的观点。
② Nietzsche, "Erst der entmannte Mensch ist der gute Mensch", *Samtliche Werke*, ed. G. Colli and M. Montinari, Berlin: de Gruyter, 1980, 13, 347. 也可参见 *Genealogy*, III, 21。
③ 《善良的撒玛利亚人法》（*Good Samaritan laws*），是关于在紧急状态下，施救者因其无偿的救助行为，给被救助者造成某种损害时免除责任的法律条文。美国联邦和各州的法律中都有相关的法律条款，又被称为《无偿施救者保护法》。——译注

颇具争议的区分，恰恰也依赖于这同一种两分法。)①

为了强化"大写的道德"所命令的那种所谓的独一无二的（"绝对的"）价值尺度，就需要一种形而上学的假设，即"每一个自我与其他的任何自我都是平等的"。②相较之下，尼采主要感兴趣的是鉴别与捍卫在人与人之间的那种有趣而又重要的**差异**。谱系学的关键是要展示人类历史的多样性与在弱者的价值与强者的价值之间的根本差异。即便尼采在这里犯了错，我也会认为，他的错误是他发现的道德种类太少，而不是他发现了道德的多样性，对我来说奇怪的是，"强大与弱小"为什么应当构成人与人之间的确定差异，而尼采还轻易地将"强者与弱者"混淆于"统治者与被统治者"，在政治上处于有利地位的人与在社会上处于不利地位的人。尼采看到了这一点，在他某些较不引人注目的评论中，他做出了澄清："我在人们不曾寻求强大的地方发现了强大；它在那些单纯、温柔与快乐的人们之中，在那些最不想要统治别人的人们之中——相反，我常常觉得，要统治别人的欲望是一种内在软弱的标志。"③进而，尼采相当清楚地看到，社会的权力并没有支配主人道德或贵族道德，在统治者中间也并非就不存在奴隶道德。因此，尼采一而再再而三地警告我们不要将政

---

① 比如,参见 Peter French, *Responsibility Matters* (Lawrence: University Press of Kansas, 1992) 与 Bonnie Steinbock and Alastair Norcross, eds., *Killing and Letting Die* (New York: Fordham University Press, 1994)。
② Nietzsche, *The Will to Power*, §365.
③ Nietzsche, *Daybreak*, §413.

治权力与强大相混淆,也不要将不幸与弱小相混淆。①事实上,尼采频繁地做出论证的是,构成强大的东西恰恰是持久的不幸。但一如既往,这个至关重要的论点并非旨在反对"大写的道德"或者反对那些为它做出的假定辩护。相反,尼采继续苦心研究这个主题,并提出了一个准心理学的问题:究竟是哪种人才会选择(或不得不选择)这种生活方式?②

谱系学是一种起源谬误吗?

> **作为决定性反驳的历史反驳**——以往,人们寻求的是上帝不存在的证明——如今,人们则表明了上帝存在的信仰是如何产生的以及这种信仰是如何获得它的权重与重要性的,因而使不存在上帝的证明成为多余的证明……在以往的时代里……无神论者还不知道如何获得彻底的胜利。
>
> ——尼采,《朝霞》

难道尼采的"谱系学"实际上只不过是起源谬误的一种

---

① 我在 "One Hundred Years of *Ressentiment*" 与本书的第 4 章中详细地讨论了尼采关于强大与弱小的概念。
② 亚历山大·内哈马斯:"为了要反驳[尼采的视角主义],我们就必须发展出一个并不依赖于先前的承诺,并不促进某种特定的人和某种特定的人生的观点——一个在所有的时代和所有的文本中都同等地适用于所有人的观点。这个任务是完全有可能完成的,但是,仅仅说这个任务有可能完成,并不等于已经完成了这个任务。或者,我们就必须要像尼采在揭露他攻击的那些观点的预设时所做的那样,同样详尽地表明尼采的努力是一个失败。"(*Nietzsche: Life as Literature*, 68)

更为精致的版本吗？所谓的起源谬误，就是将某物的价值与它的起源相混淆。① 我们不应当过于轻易地抛弃当代道德理论提出的这个轻蔑的观点。确定无疑的是——正如尼采所说——谱系学的论证要比与各种绝对律令有关的通常是空洞的那些推论更为"有趣"。但是，"有趣"仍然不是什么论据，而我们也应当抱持谨慎的态度，不要过于强调尼采的那种总体上的人身攻击论证。实际上，尼采同样对之抱持谨慎的态度，他清楚地意识到了所谓的起源谬误的危险。在《快乐的科学》第345节中，尼采写道，"即便一种道德是从谬误中产生的，意识到这个事实，这丝毫都没有触及它的价值问题。"在一种显而易见的意义上，这恰恰是他关于**怨恨**的谱系学对我们所做的——就好像只要我们对一种"谬误"做出辩护，就会落入另一种"谬误"的困境。另一方面，假如尼采的"谱系学"确实更多的是一种心理，而不是一种历史（虽然它是在一种特定的历史语境下提出的），那么，"起源谬误"的指控就可能完全是不切题的。尽管在伦理学中仍然存在着大量康德的偏见，但是，难以论证的是，伦理学分析的内容应当包括那些践行伦理的人们的动机（以对立于那种仅仅分析准则的做法）。事实上，康德自己会坚持认为，在没有考虑一个行动背后的核心意图（或"意愿"）的情况下，人们就无法评价这个行动的"道德价值"，而正如康德进一步指出的，在一个行动的表面意图与这个行动背后的动机之间的区别，在实践中或

---

① 尼采自己就反对这种起源谬误，比如，他在《论道德的谱系》中做出了这种论证。

许最终是不可确定的。① 但康德认为，理性（实践理性）本身可能就是激发行动的动机。尼采立即抛弃了这一点（尽管他在别处认为，理性本身无非就是"诸多激情的汇合"）。这提出了一个崭新的问题：究竟是什么激发了道德的行为？因此，尼采的道德谱系学首先就是一个关于道德**动机**的论题。

在经历了康德的伦理学与功利主义的一个世纪的竞争之后，对于许多人来说已经变得显而易见的是，伦理的实质既无法仅仅在规则以及对规则形式的普遍化中找到，也无法仅仅在行动与判断的环境与后果中找到。在过去的几十年中，人们已经欣喜地看到了伦理学的一个古代范式的复苏——如今它通常被称为"美德伦理学"。（亚里士多德的《尼各马可伦理学》经常被引证为美德伦理学的最好例证。）美德伦理学的核心论断是，道德品格与性格品质在决定道德价值的过程中具有重要的地位。② 我将花费本书的大量篇幅来试图理解尼采版本的美德伦理学，但对现在来说，只要能表明在对一个人的品性做出评价时，这个人在行动中的动机与情感无疑是必不可少的，这就足够了。假若履行一个行为是出于高贵的情感，这就是一个高贵的行为，即便这个行为本身最终是相当不重要的与无足轻重的。假若一个行动表现出了邪恶的情感，这就是一个邪恶的行为，即便（由于判断错误、由于偶然或由于命运的某种崇高的干预）它最终产生的是没有危害

---

① 比如，参见 Kant, *Groundwork of the Metaphysics of Morals,* 64。

② 比如，参见被收录于 Peter A. French, Howard K. Wettstein, Theodore E. Uehling, Jr., eds., *Midwest Studies in Philosophy XIII, Ethical Theory: Virtue and Character* (Notre Dame, IN: University of Notre Dame Press, 1988) 的多篇论文。

的后果。

　　进而，伦理的实质所包括的是人们或许会一般地称之为"情感"的东西——或更确切地说，被康德称为"偏好"的东西——这不仅包括那种康德式的**情感**（*Gefühle*）（如尊重感、责任感以及与同情和怜悯有关的美好的人类情感），而且还包括有关嫉妒、愤怒、憎恨、报复与怨恨的令人不快的负面情绪。此外，情绪与情感——"激情"——不仅说明了我们的所作所为的持久动机，而且还确立了一个人在其中行动与生活的框架。因此，可以根据我们情感的转变来理解尼采的哲学以及他对我们的塑造。萨特对此的著名观点是：情感是"对这个世界的魔术般的转变"。审视道德中的奴隶反叛与价值重估的一条途径是审视那种导向怨恨情绪的"魔术般的转变"。把握尼采自身的价值重估的一条途径是假定另一种导向支持欢乐情绪的"魔术般的转变"。

　　究竟在何处才适合对动机与情感做出一番伦理学的分析呢？一种熟悉的建议是，它们不仅充当动机，而且还决定了行动的结果与目标。它们界定了我们的目的。从一种重要的程度上说，满足它们才是道德行为（与非道德行为）的最终目的。亚当·斯密的那个所谓的"无私的"绅士做出行动，他不仅仅是"出于同情"，而且还是为了满足那种同情的要求。（比如，"无论一个人可能被认为有多么自私，在他的本性中显然存在着某些原则，这些原则让他对别人的命运感兴趣，并且让别人的幸福成为这个人必不可少的东西，虽然这个人除了因看到别人的幸福而感到高兴以外，并没有从中得到任何东西。")① 功利主义者与快乐主义者做出行动，不仅仅是**由于**他们追求快乐的欲望，而且还是**为了**让快乐最大化，假如他们不仅仅是为了让个人的快乐最大化，那么，他们就是为了让所有人获得最大的好处。事实上，一个得到充分反思的功利主义者会将之作为原则问题（"效用原则"）而这么做。但是，假如功利主义者坚持认为，道德伦理必须要以追求快乐（或幸福）为基础，而道德情感主义者则提出，道德伦理应当依赖于诸如同情这样的情感，那么，这就已经为如下意见打开了大门，即道德伦理或许以某些其他的动机或情感为基础，包括自豪、义愤、热爱或怨恨。

究竟我们是为了快乐而生活，还是就像尼采所嘲讽的，只有英国的功利主义者才这么做，这仍有待人们的审视，但是，完全可以合情合理地假设，我们是以**强力**而不是快乐为生活的目的，而且，我们最终更喜欢的是逐渐增长的自大感，而不是纯粹的满足。这就是尼采所怀有的经验假设，这个假设被冠以"强力意志"这个暧昧而又华丽的名称。假如根据强力、自尊、安全感与脆弱性，而不是根据快乐与幸福（相对于痛苦与苦难），我们的所有激情，或至少大多数激情都能得到更好的描述，那么，情况又会如何？比如，怨恨首先就是一种着迷于权力与地位的情感——或者相反，是一种执着于自身相对缺乏权力与地位的情感。于是，一种基于怨恨的道德体系就会最终努力满足那种怨恨，**甚至以快乐与幸福为代价**。当然，怨恨的满足或许会带来它自己的那种有悖常情

---

① Adam Smith, *Theory of the Moral Sentiments,* Book I, i.

的快乐(**幸灾乐祸**)与一种辛酸的自我满足(几乎谈不上是"幸福"),但是,用任何合情合理的功利主义的术语来说,这种行为简直就不是理性的。总之,怨恨似乎让卷入其中的每个人都更不幸,无论是怨恨者还是被怨恨者。

我们必须留意这个观念是如何发展起来的。正如尼采所预见到的,缺乏权力不仅仅是怨恨的**原因**,而且是怨恨的内容,相应地,怨恨不仅仅是"大写的道德"的原因,而且是"大写的道德"的内容。它并不是"大写的道德"生发出来的土壤(这是尼采惯常使用的隐喻之一),而是这种"大写的道德"的结构(形态)。当然,对"大写的道德"所做的一种相当形式化或相当狭隘的解释或许能忽略掉这一点,并仅仅专注于"绝对律令"的逻辑特性或一个行动的诸多后果,而不是"大写的道德"的心理结构。(边沁与穆勒对确定"效用"的确切本质的论述都相当松散,无论效用被他们视为快乐、幸福、可欲性、利益或偏好,而两者的分歧在于,效用是可定量的还是可定性的。)但最起码,正如许多伦理学家最近(但并非最新)做出的论证,这些形式化的解释与后果论的解释并没有触及大量至关重要的问题。① 因此,尼采关于怨恨的谱系学并不是起源谬误的一个例证,而是本质性的道德洞识的一个例证。

---

① 比如,参见 G. E. M. Anscombe, "Modern Moral Philosophy", *Philosophy*, 33 (1958) pp. 1–19 与 Michael Stocker, "The Schizophrenia of Modern Ethical Theories", *Journal of Philosophy*, 73 (1976) pp. 453–466;叔本华先前就对康德的形式主义与初期的功利主义做出了嘲讽,参见 Arthur Schopenhauer's *On the Basis of Morality*, trans. E. F. Payne (Indianapolis, IN: BobbsMerrill, 1965)。当然,亚里士多德也做出了反对柏拉图主义与他那个时代的快乐主义的论证。

无论尼采偶尔做出何种相反的论断，他关于怨恨的谱系学本身是一个伦理学的论题。对道德"类型"的研究并非无涉于价值，"重估"本身就是评价性的，而不是描述性的。换句话说，元伦理学本身就是一种研究伦理学的方式，尽管它通常是间接的、颠覆性的，乃至欺骗性的——这就是人们熟知的那种在哲学中做出惊人之举的把戏。一个在本质上是规范性的结论奇迹般地导源于一种对道德语言的"语法"所做的纯粹形式的分析，或者奇迹般地导源于某种关于理性的正规假设。元伦理学断定自身在道德上是中立的，但是，阿拉斯戴尔·麦金泰尔在他对整个"启蒙传统及其规划方案"的攻击中就已经做出了令人信服的论证，他认为，现代的元伦理学是对社会共识的丧失所做出的一种虚无主义式的弥补（或屈从），而他对伦理学所包含的内容的丧失也提出了同样尖锐的指控。[①] 他还认为，伦理学从根本上丢掉的构成要素是一个与美德有关的恰当概念以及那些与品性和文化有关的同源概念。尼采对品性的强调以及他对道德类型的勾勒，有助于为伦理学提供这些丢失的构成要素。[②]

因此，我觉得奇怪的是，麦金泰尔将尼采确认为一个说出了启蒙规划方案的"遗言"的虚无主义者，并将尼采列为反对亚里士多德的人物。在第5章中，我将较为详细地做出这样的论证；即恰恰相反，应当将尼采（**连同亚里士多德**）

---

① Alasdair MacIntyre, *After Virtue* (Notre Dame, IN: University of Notre Dame Press, 1981).

② 参见"Nietzsche's Affirmative Ethics"，该文被收录于我的 *From Hegel to Existentialism* (New York: Oxford University Press, 1988) 与本书的第5章。

视为麦金泰尔的主要盟友之一。无论如何，尼采对高贵与怨恨的强调，是为了强调品性与美德（以及伴随着它们的那些传统与文化）在伦理学中的首要地位。高贵的道德是一种美好而又强大的品性的表现。怨恨的道德则是一种糟糕的品性的表现——无论它的原则是什么，也无论怎么对它进行合理化。这就是为什么抽象的伦理理论、所谓的可普遍化特性的逻辑概念与大多数实践理性的模型遭到怀疑的原因；它们分散了我们对品性问题的注意力，此外，它们不仅为不完美的品质提供了一种受人尊敬的假象，而且还为怨恨提供了进攻性的武器。理性与怨恨已经证明了它们本身在由"大写的道德"与道德说教挑起的游击战中是一个协作良好的团队。

我们已经学会了不再信任那些潜藏于道德理论看似正规的行动之下的动机，但我们同样不应当信任任何还原主义的论证，这种论证在断定自身的中立性的同时，却通过表明人们所珍视的某个理想无论以何种方式都根源于某种虚伪的、讨好的或可疑的东西，撼动了这个理想的根基。尼采有时否认他对"大写的道德"做出了判断，但是，人们不应当如此愚蠢地认为，尼采建议我们应当将我们当前的道德"偏见"理解为"奴隶"道德或"群畜"道德，这种建议不带有任何劝阻或贬低的意味，人们也不应当如此愚蠢地假定，一个人在接受了这种建议之后，不会带着某种反感或尴尬来审视道德：

> 这些压抑本能的人们……他们代表的是人类的退化！"我们在人类中不再留有任何可惧怕的东西；蛆虫般的

［*Gewürm*］人们正在蜂拥而至。"①

尼采对**怨恨**的特征描绘绝不是在道德上中立的（"这些无可救药的平庸而又乏味的人"），而考虑到这种情感本身的内容，上述描绘也不可能在道德上是中立的。怨恨是一种低劣的、防御性的与恶毒的情感。瓦尔特·考夫曼提醒我们，"尼采在《论道德的谱系》中的关切并没有告诉我们，主人道德是善的，奴隶道德是恶的。"这在某种意义上无疑是正确的，而事实上，尼采坚持认为，我们应当克服我们的那种孩童般的倾向，即根据摩尼教式的"对立的价值"，尤其是善与恶来思考所有的评价。但在《论道德的谱系》第一篇论文的最后一行文字中，尼采再次提醒我们，对"善与恶"的这种拒斥，并不蕴含着对好与坏的拒斥，而将主人与奴隶之间的那种挑起争端的对立强加于整个伦理学的，并非只有尼采的那些更类似于摩尼教徒的读者们。尼采"想要开辟新的视角"，这或许是真的，但是，部分由于尼采的那些夸张的修辞，它们并没有减弱如下这个压倒一切的印象，即诸如此类的"大写的道德"是某种可耻的、可悲的与可鄙的东西——那些"发明"了这种"大写的道德"的人们是卑劣的（即便他们也具备恶魔般的狡黠）。

　　［**怨恨的人**］喜爱隐蔽的地点、秘密的路径与后门，一切隐蔽的东西都诱惑着他，他将之作为他的世界、他的保障、

---

① Nietzsche, *On The Genealogy of Morals*, I, 12.

他的点心；他领会到了如何保持沉默，如何牢记，如何等待，如何暂时地贬低自己与低声下气。由这种**怨恨**的人组成的种族，最终注定要比任何高贵的种族更加狡黠；它也将在更大的程度上对狡黠表示尊崇。①

尼采坚持认为，他所提供的是历史的描述，而不是对这段历史的评价，这就正如后来的海德格尔与萨特所坚持认为的，他们提供的是现象学的本体论，而不是伦理学。但在尼采的情况中，相较于他的那两位著名后继者的论著，尼采提供了更多的评价，显然，对伦理学来说，除了"含糊的价值领域"、绝对律令与具体的建议之外，还有更多的内容。正如"本真性"或"切己状态"（*eigentlichkeit*），这个术语无疑拥有它的道德律令，即便是那种不确定的道德律令。而对怨恨的诊断以及围绕该诊断的那些满载着病态的语言不可避免地传递出来的信息是，奴隶道德是**坏的**。因此，主人道德（虽然它已经得到了改善，获得了更具艺术性的形式，而不再像起初那样野蛮）也不仅仅是好的，而且还在某种意义上是**自然的**。尼采就像他在道德上的那位革命性的先驱让-雅克·卢梭一样，坚持认为，"我们无法回到过去"，超过二十个世纪的岁月不仅产生了有害的后果，而且留下了有益的效应。我们已经变得更为高尚、更为精致，而且多半处于奴隶道德与基督教的庇护之下。因此，我们应当追求的就不再是被他描述为贵族道德或主人道德的东西，尽管众所周知的是，人们无法弄清尼采所"制定"

---

① Nietzsche, *On The Genealogy of Morals*, I, 11.

的未来的道德究竟应当是什么。

尼采始终不知厌倦地要告诉我们——他的某种愤世嫉俗清楚地表明——**超人**显然要高于我们,即便是在"更高级的人"中的那位最优秀者,也仍然是"人性的,太人性的"。因此,我们似乎坚持着我们的"奴隶"道德或"群畜"道德,而尼采的谱系学诊断的中立性,也许只不过表现了他对一切与人性有关的事物所抱持的始终如一的鄙视与不健全的距离感。尼采的哲学总是坚持认为,一切事物都是视角性的,并不存在"关于这个世界的神目观"。事实上,这种哲学的一个更令人尴尬的特征是,尼采不断试图要获得一种源自人类之外的观点,不断试图要从某个看似有利的外在视点来审视人类种族的整体以及它的所有文化。但与此同时,《论道德的谱系》又在那些自然而又高贵的东西与那些产生于**怨恨**的回应性的东西之间做出了无情的对比,而**我们都陷入了这场对比**,而且不得不对"我们真正是谁?"与"我们应当对我们自身做些什么?"这些问题做出抉择。

尼采让我们很难不去认同如下这些令人不快的结论:是的,道德确实为了保护弱者而反对强者。是的,道德有时的确看起来就像是怨恨的一种表现。是的,道德经常被用来"压倒"或"拉平"我们中最优秀的人,从而有利于那些追求安全的人、循规蹈矩的人与追求舒适的人。从一个战士的视角看——尼采通过阅读《伊利亚特》吸收了这种视角,众多美国大学生则通过观看布鲁斯·威利斯与阿诺德·施瓦辛格的动作影片而夺得了这种视角——我们的日常道德观看起来确实有点无力与怯懦,它或许导向礼仪,但并不导向发自内心的自我表现、高贵或英雄主义。这种观点是戏剧性与挑衅性的，而不是符合逻辑的，但它并不是什么"谬误"。相反，它是一组令人震撼的提示，它让我们想起了我们真正重视的东西与（考虑到我们的"选择"）我们真正想要的东西。

但是，难道怨恨作为其潜在的动机与确定的特征而位于这种"大写的道德"的背后吗？难道被我们称为"大写的道德"的东西实际上是一种"奴隶"道德，它以软弱为根基，并且是软弱的一种表现吗？马克斯·舍勒也提出了这个几乎相同的问题，而我的回答也将与他几乎一致：尼采拥有一连串强有力的心理洞识，但他对它们做出了夸大与过度的简化。人们的确需要对"大写的道德"（与基督教）的某些面貌与用途做出一种与怨恨有关的诊断，但是，不应当错误地认为，这种指控因此就可以适用于整体，它更不是什么"决定性的反驳"。"大写的道德"确实具有某种"群畜的"与奴性的面貌，而"大写的道德"的动机或许确实（部分地）以**怨恨**为基础。但正如我们将要看到的，即便是**怨恨**也有它的用处。

关于责任的诸多视角：尼采的"谴责性"视角

在他的《论道德的谱系》中，尼采对在贵族与"奴隶"之间的视角差异大做文章，但他远未直言不讳的是以下这个事实，即在他对"大写的道德"的讨论中，他也使用了一些颇为不同的视角。它不仅仅是一个与"什么是好的"以及"什么是不好的（无论是**恶的**还是**坏的**）"有关的问题。也就是说，存在着多重视角，通过这些视角，人们不仅能描述与评价一个人的能动性与行为以及别人的能动性与行为，而且还能描述与评价他们的行动的全部本质。这种视角性评价的某一个维度就是**责任**，或者人们会说，能动性本身。根据伯恩德·马格努斯与理查德·罗蒂所捍卫的观点，人们会说，与个人的责任有关的语言是一种**可选择的词汇**。存在着许多描述我们行为的方式（比如，将之描述为物理—化学过程的产物），在某些描述方式中，与责任有关的语言是不恰当的。但一般而言，尼采（尽管并非前后一致地）认为，我们应当要对我们的行为以及我们所培养的美德负责，虽然尼采拒斥（套用康德的话来说）"作为一种因果性的意志"这个观念与将我们自身视为"理智世界［或超感性世界］的成员"这个想法。①尼采拥有的是一种更强意义上的能动性，虽然他会拒斥被康德与某些存在主义者附加其上的那些夸张的自由概念。他的整个哲学是根据它所承担的使命与它所克服的困难而得到表达的。

至少存在着两种方式来谈论自由与责任，尽管尼采既没有分别窥探它们，也没有说多少有关它们的话题。它们或许都被认为是与能动性（一个微妙而带有欺骗性的概念）有关的理论。另一方面，还存在着一个悠久的传统，它可以追溯到中世纪的意志概念，即一种与众不同的心智能力，它的功能是对某个行动方向给出"推动力"。人们可以追踪这个传统的发展轨迹，它从奥古斯丁传给阿奎那，通过阿奎那传给笛卡尔，接下来又传给了康德。它也是萨特的存在主义哲学的

---

① Immanuel Kant, *The Grounding of the Metaphysics of Morals*, trans J. Ellington (Indianapolis, IN: Hackett, 1993), 97, 107, 109–110.

核心。尤其在康德与萨特那里，这种意志理论要求的是将能动性从因果关系的世界之网中提取出来。康德通过他的"两种立场"观（这种观点或许可以被理解为一种视角主义——参见我在第 7 章中的论证）来做到这一点。萨特通过对意识做出一种引起争议的现象学描述来做到这一点。（萨特在他的分析中并没有使用**意志**这个术语，但他谈论的意识的"自为存在"无疑就是服务于这同一个哲学的目的。）但是，这种关于能动性的康德—存在主义式的概念导致了一些严重的哲学问题，尼采就其中的某些问题提出了强有力的指控。这种能动性的概念要求自由选择应当蕴含一种形而上学的自由，这种形而上学的自由进而又要求一个引起争议的"自由意志"概念与一个引起争议的"主体"概念。而这些概念最近在哲学中遭到了猛烈的攻击，它们通常都被社会学家所抛弃——而社会学家有很好的理由这么做。

但还有另一种关于自由与责任的概念，它是由黑格尔与尼采，连同古代哲学家与某些现代的"异教徒"所倡导的（比如，大卫·休谟，可能也包括普林斯顿的哲学家哈里·法兰克福[①]）。这种关于自由与责任的概念并没有被束缚于任何与能动性有关的神秘概念，而是这样一种叙事，它让一个行动（或一种情感）与一个人的品性、处境和文化相"适合"。根据与一个人的生活有关的叙事，这种概念是可以理解的。"一个行动或决定必须在某种意义上是'它自己的原因'，而不是由先行的状态引起的"这个棘手的观念在这种能动性的概念

[①] 哈里·法兰克福（Harry Frankfurt, 1929— ），美国哲学家，普林斯顿大学哲学荣休教授，他的主要研究兴趣包括道德哲学、心灵哲学与行动哲学。——译注

中并没有起到任何作用。只要一个行动是"适合的",并且在与一个人的生活有关的故事中是可以理解的,那么,它就可以被认为是自由的(这个人因而就对此负有责任),即便所提到的这个行动是无意识的、半意识的、本能的或习惯性的。根据这个视角,人们或许就能紧紧抓住能动性这个概念,而对这个概念来说,没有任何神秘之处,没有特殊的"能力",没有奇特的"主体"观。一方面,在能动性与责任之间没有必然的关联,另一方面,在能动性与"自由意志"之间也没有必然的关联。

人们还会错误地认为,从一种现象学的或"第一人称的"观点看,能动性的范畴与责任的语言首先或主要适用于"一个人自身的情况",这是尼采特别热衷于指出的一个错误。这也是康德与萨特的观点,尤其是萨特,当萨特陷入对其他人的自由与自欺的描述之中时(比如,《存在与虚无》有关"自欺"的章节所提出的四个可疑例证),他清楚展示的是一种与他自己有关的自欺。① 相较之下,尼采非常清楚,能动性与责任不仅从根本上适用于一个人自身的行为,也从根本上适用于**其他人**的行为。这也就允许有一些不同的视角。其中的一个视角就是我们刚刚在讨论的,人们或许会(以追随尼采的方式)将之称为**诊断性**视角,这就是一个被精神病学家或"灵

---

① 萨特的这个错误尤其与他对女性所做的那种自欺性的分析有关(约会的年轻女士,沃尔夫冈·斯特克尔提到的那种"冷漠的"妻子),对萨特在此犯下的错误的一个高水准的分析,可参见 Kathleen Higgins, "Bad Faith and Kitsch as Models of Self Deception", in *Self and Deception*, ed. Roger T. Ames and Wimal Dissanayake (Albany: SUNY Press, 1996)。

魂的医生"所占据的视角。尼采的许多针对个人的最无礼的段落（尤其是那些与**怨恨**有关的段落）都例示了这个视角。当然，这个诊断性视角表达了对能动性与责任的概念的怀疑，但绝非显而易见的是，尼采反对就责任的归属做出诊断。同样值得注意的是，无论这个视角或许有多么吸引人，它一旦被接受，就绝对无法轻易被抛弃。作为实验的一个组成部分，医科学生被允许进入精神科的病房，他们发现，只要精神科的护理人员接受了"这些学生是精神病患者"这个诊断，这些学生就无法证实他们自身是心智健全的。即便是最合情合理的辩解与解释，都能以各种各样的方式被理解为偏执的行为、操控的行为与妄想的行为。[①]因此，尼采也会用好的理由来对他的目标进行歪曲。一旦我们读到尼采的诊断（卡莱尔的消化不良，康德对政府的怯懦），就很难用与原先相同的方式来阅读这些人的作品。

我们也可以进一步追随尼采，采纳那种我们可能称为道德视角的东西（或更确切地说，**谴责性**视角），其中，人们被直接视为无可否认的行动者，从而对他们的行动负有责任。当然，他们的行动有可能被赞扬，也有可能被宽恕，但我认为，"谴责"这个词最好地把握到了被尼采视为该视角背后的支配性动机，这既是由于尼采做出了这样的理解，也是由于尼采确实为之给出了例证。有人或许会注意到，人们在谴责别人的时候，却赦免了自己的责任，与此同时又接受了对自己成就的称赞，这在实际上是不一致的——或者是一种常见

[①] D. L. Rosenhan, "On Being Sane in Insane Places", *Science* 179 (1973): 250–258.

的虚伪。但这并没有动摇，而仅仅强调了上述责任分配的视角性本质。

诚然，尼采对这个谴责性视角还说了许多，但可以公正地认为，他对这个视角的批评至少与他对这种视角的证明同样频繁。而尼采如此频繁地采纳这种视角这个事实表明，若认为这个视角由此就假定了一个被尼采如此频繁地加以批判的关于"主体"与"意志"的沉重包袱，这就会犯下一个巨大的错误。实际上，尼采拒斥这些康德式的概念的主要理由似乎是他对这个谴责性视角的厌恶，无论他自己有多么频繁地采纳了某个更加"自然主义的"谴责性视角。（在他的作品中，他自始至终都下决心要少做些评判，比如，在《快乐的科学》中，他说道，"我无意于指控。我甚至无意于指控那些控诉者……我希望自己某一天成为一个只说'是'的人"。）①但关键是，若要描述与评价一个人自己的行为与其他人的行为，存在着诸多可替代的视角，而这些视角绝对没有被那些人或许概括地称为"因果性的"（或者是"决定论的""宿命论的""第三人称的"）视点与道德的（或者是"自由意志的""以能动性为基础的""第一人称的"）视点所穷尽。

一如既往，谴责性视角仅仅是众多视角中的一个视角，因此，假如尼采的**热爱命运**的表述（"不想要除此以外的任何东西"）让人觉得他对责任有点过于漠不关心，那也仅仅是另一个视角。事实上，他粗暴地运用了这个谴责性的视角，而不仅仅是对这个视角做出弥补。最近有一些尼采的注释者坚

---

① Nietzsche, *Gay Science*, §276.

持认为，尼采并不是道德哲学家或道德主义者，在他审慎地思考道德的过程中，他并没有对我们给出具体的建议。恰恰相反，尼采以当头棒喝的方式运用了谴责性视角，这就是对上述注释者的直接反驳。通过将谴责性视角与不同的视角并列起来，谴责性视角的严厉性或许有点软化，但它并没有因此而清除或中和所有的谴责。还有一些人宁可将尼采解读为一个人类学家，他对自己描述的那些视角的价值并不表明任何立场。与之相反，我们应当始终要提醒自己，尼采在他的那些熊熊燃烧的论战性作品中真正说了什么与做了什么。尼采首先是一位承受着地狱般磨难的道德主义者。即便他有时看穿了所有的道德并将之也置入视角之中，但这并没有为他的整个哲学设定基调与确立总体的视角。

第 3 章　尼采的激情

就好像不是每个激情都含有它的理性成分似的。

——尼采,《强力意志》

存在主义者并不相信激情的力量。他从不认为伟大的激情是一种毁灭性的洪流,能够像命运那样把人卷进不确定的行动之中,因此,它无法成为这些行动的借口。

——萨特,《存在主义是一种人道主义》

尼采以他那充满激情的作品而闻名,但他对于激情,对于情感与人类行为中的那些较不理性的、反思性的方面,也写出了深刻的文字与思想。他还是一位激情生活的热烈辩护者。所谓的激情生活,就是一种充满着刺激、冒险与悲怆的生活,以对立于那种仅仅是镇定而又平静的理性生活。对尼采来说,情感并不是生活中的混乱或干扰。它们恰恰构成了生活的意义。理解尼采的道德视角主义的一种方式(在我看来,这是最重要的方式)是,将他理解为根据诸多激情的视角（与某些特定激情的视角）来写作，而不是像绝大多数哲学家那样，根据理性与合理性的那种所谓的独特而"客观"的视角来写作。由此，我们就从尼采那里得到了那些让多数哲学教授如此恼怒，又让他们的学生如此欣喜的东西：貌似不受约束的激情、夸张的修辞、隐喻、人身攻击的冒犯与惊叹号，而不是小心的假设与谨慎的论证。尼采所提供给我们的东西并不在真理与证明的模式之中，而是在修辞学与美学的风尚之中。相应地，他的词汇所关注的远不是实践理性或推理，而是被某些温顺的哲学家（如大卫·休谟与亚当·斯密）称为"道德情感"的东西。诸如憎恶、义愤、快乐、狂怒、嫉妒、同情、敬畏、羡慕与怨恨等情感位于尼采的道德观的核心，更不用提他对"强力意志"的普遍执着。

由此产生了一些长久存在的反对尼采的理由——他似乎对非理性做出了称赞，他显然拒斥了理性与合理性，他以牺牲"阿波罗精神"来强调"狄奥尼索斯精神"，他明显着迷于"权力"，他做出狂热的颂扬而不是冷静的沉思。在这些指控中存在着某些真理，而假若分散的文本支持证实了这些指控，那么就应该对这些指控做出考虑。尽管如此，我相信，这些反对的理由存在着严重的错误，它们不仅反映了对尼采的误解，而且反映了对情感的误解，我甚至认为，它们还反映了对哲学本质的误解。尼采并不是一个"非理性主义者"，无论这个词的意思是什么；他更不是非理性的，无论以前后一致的方式，还是以前后不一致的方式。他的热忱与他的夸张修辞并不是非理性的——当然，除非人们试图将激动本身也界定为非理性的。他在一种显而易见的意义上运用了理性：他运用了有针对性的问题与深思熟虑的批评来撰写哲学，而且他还试图理解（据他所说）以前的思想家无法理解的东西。为什么对合理性的展示就应当是枯燥的与冷漠的？

尼采多半并没有称颂非理性。相反，他突出并敦促人们接受那些在灵魂中较不明显的合理组成部分，突出并敦促人们接受我们的自然本能、我们的欲望、我们的激情、我们的情感。但是，灵魂中的这些较不理智的方面也绝不是非理性的。比如，我们的欲望对我们的生存来说是必不可少的。可以认为，我们的自然本能是进化的结果，它们即便未必都适应于生命，大概也不会对生命有害。① 情感也不是非理性的，这是尼采在一些不同的场合下通过诸多颇为不同的方式强调的观点。他说，情感具备它们自己的合理性。进而，他认为，合理性本身或许只不过是情感的某种产物（或情感的汇集）。

因此，这种"非理性主义"的指控就成为某种混淆导致的结果，经过仔细的分析，这种指控就会土崩瓦解。威廉·巴雷特② 的那个经典的"非理性的人"无论是否适用于存在主义者的队列中的其他某些人（如克尔凯郭尔与海德格尔），却无法直接适用于尼采。③（实际上，我认为，这也无法直接适用

---

① 我知道，我在此处对与适应性有关的问题窃取了某些论题，但这足以表明，尼采从根本上是一个达尔文主义者，无论他偶尔对达尔文主义做出了什么样的抱怨，而尼采也是一个拉马克主义者，他相信，人类也能够传递那些后天培养与获得的特性，只要它们被证明是具备适应性的。

② 威廉·巴雷特（William Barrett, 1913—1992），美国哲学家，存在主义主要代表之一，《非理性的人》是威廉·巴雷特的代表作，该书被公认为英语国家中研究、解释和介绍存在主义的最优秀的论著之一。——译注

③ William Barrett, *Irrational Man* (New York: Doubleday-Anchor, 1962).

于克尔凯郭尔与海德格尔。）尼采（就像克尔凯郭尔与海德格尔一样）将合理性这个概念置入问题之中。

我们或许还会补充说，哲学不仅仅是一种运用与解释合理性的事业。在哲学史中强调"理性"的所有哲学家，甚至包括那些最伟大的理性主义者（如柏拉图、笛卡尔、斯宾诺莎与康德），他们都（以各种方式）坚持主张激情的重要性以及它在哲学中发挥的不可消除的作用。毕竟，正是柏拉图在捍卫哲学的过程中将之作为爱欲的产物，而康德在黑格尔之前就说过，"任何伟大事物的完成，都离不开激情"。从这个视角看，就尼采对激情重要性的评价而言，甚至有可能将他视为理性主义的承袭者。他试图教导我们如何以不同的方式思考——最终试图教导我们如何以不同的方式**感受**。

我不会走得如此之远，以至于暗示尼采拥有一个关于激情的"理论"。事实上，尼采是否从根本上拥有任何理论（以及哲学的目的是否就是制造理论），这是我在此处不想追问的问题。但显而易见的是，尼采对情感表达了某些深刻的见解，他不仅将之作为一种普通的范畴，而且更为重要的是，尼采还借助更多的细节将之作为人类生活中的一种特殊现象。（我要表明的是，激情是某些特别强烈而又持久的情感，除此之外，我在此不打算对激情与情感做出任何鲜明的区分。）[1]作为

---

[1] 关于这个主题的更多内容，参见我的 *Passions* (New York: Doubleday, 1976; reprint, Indianapolis, IN: Hackett, 1993)，而关于该主题的两个优秀的历史研究，可参见 Susan James, *Passion and Action* (Oxford: Oxford University Press, 1997) 与 Thomas Dixon, *The Emotions: The Creation of a Secular Psychological Category* (Cambridge: Cambridge University Press, 2003)。

一个最初的小小样本，请考虑尼采对于同情、虚荣、怨恨、爱与浪漫的关系、由音乐产生的感动、各种苦难、敌意与复仇所做出的众多评论。进而，他还对激情做出了更为普遍的称赞。至少，他对生命与艺术的"伟大"激情做出了称赞。当然，并非所有的激情都是伟大的，但在激情之中存在着众多伟大之处，就正如在"理性的神圣火花"之中一样。

尼采论"深层的"情感

> 我们必须学会以不同的方式思考——这是为了最终（也许是在很久之后）获取更多：**以不同的方式感受**。
>
> ——尼采，《朝霞》

尼采要说的许多观点都预见到了弗洛伊德与其他精神分析学家的理论，尤其是阿德勒与荣格，但在尼采所说的话中有许多观点又远远超出了这些精神分析学家的理论。弗洛伊德、阿德勒与荣格经常被当作"深层的心理学家"，因而尼采也常常被当作一名深层的心理学家。[①] 但我们应当与尼采一起追问，人类的心理以何种方式是"深层的"或能够成为"深层的"。这个术语（就像它的那个更为精致的同源语"深刻的"）被人们以各种方式来运用——与滥用。在大多数的情况

[①] J. Golomb, W. Santianiello, and R. Lehrer, *Nietzsche and Depth Psychology* (Albany: SUNY Press, 1999). 该书的封面以多少有点残酷的方式展示了尼采在魏玛的最后岁月，在那时，尼采的心智几乎无法被描述为肤浅的，更无法被描述为深刻的。

下,这些仅仅是称赞的措辞。在没有明显参照地形地貌的情况下,伟大的诗歌、伟大的思想与转换范式的科学理论就被称为"深层的"或"深刻的"。当然,这种称赞或许也是反讽性的(我最喜爱的例证是在伊利亚·卡赞①的经典电影《码头风云》中,暴徒首领李·J.科布对他那位不幸的律师罗德·斯泰格尔厉声说出的辱骂——"深刻的思想家")。尼采有时也以这种方式运用这个词。人们有时或许可以按照这种方式来理解尼采将激情或情感当作"深层"心理描述的做法。但"深层的"通常指的是一种高级的称赞,而不是讽刺挖苦。这本身并不特别有趣或特别有启发性。尽管尼采做出了更多的努力,但是,他对如此众多的事物都采纳了一种摩尼教徒式的态度,包括好的情感与坏的情感在内。因此,他不时地将激情称赞为深层的或深刻的,这仅仅是因为他赞同这些激情,以上事实不应当让我们感到意外。

但这些形容词在尼采的哲学心理学中还有其他更"深刻的"用法。有时,他以一种预见了弗洛伊德理论的方式,看起来确实指的是某种有关心灵或灵魂的地形学。因此,可以将他正确理解为不仅是"深层心理学"的一位先行者,而且是"深层心理学"的一位实践者。相应地,一种激情或许就应当与它的那种在表面上的表现或诠释相区分。因此,根据尼采的某些更为严厉的分析,诸如同情或爱这样的情感(在表面上的表现)就有可能实际上泄露出一种与怨恨和报复有

---

① 伊利亚·卡赞(Elia Kazan,1909—2003),美国著名导演、制作人、编剧与演员,其执导的著名电影包括《君子协定》《欲望号街车》与《码头风云》等,1999 年,卡赞获得了第 71 届奥斯卡终身成就奖。——译注

关的"深层"结构。这种理解显然与"关于深层的隐喻纯粹是称赞"这个想法有所抵牾，因为尼采肯定不想要通过将之称赞为"深刻的"来美化有关怨恨的恶意情感。但有时，比如说，当他将一种心智状态称为"富有成果的"时，他指的是未来的希望，而人们或许会将"深层"解读为一种在时间上的（而不是在空间上的）重要性。尼采在别处，比如说，在他对"永恒复归"所做的那次最著名的谈论中（在《快乐的科学》中），以一种与"重量"有关的隐喻替代了这种与深度有关的隐喻。但是，与深度有关的隐喻解读指的是**真实的**情感，而不是显现的情感，这显然与弗洛伊德有着紧密的关联。此处的危险是还原主义的诱惑，即将我们情感生活的丰富种类还原为一种或两种"基本的"情感。根据这种对尼采的某些文字的解读，我们也许就会将"强力意志"作为所有的激情、情感与动机的深层结构。我认为，这种一元论的解读无论多么有吸引力（即便它偶尔受到文本的支持），但实际上，它相当不重要，因为它抹杀了尼采如此频繁做出的关于情感和动机的众多更为有趣的区分。进而，这些原初的弗洛伊德式的地下人形象构成了一种自我欺骗的策略，就正如萨特在五十年之后（根据他称为"自欺"的东西）做出的如此猛烈的抨击。我们将心理上的"压抑"归因于我们拒绝接受那些与我们自身有关的令人不快的事实，归因于我们拒绝对那些事实采取行动。尼采是一位对自我欺骗及其实践的敏锐观察者，而尼采的一个伟大品质是，他愿意怀疑在他自身之中的那种轻易允许骄傲来遮蔽记忆，轻易允许虚荣来遮蔽恰当谦逊的倾向，进而让我们也怀疑在我们自身之中的这种倾向。(对尼采来说,谦逊并非是一种休谟意义上的"教士的美德"。相反,对自我批判的人格来说,它是一种必要的品质。)但是,即便在那些看似并不存在自我欺骗的策略的地方,"深层"也可能在这样的一种意义上意味着是"无意识的",即我们并没有确认或理解我们自己的动机与情感。这并没有让这些动机与情感变得更为深刻、更值得称赞,也没有让它们变得更为有趣(必须承认,无知、自我欺骗与否认就其本身而言是一些迷人的话题)。

有时,"深层"或许指的并不是动机与情感,而是(通过分析获得的)解释,由此它可能就充当了一种沾沾自喜("确认了这一点的人有多么聪明啊!"),而不是一种对激情品质的评论。(从诺姆·乔姆斯基到斯蒂芬·平克①,人们就"语言的深层结构"的持久争议所谈论的,更多的是心理语言学家的独创性,而不是语言的起源。)但是,若要将一种情感从对它的解释中分离出来,这或许就犯下了极其顽固的错误。实际上,我怀疑尼采会说,一种情感就是一种解释。因此,一种深层的情感就是一种有深刻见解的情感,一种严肃的情感,一种触及乃至把握了生命的基本真理之一的情感。用尼采的话说,它就是"提升生命的"。在海德格尔的(早期)哲学中,"畏"似乎扮演了这个角色。它不仅仅是一种情感(比如说,"怕"就是一种情感),而是一种对人类生存本质的深刻洞识。但重要的是要注意到,至少在某些时候,一种激情可

---

① 斯蒂芬·平克(Steven Pinker,1954—),当代著名实验心理学家、认知科学家和科普作家,哈佛大学心理学系教授,前麻省理工学院心理学教授兼认知科学神经中心主任,世界语言学与心智科学的领导人物,公认的"继乔姆斯基之后的语言学天才"。——译注

以既是"提升生命的",又是"自我欺骗的"。事实上,恰恰是后者服务于前者(这尤其体现于尼采的奇特的哲学思想中,他将艺术视为欺骗,将艺术家视为"说谎者",他还坚持认为,文化中需要神话)。①

尼采就浪漫主义者写道:"他们搅浑了水,以便于让他们显得深刻。"我将此视为一个严肃的警告。看起来深刻的东西,或许并不深刻,而肤浅的东西——在字面的意义上即完全在表面上的东西——或许实际上颇为深刻。(比如,它或许包含了某种看上去巨大的,但先前尚未被注意到的模式。)弗洛伊德将心智作为一个拥有神秘地下室的建筑意象,这可能带有误导性。我认为,尼采正确地以一种严格回避笛卡尔主义的方式,避免了这种地形学的隐喻,但这让与"深度"有关的问题变得难以理解。心灵的结构(或情感与类似物在心灵中的各种表现的结构)在何种程度上允许有这种"深度"?这种谈论在何种程度上搅浑了我们的水?我将"深层情感"这个概念作为一个问题,并不是因为我怀疑这种谈论没有什么意义,而是因为在我看来,这种空间意义上的地形学模型非常有误导性。②简而言之,我认为,尼采对弗洛伊德的超前回

---

① Clancy Martin, "Nietzsche on Deception", Ph.D. diss., University of Texas at Austin, 2002.
② 尼采经常称赞他自己在心理学中的见解,但他没有赏识到的是他自己在曾被称为观相术的领域中的相关才华。他有许多最为犀利的描述,它们描绘的根本就不是深藏于心智之中的东西,而是各种姿态与毫无保留的面部表情。比如,请考虑这段出色的话语,它们出自《论道德的谱系》:"高贵的人的生活中充满了自信与开放('高贵血统的'**勇气**[*gennaios*]、强调细微差别的'正直',或许还有'天真'),**怨恨之人既不正直又不天真,既不诚实又不对自身坦率。他的灵魂是斜视的**。"Nietzsche, *On The Genealogy of Morals*, I, 10.

应是,让情感深刻的东西是关于它的深刻见解,关于它的"真理",而不是它在无意识中的存在。

作为意义的情感真理

> 那么,愤怒就不仅仅是一种感受或一种身体的反应,它是一种对世界的取向。
>
> ——乔纳森·利尔,《爱及其在世界中的地位》

最近有一种"诠释学的"见解认为,情感不仅仅是一种感受或一种生理反应,它还是一种意义、一种意味与一种对世界的取向。我认为,尼采(至少在某些时候)颇为清楚地看到了这一点,尽管他频繁地坚持要对心理学做出"生理学的"解释。(有人已经提出,或许也应当以这种方式来理解弗洛伊德。)[①] 但是,在尼采的心理洞识中,即便不是大多数,也有许多只能通过这种诠释才能得到清晰的解读。需要额外限定的是,并非所有的意义就因此成为清晰透明的或提升生命的。(正如我在多年前就已经表达过的那个想法,即有许多情感的意义是贬低性的。)

要表明关于情感的真理就是关于它的意义,就是要对与"深度"有关的隐喻以及"深层"情感这个观念给予某些真正的实质内容。一种情感是有意义的,只要它以多少有点意

[①] Jonathan Lear, *Love and Its Place in the World* (New Haven, CT: Yale University Press, 1990).

义的方式与这个世界建立起关系。孩子气的大发雷霆不仅仅降低了身份，而且它几乎没有什么意义（这并不是说，无法从因果性的、生成性的、进化论式的、神经学的、社会的乃至策略的角度对这种愤怒做出令人感兴趣的解释）。相较之下，怨恨则具有深刻的意义。它包含的是一段历史，一种强烈的不公正感，以及一个虚幻的未来。它延伸到其他人那里来缔结同盟（共同的被压迫者），它进行同谋与规划。它不仅与这个世界建立起关系，而且还创造了一个充满着细节与价值的世界。爱或许同样具备深刻的意义，当它包含着一段历史（而不仅仅是个人的历史）时，当它成为创造性的情感时，当它涉及的是真正的亲密关系与友谊以及对未来的宏伟抱负时。但那种仅仅是肉欲与迷恋，仅仅是瞬间的欲望，或仅仅是空洞的传统礼节的"爱"，就根本不具备这种深度。

比如，苦难有时被认为是深刻的，而事实上，它只不过就是令人痛苦的。对尼采来说，重要的是，苦难具有**意义**，苦难的"深度"更有可能是这种意义的深度，而不是这种情感的深度。一个人或许会由于流感或过敏反应而感到难受，但是，没有人会将这种难受称为"深刻的"。一个人或许会由于失去挚爱者导致的悲痛而变得多少有点麻木，然而，深刻的恰恰是失去挚爱者这种损失本身，这取决于这个人与挚爱者的关系。当一个人的痛苦并非仅仅由于个人的损失，而是由于普遍共同的损失，由于损失了对一种生活方式来说必不可少的东西——比如，一位挚爱的宗教领袖或政治领袖之死——这个人的痛苦才有可能是真正深刻的，但这并不是由于感受具有任何特定的深度。深刻的恰恰是这种损失，而不是这种感受。苦难或许看起来是深刻的（至少对受苦者来说是深刻的），实际上，它只是对自身感到难过而已。这里涉及的可能是一种递推，其中，为自己感到难过（比如说，为了自己的某个特定的损失或失败而难过）招致了一种为自己感到难过的更基本的感受（为了自己的那些普遍的损失或失败而难过），而这又进一步招致了一种为自己感到难过的更为基本的感受（为了自己的生存或普遍的无价值感而难过）。但在我看来，将这种自我强加的苦难（或许是由于**悲观厌世**）称为深刻的，这似乎是可疑的。因此，尼采对在基督徒与他的某些浪漫派同胞中的那种所谓的深刻感受（无价值感与罪恶感）进行了分析。

假如情感是有意义的，那么，情感就有可能是"虚假的"。（我将之理解为情感是"深刻的"这个论题的对立面。）对尼采来说，瓦格纳（尼采生命中的伟大英雄之一）的音乐所表现的情感的虚假性，是攻击瓦格纳的一个好的理由。瓦格纳从"深刻的"走向"虚假的"，这是一种毁灭性的指控，因为在有情感卷入其中的地方，就会有对"真理"的更为明确的承诺。[①] 在这个例证中，"虚假的"拥有双重的含义：第一，瓦格纳其实并不信奉他的音乐唤起的宗教激情；第二，这些激情本身是虚假的——欺骗性的，它们根据的是幻想与一厢情愿。换句话说，一种情感有可能是虚假的，要是它误以为与之建立起关系的那个世界是一个不切实际的世界。我应当马上补充的是，这非常不同于根据多半是自己的创造物而对

---

① Clancy Martin, "Nietzsche on Deception".

这个世界做出的回应，正如怨恨之人所做出的回应，或者更极端地，偏执狂所做出的回应。这些世界足够真实，但是，它们被成问题的情感以颇为显著的方式塑造过。相较之下，在基督教做出的回应中，并不存在这样的世界。因此，尼采攻击基督教、基督教的道德乃至基督之爱，因为被断定为具有深刻宗教信仰的东西，事实上却具有如此大量的虚假性、欺骗性与不温不火的肤浅性。浪漫之爱通常也被假定为深刻的，但有时它仅仅是令人苦恼的与令人困惑的。事实上，仍然有一种强大的诱惑让人们将苦难、挫败与烦恼普遍视为深刻的情感与对"灵魂"的揭示，但有时这仅仅是随着浑水而来的合理化解释。

人们有时会产生这样的印象，即尼采将快乐批评为肤浅的，将痛苦与苦难称赞乃至赞颂为深刻的。就好像快乐没有意义，而痛苦与苦难却有。这在某种程度上与尼采对功利主义及其追求安逸的哲学的那种（传统的）德国式的鄙视有关。用一种更为精致的方式说，这与他和亚里士多德共同享有的一个论题有关，即快乐并不是行动的目的，而是行动的一种额外好处，行动的一缕余辉（"就像青春的绽放"，亚里士多德说，他对20世纪来说是个令人费解的评述者）。对尼采来说，我们通过运用我们的力量与感受我们的力量而获得快乐。但是，这必然导致快乐变得肤浅，让它位于其他的感受与活动的**最顶端**。快乐的意义就只不过是产生快乐的活动或潜能的意义。尽管如此，在他对艺术家心理的某些讨论中，尼采（带着独有的热情）谈到了**迷醉**（陶醉、迷狂），他认为，迷醉对艺术来说是必不可少的（或者说，迷醉对激发热情的伟大艺术来说是必不可少的）①："被称为**迷醉**的快乐状态,恰恰就是一种高度强有力的感受……**力量**就是一种精于支配肌肉的感受,就是运动中的灵活与快感,就是舞蹈,就是轻盈的**急板**。"②但在别处,尼采谴责了那种廉价而又肤浅的狂喜,其中最为显著的是被瓦格纳的音乐所激起的狂喜："我非常清楚我不想要哪种音乐与艺术——也就是说,那种试图让观众欣喜若狂,并迫使他们瞬间就感受到强大而又崇高的高潮的音乐与艺术。那种音乐与艺术是为了庸常的灵魂而设计的,他们在晚上并不像凯旋车上的胜利者,相反,他们更像遭受了大量鞭笞的疲惫的骡子。"③

这些评论是令人困惑的。在某种程度上,它们反映了尼采不再对瓦格纳抱有幻想,并且有可能被理解为一个反对拜罗伊特观众的人身攻击论证。但在何种程度上尼采就"在快乐中的深度体验与意义体验究竟意味着什么"这个问题给了我们一般性的见解,而在何种程度上他所说的其实是"这种快乐从来都不是深刻的或有意义的"？从根本上说,**迷醉**是否真是一种快乐,或者它实际上就是一种与强力有关的感觉（它或许相应地就会成为令人愉快的感觉）,而强力——作为支配的强力、作为创造性的强力、作为灵感的强力——恰恰在大多数欲求的感觉中有着深刻的意义？当尼采说**迷醉**是"一

---

① Nietzsche, *Twilight of the Idols*, §9, §8, and *Daybreak*, §188. 我受益于克兰西·马丁（Clancy Martin）所撰写的发展这一主题的博士论文,而约翰·理查森（John Richardson）在他最近论述尼采与达尔文的作品（如 2001 年他在圣塔克莱拉大学召开的尼采会议上递交的论文）中提出,可将**迷醉**作为一种达尔文式的优势。

② Nietzsche, *The Will to Power*, 800.

③ Nietzsche, *Gay Science*, II, 86.

种快乐的**状态**"时，这是否意味着迷醉是真实快乐的原因或标准，而深刻的快乐实际上是以力量与强力为基础的？假若快乐并非以此为基础，它是否就是肤浅的乃至可悲的？但是，假如强力被认为激发了我们的一切行动，那这种强力就无法表示深度。无论根据何种意义，单纯的**迷醉**并非必然是深刻的或有意义的——它也许是一些目前可轻易获得的非法药品所产生的后果。在此，这种快乐没有真正的意义（尽管随后产生的经验很有可能附带着重要的，乃至"真实的"见解）。

一位艺术家的**迷醉**，即当音符、意象或语词看起来就像在一种连续狂喜的状态中倾泻而出时一个人所体验到的"高潮"，这就是尼采在此有意要称赞的形象，而对于一个有创造性的人来说，这种体验确实值得珍视。但这并不是说，这种体验本身就是目标或值得为之奋斗。构成这种体验并最终给予其意义的是作品与成果。在此以微妙的方式起作用的是一种"客观的"美学。无论我有多么喜爱乃至着迷于跳舞，我的笨拙限定了我的体验的重要性。我或许短暂地拥有**迷醉**的体验，但这远不是尼采所描述的那种狄奥尼索斯式的狂喜。但是，当然，当尼采舞蹈时——我假定他远远不像我那么笨拙——人们或许会认为，他体验到的是真正的**迷醉**，这不是由于他的舞蹈技巧，而是由于他的人格天赋与他的丰富"灵魂"。此处的作品与成果并不是舞蹈，而是尼采的**著作**（*Werke*）。这对激情以及尼采关于激情的见解又提出了另一个极其有趣的观点。情感的对象与表现并不必然就是表面上的对象与表现。当尼采舞蹈时，关于他的激情与快乐的真理，就要到他的哲学中去寻找。

为激情辩护：尼采论人的本性

> 理性是，并且也应该是激情的奴隶，除了服务与服从激情之外，永远不能假装有任何其他的职能。
>
> ——大卫·休谟，《人性论》

尼采是少数试图以不受约束的方式对激情做出辩护的哲学家之一。大卫·休谟似乎是另一位这样的哲学家，但他的辩护更多关注的是道德"情感"，而不是激情，他的论题更多地与行为的动机有关，而不是与生活的意义有关，后者则肯定是尼采所关注的。尼采在《悲剧的诞生》中写道，"只有作为一种审美的现象，这个世界才可获得辩护"，我们或许会猜测，尼采（间接）谈论的是激情与我们**感受**生活的方式，而不仅仅是我们思考的方式或对生活的哲学反思。但尼采对情感的高度赞颂在整个西方的哲学传统中并不常见。不可否认，在中世纪，从奥古斯丁到阿奎那与阿威罗伊，他们都对宗教**信仰**中的激情与理性的作用做出了热情洋溢而又相当有节制的论证（德国浪漫派、克尔凯郭尔与有神论的存在主义者重新拾起了这个讨论）。① 但就绝大部分而言，哲学总是一项理

---

① 尤其是关于奥古斯丁与阿奎那对激情作用做出的更为巧妙的解释，可参见 Thomas Dixon, *The Emotions: The Creation of a Secular Psychological Category* (Cambridge: Cambridge University Press, 2003)。对中世纪来说，存在着两种非常不同的激情。尽管"低级的"激情干扰了我们与上帝之间的恰当关系（因而它是"罪恶的"），但是，"高级的"激情是尼采都有可能会赞颂的情感，当然，除了这些激情所指向的对象。

性的事业，情感即便不被认为是理性的敌人，也会被认为是与理性相异的。尽管对信仰的激情有着高度的赞颂，中世纪多半还是致力于严厉斥责那些邪恶的情感。大格里高利宣称，骄傲、嫉妒与愤怒——更不用提好色与其他的情感了——是"致命的"（对"凡人"的败坏）。

甚至在古代，希腊人与罗马人有时也会将情感等同于着魔与疯狂。众所周知，苏格拉底警告他的追随者克里托（Crito）要反对这些情感。斯多葛主义者认为，所有的情感都是非理性的，这并不是因为它们在通常的意义上是野蛮的与"盲目的"，而是因为它们在更为复杂的意义上是一个人对自己及其在这个世界上的地位的错误判断。贺拉斯认为，愤怒就正如奥维德的爱，它是一种疯狂。当然，尼采是一位研究希腊人与激情（以及他们关于激情的见解）的严肃学者，他对无动于衷（apatheia）与心灵宁静（ataraxia）的古代理想说了许多。至于现代人，尼采正确地看到，认识论转向狭隘地聚焦于知识，这是对哲学的一次沉重打击，而"节制的学说"也许还是哲学的"最后一次阵痛"。① 丢失的是激情与对激情的关切。因此，笛卡尔与其他的理性主义者毫不动摇地坚持了理性的中心性（尽管笛卡尔与斯宾诺莎两者都对激情表述了许多见解）。众所周知，康德宣称，（包括激情在内的）"偏好"与道德无关，许多同时代的哲学家在这一点上追随了康德。相应地，当美德与恶习（罪恶）之战成为绝大多数哲学的动机时，关于激情以及好与坏的争辩也就失去了它在中世纪时

---

① Nietzsche, *Beyond Good and Evil*, VI, §204.

的紧迫性。因此,尼采称赞了那些中世纪的人(我无法确定,他的称赞是否带有反讽性):"无论是古代还是我们自己的时代,都不曾有过如此宽广的灵魂:它的空间感从来没有这么大过。"①

"Il faut tuer les passions"[必须扼杀激情!],尼采在他的《偶像的黄昏》中高呼:"所有古老的道德怪物都同意这一点。"②他继续针对性地严厉斥责新约圣经,但绝对不是只有基督教才对这场关于情感的战争负有罪责。在这同一本书的先前章节中,尼采将此直接归咎于苏格拉底,因为苏格拉底将理性变成了"暴君"。尼采经常抨击康德,他将康德称为"哥尼斯堡的中国人",这大概就是尼采以种族歧视的方式提到的一种在表面上缺乏感情的人,而这种人是康德与尼采都不曾频繁遇到的。事实上,"东方人"也共同承担着某些责任,尽管尼采所知悉的亚洲哲学多少局限于印度与"近东"地区的哲学。尼采从叔本华那里了解到的佛教也不是激情的朋友。佛教的高贵真理宣称,生命就是苦难。苦难来自激情(欲望、"渴求"),而激情是可以被清除的。人们无法想象,还有什么观点能比它更与尼采相对立。若要赏识尼采关于情感的见解——并赏识尼采的充满激情的风格与他的道德哲学——人们就必须以承认以下这个事实为出发点,即他根据这场针对激情与热情生活的战争而看清了与人性有关的许多历史。由此,尼采(在《偶像的黄昏》中)将道德诊断为"反自然的",他

---

① Nietzsche, *Wanderer and His Shadow*, §222.

② Nietzsche, *Twilight of the Idols*, "Morality as Anti-nature", §1.

有时将犹太教与基督教的整个传统都视为根除激情的巅峰。

在对此做出回应的过程中，尼采试图全心全意地为激情辩护。除掉危险的激情这个想法，如同牙医拔掉受伤的牙齿一样，尼采将此视为异常愚蠢的想法。[1] 尼采就像先前诸多世纪的众多哲学家一样，是一位热衷于研究"人的本性"的学生。但是，尼采不同于他的那些前辈，他不怎么关注作为人的本性的关键的理性。无论好坏，人的本性是由其独有的激情来界定的。人的本性或"人性的，太人性的"，也许可以通过诸如怨恨与报复的可悲情感、同感或被尼采批评为同情的东西来描述，以此方式，尼采敲打了18世纪道德情感的理论家（当然，还包括叔本华）。但是，人的本性也可以通过伟大激情的潜能——或至少是某些个体中的潜能——来得到描述，这些激情让（或者能够让）每个人的生活更加丰富与更有价值。这种激情是伟大艺术家的激情，并且至少是尼采这个伟大哲学家的激情。这种激情及其产物，正是最佳人性的典型特征，它们通过艺术与文化一直在向我们倾诉，只要我们培养出了热情的本性来领会它们。

通过参照情感来界定人的本性这个想法在哲学家中绝非新奇。长久以来，就有一个流行的观点认为，"在内心深处，我们都是相同的"，在此，"相同之处"指的是那些普遍的情感（欲求、喜好、感伤与激情），以对立于那些有可能在不同社会之间有所差异的文化面貌（包括那些陶冶的或社会建构的情感、欲求、喜好、感伤与激情）。（当然，有待论证的是，

---

[1] Nietzsche, *Twilight of the Idols*, §1.

"在内心深处的"究竟是性欲的冲动、普遍的原型、"强力意志"还是与《创世纪》紧密关联的拯救需求。因此,同样有待论证的是,在灵魂中的那个深刻而又阴暗的地下室,究竟是被本能所支配,还是被与文化紧密相关的约束力所控制。但众多传统的哲学与心理学暗中假定,无论"在内心深处的"东西究竟是什么,它们都是普遍而又确定的人的本性。)尽管如此,并不能由此推导出,社会建构的情感必定是"不自然的"。包括尼采与休谟在内的众多哲学家将某些这样的情感视为相当自然的,虽然它们同样在某种意义上是人为的。比如,休谟就认为,我们的正义感是一种"人为的"品质,而尼采认为,大多数激情,尤其是由艺术熏陶出来的激情,只要它们顺应了人的本性,它们就仍然是自然的。

但是,人的本性这个观念已经遭到了极大的扭曲——首先,由于基督教的基础形而上学,人们可能会认为,在身心之间存在着差别,而接下来最为著名的是笛卡尔所认可的身心二元论,这种二元论在今日仍然困扰着哲学。但我认为,尼采在海德格尔之前就攻击了笛卡尔的二元论与"情感(或任何其他的东西)有可能在心灵'之中'(更不用说在心灵'之下')"这个观念。尼采有时会说,心灵就是一种力量的会聚(套用德勒兹的过于抽象的术语),若用尼采自己的"河流"意象,心灵就是"大量流经不同方向的情感"[①]。心灵并不是一个特殊的"位置"。它并不在任何事物的"内部"。归根结底,它

[①] 关于这方面的更多内容,可参见以下这本精彩的论著: Graham Parkes, *Composing the Soul: Reaches of Nietzsche's Psychology* (Chicago: University of Chicago Press, 1994), 145ff.

的所有属性都是生物的属性（但不能按照时下被如此频繁运用的还原主义的方式来理解这句话）。人的本性与那种连接到身体上的心灵无关。我们是一种具身性的与生物学意义上的创造物，而这就是我们的自然本性。（"哦，你们这些斯多葛主义者啊，你们怎样才能**不**按照自然的方式来生活？"）[①]

根据这幅图画，情感就不能被理解为一种急于"出来"的"内在感受"，不能被理解为"内在的敌人"[②]，而是应当被理解为一种自然的生物现象，一种追求价值的有机体的必不可少的组成部分。情感不仅"在心灵中"而且在身体的行动中"得到表现"。除了它的表现之外，情感就什么也不是，但这并不是（用后来的行为主义的方式）说，存在的只有情感的表现。因此，情感至多也不过是它的"生理机能"（再次声明，这是一种非还原主义意义上的"生理机能"），但这并不是说，存在的只有生理机能。若让我概括尼采的策略，它就会以此方式进行：我们应当对伦理学进行"心理学化"的处理，从而清除掉那些逐渐界定了犹太教与基督教的"大写的道德"的虚假的先验形而上学，我们应当对心理学进行"生物学化"的处理，从而避免笛卡尔主义的错误以及对意识内容的过度强调。由此产生的生物伦理学则清除了先验性与心智主义。

我认为，这种生理学的进路让尼采的心理学产生了某些显著的古怪之处，尽管如此，我欣赏的是这个事实，即它是

---

① Nietzsche, *Beyond Good and Evil*, "The Prejudices of Philosophers", §9.
② Nietzsche, *Twilight of the Idols*, "Morality as Anti-nature", §3.

对笛卡尔的心理学的大胆修正,是基督教神学的健全替代者。人们可能会注意到,尼采在此类似于威廉·詹姆斯。在尼采撰写他的更加系统的心理学论著的同一时间里,詹姆斯发表了他的著名论文《情感是什么?》(1884)。尽管他们的分析颇为不同(詹姆斯仍然将情感等同于一种有意识的感觉),但是,他们提出的具有挑衅性的观点是相同的:情感从根本上是一种生理的现象。情感并不仅仅是一种心智的经验。它是一种身体的回应。假如有人要提出反驳说,这种情感的解释遗漏了大量的东西,那么,就可以用如下方式来做出反击,即在不同时代的背景下,这种解释增添了(或重新恢复了)某些本质性的东西。(值得注意的是,荷马的作品始终是尼采的基本参考文献,而在荷马的作品中,心理的状态几乎总是通过生理的描述来得到表现。)[①] 因此,就像詹姆斯一样,尼采将对激情的讨论从"意识的内容"转回到"身体"。就像休谟一样,尼采坚持要对伦理学进行"自然化"的处理,而这就意味着不仅要将伦理学奠基于人的本性之上(中世纪则通过将人的本性等同于上帝赐予的灵魂来做到这一点),而且要将人的本性限定于人类的心理学,并由此限定于人类的生理学。

---

① 我的这个观察结论受益于阿拉斯戴尔·麦金泰尔多年前向我提出的一条建议。

第 3 章　尼采的激情

尼采的生理心理学

一种"冲动"可暂时被理解为在体内持续流动的刺激之源在心理上的典型代表……关于冲动本质的最简单与最有可能的假设似乎是，冲动本身并没有什么品质。

——西格蒙德·弗洛伊德,《性学三论》

弗洛伊德是以"性欲是一种冲动"这个观念为出发点的。他的问题是，他并不了解冲动是什么，或让冲动成为性欲的究竟是什么。

——乔纳森·利尔,《爱及其在世界中的地位》

我曾经说过，尼采并没有一种关于情感的理论，他拥有的只是各种拼凑起来的一般性评述。[①] 人们至少可以提出如下暗示：情感就像一切心理现象，它应当从根本上被理解为一种生理现象，尤其应当被理解为**冲动**的表现。然而，对情感的谈论无法脱离于对伦理学与人类的繁荣昌盛的谈论，无法脱离于对"人的本性"的理论（无论它是不言而喻的还是不成熟的）的谈论。情感与理性既不是对立的，也不是相互分离的。情感包含着它们自己的合理性，而且这些策略或许比

---

① 比如，出自《偶像的黄昏》第 6 节与贯穿《论道德的谱系》始终的一般性评述。

有意识的思想所制订的"最佳计划"更为有效。尼采反对笛卡尔，他坚持认为，情感并不是清澈易懂的。因此，它们倾向于自我欺骗并做出错误的描述，即便不引入"无意识"这样的概念也是如此。但最为重要的是，总的来说，情感（激情）普遍都是好的与可取的，而不是像传统的斯多葛主义哲学与（带有众多限定的）基督教心理学所认为的，普遍都是可疑的与罪恶的。拥有情感是健全的（但并非任何特定的情感或所有的情感都是健全的）。倘若没有情感，简直就没有人性（这并不是说"就像动物一样"，而是就像机器人或电脑一样）。即便有些情感是不健全的与软弱的（如怨恨），其他的情感则是健全的与充满生机的，它们可以根据一个人的需要与福利来对之做出功能上的解释。[1] 相应地，情感拥有结构与策略，它并不仅仅是生理上"碰巧发生的事件"，它并不像弗洛伊德以多少有点令人困惑的方式所描述的，是"没有什么品质的"[2]。

尼采的冲动理论频繁地根据盲目的与非理性的力量来做出表达，尤其是根据物理学的能量概念与汹涌的激流这个更加可感知的形象来做出表达。比如，在他的笔记中，尼采评

---

[1] 对心理学中的情感做出的一个精彩的功能主义解释，可参见 Nico Frijda, *The Emotions* (Cambridge: Cambridge University Press, 1986) 与他的论文 "Emotions are Functional (Most of the Time)"，该文收录于 *The Nature of Emotion*, ed. P. Ekman and R. Davidson (New York: Oxford University Press, 1994)。

[2] 休谟（在他的《人性论》中）做出了相同的评述："激情是一种原始的存在物……它并没有包含任何代表性的品质。" Hume, *Treatise of Human Nature*, ed. L. A. Selby-Bigge (Oxford: Clarendon, 1973), p. 415. 安尼特·拜尔（Annette Baier）由于某些理由而对此评论道，这或许是休谟所有作品中最令人困惑的评述。

述道,"最为短视而又致命的思维方式是想要完全**枯竭**这种巨大的能量之源(即那些狂热的灵魂激流,它们经常以如此势不可当的危险方式流淌出来),而不是有效地利用它们的力量来为自己服务"①。弗洛伊德对情感也采纳了这种"流体力学的"模型,他根据容量与压力、堤坝与流动、通道与升华,将情感理解为"心理的装置",但我认为,这种流体力学的隐喻既导致了一个严重错误的情感概念,又导致了一种与之相关的灾难性的不负责任感。一个激流可能会有一个方向,然而,它并没有目的与代表性的"品质"。它暗示的是一种必须得到处理与应对的不可阻挡的力量,但无法简单地被压抑。人们可以控制激流或让激流改道,但人们无法摆脱激流(除非经过一段时间后发生了人口爆炸与污染环境的蠢行)。因此,正如尼采经常告诉我们的,只有傻子与伪善者才会想要清除激情。但也因此,我要证明,我们应当非常谨慎地引入流体力学的模型,它是19世纪末20世纪初的冲动理论的一个著名版本。

尼采的隐喻并非都是流体力学式的。它们中的大多数是生物学的隐喻、生理学的隐喻与心理学的隐喻。洪水与激流在任何意义上都是没有心智的,即便没有引入任何关于"心灵"的笛卡尔式的说法,生物学、生理学与心理学也并非与心智无关。生物学是目的论的;它涉及目的与功能。生理学不仅仅是解剖学或组织学,不仅仅是死亡的器官组织的目录或图谱。它研究的是身体如何**运作**以及活的器官组织所服务

---

① Nietzsche, *The Will to Power*, §381.

的那些目的与功能。心理学即便在狂热的行为主义的黑暗时期里，也无法摆脱包括**刺激**、**反应**与**强化**这样的术语在内的对功能的含蓄谈论。问题是，在不引入笛卡尔主义的成问题的语言的条件下，如何将生物学、生理学与心理学相结合。尼采发现了一条途径，即根据本能与冲动来对他的生理心理学做出表述。

假如我们考虑尼采将伦理学进行心理学化并将心理学进行生物学化的策略，那么，我们就能轻易领会到为什么这种语言会对他产生吸引力。"本能"尤其是（或曾经是）生物学中的标准情况。不属于人类的动物行为通常是根据本能来获得描述与解释的。事实上，人们过于频繁地（以一种完全错误的方式）假定，除了狗与受过训练的海豹所习得的一些把戏以及关于聪明的黑猩猩的一些趣闻之外，**所有的**动物行为都能根据本能而得到解释。人们还过于频繁地假定，或许除了（带有显而易见的政治议题与道德议题的）性别差异之外，几乎没有什么人类的行为可以按照这种方式来得到解释。因此，尼采随心所欲地运用"本能"来解释人类的行为，这是他的辩论术的一个重要组成部分，即便他过度地使用了这种方法（在没有大量经验证据的条件下成倍地增加了本能，甚至将习得的行为称为本能的行为），人们仍然应当赏识他的论辩意图。

甚至在今日，这种论辩仍然引人瞩目并令人兴奋。斯蒂芬·平克在他的论著《语言本能》中提出，说一门语言的能力（而不是说任何特定语言的能力）是天生的，这招致了大量的争论。而社会生物学（这是 E. O. 威尔逊在 20 世纪 70

年代早期就进行了"综合"的一个主题)不仅对生物学的论证来说仍然是一个亮点,而且对政治学的论证来说也仍然是一个亮点。社会生物学同样极其强调用我们的生物遗传来解释社会的行为,尽管**本能**这个词变得不再那么流行,但是,基本的观点——我们行为的生物基础以及我们与动物的连续性——仍然保留了尼采(当然还有达尔文)早在19世纪就提出的许多见解。因此,"进化心理学"的流行主题也将许多人类的行为(如嫉妒的情感)归因于进化与遗传,而不是环境、学习与文化。① "冲动"这个概念对尼采的目的来说甚至更为恰当。然而,本能(完全)是根据遗传的(或"天生的")、并非习得的典型行为(比如,鸟类根据特定的本能而做出的筑巢行为)来界定的,"冲动"却远远没有携带着如此众多的生物学成见。冲动既可以是遗传的,也可以是习得的。冲动不仅有可能被一个种族共同享有,而且也有可能随着个体的不同而有所变化。尽管一种冲动的目的性并不明确(某些行为有可能服务于某种动物的特定目的,但是,若要说这种动物**具备**那个目的,这可能没有什么意义,一种冲动或许是被进化所"选择"的,尽管如此,这种冲动有可能变成过时的乃至有害的),但是,"冲动"这个概念本身带有方向与目的的构想。

举一个最为常见的例子,性冲动是一种追求交配的冲动。这就是它的目的,如果满足了这个目的,也就实现了这个冲动。可以颇为恰当地将冲动构想为一种让人们以特定方式行

---

① 参见 David Buss, *The Dangerous Passion* (New York: Free Press, 1999)。

事的"推动力"，然而，在没有任何明确意识的条件下，包括没有意识到冲动目的的条件下，冲动也能轻而易举地发挥作用。一个少年有可能在性冲动之中，但他可能将之仅仅体验为与理解为一种想要做出不当行为的刺激或强烈欲望。这种体验与理解或许是那种冲动的补充，但它们并不是造成性冲动的原因。实际上，冲动最为有趣的一方面是，它们经常躲过了我们的理解，尽管如此，它们总是有办法伴随着我们。（因此，冲动在叔本华的那个非理性的意志概念中发挥了核心的作用。）

然而，我并没有非常认真地对待尼采对冲动的赞颂。我欣赏他对心理学进行生物学化处理的努力尝试，我认为，根据冲动（而不是根据有意识的思考与计划）来构想我们的（某些）行为，这有非常积极的意义。但是，我们应当提醒自己，为什么曾经流行于20世纪早期的冲动理论会走向不景气（并让位于行为主义）。这并不是因为冲动理论忽略了有意识的思想与计划（事实上，行为主义与它们也没有什么关系），而是因为剧增的冲动解释了太多东西，结果是，几乎没有什么东西真正得到了解释。在冲动是相当明确的地方（比如，作为要交配的冲动的性冲动），这种解释貌似合理，但又有点空洞。动物拥有想要交配的冲动，显然，直接根据自然选择，就可以解释为什么进化应当选择这种动物（而不是选择那些没有兴趣交配的动物）。但是，在冲动可以通过其他表现来呈现的地方（比如，在同性恋的欲望中），性冲动的理论就骤然变成了一种特设的理论，它要求用各种各样的补充性解释来理解冲动。冲动不再是一种简单的"推动力"，而是一组复杂的动

第 3 章 尼采的激情

机与环境塑造出来的手段。实际上，我们现在应该问的是，通过说人们拥有一种"性冲动"，而不是说人们（大多）想要与别人发生某种肉体上的关系，我们究竟获得了什么？冲动看起来似乎是天生的，但又受制于各种环境的要素与文化的要素。

人们可能会合理地宣称，所有的欲望都表现着冲动，但是，一旦我们考虑的并非只是吃饭与饮水的迫切欲望，或许还包括（在某些动物中的）确立与捍卫自身"领地"的冲动，那么，这种论断就开始显得颇为可疑了。是否存在着一种想要睡眠的冲动（假定有一个被剥夺了睡眠的人，他将变得困倦欲睡）？是否存在着一种想要工作的冲动（假定有一种不同于狗与猫的灵长类动物，它倾向于不安地寻求"某些事情来完成"）？是否还存在着一种追求宗教信仰、追求美、追求冒险或追求地位的冲动？假定所有这些东西都可以成为动机，人们或许可以通过整个物种或跨物种的方式来表明这一点。但是，为了强调特定欲望的那种"自然的"生物根源而大量增加冲动，这就剥夺了这个概念曾经拥有的力量。因此，我发现尼采大量增加冲动的做法是令人不安的与弄巧成拙的。比如，当他谈到"追求真理的意志"时（在此处，"追求……的意志"是他对"拥有要追求……的冲动"的一种最为常见的表达），我认为，尼采或者是在挖苦嘲讽，或者是在沉重地打击他自己的理论。难以表明这种冲动的"根基"是什么。如今在神经学上的典型表现或许提供了造成各种冲动的独特"模块"。但是，特别有趣的是，简直就没有什么神经模块能恰好与那些假定存在的冲动相匹配，这意味着，那种增加冲动的说法无论是在动机的层面上，还是在神经学的层面上都是天真的。

另一方面，尼采的理论又由于冲动的不足而受挫。这或许是初次涉足尼采的"强力意志"这个臭名昭著的概念的地方。尼采常常表明，强力意志是一种冲动；实际上，它是一切冲动的原型。有时他又提出，强力意志是一些（或众多）冲动中的一种，但它是最强有力的冲动。在其他的时间里，他又暗示，强力意志位于一切冲动的根基之处。而在别处，强力意志则是诸多冲动的一个特征，因而就不是它自己的一个特定的冲动。比如，尼采写道，每一个冲动都拥有它自己的强力意志，因此也就包含了一个要克服其他一切冲动的冲动。

我发现，这一堆假设是不融贯的。说一个冲动本身拥有冲动，这究竟意味着什么？诚然，尼采经常以这种方式来人格化情感、激情与冲动。说"同情想要……"或"怨恨需要……"是无伤大雅的，只要我们在头脑中清醒地意识到，这是以一种缩略的方式说"一个同情的人想要……"或"这个怨恨的人需要……"但当尼采（多半在他的那些未发表的笔记中）提出，冲动拥有冲动，他看起来并不像是在说"一个具有两种冲动的人将根据两种冲动的合力行动"。相反，这看起来就像是两个有生命的独立存在者在一个人之中进行着持续的斗争，其中的一种冲动想要 X，另一种冲动想要 Y。这实际上是达尔文的模型，即一种在诸多冲动之间存在的"适者生存"（这并非是达尔文的术语）。无可否认，弗洛伊德也受到了相似隐喻的强烈影响（在他的事业临近结束之时，他开始明确地谈论不同的心理"能动者")。但是，这动摇了尼采最基本的目的，即摆脱这种明确的、深思熟虑的、有意识的能动者并回到生物学解释的那种更加非人格的结构之中。

此外，这种将所有冲动都解释为一种冲动（即强力意志）的表现的尝试，要求我们进一步探究是什么东西让这些表现如此不同，而这些表现又怎么能进入冲突之中。这可能导致我们对强力意志的诸多表现做出区分（比如，强力意志在寻求快乐上的表现，强力意志在寻求地位上的表现，强力意志在寻求统治上的表现，强力意志在寻求避免屈辱上的表现，强力意志在寻求自尊上的表现，等等）。那么，我们从中得到了什么呢？我们失去的是尼采对那些**特定的**动机与情感的敏锐眼光，而这才是在这个处境或那个处境中打动我们的东西。

我认为，尼采将强力意志强行挤入一种关于诸多动机的解释之中，并以此说明我们的"道德"行为，这对"道德心理学"做出了一种极其富有成果与极其有趣的贡献。它是对那些经常是单调乏味的快乐主义的一次精妙反击，而那些快乐主义被如此众多的伦理学理论所假定。但是，尼采倾向于将强力意志提升到绝对的地位，这不仅泄露了叔本华对尼采的那种残留的（与多余的）影响，而且也削弱了尼采的那个天才性的假设，即**某些**（但并不是所有）行为是被我们相当不情愿承认的欲望所驱动的。至于尼采对冲动与本能的强调，我认为，我们可以欣赏并接受尼采的这种达尔文主义的尝试，通过延续动物行为的方式来解释人类的行为，既没有成为还原主义者，又没有抛弃在所有这些事物中的意识与文化的激动人心的复杂含义。在大多数的情况下，尼采所使用的"冲动"，可简单地被"激情""情感"或"欲望"所取代，由此，他的那个单薄的冲动理论就重新恢复为一种关于人类行为动机的多样性与复杂性的丰富理论。①

人们必须承认，这种流体力学的模型或隐喻以及伴随着它的那种有关盲目冲动的形象，已经牢牢地把握了我们的语言。无可否认，人们的"感受好似"情感的"流动"穿透了我们，在我们之中"上升"，并在我们之中"即将爆发"。但这仅仅让人们回到这些问题上：为什么人们以这样的方式感受？为什么与流动有关的语言如此恰当地符合"这种意识流"？此外还有其他的方式吗？还是说，我们无法以任何其他的术语来思考我们的心理生活，因为我们现在还不具备其他的术语？（试比较："我们相信上帝，因为我们拥有这样的语法。"）人们或许会认为，在尼采与弗洛伊德之间，这种关于情感的冲动理论在我们的自我理解中获得了支配权，但我要论证的是，他们两者还暗示了某些更具前景的东西，它们或许可以通过弗洛伊德的"谈话疗法"而得到最佳的表现：假如拥有一种情感更类似于"拥有某些要说出来的东西"，那会怎么样？在此并没有什么空间的隐喻，而"流动"的意

---

① 这是一种思考尼采的"自然主义"的方式（John Richardson, *Nietzsche's System* [New York: Oxford University Press, 1996]），但尼采并不是唯物主义者，尽管他在早期生涯中曾经对唯物主义极有兴趣。试比较弗洛伊德在1895年撰写的"Scientific Project"，通过将"心理装置"多少等同于大脑，弗洛伊德在那里试图对心灵与冲动的运作给出解释。

象只是在最低限度内是可适用的，它适用的仅仅是说话的结果——**言语**的流动——而不是那些"在一个人的心智中"持续运作的力量。

或者请考虑尼采自己对"协调"心灵做出的某些零散的建议①，他针对的是柏拉图，而这些建议导源于他自己对音乐的热爱，毫无疑问，它们也承袭自叔本华与佛教的思想（尽管它们与道家的关系更为密切）。这同样是一种关于情感的非空间式的模型，尽管人们可能会在类似于"音乐的流动"（也就是说，"时间的流动"）这种最低限度的意义上来谈论"流动"，但是，这种模型所推荐的肯定既不是一位工程师，也不是一位经济学家。它要求的是一位音乐家，或者按照格雷厄姆·帕克斯②的说法，它要求的是一位作曲家。但是，尽管尼采更多地具备符号学与音乐的倾向性，尼采的情感模型始终牢固地关联于生理学的意象与身体的意象。或许可以认为，这泄露出了一种还原主义的冲动，即便是最伟大的思想家，也会觉得这种冲动极具诱惑性。

---

① 比如，尼采在他早期的论文"On Moods"（1864）中做出了这样的建议，帕克斯讨论了这些建议，参见 Parkes, *Composing the Soul*, 42ff。
② 格雷厄姆·帕克斯（Graham Parkes, 1949— ），爱尔兰科克大学哲学教授，他研究尼采的代表作是《谱写灵魂：尼采心理学的所及范围》。——译注

尼采论作为策略的情感

> 总之,在情感中,恰恰是身体在意识的引导下改变了它与这个世界的关系,而这是为了让这个世界也能改变它自身的诸多品质。
>
> ——让-保罗·萨特,《情感理论纲要》

尼采(颇为类似于在先前世纪中的那些法国的道德主义者们)[①]乐于将激情人格化,也就是说,他谈论的是一种激情或情感"想要"什么,而不是以更为确切的方式表示,一个拥有那种激情的人想要什么。但是,以同样类似于那些法国的道德主义者的方式,他这么做是因为心中有一个大胆的论题。激情不仅仅是生理上的干扰所产生的结果,它们也不仅仅是这种干扰的原因。激情是,或至少有可能是一种**策略**,或者按照我在先前以较少争议的方式所表明的,是一种与世界打交道的方式。这在表面上与尼采对心理学进行生理学化处理的做法颇不一致。它是一种关于情感的见解,其中包含了**能动性**的要素,不消说,它要比现在被我们称为"情商"

---

① 我在心中特别想到的是拉布吕耶尔、拉罗什富科、蒙田与帕斯卡尔。对他们关于情感"合理性"的见解的一个精彩解释,参见 Jon Elster, *Alchemies of the Mind* (Cambridge: Cambridge University Press, 1999)。

的那些东西具有更多的含义。①

"情感有可能是一种策略"这个观念后来又得到了萨特的辩护，尼采无疑预先就对这种辩护有所考虑。最为明显的例证是他对各种情绪与道德情感（尤其是对爱与同情）的"隐秘动机"所做的众多分析。而最普遍与最有戏剧性的例证是他对怨恨的分析（我将花费大量精力来关注这个分析），其中，怨恨被表述为弱者用来自我保护的一种策略。但这又如何与尼采要将心理学还原为生理学的尝试相一致？绝非显而易见的是，这两种分析（生理性的分析与策略性的分析）能以巧妙的方式组成整体。另一方面，这也是在情感的分析中存在的最为持久的问题之一，最为显著的是在笛卡尔那里。众所周知，笛卡尔努力要在那种根据"动物的精神"而做出的生理学分析与那种关于情感的准目的性分析之间做出协调（"爱是灵魂的一种情感，它是由精神的运动造成的，这种运动促使灵魂自愿地将自身加入到那种对它显得令人愉快的对象之中"）。② 用一种过分的笛卡尔主义的方式来说，问题在于，关于情感的生理学分析倾向于忽略意图与意向性，而关于情感的意向性分析则以并不清晰的方式"扎根于"生理学，而且它过于轻易地表现出脱离肉体的趋势。

然而，尽管如此，我们能够解决这种表面上的冲突，只

---

① 就尼采的能动性的意义，请参见第 7 章。"情商"这个概念是由彼得·沙洛维（Peter Salovey）早在 20 世纪 90 年代发展形成的，而借助于丹尼尔·戈尔曼（Daniel Goleman）的那本名为《情商》的书（该书带有大量的歪曲），"情商"变成了一个流行的概念（*Emotional Intelligence* [New York: Bantam, 1995]）。

② Descartes, *Passions of the Soul*, art. LXXIX.

要我们放弃笛卡尔的二元论,并将生理学本身视为目的性的,这不仅是在那种熟悉的意义上用目的论来界定生物的功能,而且还是在一种更为激进的意义上认为,生理学研究的主题不仅仅是那些沉默地履行着恰当功能的器官,而且还包括学习与应对。这种学习与应对发生在一种相当原始的"非认知"层面上,比如,它们发生于形成抗体来对抗新的感染的过程中,发生于为了应对环境中的微妙变化而习得"自发"运动的过程中。(请考虑在高空"学习呼吸"或在水下"学习屏息"。)当然,将情感作为策略来学习与运用,这涉及的问题更多,但首先要强调的是,目的性与生理学并非必然是对立的。在生命生理学(living physiology)中就存在着这样的策略(只要我们愿意这么称呼它们),特别是对尼采这个哲学家来说,他经常根据"冲动"与"本能"来谈论他的生理心理学,这种解释显然是恰当的与有帮助的。这意味着我们能够明智地谈论情感的策略,而又不假定以下这个(明显不合情理的)观念,即我们是在审视情感的目的与结果的情况下有意识地与深思熟虑地筹划我们的情感的。①

假如我们不再专门审视反思性的人类意识,而是将目光转向动物的王国,那么,这种关于情感策略的谈论就会更有意义。当我们审视动物时,我们远远不会倾向于认为情感是一种有意识的过程(确实,我们在这么做的过程中,我们犯下了"人格化"这种可怕的科学原罪)。诚然,动物的行为涉

---

① 埃尔斯特在此更喜欢谈论的是"机制",因为他拒斥了我在此处暗示的那种萨特式的强硬论题。但我认为,他对这种机制的讨论,尤其是在上文提及的法国道德主义者的语境下,包含了大量被我在此处描述为策略的东西。

及对这个世界的觉察，但它完全是身体上的觉察。一条欢快的狗并没有感受到欢快，**也就是说**，它是以用力地摇动尾巴与跳跃来进行表现的。它的欢快**就是**用力地摇动尾巴与跳跃。尽管如此，即便是动物也并非仅仅用情感来回应环境。它们运用它们的情感与情感的表现来操控环境，特别是它们的同伴的情感与行为。贝塔型雄性猴假装发出食肉动物的吼叫，从而短暂地愚弄了它们的那些体型较大的亲戚不靠近食物。幼犬发出呜咽之声，这不仅是由于不舒适或恐惧，而且还是为了激起它们母亲的关注。在这些情况下谈论"表演"与"假装"是愚蠢的，但若从生理学（乃至"天生的倾向"）与策略的角度来进行谈论，这就非常说得通。只有在谈论人的时候，我们才会如此轻易地受到笛卡尔主义的诱惑（这也就是笛卡尔为什么会认为动物仅仅是机器的原因）。在动物中，生理学与策略的相互伴随并没有什么问题。但为什么在人类之中就不能也是这样呢？

笛卡尔主义就是问题所在，而尼采的生物学主义就是对这个问题的解答。我们是一种生物学意义上的创造物，我们有一种与生俱来的运用自身与表现自身的需要。我们不仅生活在这个世界之中，而且还通过我们的情感关系来塑造世界与创造世界。这就是我们的本性，而它还不仅仅是**人类的**本性。尼采偶尔会（以追随叔本华的方式）暗示，"强力意志"遍及自然中的一切事物，即便这种见解有些过分，但其中仍然存在着颇为明智的观点，即他坚持认为，强力意志并非是一种与人类有关的特定现象，而是沿着种系的阶梯向下延伸的恰当道路。这并不是一种拟人论，而恰恰是拟人论的反面，即根据其他动物的行为来理解我们自身。因此，我们对人的本性的理解就不会受到诱惑，去过度专注于我们的情感生活的那些自我反思性的与完全有意识的特征。我们的情感是我们在世存在的方式，或借用海德格尔的另一个措辞，我们的情感是我们向这个世界"现出自身"的方式。

通过观察人们对生活的驾驭和应对，我们就能看到别人的情感策略——虽然要看出我们自己的情感策略并非总是那么容易。当一个人抓住另一个人的目光时，他并没有"瞥见"那种在其他情况下会隐藏起来的情感。这是笛卡尔主义的另一个隐喻性的遗迹。而即便尼采暗示了"一个人最终体验到的仅仅是他自己"[1]，这也不应当被理解为笛卡尔的唯我论（或仅仅是一种微不足道的分析性的观点）。尼采要说的是，只有通过理解（或误解）我们自身，我们才能理解（或误解）其他人，我们才能理解（或误解）周围其他（同等重要）的行为方式。若将别人的情感行为仅仅视为某种隐藏起来并对我们不可通达的东西的征兆或迹象，这就采纳了一种关于（隐藏的）原因与（显现的）后果的错误构想，并陷入了尼采的"四大谬误"之一。[2] 需要再次申明的是，情感并不是原因，它的表现也并不仅仅是后果。我们并非以私人的方式，而是以公开方式来经历我们的情感（甚至当我们独自一人或假装以私人的方式来经历情感时，情况也是如此）。我们并不是被困在动物躯体中的笛卡尔的幽灵。我们是动物，而我们作为人

---

[1] 比如，这种暗示贯穿于《瞧，这个人》第一篇文章的始终。
[2] Nietzsche, *Twilight of the Idols*, "The Four Great Errors".

的本性在我们的那种特有的动物式生存中是显而易见的，这种本性或许是错综复杂的，或许隐约具有策略上的意义，但它绝对不是被意识与自我反思所界定的（更不用提"专门的界定"了），而是被那些筹划出有意识的想法与考虑的策略所界定的。

提升生命的激情与愚钝生命的激情

> 所有的激情都有这样的一个阶段，在那时，激情仅仅是灾难性的，它们以愚昧的负重拖垮了它们的受害者——而在此后又过了很久，激情与精神相联姻，它们对自身进行了"精神化"。
>
> ——尼采，《偶像的黄昏》

根据尼采的观点，情感可以划分为两个类别。在《偶像的黄昏》中，他以著名的方式指出，这两个类别是"提升生命"的激情与"愚钝生命"的激情。当然，或许可以通过许多其他的方式划分情感（尽管尼采在后结构主义者中有着显赫的声誉，但是，他似乎对制造争端的诸多对立面兴奋不已）。在这个特定的图式中包含着一种过度的简化，就好像所有的情感都拥有一种独特的伦理维度，它们的价值相当独立于它们所处的环境，人们可能会对这种过度的简化提出异议。但是，在此要强调的是，所有的情感都有价值，而且是不同的价值，而以下这个想法是天真的，即一种情感不是好的就是坏的，不是健全的就是不健全的，不是道德的就是不道德的。当然，这并不是一个新的观点。希腊人就相当明白情感在伦理中扮演的复杂角色，中世纪的哲学家则花费了大量努力来分辨这些情感（通过对罪恶与美德做出解释）。甚至康德也说，激情是"优美的"，尽管它并没有什么"道德的价值"。①

可以预料，尼采的激情概念有一个方面包含了他所运用的主人—奴隶的隐喻。就其本身而言，这并非特别有趣。"主人—奴隶"的形象在尼采那里是一个无处不在的形象（就正如在尼采之前的德国哲学那里一样）。但我们可能会注意到，它在与激情有关的整个哲学史中也是一个无处不在的隐喻。关于理性和情感的一个最为持久的隐喻就是主人与奴隶的形象，其中，理性的智慧牢固地控制着情感，而情感的危险冲动则安全地被压制、疏导，或在理想的条件下与理性保持着和谐。这个主人—奴隶的隐喻在传统上至少展示了两个特点，它们在今日仍然决定了众多与情感有关的哲学观，这两个特点是：情感的次等地位以及理性和情感的区别本身。前者认为，情感是那种更加原始、更少智慧、更加野蛮、更不可靠、更加危险，因而需要被理性控制的东西，而后者则更为深刻地认为，与我们打交道的理性与情感，就好像是两个不同的自然种类，灵魂的两个相互冲突与对抗的方面。即便是那些对两者进行整合与还原（通常是将情感还原为一种低等的理性、一种"混乱的知觉"或"扭曲的判断"）的哲学家也保留了这种区别并坚持主张理性的优越性。苏格兰的怀疑论者大

---

① 在他的 1764 年的论文 "Observations on Feeling of the Beautiful and Sublime" 之中。

第3章 尼采的激情

卫·休谟在 18 世纪以著名的方式宣称,"理性是,并且也应该是激情的奴隶",因此,这也恰恰成为他反对传统的显著标志。然而,尽管休谟对情感的结构做出了精巧的分析,他最终还是转而依赖于这个古老的模型与隐喻。正是在这个由来已久的语境中,我们才既能领会到尼采所运用的"支配激情"的语言的历史性,又能欣赏尼采超越那个传统的尝试。由此,我们才能欣赏"就好像不是每个激情都含有它的理性成分似的"这个尼采的快捷论断的重要力量,才能欣赏尼采对激情做出的一般性辩护。①

尽管如此,尼采频繁地以河流与激流的隐喻来讨论情感,而这在一种强有力的意义上表明,情感是一种几乎不在我们控制之中的自然力量,而且它们与自我相分离。在《人性的,太人性的》的第二卷中,尼采告诉我们,"一个不想成为自己的愤怒、烦恼、复仇欲与肉欲的主人,却试图成为其他事物的主人的人,就好似一个愚蠢的农夫,他在一条湍急的河流边规划他的田地,却没有对自身做出保护"②。这看起来相当类似于一个来自柏拉图的《理想国》的隐喻,其中包括了苏格拉底对身体快乐的拒斥以及他对一种理性主义的辩护,而这种理性主义正是尼采明确鄙视的。③尼采在《偶像的黄昏》中以这种方式写道,"所有的激情都有这样的一个阶段,在那

---

① Nietzsche, *The Will to Power*, 387.

② Nietzsche, *Wanderer and His Shadow*, §65.

③ 这一关联是由帕克斯指出的,参见 Parkes, *Composing the Soul*, 146–147。人们或许会注意到,柏拉图所谈论的"流向知识"的**厄洛斯**(*eros*),丝毫不像尼采在他那个时代里所鄙视的那种精于计算的理性主义者。实际上,柏拉图的激情概念虽然遭到了过度的挖掘,但它仍然是一个带有无可争辩的财富的领域。

时，激情仅仅是灾难性的，它们以愚昧的负重拖垮了它们的受害者——而在此后又过了很久，激情与精神相联姻，它们对自身进行了'精神化'。"①这暗示了一种更为有趣与更加精致的情感概念，其中，情感有所发展，有所学习，并且是通过培养而逐渐形成的。因此，颇为对立于那种"将情感作为冲动或本能"的理论，我们的情感就不是给定的与固定的，而是可塑造的，它们是文化、经验与教养的产物。在一种尼采似乎意指的强有力的意义上，它们不仅仅是"自然的"。对情感来说，"与精神相联姻"或"精神化"自身究竟意味着什么，这是一个至关重要的问题。但最起码我们可以肯定，在尼采那里，这意味着情感可以成为一种手段，来让人们细腻地欣赏生命中更美好的事物，从而让人们不仅在其表现中变得高贵，而且让人们在与这个世界打交道的过程中变得优雅。恰恰对立于那种有待于掌控的激流，我们的情感本身就是，或有可能成为一种掌控。

我认为，尼采运用了太多混杂的隐喻，而他由此发现的是一个比"掌控激情"这种通常的见解更富有洞察力与更为私人的论题。这个论题符合他的那个更加宏大的"自我的辩证法"（或被帕克斯称为"谱写灵魂"的东西），其中，自我与属于自我的东西是可以协商的，它们总是成问题的，它们始终"在起作用"。尼采之前与之后的传统严格地将情感视为"他者"，视为感染了灵魂的躯体震动，或者视为来自底层的那个"它"，这些传统无法领会的是，自我在何种程度上包含

---

① Nietzsche, *Twilight of the Idols*, V, 1.

与包括它的情感（而不是说"选择"了它的情感），自我在何种程度上是由这些情感构成的，在何种程度上是在这些情感的理念的驱使下谱写自身的。尼古拉·德·马勒布朗士说，"一切激情都为它自己做出了辩护。"（亚当·斯密曾经援引过这句话）① 以一种类似的方式，我们或许会说，一切激情**就是**它自己的辩护，在这个意义上，每一种情感都拥有它自身的自主权与独特性，它们都对灵魂的整体协调，"全部激情的宏大天穹"② 做出了贡献。

情感就正如我们在婴儿时期的身体，它最初让我们觉得是某种"异己的"东西，它超出我们的控制之外。我们逐渐地（有时以突然的方式）学会了控制与掌握，我们将它们变成了属于我们自己的东西。通过培养与训练，我们能变得非常熟练、得体与巧妙地让情感"完全在控制之中"。可是，任何伟大的艺术家都会告诉你（他们通常都渴望这么做），他们与他们的"守护神""缪斯"或仅仅是"激情"的关系，仍然是一种亲密的"异己性"。因此，帕克斯指出，"它是深层心理学的一条准则，即当一个人自身的某种东西不断被否定时，它即便没有变成可怕的东西，也会变成一种陌生的、异己的并因而是令人不安的东西"，而尼采的回应是坚持认为，我们"剥夺了激情的那种可怕的特性，从而阻止了它们成为毁灭性的洪流"。③ 无疑，弗洛伊德在此处捡起了这条准则，他宣称，

---

① 研究亚当·斯密的学者查理斯·格里斯沃尔德（Charles Griswold）在通信中向我指出了这一点。

② Nietzsche, *Wanderer and His Shadow*, §65.

③ Parkes, *Composing the Soul*, 147; Nietzsche, *Wanderer and His Shadow*, §37.

"哪里有本我，哪里就有自我。"激情既界定了自我，但又不隶属于自我，正如在婴儿时期，身体既逃离了自我，但仍然界定了自我。将激情的那种非正规的角色既理解为自我，又不将之理解为自我，既将之理解为在控制之中，又将之理解为在控制之外，这既是尼采的那种独特的浪漫主义的一个基本组成部分，又是他未完成的情感理论的一个基本组成部分。

以类似于他之后的弗洛伊德的方式（或者毋宁说，在弗洛伊德之前，而不管弗洛伊德是否仿效了尼采），尼采为一种情感的"经济"模型做出了辩护。情感是一种投资，一种对现存的情况或有可能存在的情况的投资，而作为这种投资，它将耗费成本并旨在获取收益。因此，我们就能理解，在提升生命的激情与愚钝生命的激情之间的差异，就像在明智的经济与糊涂的经济之间的差别，就像在充实未来的态度与完全纠缠于过去的冒犯与不公正而挥霍未来的态度之间的差别。这就是为什么爱（尽管并不是那种基督教的爱）如此"伟大"的原因，这就是为什么怨恨（正如我们将看到的）是典型的愚钝生命的激情的原因。但不同于弗洛伊德，尼采并不是一个精明的中产阶级，他并不习惯于资本主义，他也并非惯于随时运用完全是经济学的思维方式。尼采的论断具有更为崇高的精神境界。他的唯物主义多半局限于他对德谟克利特、伊壁鸠鲁、卢克莱修与古代原子论的强烈兴趣。在英国，智识生活已经被那种（相对而言的）新经济学词汇所占据，这显著地体现在政治经济学家约翰·斯图亚特·穆勒与他更新了的那种"功利主义"的哲学之中。但尼采鄙视穆勒和他的运动，并认为他们是庸俗的（正如他肯定会鄙视美国的实用主义，因为美国的实用主义强调的是观念的"票面价值")。但人们并不需要完全按照字面的方式来理解这种经济学的谈论方式。

格雷厄姆·帕克斯提出,尼采意在暗示的是"经济学"在古希腊词汇 oikos(家庭,而 oekinomicus 意味着——尤其对亚里士多德来说——某种类似于家庭管理的东西)中的根源[①],这象征着对情感的驯化。我怀疑,尼采会根据这种积极的意义来使用"驯化"这个词,尤其是在他讨论激情的力量时。人们驯化的是一条狗或一只猫,而不是一头狮子。而成为一头狮子(这是尼采最喜爱的隐喻之一)肯定无法等同于成为一种被驯化的动物。尽管如此,在尼采的众多将情感与激情比作激流与洪流的河流式隐喻的语境下,这种与经济有关的隐喻是可以理解的,只要我们将情感与激情视为有意图的,而不仅仅是诸多力量。但假如情感是一种洪流,它无论如何都是**我们的**洪流,都是我们最终要对之负责的洪流。

强力意志与热情的生命

> 没有什么比以往时代想要求得的东西,即"灵魂的平静"这种**基督教**想要求得的东西,更让我们感到陌生了;没有什么比道德母牛与心安理得的巨大幸运,更不会让我们感到嫉妒了。
>
> ——尼采,《偶像的黄昏》

---

① *Oekinomicus* 对立于 *Chrematisike*,后者的特征可以借助今日的经济学的研究领域来予以描绘——疯狂的逐利与纯粹的财务。

> 什么是好？——一切提升人之中的强力感、强力意志、强力本身的东西。
>
> ——尼采,《反基督者》

在大多数情况下，我回避了对尼采的那个没有得到大量分析的著名概念"强力意志"做出过多的理解。我认为，这个概念为了一个重要的目的而充当了一系列特定而又有限的假设，也就是说，人类的某些行为（或许是大量的行为？）是被对地位的需求、对控制的渴望、增强自己的资源与捍卫自身的尝试所激发的。鉴于此，它对立于快乐主义的这个假设，即人类的行为是为了追求快乐并/或避免痛苦。但显而易见的是，在尼采最狂热的时候，强力意志的假设以一种并非轻易可理解的方式，对他意味着更多的东西。

尼采在《朝霞》(1881)中开始全力对"强力意志"做出评述，而这个概念在他最后一部哲学作品《反基督者》(1889, 1895年出版)开头的那些明显反常的夸大其词中达到了顶点。"强力意志"被人们以各种方式来做出诠释，从海德格尔的那个将之作为尼采的存在形而上学的不合情理的极端论断到上文提及的那个更为合理与更可辩护的假设，即如下的心理学假设：通过追求强力（或追求强有力的**感受**），而不是追求快乐（并/或避免痛苦），众多（大多数）人类的行为可以得到更好的解释。但是，"强力意志"这个显然深受尼采喜爱的说法，在他的哲学中实际上并没有什么真正的意义。尼采在几乎每一次转向中都努力要将他自身与叔本华的形而上学及其

第 3 章 尼采的激情

悲观主义拉开距离,因而也努力要将他自身与叔本华关于"意志"所说的许多污秽的话语拉开距离。若将意志理解为康德在一切理性行为的基础上所预设的那种神秘的能力或能动性,尼采片刻都不会考虑这样的概念。即便将意志理解为主观性的普遍领域,欲望和情感的普遍领域——这是叔本华对意志这个术语所做的理解——尼采不仅会对之产生怀疑,而且也应当对之产生怀疑。(就算不考虑那种将意志作为"物自体"的可疑论断),这种神秘莫测的"内在"领域究竟是什么呢?

尼采偶尔会对强力意志做出(或看上去做出)某些相当疯狂的论断。在《超善恶》第 36 节中,他并不怎么认真地考虑要将"强力意志"这个概念作为一个普遍的解释原则,但远非清晰的是,除了他的那些嬉戏般的反思,他在此是否做出了任何论断。在他未发表的笔记中,他试图就"强力意志"做出某些真正令人震惊的断言,即将之作为形而上学与一切自然的原理(海德格尔利用了这一点来作为他的诠释的根据),但这些笔记与尼采的整个反对形而上学的运动如此不一致,而它们无论如何都是未经发表的(而且尼采表明,他无意于发表这些笔记),最好是忽略它们或将它们归类为尼采偶尔做出的补充性说明。就那种心理学的假设而言,在尼采对人类的行为与道德的富有洞察力的研究中,它对尼采颇为有用,通常而言,它与其说是一个明确的理论,不如说是一个导引性的主题。(需要指出的是,在尼采对"强力意志"这个说法的早期运用中,尼采根本就没有对它做出任何称赞,更没有将它视为一种美德。相反,他将之诊断为在大多数假定为道德的人类行为背后的"肮脏的小秘密"。)驱使我们的并不是快乐主义,而是对强力的追求，尼采则给予了我们数百个看似如此的例证。但我认为，当我们简单地标示出快乐与强力之间的对比时，我们将尼采的论题切割得过于薄弱，这就正如当我们认真对待尼采偶尔做出的那种将"强力意志"作为一切事物的本质的思想实验时，我们又给予了尼采太多回旋的余地。我认为，还有一个更为合理与更为宏大的论题在附近等待着我们。

"强力"（Macht）充当了一种野心勃勃而又积极进取的动机的有力标签，尼采看到了这种动机在大多数人类的行动中都有所运作，尽管人们常常指出，这个术语（作为有别于比如"力量"或"生命力"的术语）在多种方式上都具有误导性。**那种**追求强力的意志看起来似乎既否定了尼采的那个绝妙的心理多元主义，又否定了尼采的各种诊断的巨大丰富性与多样性。强力究竟是一种力量的表现，还是一种对力量的渴求，它是一种动机（冲动之源）还是一种目标，它是一种关于强力的感受，还是强力的成就，以及它是一种克服他人的强力，还是一种克服自身的强力，就这些问题而言，尼采表现出了巨大的混乱。无疑，尼采的战士隐喻让它显得就好像是一种克服他人的强力，但尼采发起的追求丰富激情的生活的整个运动显然表明，它是一种克服自身的强力，在此关乎成败的是自制。但是，正如我在上文中暗示的，这并不意味着以主人—奴隶的方式来掌控一个人的激情。相反，它指的是培养、丰富与提升一个人的激情。因此，我认为，若将"强力意志"理解为追求生命力的意志、追求生命的意志、追求生活的意志，甚至根本不把它作为一种意志，我们就会更好地理解它。尼采真正想要捍卫的是**热情的生命**，即与激

第 3 章 尼采的激情

情一起生活，而不是一种想要这么做的**强烈愿望**，对尼采的追求来说，"强力意志"是一个古怪而又不恰当的名字。

尼采对生命说"是"的结果，就是尼采的肯定的伦理学，而这种伦理学的标志是被人们称为**热情生命**的东西，它是一种被诸多情感、慷慨激昂的约定与信念、一个或多个征途、宏大的规划以及欣然接受的钟爱之情所界定的生活。① 不仅克尔凯郭尔与尼采，而且歌德也在《浮士德》中描绘了这种生活，有时，他们根据的是狂怒、膨胀的野心、根本不知足的目标、无法可想的深刻来对之做出描述。我们应当将这种人生观与那种"要成为一个好人"的普通的道德伦理或那种追求毫无激情的"无动于衷"（apatheia）与"心灵宁静"（ataraxia）的古老的哲学追求相对比。它是一种璀璨发光的人生美景，而不是一种不可避免地腐朽的人生景象。一种狄奥尼索斯式的人生境界，可以通过动态的隐喻（而不是静态的隐喻），即"能量""热情""克里斯玛"②，乃至狂热而得以显示。③ 它同样是一种情欲的人生观，这种人生观被荷马、拜

---

① 这个术语（至少是这个恰当的名字）归功于我的朋友萨姆·基恩，参见 Sam Keen, *The Passionate Life* (New York: Harper and Row, 1983)。

② charisma，在希腊语中意味着"神的魅力"，由恩斯特·特洛尔奇使用并被马克斯·韦伯采纳，它指的是一种不依靠物质刺激或强迫，而全凭人格和信仰的力量去领导和鼓舞的能力。——译注

③ 毫无疑问，根据诸如蓝斑这样的外部脑干斑点，或者诸如去甲肾上腺素/血清素这样的化学物质的不足或多余，也许可以对这种行为做出某种神经生理学上的解释。我并不怀疑，许多"热情的生命"是持久性的，而不是培养出来的，但假若我们并不想在"美德是否必然是某种'在人们控制之下'的东西"这个问题上窃取论题，那么，我们要考虑的问题就是，热情的人生是否可被认为是具备美德的，而如果是，它所包含的美德有可能是什么。

伦与艾伦·金斯伯格①等诗人所暗示，这种人生偶尔会由于绝望与厌世而沉重，但又会由于欢欣与生机而振奋。

遍及（东方与西方）哲学的是对强大而又猛烈的情感的坚定抵制与大声谴责，据说，这种激情会"将我们冲走"，在最好的情况下，它是横生枝节的，但更为常见的情况是，它是灾难性的，甚至是致命性的。长久以来，对伦理学的辩护，都运用理性来抵制难以驾驭的激情（甚至柏拉图也是如此），而现代伦理学（尤其是康德）也相当果断地用理性来反对"各种偏好"，特别是用理性来反对激情。甚至在亚里士多德那里，诸多美德最终证明的是"品性的状态"而不是激情。显然，即便大多数美德并非都涉及情感的关切，也有许多美德涉及情感的关切，不过，在绝大多数情况下，它们都是以否定的方式与情感相关。比如，勇气颇为相关于**克服**恐惧，正如亚里士多德在他的《尼各马可伦理学》中相当详尽地论证的。菲利帕·福特②的著名观点是，美德是情感的"矫正物"，它们制止了那些更为庸俗与更为自私的情感。③大多数传统的恶

---

① 艾伦·金斯伯格（Allen Ginsberg, 1926—1997），美国诗人，他借助诗作《嚎叫》（1956）确立了自身在垮掉一代中的领袖诗人地位，是美国当代诗坛与文学运动中的一位"怪杰"。——译注
② 菲利帕·福特（Phillipa Foot, 1920—2010），英国哲学家，当代美德伦理学的奠基人之一。——译注
③ Philippa Foot, "Virtues and Vices", in *Virtues and Vices and Other Essays* (Berkeley: University of California Press, 1978). 亚里士多德的这个观点似乎拥有深远的影响，比如，大卫·斯图尔德·尼维森在他那篇优秀的论文中对亚里士多德与孟子做出了比较，参见 David Steward Nivison, "Mencius and Motivation", *Journal for the American Academy of Religion*, special issue on classical Chinese philosophy (September 1979): 419。

习（贪婪、好色、傲慢、愤怒，或许还包括嫉妒，尽管显然不包括懒惰）都可轻易被界定为拥有过多的情感。然而，在绝大多数的情况下，任何这类情感的**缺席**都算作一种美德（节制、贞洁、谦虚，等等）。因此，尼采（在许多地方）警告我们，不要将那种"被阉割的人"等同于好人。① 正是休谟对这个漫长的对抗做出了回应，他以著名的方式坚持认为，"理性是，而且应当是激情的奴隶"，由此颠倒了理性的那种漫长而又荣耀的优先性，严厉批评了那些会贬低激情的东西。但在此标语下，休谟满足于为之辩护的是那些温和的"道德情感"与"冷静的激情"，而尼采积累了一堆对同情与其他被他视为懦弱的、仅仅"多愁善感的"乃至更糟糕的情感的蔑视。事实上，他按照最糟糕的情况来理解这些情感，通过将之斥为装模作样、恃强凌弱的优越感与伪善而击穿了这些情感。② 尼采断定的是某些更具备革命性的东西（与之相伴随的是他通常不愿承认的浪漫主义的背景）：理性是，而且应当是那些甚至被休谟称为"狂暴激情"的东西的奴隶，这些"狂暴的激情"或许还包括某些传统的恶行与"致命的原罪"，如此众多的传统都警告我们要反对它们。但在更好的情况下，那些激情能够，而且应当在它们自身的条件下得到培养与掌控。

"强力意志"这个措辞的活力把握到了这种热情的生命的普遍视野，与此同时，它也表明，在此处考虑的并不是快乐主义或普通的幸福。"强力意志"并不仅仅是任意一种激情。

---

① 比如，Nietzsche, *Schopenhauer as Educator*, §8 (Samtliche Werke 1, 411)。

② 尤其可参见《朝霞》。

它是导向自我克制与自我表现的激情。它包含的是诸如骄傲（骄傲对基督徒来说是一种"致命的"原罪，但对希腊人来说是一种美德）这样的特定激情。它体现的是愤怒及其好斗的家族成员（对基督徒来说是另一种原罪，但对希腊人来说仍然是一种美德——亚里士多德坚称，只有"傻瓜"才会在应当愤怒时毫不生气）。它包括了欢乐，但主要是那种来自胜利与力量的充满活力的欢乐，而不是由基督教徒与佛教徒（以及后来的斯宾诺莎）提出的寂静的欢乐与寂静主义的"极乐"。作为终极价值，它并不抵制，而是具体表现了合理性，而对于尼采颂扬的强力，人们应当根据在关乎人类繁荣兴盛的更大图式中的品性的力量与激情的成就来做出理解。因此，对这种繁荣兴盛来说，（在通常意义上的）幸福与在更加世俗意义上的"成就"都不是必不可少的东西。对尼采而言（就正如对亚里士多德而言），人类的繁荣兴盛就是经历一种值得过的人生，这种人生不仅仅是值得过的，而且是值得称赞的，其中，相较于感觉快乐、满足或在事业中获得成功，伟大，尤其是灵魂的伟大（*megalopsychia*），才是更为核心的考虑要素。实际上，尼采首先就会说，热情的生命很少会导向普通的幸福，正是在这一点上，"强力意志"这个表述尽管带有高度的误导性，却标示出了尼采与边沁、穆勒以及其他功利主义者的基本分歧。

就尼采的《快乐的科学》而言，该书的标题就暗示了一种对热情的生命、**快乐的科学**（*La gaya scienzia*）、游吟诗人的生命、渴望（*languor*）与爱的生命的辩护。相应地，尼采的"非道德主义"通常被认为与唯美主义的关系相当密切，也就是说，伦理学与伦理判断可被还原为或可被转译为美学与审美判断。① 我认为，这个见解里有不少真理，它们是尼采与某些中国古代的哲学家所共享的真理，尤其是与某些道家的哲学家所共享的真理。（甚至当康德将激情称为"优美的"时，康德也暗示了这一点。）但我接下来认为，尼采对激情的强调，特别是"强力意志"这个有力的概念，它们强调的不是美学，而是某些其他的东西，而"能量""热情""力量"与"自我克制"并不意味着征服激情，而是意味着培育激情。显然，这不仅对立于康德的实践理性与功利主义精于计算的快乐主义，而且也对立于道德情感主义者以及叔本华在伦理学中捍卫的那种更为宽厚的情感概念。虽然叔本华更加接近尼采的心意，但归根结底，叔本华的思想和悲观主义的核心是佛教提出的那组假设，其大意是，"生命就是一种苦难"，而"**苦难源自热切的欲望**"——由此推断，苦难之源就包括了激情。尼采的反悲观主义（这几乎谈不上是一种乐观主义）以否定叔本华所肯定的东西为出发点，但这并不是说，尼采反对生命是一种苦难，而是说，尼采反对人们因此就应当以不带激情的方式来度过自己的一生。恰恰相反，尼采告诉我们，正是通过激情所提供的途径，人生才拥有它的意义，因此，最佳的人生就是得到出色谱写的热情生命所奏响的强劲和声。

---

① Nehamas, *Nietzsche: Life as Literature*.

第4章　尼采论怨恨、爱与同情

当**怨恨**本身变得具有创造性并产生出了价值时，道德中的奴隶反叛就开始了。

——尼采,《论道德的谱系》

在那些被尼采辨别为"愚钝生命的激情"之中，他花费了最多的精力来攻击的，是一种异常恶毒的怨恨情感，尼采将之称为 ressentiment①。奴隶道德，他告诉我们，是对那些更强大的价值的防御性回应，这种回应诞生于怨恨之中。我想要在尼采关于激情的一般性概念图式中谈论怨恨的本质、运用与变迁，并在这个概念图式中定位怨恨与其他"回应性的情感"。牛津哲学家 P. F. 斯特劳森② 最近在他的论文《自由与怨恨》中围绕"自由意志问题"而展开了分析性的争辩，在

---

① 值得注意的是，这个法语词比德语或英语中相应的词的含义更为宽泛，它指的是那种用来回应冒犯或失望的深层感受。阿瑟·丹图提出，或许并非这种感受的特殊结构，而是这种感受本身，才恰恰成为软弱的关键标志，即"以个人的方式"来理解这种冒犯，并念念不忘于这种冒犯，而不是以自然而然的方式行使一个人的贵族特权。
② P. F. 斯特劳森(Peter Frederick Strawson, 1919—2006)，英国哲学家，日常语言哲学牛津学派的重要代表。——译注

第4章 尼采论怨恨、爱与同情

这次争辩中,他已经造成了一场相当大的骚动。斯特劳森概述了那些"回应性的情感"在我们关于自身和别人的设想中以及在被我称为"谴责性视角"的东西中的重要性。我认为,关于尼采,人们可以寻求一条相似的论证思路,即我们的责任感(尤其是对他人的归责)是那种将怨恨作为强劲动机的视角的重要组成部分。当然,尼采对这种视角持有批判性的态度,但我认为,其中蕴含的哲学洞识是相同的。怨恨与责任是同一种混合概念的组成部分,尽管人们可以在没有怨恨的情况下(比如,在称赞与钦佩的情感中)进行归责,但人们无法在没有进行归责的情况下轻易想象怨恨。

还有其他的一些回应性的情感,也就是说,这些情感的本质基本上都是对他人的回应(或反对)。这个令人不快而又关系紧密的家族包括嫉妒、恶意、恼怒,当然,还包括**幸灾乐祸**(对别人的不幸感到高兴)这种特殊的情感。其他的情感多少带有同类的关系,如猜忌与义愤,但是,这些情感之间的差异则包含着有用的信息。猜忌要求有一种牵连的关系与一种权利的意识,这些都是嫉妒不曾拥有的,而义愤包含了一种道德权利的意识,显然,有许多回应性的情感都不曾拥有这种意识。在本章中,我想要详尽地探求这些情感的相似性与差异。但就目前而言,足以让人们注意到,所有这些情感都可以根据这个事实而得到辨别,即这些情感需要他人作为它们的对象,而他人总是以某种方式被谴责或被认为负有责任。与这些情感形成明显对比的是诸如自豪这样的情感,它们(至少可以说)既是自我导向的,又完全是颂扬性的。但是,爱与同情和这些回应性的情感有一个戏剧性的对比,根据尼采的观点，它们与怨恨更为相似。爱似乎是以一种完全颂扬的方式导向他人的情感，而尼采（在他做出的其他谴责中）论证的是，爱归根结底是一种最自私与占有欲最强的情感。因此，相似地，同情看上去完全是对他人的关心与关切，它似乎放弃了"别人要为自身的困境负责"这样的主张。但是，至少在某些情况下，它对这个主张的放弃是虚假的和虚伪的，相反，这种情感的基础是怨恨与对自身优越性的令人反感的关切。

怨恨是尼采专注的情感，而他有充足的理由来这么做。怨恨对立于比如说爱与同情，它以最为显著的方式导向对他人的**反对**，但又不同于比如说憎恨与鄙视，怨恨这么做所根据的显然是一种**低劣**的视角。怨恨非但没有为一个人自身的低劣地位承担责任，它还始终将这种责任投射到别人（或者是别的群体与别的机构）之上。简单地说，怨恨是一种带有恶意的情感，它始终针对的是外部，它所预设的是一个人自身的被压迫感与低劣感。尼采在哲学上最为深刻的人身攻击论证是，为"大写的道德"辩护的人们实际上表达了他们的怨恨，被这些人作为客观理想的"道德"价值实际上只不过是苦涩怨恨的表现，人们应当对它们做出这样的理解。怨恨或许是对压迫与威胁的可理解的回应，但是，怨恨并不具备任何"大写的道德"，更不用说那种绝对的或神圣的地位了。

作为一位熟练的语文学家（或许是一位过度沉溺于想象之中的语文学家），尼采将贵族道德与奴隶道德的语言追溯到古代的贵族与奴隶。他提出，我们最为珍视的那些价值，并非导源于那个时代中最好与最明智的人们，而是导源于那个时代中最受压迫与最穷困无力的人们。换句话说，在"大写的道德"演化的过程中，支配性的情感就不再是对自己或对自己所属的群体感到骄傲，而是逐渐变成了对所有成功实现了自己无法实现的幸福的人们的防御性嫉妒。尼采认为，古代的犹太人与早期的基督徒带着怨恨酝酿着反对他们的古代主人的阴谋，并在哲学上策划出了一种惊人的策略。他们并没有将自身视为关于财富与权力的竞争中的失败者，而是扭转局面，"重估了"他们的价值，并将他们的怨恨转化为一种自以为是。"大写的道德"就是这种自以为是的怨恨的产物，这种怨恨几乎不怎么专注于让人们度过一种美好的生活，而是专注于严惩那些确实过着美好生活的人。在它最极端的形式——禁欲主义之中，它以挑衅的方式**否定**美好的生活，即便人们有能力实现这种生活也是如此。

"大写的道德"既无法根据它的历史或心理根源而得到辩护，也不会由于它的历史或心理根源而被反驳。驱使一个人行动的动机的本质，并非必然会破坏这个行动的价值（就此而言，也并非必然会确保这个行动的价值）。但是，并非只有尼采才坚持认为，一个行动的正确（或错误）与它的动机和意图有着很大的关系。比如，康德也会赞成尼采提出这样的问题：难道在行动上"遵守"道德规范，就足以让一个人成为有道德的人（或具备"大写的道德"的人）？显然，他们两者对这个问题都会做出否定的回答。这个人还必须要具备恰当的动机，必须要具备正当的意图。正如康德所说，一个人必须为了义务，并且仅仅为了义务而行动，其行动是被理性驱使的，而不是被我们的偏好驱使的。但即便是康德也坦率地承认，我们可能并不知晓我们行为的真实动机。在那些偏好中，很有可能存在着诸如怨恨这样自恋而又苦涩的情感与"隐秘的动机"，它们与义务毫无任何关系。由此，尼采的人身攻击论证就在康德的图式中出现了：只要"道德的行为"是被怨恨所驱使的，它就是卑劣的。康德的（互补性的）论点是，只要我们的行动是被义务驱使的，它就具备了"道德的价值"。尼采与康德之间的差别在于这个困难的问题：究竟什么东西算得上是一种"偏好"？对康德来说，为什么要对那些规劝我们完成义务，而不是让偏好实现的道德律表示尊重？为什么某些偏好会撼动行动在道德上的要求，而其他的偏好则不会（即便激情并不具备道德的价值）？尼采拒绝在理性与诸多偏好之间做出这样的区分，他认为，或许正如意图与完成一个人的义务有关，怨恨的动机也与道德的评价有关。

尚不清楚的是，假如（正如康德与尼采所认为的那样）道德行为的动机是错综复杂的，对自身义务的尊重与对他人的怨恨都是道德行为的可能动机，那么，对康德来说，怨恨会削弱道德的价值，还是仅仅与道德的价值无关。尼采会拒绝接受"为了自身之故的义务感"这样的动机，但他显然会坚持认为，即便存在着任何这样的动机，道德行为也不会黯然失色，而是应当根据伴随着它的怨恨来做出解释。

第4章 尼采论怨恨、爱与同情

怨恨有什么错？

怨恨有什么错？为什么指出某些人出于怨恨而做出了行动（或理论建构），就会动摇他们在道德上的威信？怨恨不可能仅仅由于它是一种偏好或感受而成为卑劣的，根据尼采的观点，一切行动都是被诸多偏好——我们的欲望、激情与情感所驱使的。事实上，那种所谓的纯粹被理性驱使的行动，才是尼采觉得最为可疑的东西（他因此怀疑，怨恨可能并不是真正的动机）。怨恨的问题也不可能是它缺乏"客观性"，因为尼采否认存在**任何**康德所要求的道德威信。问题也不是怨恨所蕴含的显而易见的利己主义，因为尼采经常提出，一切行动从本质上都是利己主义的；相反，问题在于，对之有利的究竟是"谁的自我"。[①]一个人很有可能对与无私有关的虚伪论断有所反感，与此同时却在捍卫那些显然对自身有利的规则，然而，即便有这种欺骗，也不是罪过。事实上，尼采（就如同马基雅维利一样）有时看起来颇为赞赏这种欺骗，并在他的论著中带有一定规律性地做出这种欺骗。问题也不可能是怨恨的那种臭名昭著的自恋与执着（就像与怨恨紧密相关的仇恨一样）。根据尼采的观点，在某种意义上，所有的激情与美德都是自恋的与执着的，它们对立于理性的"无私利性"，这正是它们的品质之一。

按照尼采的观点，怨恨破坏了有关道德威信的论断，因

---

① "人类的一切行动都是利己主义的"这个观点绝大多数局限于尼采的早期道德论著，尤其是在《朝霞》与《人性的，太人性的》之中。

为它在本质上是**可悲的**。它是软弱与无能的表现。尼采反对怨恨，因为它是一种弱者的情感，强有力的人们没有怨恨的感受，也不可能感受到怨恨。尚不清楚的是，怨恨是一种表达软弱的情感，还是一种通过让怨恨者失去活力或"枯竭"而**导致**软弱的情感。（尼采在此有时会将斯宾诺莎作为他的榜样，斯宾诺莎会强调，怨恨是一种导致软弱的情感，但是，斯宾诺莎同样会支持怨恨与软弱的相互依赖。）强大的人物若短时间内在政治上或经济上遭到了压迫，他们或许也会体验到怨恨这种最强烈的感受，但是，在这些强大的人物中，怨恨这种情感很有可能最终变成一种美德。尼采说，强者与弱者的差别在于，他们对怨恨所做出的**行动**。强者并不让怨恨酝酿发酵并"毒害"人格。同样还存在着微不足道的怨恨，尼采有时就用这些说法来提出理由反对怨恨。怨恨是一种并不促进个人出类拔萃的情感，相反，它是老想着挫败他人的竞争策略。它并没有做到一种美德或一种恰当的动机应当做的事情——对尼采与亚里士多德来说，一种美德或一种恰当的动机应当做的，就是激励自己与他人都变得自信与出类拔萃。

就怨恨的这种特别恶毒而又没有道德的面貌，可以举一个简单而又有用的例证，即单纯的赛跑。有两种赢得比赛的方式。一种方式是跑得快过其他任何人，而在这么做的过程中又激发了被你打败的赛跑者付出更大努力来提高他们的速度。（并非罕见的是，当一位赛跑者打破了世界纪录时，在他之后的赛跑者也创造了他们自己的最佳成绩，有时甚至会打破他们自己在过去创下的世界纪录。）另一种获胜的方式是绊倒你的对手，贿赂监控者，或者还可以通过某种欺骗性的策略让这场比赛与这项技能降低水平,并为了这种廉价的胜利而出卖"健全的体育健身"所需要的品质。显然,这是尼采在此处会反对的东西。假如道德主义者做出回应说,"大写的道德"的规则所表述的恰恰就是要制止这种策略,尼采就会做出这样的回复:"大写的道德"的普遍规则**本身**正是这样的策略,压制最优秀者的策略。

尼采的持久的人身攻击论证,他的道德"谱系学",并不仅仅是对"大写的道德"的撼动。显然,尼采在谴责弱者孤注一掷的策略的同时,又很欣赏奴隶"重估价值"的本领,尽管他的语言仅仅不情愿地表明了这一点。奴隶的道德中确实存在着一种"否定生命"的面貌。"大写的道德"的普遍化即便没有阻止诸多美德的实践,也忽略了诸多美德的实践。人们通常会说,尼采想要摆脱"大写的道德",或尼采想要摆脱奴隶道德,并代之以一种得到改进与更新了的崭新的贵族道德,然而,这恰恰是一种过于简单的说法。尼采想要做的是摆脱康德对"大写的道德"的分析,摆脱"大写的道德"的某些特点,即它们依赖于可普遍化的特性与我们作为道德行动者的无差别品质。尼采想要用一种美德伦理学来替代这些东西,但它又不同于亚里士多德式的美德伦理学,后者是在基督教两千多年来发展的精神信仰与荷马时期的希腊主人所拥有的相当粗野的道德之间做出的妥协。人身攻击论证——与一般而言作为扩大了的人身攻击论证的谱系学——的作用,是表明在"道德的观点"下最低限度的品性的恶毒与低劣。这或许既没有"驳倒""大写的道德",也没有"驳倒"**怨恨**,但是,它确实揭露了一种自命不凡的怨恨,它的首要目的是否认或压制诸多美德,并以牺牲出色的行为举止与热情为代价,享受着一种审判式的自以为是。

尼采论爱与同情

> 让基督教有别于其他宗教的那个最巧妙的诡计是一个词:它谈论的是*爱*。
>
> ——尼采,《见解与箴言杂录》

> 一大片源自同情的乌云正在临近:要当心啊!
>
> ——尼采,《查拉图斯特拉如是说》

在尼采的哲学中,怨恨扮演了一个核心的、持久的与复杂的角色。一方面,它是"愚钝生命的情感"的首要例证,用大白话说,它通常指的是一种"消极的"情感。但另一方面,它绝不是"愚蠢的",对那些需要怨恨的人,那些弱小的人,那些受压迫的人,那些饱受凭借他们自身无法纠正的不公正折磨的人来说,怨恨发挥了一种必不可少的作用。因此,在"愚钝生命的激情"与"提升生命的激情"之间的区别(以及在"消极的情感"与"积极的情感"之间的区别)也就成为值得讨论的问题。"愚钝生命的情感"或"消极的情感"并不必然是坏的或对你而言是坏的,而"振奋生命的"情感或"积极的"情感也并不必然是好的或对你而言是好的。这最为显著地体

第 4 章 尼采论怨恨、爱与同情

现于尼采对爱与怜悯（同情）这两种最为"积极的"情感所持有的那个极度复杂（但通常又令人无法忍受）的见解之上。

"爱让这个世界转动。""爱是你所需要的一切。""爱就是解答。"还存在着一些与之类似的无知台词。但我们都知道，爱有可能是令人窒息的、愚蠢的、残酷的、悲剧性的或灾难性的。在所谓的积极情感中，它或许是最为积极的，尽管如此，它表现的远非仅限于一种令人振奋的优美的或"无私的"经验。（"没有什么东西就其本身而言是优美的。"）① 当然，存在着许多"种"爱，从对子女的爱、对国家的爱到对最亲密朋友的爱（philia），以及各式各样的性爱、情欲之爱、"同伴"之爱与夫妻之爱。在基督教的发展过程中，还存在着一种所谓的更具精神性或灵魂性的爱，它通常被称为**阿加佩**（希腊语 agapé）或**博爱**（拉丁语 caritas）。尼采对爱的评述主要局限于最后这两组，一组是情欲之爱、性爱、"同伴"之爱与夫妻之爱，另一组是基督教的**阿加佩**或**博爱**。

关于第一组多少与性爱有关的激情，几乎不可避免地会产生一种针对尼采自己那颇为可悲的恋爱的人身攻击论证。公开的记录表明，他几乎没有什么性生活。他与异性在一起时是令人不快的与笨拙的。他曾经出乎意料地以不恰当的方式向两位女性求婚，其中之一是那位才华横溢但在那时仍然相当年轻的美女露·莎乐美，当然，他的这两次求婚都被拒绝了。(此后，露还偷走了他最好的朋友保罗·雷。)尽管如此，尼采对爱情与婚姻的评述可谓具备了深刻的见解，并且出人

---

① Nietzsche, *The Gay Science*, 299.

意料地颇为务实。比如，他说，人们应当将婚姻"作为一次漫长的对话"，"作为两个灵魂之间的友谊"。[①] 暂且不谈其中蕴含的稍许可笑的东西，这些话是圣哲式的建议。同样令人惊讶的是，尼采对女性的处境与动机都有着深刻的洞识与敏锐的感受，尼采的这方面思想往往被他对女性所说的少数叔本华式的俏皮话所掩盖，这些俏皮话由于过度曝光而显得引人注目（尽管任何一个熟悉叔本华的厌恶女性的反常倾向的人都会发现，对比之下，尼采确实相对温和一些）。尼采关于性爱的主要论证并没有谴责**厄洛斯**，而是显然对它赞赏有加。就像柏拉图一样，尼采宣称，哲学本身就是一项情欲的事业，尼采的作品充满了情欲的暗示与隐喻。但由于浪漫主义，情欲之爱被误解为一种最为"无私的"情感。尼采以一种颇为合理而又有挑战性的方式指出，恰恰相反，爱是一种最为**自私的**情感。它是占有一切的情感策略。有时，它又是宣称自身无法被另一半征服的策略（这不仅是众多婚内虐待的隐蔽动机，而且还是众多不相配的恋爱背后的动机）。尼采粗暴对待的恰恰是与爱有关的那种虚伪，而不是那种（与情欲有关的）爱本身。

无私的论断也是尼采攻击基督教的阿加佩时的首要目标。（"至于基督教的三种美德：信、望、爱——我称之为基督教的三种**狡计**。"）[②] 当然，这并不是全部。相较于情欲之爱的那种集中的，乃至痴迷的**爱欲**，普遍而又乏味的基督教之

---

① Nietzsche, *Human, All Too Human*, §406, §424.

② Nietzsche, *The Antichrist*, 23.

爱最多被尼采视为一种跛行的情感。而最为重要的是，无论基督教之爱的主张是什么，它首先是一种**策略**。它是"转过另一边脸来让人打"的情感等价物。这样的爱是一种奴隶用来伤害感情与怨恨的"慰藉之物"。① **真正的爱**，如果我们能对尼采运用这样的表达的话，是狂喜的与创造性的，而不是回应性的（或者正如我们在今日会说的，"主动进击的"与先发制人的）。它在自身的范围内绝不是普遍的，（正如卢梭同样认为的，）它首先是一种**自爱**，也就是说，它并不是自负，而是自信。它是一种陶醉，一种"涌动"，一阵狂喜，一种狄奥尼索斯式的情欲狂暴。毫不奇怪，尼采有时会将"情欲之爱"与"基督教之爱"这两种爱都归入他的那个普遍标题"强力意志"之下，但前者直截了当地被归入"强力意志"之下，后者则作为他对精神上的弱者的奴隶道德所做出的诊断的重要组成部分。事实上，通过将爱与精神性结合在一起，尼采至少暗示了两种分析的路线：作为自然化的与狂喜的精神性的爱以及作为一种**匮乏**表现的爱，后者是尼采从（《会饮篇》中的）苏格拉底与叔本华那里获取的一个形象。在对基督教之爱的软弱做出了许多挖苦的评论之后，尼采在《偶像的黄昏》中写道："对感性的升华……被称为**爱**……它代表的是对基督教的一个伟大胜利。"② 显而易见，尼采在热切的爱之中看到了伟大的品质，而他所鄙视的只不过是那些共享着（或盗用了）这同一个名字的温顺情感。

---

① 参见 Nietzsche, *The Gay Science*, 60。

② Nietzsche, *Twilight of the Idols*, V, 3.

但还有一种我们迄今没有讨论过的爱，而这或许是一种尼采会为之辩护的最为真实的爱，即友爱（*philia*）。无论它是否有可能包含情欲的成分（当尼采向露求婚时，他可能会拥有这样的意图），在任何情况下，对尼采来说，它都代表了一种与他人共在的理想方式。如果说情欲之爱过于痴迷，基督教之爱过于乏味，那么，友爱则恰到好处。尽管如此，尼采对友爱有一个颇为理想化的模型。友爱并不仅仅是"喜爱"彼此或者在一起"闲逛"的问题。在后文的章节中，我将更为详尽地讨论尼采所持有的那种"亚里士多德式的"友爱概念，这种友爱既不是为了彼此的利益，也不是为了让彼此满意，而是为了彼此的灵感与创造性。因此，它类似于柏拉图在《会饮篇》中的某些角色所描述的**厄洛斯**，显然，它有时还以令人尴尬的方式在尼采写给他最好朋友的信件中表现出来。[①]

相较之下，怜悯或同情（*Mitleid*）是一种被尼采以透彻的方式猛烈攻击的情感——更确切地说，它是一种"道德情感"。他对同情几乎没有说过什么肯定性的话语。他对那些会被我们称为"感伤"的东西也几乎没有留下任何余地（尽管他在《超善恶》中确实将**同情**列为一种美德）。他似乎没有察觉到，他的导师叔本华就是在这同一种情感（它被生动地翻译成"悲悯"，而不是"同情"）中对诸多美德做出了巧妙的辩护。在

---

① 比如，参见克里斯托弗·米德尔顿（Christopher Middleton）在 *Selected Letters of Friedrich Nietzsche* (Indianapolis, IN: Hackett, 1996) 中翻译的大量信件。我在此要再次称赞欧文·亚隆的优秀小说《当尼采哭泣》，在我看来，这本书以富有同情心的方式把握到了尼采对性爱与友爱（特别是有关莎乐美的性爱与友爱）的那种极度矛盾的感受。

《快乐的科学》中，尼采粗鲁地提到了在叔本华那里的"关于同情的废话"。① 在通读完尼采的论著之后，人们或许会认为，这个人在他的体内并不包含任何带有同情心的本质。当然，这种印象与我们从了解尼采的那些人中获得的描述之间存在着鲜明的对比，根据那些人的描述，尼采是过于敏感的，而且能够体恤人们的过错。当然，攻击一个人自己最苦恼的特点，这在哲学中并不稀奇（我在此又想到了卢梭），但必须要说的是，尼采耗尽了自身。他彻底背离了他的导师叔本华，并因而反射性地拒斥了这位在哲学上堕落了的神明所提供的任何东西。当然，令人腻烦的基督教永无休止地重复着它关于"宽容"的必要性的高谈阔论，尼采必定是由于自己被这种高谈阔论烦扰而感到恼怒。然而，我们非但不应当简单地将尼采作为一个不敏感的粗鲁者而驳斥尼采，我们还应当审慎地思考尼采关于同情而必须要对我们说的话。即便有些话语是粗暴的，有些话语却具有敏锐的洞察力，而正如通常的情况那样，这些话语迫使我们依靠自身来审视我们自己的动机与行为，尤其是在我们感到最自以为是的时候。

在《朝霞》中，尼采告诉我们，同情是一种"仁慈的报复"。② 这概括了他的攻击的要旨。就像爱一样，同情首先是一种策略。它并不是无私的，而是自私的。它伪装成关切，但实际上是一种**幸灾乐祸**。它是一种自以为是的策略，首先，它是认为"坏事发生在他们身上，而不是发生在我身上"的

---

① Nietzsche, *The Gay Science*, §127. 叔本华的观点被收录于他的这本小书之中：*On the Basis of Morality*, trans. E. F. Payne (Indianapolis, IN: Bobbs-Merrill, 1965)。

② Nietzsche, *Daybreak*, 138.

自以为是，其次，它**感到**自以为是，因为人们在自身之中辨认出了一种与怜悯有关的道德情感。这是一种反身性的情感。在对**媚俗**所做的如今已经成为经典的描述中，米兰·昆德拉很好地把握到了这种情感："媚俗引起前后紧密相连的两种眼泪。第一种眼泪说：看到孩子在草地上奔跑，这有多好啊！第二种眼泪说：和所有人类在一起，被草地上奔跑的孩子所感动，这有多好啊！正是第二种眼泪让媚俗更加媚俗。"① 因此，也正是同情的"第二种眼泪"展示出了它那平庸的伪善，尽管尼采会坚持认为，"第一种眼泪"——对同情本身的感受——同样精通于情感操控的策略，因此也犯有自欺的过失。

在某种意义上，与**同情**有关的几乎每一种情况都包含着优越感，也就是说，由于受苦者拥有一种同情者没有的多余苦恼这个事实而产生的优越感。我比我施舍钱财的那个乞丐"更优越"，因为我有钱而他没有。因此，由于我的朋友心脏病发作而我没有，我也就比我的朋友"更优越"（在这种情形下，我仅仅比我的朋友"更幸运"）。但显然，这种有限意义上的优越性——它是由于一个人幸运地没有遭受他人的不幸而产生的优越性——不足以成为尼采想要控诉的恶劣例证。尤其是在第二个例证中，我的朋友心脏病发作而我没有，这并非由于我是一个更优越的人。这或许是由于我比我的朋友更好地照顾自己，但相反的情况也有可能是真的。甚至在第一个例证中，人们也不可以简单地认为，由于我有钱而乞丐没有钱，我就比乞丐更优越：那个乞丐很有可能是一个辛

---

① Milan Kundera, *The Unbearable Lightness of Being* (New York: Harper and Row, 1984), 251.

苦工作的有家室的男人,他正好赶上了困难的时期,而我只是一个挥霍的继承人(即便我是一个慷慨的继承人)。在一个纯粹偶然的例证中——你被恐怖分子的流弹击中腿部,而我没有——非常清楚的是,此处固有的优越感根本就不会在我们之间产生差距;它仅仅意味着,你遭遇了不幸而我没有遭遇不幸。肯定不能据此推断出,我对此感到的同情是**为了**感受到自身的优越。恰恰相反,在这三个例证中,我对我的那些相对的幸运,最有可能感到的是局促不安(假若没有产生更糟的感受的话)。

可是,我们能够设想出这样一些例证,其中,对同情的华丽展现服务于一己之私,而对同情的规划显然正是为了展示与感受一个人自己的优越性。一个人将同情造就成一种手段,它不仅可以将这个人显现为与感受为善良的人,而且还可以将这个人显现为与感受为具备伟大美德的人。一个人是善良的,首先是因为他感受到了这种伟大的情感,并且承认了可怜的不幸者的困境。其次(但更为重要)是因为他并非那种倾向于遭受此种不幸的人。人们或许会注意到,自由党的职业责任,就是以一种令人憎恶但往往又颇为常见的方式来展示所谓的无私情感,对他们来说,同情的自我扩张始终是一种诱惑。事实上,人们能够(或应当能)轻易地理解保守党的批评,以及与之伴随的那种对自由党中的大富豪与衣着考究的教授的虚伪的指控,那些大富豪与教授利用同情来出人头地,却不做任何牺牲,而且还指责那些为他们的计划埋单的人(通常是正在工作的中产阶级)自私与缺乏公益精神(更不用提那些"表示怜悯的保守党"的自相矛盾与虚伪的无耻标志了）。因此，也就可以理解，当施舍与自我牺牲这种极端的行为让给予者穷困，却又没有让给予者变得光荣时，人们对这种行为的反应就会是宣称，它们是"愚蠢的"与"不明智的"。通过推广这种行为，就会形成一种将"利他主义"（或同情）作为自我牺牲的欺骗性概念，比如，在安·兰德的论著中，作者以一种不利于利他主义的方式，将利他主义与"自私的德性"相比较。在这样一种理解中，利他主义即便没有变成一种疯狂，也最终成为一种实实在在的愚蠢。但一如既往，人们必须要将它们作为解说性的例证，而不是告诫性的例证，这些例证关于同情与怜悯所显明的东西，并不必然就是这些情感的自私本质。

事实上，尼采对同情持有一些从根本上是不同的见解，它们绝不都来自同一个视角。尼采有时简单地认为，同情是**无能的**，也就是说，它在任何方式上都没有减少作为其目标的苦难。他还认为，同情倾向于肤浅，也就是说，它是对一个人的苦难的肤浅理解（它"揭开了个人特有的东西"，但"毫不了解那些让**我**或让**你**苦恼的整个内心片段的错综复杂"）。[①] 它还代表着一种"粗暴的"无所顾忌，"那些被同情打动的人在思想上是轻浮的，他们假扮了命运的角色"。[②] 他还向我们给出了一个颇具尼采风格的论证，即"他们［那些同情者］从未想到，通向个人天堂的道路，总是要穿越个人地狱的骄奢淫逸"。因此，同情实际上是对另一个人的生活道路的一种

---

① Nietzsche, *The Gay Science*, §338.
② Nietzsche, *TheGay Science*, §338.

干预。然而，在他的各种攻击中，尼采最为频繁地认为，同情只不过是不稳定的优越感的一道虚假阵地，因此是一种隐蔽的报复。就本身而言，它是一种虚伪的鄙视，而不是它装扮的那种关心与体贴。但某些时候，那些被同情的人才是尼采攻击的目标："尽管他们具备所有的弱点，但他们至少还拥有一种力量，伤害的力量。"[①] 无可否认，这是一个残酷的评论，但考虑到某些流浪汉或"漂泊街头者"的那些"惊世骇俗的"策略，这种伤害的力量确实在某些时候产生于我们的经验之中。

可以料到，对同情的攻击常常就是对软弱的攻击，其根据的主要是审美上的缘由。尼采所做的假设可以回溯到《悲剧的诞生》，尼采认为，让希腊人"如此美丽"的东西，正是他们承受巨大苦难的能力。因此，尼采将对生活中较小不幸（或者是那些被我们以有失体面的方式称为"悲剧"的东西）的同情与真正的悲剧（被伟大的希腊悲剧作家埃斯库罗斯与索福克勒斯所描绘的那些事情，被尼采先行预见到的那种存在于即将来临的 20 世纪中的悲剧）产生的无法形容的、压倒一切的沉默相比较。换言之，同情是一种微不足道的情感，它配不上这些与它相比较的伟大激情。

尼采经常将同情自身描述为一种软弱，或者将之作为形成软弱的一种原因（或者既将同情描述为一种软弱，又将同情作为形成软弱的原因），正如如下这段成问题的引文所暗示的："就其真正产生不幸 [*Leiden*] 而言，同情 [*Mitleiden*]……

---

① Nietzsche, *Human, All Too Human*, I, § 50.

是一种软弱的缺陷,就正如失去自我的可能性会产生有害的后果一样。"① 在这段引文的背后,是一个并非不同于叔本华的论证。当叔本华在"量化"生命的快乐与痛苦并坚称后者压倒了前者时,叔本华也做出了类似的论证。这个在此处(与别处)呈现的论证是,当同情不仅仅是一种虚伪与掩盖自以为是的假象,而是确实代表了一种在同情者内心的痛苦时,同情并没有减轻任何痛苦,通过将自身的痛苦增添到被同情者的痛苦之上,同情仅仅给这个世界增添了更多的痛苦。就同情代表的是一种软弱的缺陷而言,人们或许也会看到,同情将伤害施加于自身之上,这除了让人感到同病相怜之外,无法服务于任何美好的目的。尽管这个论证有点不近人情,但是,它提出了一个重要的观点。仅仅凭借同情,却不做出任何努力来化解这个糟糕的局面,这不会为这个世界增添任何美好的东西。但无论尼采是否在他的哲学中有所强调,他肯定会承认,一个人的品性可能仍然要通过极为不同的方式来得到评价,这取决于他或她的感受是什么,更不用说"要用这些品质来做什么"这个问题了。实际上,尼采的美德伦理学看起来似乎就在要求这一点。在此,我们就应当开始思考尼采在《超善恶》中将同情心(*Mitgefühl*)纳入基本美德这种做法。显然,尼采对之做过重要的区分,但令人遗憾的是,他并没有在他的作品中讲清楚。尼采显然将同情心或怜悯的某种形式认定为"附加于"一个人的品性之中的美德。这至少应当让我们追问,尼采在何种程度上尖锐地拒斥了叔

---

① Nietzsche, *Daybreak*, §134.

本华与基督教的伦理道德，但最终又没有完全拒斥同情的一切形式。

反对"失去自我"这个告诫，将我们带回到那些与"激流"和"冲走"有关的隐喻之中，而在"愚钝生命的激情"中，这些隐喻就变得最为危险。就同情确实产生了不幸而言（对立于那种仅仅是对"遭受痛苦"的假象的同情），同情是一种软弱的缺陷。但尚不清楚的是，这种软弱究竟是痛苦本身造就的伤害，还是屈从于痛苦造就的真正伤害。在此成问题的仍然是那种神秘的个人力量，颇为明显的是，这种力量与一个人的自制有关。同情"丧失了自我"，避免同情是一种自制，就此而言，尼采特地安排了一些心理学上的修饰。同情是一种软弱的缺陷，而"冷酷无情"则是一种力量的表现。

在《人性的，太人性的》之中，尼采为我们给出了一对格言："**为什么乞丐仍然活着**。假如所有的施舍都是出于同情才给予的，那么，所有的乞丐早就饿死了"与"**为什么乞丐仍然活着**。最大的施舍者是怯懦"。[1] 解读第一段引文的一种方式是将之作为这样的论断，即存在着大量类似于同情，但其实并不是同情的动机。这种诠释的优点是，它直接导向第二段引文，并由此断言，在这些带有同情心的行为背后的是怯懦，**而不是同情**。但解读第一段引文的另一种方式是，被误认为同情的东西（而不仅仅是同情的动机）**并非同情**。通过进一步审视尼采的其他论断，人们或许会假定，被误认为同情的东西，其实是一种优越感，甚至是一种温和的施虐欲。

---

[1] Nietzsche, *Human, All Too Human, The Wanderer and His Shadow*, "The Ugliest Man", II, 239, 240.

然而，这种解读与第二句格言形成了鲜明的对照。人们可以将尼采理解为是在此提出了两个不同的观点：即"同情是被一种优越感（作为自以为是的策略的组成部分）所驱使的"与"同情是被一种**畏惧**所驱使的，它唯恐不给出施舍（或没有被人们看到给出施舍）之后将会发生的那些事情"。这两者至少在某些情况下有可能是真的，它们甚至在同一种情况下也有可能都是真的。一个人会用自以为是的论断与优越感来掩盖他的畏惧，对尼采的思维方式来说（或者对我们就自身行为的观察来说），这种看法肯定并不陌生。但我认为，潜在的人身攻击论证是，尼采就正如我们中的大多数人那样，在乞丐面前感到极度的不舒适。一种开明的道德良知告诉我们，这些乞丐陷于穷困的状态，这多少是我们的过失。无论我们是否拥有这样的道德良知，我们都不仅想要尽快从乞丐那里逃离，而且还要合理化这种让我们摆脱不舒适的方式。人们可以料到（并在尼采的信件中发现），尼采正是这些敏感的灵魂之一，他们根本无法忍受自己目睹这些极度贫困者，或者根本无法忍受与这些乞丐相遇而产生的内疚。鉴于此，我们或许就能超出尼采的意图，以字面上的意思来理解他在《快乐的科学》中提出的这个评述，即"并没有什么诀窍能让我们将穷人的美德转化为富豪的美德；但我们能够通过将穷人的贫困重新解释为一种必然性，从而让我们在看到穷人时不再感到不适，从而让我们不再由于穷人而感到愠怒"。[①]

我认为，位于尼采这种不融贯攻击的核心的东西，是面对

---

① Nietzsche, *The Gay Science*, §17.

第 4 章 尼采论怨恨、爱与同情

苦难与怜悯而产生的鄙视与无助的混合物。尼采的最后一个完全有意识的行为，是拥抱一头可怜巴巴的牲口，从而避免它被鞭打。作为哲学家，尼采由于别人的软弱与他自己的软弱而深受折磨。当然，这些软弱是不同的。就前者的情况而言，贫穷以及糟糕的运气与糟糕的教育这些不利因素，总是会产生一些模棱两可的生存条件，这在今日的美国或许尤其如此。一方面，不可否认，这些都是不幸与继承下来的不利条件。但这些不幸的另一方面是，无论一个人是否白手起家，他都必须承认，人生中的成功总是（至少部分是）一种机遇，一种馈赠，一种人们无法以可构想的方式加以控制的偶然产物。幸运与不幸都将归于**热爱命运**的规定之中，也许尼采在出神的时候，会将幸运与不幸全部接受下来。但不应当感到奇怪的是，大多数人都不情愿放弃由于自己的成就而获得的称赞，他们同样不情愿由于不幸降临到他们身上而接受谴责。第二种不情愿将我们导向与幸运有关的那种并不陌生的模棱两可性，即一种"生存的"疑虑，无论一个人的处境有多么恶劣（当然，糟糕的程度可能有一些最起码的底线），他或她都能"有所作为，只要这个人做出了尝试"。因此，穷人的软弱就变成了"意志"的软弱，精神的软弱就变成了不愿作为。这显然利用了尼采的某个普遍关切，也就是说，与"意志"和"自我改善"有关的全部问题，对立于"成为你所是的那个人"，它试图要让你成为并不是你乃至不可能是你的那个人。我将在第 7 章中处理某些这样的问题。但与同情有关的看法是，尼采将同情视为软弱的多重表现，即在一些不同阵线上的表现与在一些不同维度上的表现。

在所有这些情况下，同情都不仅仅是一种"感受"、一种"表现"或一种"回应"，它还是一种**策略**。无论就所谓的同情者而言，还是就被同情者而言，同情都是（或可能是）带有操控、鄙视与自我辩解的色彩的。然而，鄙视与自我辩解并不局限于同情者。被同情者通常处于一种感到"对上层的鄙视"的位置，因此，他们在面对他们的施舍者时也会产生一种思想上的辩解。① 毫无疑问，就个人而言，正是这一点让尼采深受折磨。因此，有人认为，这就意味着，尼采对同情的攻击，其真实意图是实现斯多葛主义者捍卫的那种"自足的"、不易遭受（自己的与他人的）不幸伤害的人生。② 我认为，这从尼采的哲学传承中抽取出了某些重要的线索，但低估了尼采的辩护的激进性。同情是一种看待世界的方式，一种与这个世界相"协调"的方式，但它让人变得可悲与贫乏，而不是让人变得充实与有力，这就是尼采坚持要反对同情的原因："我艰难地从一大群同情者之中逃了出来，让我发现仅有一个人在今日教导'同情是强加于人的'这句话——就是你啊，查拉图斯特拉！无论是神的同情还是人的同情——同情冒犯的是羞耻感。不情愿提供帮助，这要比那种快步上前给出帮助的美德更为高尚。"③

---

① "对上层的鄙视"（upward contempt）这个说法源自 William Miller, "Upward Contempt", [*Political Theory* 23 (1995), 476–499] 与他的 *Humiliation* (Ithaca, NY: Cornell, 1993)。

② Martha Nussbaum, "Pity and Mercy: Nietzsche's Stoicism", in *Nietzsche, Genealogy, Morality*, ed. Richard Schacht (Berkeley: University of California, 1994), 139–167.

③ Friedrich Nietzsche, *Thus Spoke Zarathustra*, trans. R. J. Hollingdale (Harmondsworth: Penguin, 1973), "The Ugliest Man", IV, § 7.

我希望，没有必要让我再说，我根本就不赞同尼采对**同情**的过度谴责，但我确实看到了他攻击的要点所在，我认为，当我在考虑我自己的某些"开明的"态度时，我被尼采激起了一种颇为现实的忧虑。就像在别处一样，尼采在此给予我们的"仅仅是诸多视角"。一个人若完全接受了这种关于同情的说法，他就是冷酷无情的，但他若将之仅仅作为"无情的"东西而拒绝接受这种说法，他就是愚蠢的。

对怨恨的重新考察

> 高贵的人的生活中充满了自信与开放……**怨恨**之人既不正直又不天真，既不诚实又不对自身坦率。他的灵魂是斜视的。
>
> ——尼采，《论道德的谱系》

怨恨的错误在于，它干预了尼采所构想的美好生活，即一种具有丰富的"内在"经验的生命，它对立于那种反对外在乐趣的怠惰人生。因此，它是一种贬低生命与愚钝生命的情感。尼采哲学的新颖之处与激进之处，并不是他发现了怨恨，或他谴责怨恨是一种愚钝生命的情感。怨恨是一种令人尴尬的熟悉情感。尼采哲学的新颖之处与激进之处，也不是他做出的这个论断，即怨恨是人的本性的重要组成部分。我们都太了解这些了。尼采所看到的要比这些更多。对许多人来说，怨恨恰恰是他们存在的那个理由，一种策略性的视角，他们从这种视角出发来感知世界与判断世界。但有待考察的是，这是否就是尼采对这种公认的防御性情感大为鄙视的理由。

  怨恨通常被认为是"消极情感"的一个范例，对那些怨恨者来说，他们是充满敌意的、渴望复仇的，并因而损毁了他们自身的形象，对那些怨恨的对象来说，怨恨对他们是危险的。但怨恨的特征并不仅仅体现于"怨恨是'回应性的'"这个事实。它还是一种策略，对某种**需求**的表现："将个人的见解导向外部，而不是返回自身的**需要**——这就是**怨恨**的本质。"① 因此，怨恨针对的总是别人（有时是个体，有时是群体或机构，而在某些即便不是病态的，也是古怪的例证中，怨恨针对的是神圣的或没有生命的对象）。它是对（无论是有意的还是无意的）伤害或怠慢的一种典型反应，它经常与遭受挫败的复仇幻想联系在一起。（"无能者的复仇欲用隐匿的憎恨对他的对手——当然是**虚构的** [*in effigie*]——所造就的歪曲"，此外，怨恨还是"一种与复仇和憎恨有关的在暗中怒目而视的隐匿情感"。）② 当然，这些复仇幻想的挫败进一步激起了怨恨，而这又激发了那种日益激进的复仇幻想，并以此方式继续进行下去。相较之下，"假如 [**怨恨**] 在高贵者那里出现，[它] 就会在一种即刻的回应中完善自身与耗尽自身，因此，它就没有**造成毒害**"。③（根据那句古老的地中海谚语，）如果说复仇这道菜"最好放凉了再吃"，那么，怨恨这道菜就

---

① Nietzsche, *On the Genealogy of Morals*, I, 10.
② Nietzsche, *On the Genealogy of Morals*, I, 10, 13.
③ Nietzsche, *On the Genealogy of Morals*, I, 10.

第 4 章 尼采论怨恨、爱与同情

倾向于在厨房中慢慢炖着,最好永远不要被吃掉。①(这让人们想起了陀思妥耶夫斯基的"地下人",即便在经过精密的策划之后,他也无法执行普通的复仇所要求的那些最为寻常的行动。)

怨恨不仅仅是一种憎恨或愤怒——怨恨不时地被混淆于这两者。憎恨与愤怒都相信一种在情感上与表现上的力量基础,而这是怨恨从根本上缺乏的。怨恨通常让人难以释怀;尼采告诉我们,"在这个世界上,没有什么东西能比怨恨更快地损耗一个人",他对怨恨的描述通常包含了将持久的损耗作为"焖烧""慢炖""生闷气""七窍生烟"的隐喻——而没有将它比作"火冒三丈",后者将迅速燃尽自身。

同样显著的是,怨恨是那种缺乏任何特定期望的情感。在这一点上,它与嫉妒(另一种类似的情感)不同,嫉妒的优势是,它非常明确,而且以期望为基础。嫉妒有所期望,即便它既无法实现自己的期望,也没有任何权利来实现自己的期望。假若怨恨拥有期望,那么,它就是期望复仇,但即便这种期望,也难得是非常明确的。比如,怨恨有可能变成那种以纯粹的侮辱为开端,要让这个世界全部毁灭的幼稚期望(尽管怨恨做出的想象如此恶毒,以至于即便这个世界有可能全部毁灭,怨恨者还是觉得不够,当然,这个世界是不可能全部毁灭的)。因此,怨恨也颇为不同于恶意,尽管怨恨偶尔会蜕化为恶意,因为除了那种谨慎的、策略性的甚至冷

---

① "Revenge is a Dish Best Served Cold",意大利西西里的谚语,直译为"复仇这道菜,越冷越够味",常被意译为"君子报仇,十年不晚",但这句谚语真正强调的是,应该在头脑冷静下来之后再实施报复。——译注

酷无情的机巧之外,怨恨就什么都不是。它根本就没有毁灭自我的喜好;恰恰相反,它最终是一种不惜代价保护自我(我们在此谈论的并不仅仅是生存)的情感。

我曾经说过,怨恨是一种首先需要通过它对**强力**的关切以及它对**强力**的介入来得到辨别的情感。它是对自身低劣性的自我承认,它还是一种要窃取或创造强者所能造就的东西的绝望尝试。怨恨是愚钝生命的,因为它将一个人的所有精力都集中于这种窃取成果的尝试。但它又不同于自怜,尽管它经常与自怜共享那个主观的平台;怨恨并不仅仅意识到某个人的不幸,而是执着地占据着那个谴责性的视角,并充斥着义愤。怨恨需要的是一种向外的投射,尽管它可以相当集中于某个对象,受挫的怨恨最终却与整个世界交战。当怨恨变得难以释怀,怨恨就不知界限。起初,在与某些特定的对手或压迫者相比时,一个人或许会感到自身的无力与低劣,但是,只要这种感受没有得到表现,怨恨就会扩展为一种在所有事物与所有人面前的无力感与低劣感。由此,它的那种不公正感就变得能够谴责任何人,甚至谴责神明或宇宙本身。在阿尔贝·加缪那里,西绪弗斯(Sisyphus)向神明挥舞着拳头,由此,我们得到了一个关于西绪弗斯的反叛而又"傲慢"的不朽形象。几年之后,我们又从加缪那里得到了让-巴蒂斯特·克拉芒斯[①]这个令人沮丧的形象。在阿姆斯特丹的那个肮脏的酒店里,他控诉了所有的人性。尽管加缪似乎并不是一个特别容易怨恨的人(虽然加缪在萨特的政治圈子里遭到了

---

① John-Baptiste Clamence,加缪的小说《堕落》(1956)的主人公。——译注

排挤)，他显然与其他人（当然，尼采除外）一样出色地理解了怨恨的逻辑。有人怀疑，甚至强力意志最终也更多的是怨恨的一种表现，某种心理上的忏悔，而不是一种心理的假设。

与人们对尼采的伦理学以及他的那些毫不妥协的谴责性陈述做出的最为熟悉的解释相反，尼采对怨恨有一种混杂的感受。假若创造性是最高的美德之一——在尼采看来，它肯定是这样的——那么，怨恨看起来就有可能是最具备道德的情感之一了，因为它肯定是最具有创造性的情感之一，它甚至比那种启发性的爱更具有创造性。（比如，请比较埃古和理查三世的谋划以及奥赛罗和奥兰多的愚蠢回应。）只要语言与洞察力、无情的批评与娴熟的反讽是值得称赞的技巧——尼采完全乐意从这些技巧之中构造出一个完整的自我①——那么，怨恨看起来就会成为最有造诣的情感之一，它甚至要比最装腔作势的愤怒更善于表达，要比最贪婪的嫉妒更油腔滑调，要比无动于衷的理性精神所关注的更有批判性。毫不奇怪，我们最伟大的批评家与评论家是那些怨恨的男人们和女人们。尼采确实正确地认为，在我们中间最为言辞激烈并最有影响力的道德主义者，是一些有着深刻怨恨的男人和女人——而不论这是否适用于道德本身。我们的革命者是那些怨恨的男人与女人。在一个被剥夺了激情的时代里——假如人们可以相信克尔凯郭尔的话——这些怨恨的男女只有一种可靠的情感动机，这种动机坚定而执着，它缓慢地燃烧着，却又是可依赖的与持久的。通过怨恨，他们就能把事情办完。

---

① 正如内哈马斯所论证的，参见 Nehamas, *Nietzsche: Life as Literature*。

无论怨恨还有可能是什么，它绝对不是没有成效的。

怨恨也许是一种起始于对自身软弱的意识的情感，但通过某种弥补（或"表现"），怨恨锻造出了完美的武器——尖刻的话语与对这个世界的策略性感知，它们即便无法在绝大多数的社会冲突中确保胜利，也能在绝大多数的社会环境下确保平等。（我要把类似于达拉斯与圣贝纳迪诺这样的地方上的酒吧排除在外，在那里，你若说话尖锐，就会迅速被人干掉。）因此，在尼采的价值重估中，反讽就是以戏剧性的方式对幸运进行彻底的改变，由此，防御性的怨恨就制服了毫无防备的自信，低劣感就压垮了那些更为优秀的人。人们过于频繁地按照新尼采主义的方式将这种固定模式描绘成在有教养而又高贵的主人与粗鲁而又低俗的奴隶之间的对抗。无可否认，尼采在《论道德的谱系》中所做的描述确实助长了这种解读。但是，在有关怨恨与道德的谱系学中，真正重要的分类是善于表达的奴隶与相对不善于言辞，乃至有勇无谋的主人。恰恰是这些奴隶，才拥有足够的才智来做到即便是尼采也没有信心做到的事情：他或她创造了新的价值。恰恰是主人，而不是奴隶，才变得如此颓废与依赖于人，并让他或她自身被怨恨的策略所欺骗。

黑格尔在《精神现象学》中正确地理解了这一点，约瑟夫·洛塞[①]在他 1963 年执导的电影《仆人》中也正确地触及了这一点。言辞是无能者使用的"剑术"，但若不存在真正的刀剑，那么，言辞通常是压倒性的。语言或许是"群畜"在

---

① 约瑟夫·洛塞（Joseph Losey, 1909—1984），美国戏剧家与电影导演。——译注

政治上的发明（正如尼采在《快乐的科学》中暗示的），但它同样是真实的力量得以表现与兑换的媒介。反讽是怨恨的终极武器，正如苏格拉底如此巧妙地证明的，反讽将无知转化为力量，将个人的缺陷转化为哲学上的优势。毫不奇怪，尼采对苏格拉底这位著名的前辈有着复杂的情感，苏格拉底创造出了"理性的暴政"，并将之作为他自己的"强力意志"的成功表现。就正如苏格拉底运用辩证法一样，尼采运用反讽与"谱系学"来撼动并支配他人以及他人所持有的意见。

尼采告诉我们，某些特定的情感"由于其愚昧而将我们拖垮"——但怨恨肯定不是其中之一。没有哪种情感能比怨恨更机灵，更有力，更有助于保存生命（虽然并非提升生命），也没有哪种情感能比怨恨更易于导向宏大的复仇行动，而尼采自身正是希望将这种复仇行动施加于现代性与基督教的世界之上。怨恨创造了它自身的力量，这种力量取代了怨恨原本的目标，（甚至不由自主地）满足了怨恨的复仇欲。由此，在黑格尔的《精神现象学》中，奴隶胜过了主人，获得了胜利。由此，奴隶道德获得了更为显著的胜利。不应当将怨恨的无能感与它的诸多表现相混淆（怨恨常表现为一种傲慢自大），也不应当将怨恨的无能感与它在实践上产生的后果相混淆，怨恨有时确实易于产生有力的与有效的后果。

因此，尼采对怨恨（以及建立在怨恨之上的伦理学）的鄙视，并不是因为它缺乏成功，尼采经常承认乃至赞赏怨恨所获得的成功（比如，在《论道德的谱系》中，尼采做出了这样的评论："犹太人是一个**杰出的、充满怨恨的**教士民族，在他们之中曾经居住着一位无可比拟的流俗道德的天才"以及"由这种**怨恨**的人组成的种族,最终注定要比任何高贵的种族更加狡黠");①尼采对怨恨的鄙视,也不可能是因为怨恨的表现,即便它的表现有时是邪恶的。诚然,复仇欲经常是邪恶的,对他人的需求麻木不仁或毫不关心,而对他自己所遭受的怠慢或冒犯又过于敏感。但难以发现,尼采有什么理由要去攻击邪恶或捍卫同情。作为主人的贵族很有可能是(有时则应当是)残酷的,因此,尼采憎恶的也不是这种残酷。事实上,尽管尼采有时会怀疑残酷是无能或怨恨的一种表现(一个人无法向真正压迫他的人表现残酷,就会对其他人发泄),但引人注目的是,他几乎不带有任何厌恶或批评的态度来讨论那些残酷的历史场景。他甚至注意到,"没有残酷,就没有节庆","看到别人受苦使人快乐,给别人制造痛苦使人更加快乐:这是一句严酷的话,但这也是一个古老的、强有力的、人性的、太人性的原则"。②

当然,人们可能会认为,怨恨用来获取力量的手段是虚伪的:一个人通过否定自身的力量来获得力量,一个人通过显得对自身的利益漠不关心来增加自身的利益(比如,通过指出"各种规则"或严格地以某个"原则"的名义来为自身的行动辩护)。**怨恨**之人是迂回的。"他的精神喜爱隐蔽的地点、秘密的路径与后门,一切隐蔽的东西都诱惑着他,他将之作为他的世界、他的保障、他的点心;他领会到了如何保持沉默,如何牢记,如何等待,如何暂时地贬低自己与低声

---

① Nietzsche, *On the Genealogy of Morals*, I, 16.
② Nietzsche, *On the Genealogy of Morals*, II, 6.

下气。"① 但并不清楚的是,在何种程度上,这种表里不一与欺骗是虚伪的,而不仅仅是聪明的策略。尽管怨恨表现出了对强力的漠不关心与轻蔑,但它恰恰是执着于强力的典型。但是,"强力意志"归根到底难道不就是这样的吗?——或者人们难道就不能推测,还存在着某个进一步的(道德)禁令?比如,"强力是对的,但并非不择手段地获取强力"。对于这种避开或削弱了"大写的道德"的动机,我们为何要如此以道德为依据来进行审视?怨恨是"回应性的"而不是"主动的"这个事实难道带有任何批判性的分量吗?② 我认为,对于尼采提出的所有这些严厉的评论,我们的结论应当是:尼采勉强地对作为一种情感策略的怨恨有所赞赏,从而让他自己对怨恨的持久展示变得更情有可原与更加有趣。

老鹰与羔羊:强与弱的隐喻

羔羊并不喜欢巨大的猛禽,这并不奇怪:只是不能因为猛禽捕获了小小的羔羊而责备这些猛禽。假如羔羊在它们自身中说道:"这些猛禽是邪恶的;那些与猛禽最不相似,甚至是其对立面的羔羊——它们难道不是善良的吗?"没有任何理由去指责这样一种理想的建立,只是猛禽或许会以稍许嘲讽的方式审视它,并且对之说道:"我们丝毫没有不喜欢这些善良的小羊羔;我们甚至喜爱它们:没有什么东西能

---

① Nietzsche, *On the Genealogy of Morals*, I, 10.
② 尤其可参见 Gilles Deleuze, *Nietzsche and Philosophy,* trans. H. Tomlinson (New York: Columbia University Press, 1983).

比一头温顺的羔羊更美味了。"

——尼采,《论道德的谱系》

尼采关于羔羊与老鹰①的隐喻暗示了一种野蛮的区分：作为主人的贵族是强有力的。奴隶则是无助的受害者。尼采在此并没有做出任何道德上的判断（尽管他暗示那些羔羊会这么做）。尼采或许由于其无能而鄙视怨恨，但他并没有因此而谴责怨恨。它仅仅是可悲的——"糟糕的"。但是，这些问题绝非如此明晰，强与弱的标准在尼采那里也绝不是显而易见的或前后一致的。在《论道德的谱系》中的某些描述有时暗示，仅凭社会的地位与阶层，就能确定强与弱；由于其教养与教育，贵族是强大的。由于其奴性的地位，奴隶无论能拥有多少身体上的力量或精神上的力量，他们都是软弱的。尼采有时运用的似乎是一种准医学的（"生理学的"）标准：强大意味着健康，弱小意味着病态。但我们将看到，即便是这一点也绝不是前后一致的，而尼采说的某些话甚至暗示，强大的恰恰是奴隶，而不是那些作为主人的贵族。

什么是强大？什么是弱小？人们实在太容易按照有关荷马式战士的隐喻来做出设想，奥德修斯或赫拉克勒斯的优点是强大的，而被捕获奴隶的蹩脚奴性是弱小的。当然，也存在着那些信奉基督教的角斗士或梅察达的犹太人（the Jews at Masada），也存在着好几代罗马的皇帝与贵族，他们虚弱无

---

① 我将"猛禽"呈现为"老鹰"，这并不是出于爱国精神，而是因为易于想象一头老鹰，我认为，在此语境下，重要的是不要将之构想为秃鹫与秃鹰。

力，几乎不能自卫，却又相互怨恨。(对一个战士来说，毒药恰恰不是他们会选择的武器。)但是，身体的力量或军队的力量，并不是尼采所支持的"强力"，而对罗马军队最有效的回应之一，原来是"用忍耐来对待伤害或侮辱"①这种相当高超的做法。当然，在我们这个时代，这是由甘地与马丁·路德·金所践行的那种"非暴力反抗"的策略。在某种意义上说，这难道不是一种软弱的表现吗？不情愿战斗，这是否意味着一种软弱，还是说，这展示了巨大的勇气、自我肯定乃至傲慢？拒绝战斗是否意味着没有能力去战斗？无论逆来顺受者能否在身体上打败他或她的对手，这重要吗？在许多乡村歌曲与牛仔电影中的一个流行主题似乎是，曾经奉行和平主义的英雄被迫在最终决战中痛揍折磨他(如今则往往是她)的那些人。但根据在此暗示的那种诠释，这难道不意味着一种在道德承受力上的失败吗？无论这种逆来顺受是某种思想观念的表现，某种更为深刻的策略，或者仅仅是一种避免斗争的尝试，这又有什么关系呢？(在何种程度上)畏惧存在与否是需要考虑的要素？谁获胜重要吗？自信与自尊是衡量强大的最终标准吗？抑或是说，强大就是如何维系一个人自身完整性的问题？实际上，"强大"难道最终不是一个**道德的概念**吗？

但正如在尼采那里经常发生的那样，道德、强大与弱小

---

① turn the other cheek，这句俗语的字面意思是"转向另一边脸颊"。它类似中文所说的"骂不还口，打不还手"，指某人受到身体伤害或言语侮辱后，仍然容忍一切。耶稣告诫他的信徒不要和恶人作对，甚至当有人打他们的右脸颊时，连左脸颊也要转过来让他打。于是，后人便用这句话比喻不还击别人对自己的攻击。——译注

是根据**审美的**术语来得到观审的。在《悲剧的诞生》中，尼采说，希腊人是"美的"，因为他们拥有强大的力量来承受苦难，并将苦难转化为创造性。①因此，贵族并没有被认为是那种仅仅具有特权的人，在这个意义上，尼采在《论道德的谱系》中将贵族描述为自发的与自信的，这具有高度的误导性。在希腊人中，"美的"东西与"高贵的"东西是他们的"自我克服"，而不是他们的轻率自信。（值得注意的是，在《论道德的谱系》中描述的那种令人羡慕的自我满足感与作为查拉图斯特拉的主要道德主题之一的那种对自我怀疑乃至自我鄙视和"沉沦"的倡导之间有着多么大的不一致。）相较之下，奴隶是"丑陋的"，因为他们是平庸的与乏味的。他们的举止是奴性的和胆怯的。他们没有什么个性，而是以一本正经的、唯命是从的笑容来保护自身。②正是奥赛罗在戏剧中向观众提供了那种配得上他的名字的高贵。埃古提供的是阴谋的情节，但这仅仅让他自己在观众面前显得可恶。不过，即便作为一种审美的概念，强大并非纯粹是美的，弱小也并非纯粹是丑的。（羔羊是"美的"——或至少是"可爱的"——因为它们是惹人怜爱的，而它们的惹人怜爱是因为它们的弱小。）

在"男人还是男子汉"，所有的斗争与竞赛都是通过武力

---

① Nietzsche, *The Birth of Tragedy*, trans. W. Kaufmann (New York: Vintage, 1966).

② 在近些年来的社会生物学界中，这种保护性的、顺从的笑容已经成为重要的讨论主题。比如，某些顺从的动物以挤满"笑容"的方式来回应它的雄性领袖，这就是一种表示"不要伤害我，你赢了"的姿态的组成部分，这种姿态对于竞争性的社会动物维持和平来说是必不可少的。无论这个观点是否可以作为社会生物学而成立，它作为一种社会现象则具有显著的合理性。谄媚者的笑容几乎无法以任何其他的方式来得到理解。

来解决的神话时代里,衡量强大的标准或许看上去恰好是直截了当的。在《伊利亚特》中并没有什么深刻的思想家。在最为简单的版本中,我们会看到这种斯巴达式的场景,黑格尔在《精神现象学》中将之描述为"两种自我意识"的对抗。(因此,我们可能也会联想到,在约翰·罗尔斯的"原初状态"中相遇的那种"未受阻碍的"但又完全理性的人,除了以下这一点,即这些人在那个古怪场合下的力量,有可能完全在于他们的协商能力。)① 然而,一旦我们想要在一个已经存在的社会(这个社会具有已经确立了的"等级秩序"、阶层、社会地位以及严酷的礼教)里引入这种凌乱的含义时,衡量强(与弱)的标准就绝不是显而易见的。在《大路尽头》②中,约翰·巴思大学的教师(雅各布·霍纳)向他的学生们问道:哪种人更自由,是蔑视规则的人,还是在规则之中生活的人?我们可以简单地将"自由"这个词更换为"强大",从而领会到文明的礼节强加到强与弱这些看似自然的概念上引起的那个悖论。

尼采并不是在为这种文明的礼节辩护,但还需要注意的

---

① 当然,罗尔斯会坚持认为,这种能力,就像所有其他的个人优势一样,必定位于"无知之幕"的背后。因此,人们经常会指出,罗尔斯的那种理性的协商者实际上根本就不是"未受阻碍的",罗尔斯即便没有为之预设一种优秀的离婚诉讼律师所拥有的策略性的专门技能,实际上也为之预设了一流的社会科学家与决策理论家所拥有的技能与知识。试比较在美国工商界最受关注的谈判研讨会之一的负责人切斯特·L. 嘉洛斯博士(Dr. Chester L. Karrass)的这句话:"令人遗憾的是,你得到的并不是你应得的东西,而是你通过协商谈判得到的东西。"(几乎每一期《美国道路》杂志都在讲述这个道理。)
② 《大路尽头》(End of the Road)是美国著名后现代主义小说大师约翰·巴思(John Barth, 1930—)所撰写的一部以反讽的风格描述"三角恋爱"的长篇小说,雅各布·霍纳是这部小说的主人公之一。——译注

是，尼采自己所罗列的"四种主要的美德"——正直、勇敢、慷慨、优雅，听起来就正如人们可在一位19世纪的德国绅士身上预料到的那样文明，更不用提我们从露·莎乐美与其他人那里所获得的对尼采自身的文明行为的描绘了。① 但即便在"自然状态"之中，两头公狼在解决它们的地盘问题时，它们留意的似乎也并不是诸如"一头狼要比另一头狼大三倍"这样的事实，它们的对峙几乎总是以不流血的妥协来解决的。根据珍妮·古道尔的说法，担任雄性领袖的黑猩猩（尼采式的"主人"的典范？）并非总是（甚至通常并不是）最强壮或最敏捷的雄性，而是那些最"肆无忌惮的"（chutzpah，这是在灵长类动物研究中的一个技术术语）雄性。② 同样地，这些具有邪恶潜能的动物几乎不怎么杀害或伤害彼此，而且几乎不怎么破坏"文明的规则"（除此之外人们还能怎么称呼这种规则呢？）。因此，尼采正确地（尽管并非前后一致地）坚持认为，强大根本就不是通过任何这样的冲突来衡量的，更不是通过身体的力量与技艺来衡量的，强大是一种内在的品质，而不是一种经由竞争产生的品质。

尼采在谈论强大时最频繁使用的隐喻是医学的隐喻：健康与病态，"生理的"形象。主人道德是健康的，奴隶道德是病态的。作为健康的强大显然是一种个人的品质，而不是经由竞争得到的品质。强大与一个人的新陈代谢的能量储备密切相关，强大在自发性中的表现，并不像机器人那样欠缺考

---

① 这四种主要的美德是在尼采的《朝霞》§556中罗列的。
② 关于狼和黑猩猩的论述，参见我的 *A Passion for Justice*, chapter 3 与 Jane Goodall, *In the Shadow of Man* (New York: Houghton-Mifflin, 1971)。

虑或毫无牵挂。弱小是病态的,这首先是因为它缺乏能量,因为它精疲力竭而导致没精打采。但尼采在此持有的常常是一种颇为不同的见解,作为强大的衡量标准的,恰恰不是这种健康,而是对病态的反应。"杀不死我的,让我变得更加强大"这个尼采做出的著名(但显然是错误的)评论是某种思考力量与特定的英雄主义的象征性标志,它如今在某些为电视制作的影片中有着频繁的体现,这些影片讲述的往往是关于某个携带艾滋病的勇敢的人或某个不幸罹患白血病的孩子的故事。

人们若要思索或探求尼采对健康的关切及其关于"对疾病的恰当回应"的相当复杂的构想的个人根源,这并不需要走得太远。只要我们经历了持续一周的严重感冒给我们自身带来的全部反应,我们就能轻易理解这种复杂而又执着的感受是如何成为可能的。但这些反应并不相当于一种关于强大的融贯标准,更算不上是一种哲学。那些没有杀死我的东西,通常让我变得更加弱小,无论我做出的抵抗有多么高贵与坚定。想要获得健康,这当然是好的,然而,正如亚里士多德注意到的,健康是诸多美德的先决条件,但健康本身并不是一种值得钦佩的品质。尼采挑战他的病痛与失眠,在这样的状态下,他每天仍然撰写十页精彩的文字,这当然值得钦佩,但是,这几乎谈不上是出现于这些文字之中的那种自然而然是健康的"主人"的标志。若要探寻尼采关于强大与弱小的构想,这种医学的隐喻是个相当令人困惑的地方,但我毫不怀疑,这种医学的隐喻在个人的意义上位于尼采思想的核心。

尼采有时似乎暗示,一个人的强大,体现于一个人的**独**

立感(不要将之混淆于更具康德色彩的自主概念)。另一方面,弱小被等同于依赖性,而这正是让-雅克·卢梭如此鄙视的那种依赖性,卢梭将之对立于被他称为"自由"的自然独立性。当然,相较于在"奴隶道德"这个名称中,在"**群畜**道德"这个名称中,尼采将弱小等同于彼此依赖的做法显得更加明确,但我仍然认为,这增添了许多问题(其中的某些问题无疑是尼采与卢梭共同拥有的)。伯恩德·马格努斯经常评述道,尼采用"群畜"这个贬低性的集合名词所要意指的,就是我们大多数人用"共同体"这个词所要表达的意思,而我相信,只要对相互依赖性的那种所谓的"软弱"进行探究,就会发现其中的优点多于缺陷。无可否认,一个"牵挂于"他或她的朋友与爱人的人,将因此而容易遭受伤害,这个人不仅容易失去所爱之人,而且容易在道德上被谴责为轻率的,而在最糟糕的情况下则容易被他人背叛。但为什么这种易受伤害性应当被认为是一种软弱,而不是一种强大的力量?在《论道德的谱系》第二篇论文中,尼采说道,一个人的强大应该根据这个人能够承受多少寄生者来得到衡量。但既然寄生者能够作为衡量强大的标准,为什么朋友、家庭与爱人就不能呢?对所谓的独立性来说,究竟有什么东西如此值得钦佩?

尼采并没有摒弃友谊在道德上的重要性。事实上,他以个人的方式在他的论著之中(如在《人性的,太人性的》之中)偶尔给予了友谊这样一种地位,这种地位在尼采的伦理学中的重要性,只有亚里士多德在《尼各马可伦理学》第8卷与第9卷的丰富讨论中给予友谊的分量才可比拟。但在《论道德的谱系》与其他的地方,绝大多数的情况是,尼采并不怎么关注牵挂以及由彼此的需要与彼此的喜爱而产生的依赖性,这含蓄地暗示了,相互依赖性本身是怨恨的产物,因此,它是奴性的与有辱人格的。(羔羊喜爱并需要其他的羔羊;老鹰倾向于形单影只,老鹰捕食的尤其是那些不幸地独自迷失的羔羊。)

无论如何理解强与弱,怨恨都是以**某种意义上的**无能与易受伤害性为前提条件的。因此,重要的是,要将这种与强弱有关的多少"客观的"标准与那种在个人意义上的弱小相区分。人们通常认为,尼采的主张是,只有弱者才感到怨恨,但《论道德的谱系》的文本颇为清晰地表明,情况并非如此。强者也感到怨恨,因为他们也会发现,他们自己所面对的是一个并不总是在他们的掌控之中或并不总是顺遂他们的心愿的世界。人们并不是在下层阶级的住所之中,而是在最高权力的圈子里才能找到那些可以最好地阐释怨恨的例证。比如,在华盛顿的白宫里,我们就能看到在这个世界上最有权力的政客们由于怨恨而激动的场景。虽然阿伽门农看起来就像是古代的主人道德的典范,他同样会有所怨恨。阿喀琉斯也会在他的帐篷之中生闷气。尼采在《论道德的谱系》中的那个主人道德(而不是贵族道德)的时代原型拿破仑酝酿着危险的怨恨,这或许是因为他是一个科西嘉人,而不是因为他的个子不高(不到 1 米 7)。或者举一个更为现代的例子,曾经隶属于费城人队的彼得·罗斯[①]就显露出了一种辛酸的怨恨感,即便他曾是一个在体力上最强且最成功的美国人。(有人

---

① 彼得·罗斯(Pete Rose,1941—),美国职业棒球大联盟的前任球员兼教练。——译注

已经指出，罗斯在成长时期非常矮，甚至当他身高达到目标尺寸之后，他也从未失去戒备感。）换句话说，怨恨并不像尼采在《论道德的谱系》中认为的那样，它根据的是一种关于自身的独到见解，而不是任何自然的或社会的客观标准。

尼采说，弱者与强者之间的差别并不在于怨恨是否发生，而在于怨恨发展变化的倾向。一种强大的品格或许体验到了怨恨，但它立刻就会用行动来将之释放出来；它并不会"毒害"自身。① 但接下来变得显而易见的是，在这里讨论的问题不可能是客观意义上的强大或成功；只有在那些抱负与愿望受挫的人身上，只有在那些自尊建立于其社会地位以及其他衡量个人财富与个人成就的尺度之上的人身上，怨恨的毒害才能起作用。但接下来人们就会轻易地发现禅宗大师与塔木德学者的智慧，他们永远不会被怨恨所毒害，因为他们从来也不让自身产生那些有可能受挫并导致怨恨的欲望与期待。人们也可以在那些最受侮辱与压迫的社会成员之中发现巨大的力量与承受力（而不仅仅是顺从）。（尼采对"蓝调音乐"会有些什么想法？）② 当然，我们在此想起了尼采的这个刻薄的批评——"只有那种被阉割的人才是好人"——但在我看来，这是非常不恰当的，我们需要的是一种更为精致的情感伦理学。

---

① Nietzsche, *On the Genealogy of Morals*, I, 10.
② 凯瑟琳·M. 希金斯认为，尼采自己在《查拉图斯特拉如是说》中吟唱的就是这种歌曲，参见 Kathleen M. Higgins, *Nietzsche's Zarathustra* (Philadelphia: Temple University Press, 1987).

第4章 尼采论怨恨、爱与同情

主人、奴隶与正义的根源

至于"要在回应性情感的领域中寻找正义的故乡"这个杜林的主张,人们将出于真理的缘故而被迫用一个直言不讳的对立观点来反驳它:正义的精神**最后**征服的那块领域,恰恰是回应性情感的领域!

——尼采,《论道德的谱系》

人们必须谨慎地避免混淆嫉妒与怨恨。因为怨恨是一种道德的感受。假如我们由于自身所拥有的东西少于他人而产生怨恨,这必定是因为我们认为,他人的富足是不公正体制或他人所做出的不正当举动的结果。那些表达了怨恨的人、必然准备表明,为什么特定的体制是不公正的,或者他人以何种方式伤害了自己。

——约翰·罗尔斯,《正义论》

从一种尼采式的视角看,我们如此习惯于在怨恨的那些闷闷不乐的、不怀好意的、最为低劣的表现之中来思考怨恨,以至于我们无法看到,这同一种情感还会引发出颇为不同的理解。(比如,舍勒就从来没有责备尼采不公正地对待怨恨;舍勒想要坚持的仅仅是,基督教与基督教的道德并不必然奠基于这种被公认为可憎的情感。)但怨恨是一种极其具备哲学色彩的情感。它可以意识到更为宏大的见解。它具备敏锐的眼光（相较于尼采对嗅觉的鄙视，这种说法更类似于亚里士多德）。它不仅相当清楚事物存在的方式与事物可能存在的方式，更为重要的是，它还相当清楚事物应当存在的方式。诚然，怨恨总是拥有一种个人的联系，一个人总是在某种程度上是**为了自身**而有所怨恨，但是，怨恨并不仅仅具有这样的能力，而且还往往向着那些更具普遍性的考虑要素而开放自身，也就是说，向着那些被我们称为怜悯（真正地"感同身受"，而不仅仅是共鸣）与公正的东西而开放自身。若人们通过分析坚持认为，怨恨者之间的感情仅仅是同病相怜的变种，这实际上是无情的与不公平的。

怨恨是有所怜悯的，但它也可以是相互支持的与有所密谋的。怨恨涉及一种受压迫感，这不仅暗示着受压迫者的软弱，而且意味着不公正。怨恨或许无非是对这个世界的存在方式的一种有充分理由的强烈不满，但是，怨恨也恰恰位于民主制的核心——尼采对这一点的论断是正确的——只不过位于民主制核心的，并不是无能者的怨恨，并不是软弱，并不是奴隶的或群畜的心智，而是"强力意志"，它不仅仅是对不公正的"回应"，而且还是对不公正的敏锐感受，这反过来就是我们的正义感的基础。

根据这种积极的见解，怨恨不仅仅是一种自私的情感，尽管它总是带有为自己着想的要素。怨恨依赖于怜悯，即与其他人共同分担不幸的感受。这在观念上远比"群畜的心智"更为高尚，后者是不加思考的、不经反思的、喜爱模仿的，而不是带有怜悯之心的。与此同时，我觉得，我们应当谨慎地得出以下的结论，即这种怜悯就相当于一种共同体的意识——我认为，共同体的概念具有更多的结构性与更少的个体性，尽管在此这并不是一个关键性的要点。而怜悯本身将导向共鸣，从而让我们在意识到自身苦难的同时，还易于认识到其他人的苦难，这相应地鼓励了（但它并没有确保）我们承认，其他人甚至比我们自身的处境还要糟糕。

一个人也许仅仅是为了自己，为了某个轻微的冒犯或仅仅由于无法获得承认而感到怨恨，确实，我们通常认为，这种怨恨是小气的、自私的与心胸狭窄的。尽管如此，我们如此批评的对象并不是怨恨，而是怨恨的琐碎以及怨恨的局限性。我们并不会以这样的方式去批评那种由于某些巨大的冒犯或压迫而产生的个人怨恨；事实上，我们会同情它、赞同它，或许还会支持它并将之称赞为高尚的。同样地，我们也不会以这样的方式来批评怨恨，只要它是那种在更大规模的群体的名义之下的怨恨。凯萨·查韦斯[①]不会成为一个国家级的民间英雄，假如他只是大声地就雇主对待他自己的方式表达怨恨。若是这种相反的情况，可以预料到，他得到的答复就会是："为什么你会觉得你自己不同于其他人？"但是，他的怨恨的巨大范围——以及伴随着这种怨恨的政治技巧——让情况变得颇为不同。它不仅仅是一种个人的、小气的、不相称的接近这个世界的途径，因而也就不是那种败坏声誉的怨恨。

我们的情感泄露了我们的哲学，无论这种哲学是小气的、可悲的、狭隘地只为个人打算的，还是豁达的、有同情心的、

[①] 凯萨·查韦斯（Cesar Chavez, 1927—1993），墨西哥裔美国劳工运动者，也是联合农场工人联盟的领袖。在他的努力下，美国劳工的工作环境得到了极大的改善。——译注

刚正的与勇敢的。根据这幅图画，让奴隶成为奴隶的，并不是易受伤害性或怨恨，而是琐碎，"专注于细节的奴性"。让主人变得高贵的，与其说是个人的力量或地位，还不如说是他或她关注的宏大范围。但怨恨既有可能是宏大的，也有可能是琐碎的，而那种构成支配状态或奴役状态的东西，就有可能是在"回应性情感"的界限之内的一个区别。

因此，我想要重新考察尼采在《超善恶》中以著名的方式提出的那个过于简单的二元分类法："两种道德类型：主人道德与奴隶道德"。即便遵循尼采自己的描述，也存在着多种描述这两种道德类型的方式。首先，这是一种起初就相当有偏见的描述，它本身就会如此轻易地导致人们对主人的原型有所嫉妒，并对奴隶道德有所厌恶。根据这种描述，主人是自我肯定的，有创造性的与自信的。他们具备一切优势：良好的出身，优秀的教育，优异的成长经历，并拥有合适的权力与财富。他们欣赏自身，对自身高度评价，而且成就了伟大的事业。相较之下，奴隶是悲惨的、遭受威胁的，他们被迫执行其他人的命令。他们是穷困的，经常是不健康的、怯懦的、拘谨的，并且依赖彼此。我们对奴隶的描绘是，他们以可悲的方式攒聚在一起，进行着密谋与策划。他们并非不聪明，但他们怀有强烈的恶意。他们拒斥了那些他们不可能有希望满足的欲望，他们密谋反对那些确实满足了这种欲望的人们，并且将这种欲望与那些满足了这种欲望的人们称为"邪恶的"。尼采在高贵的猛禽与可悲的小羊羔之间进行的比较，让这幅图画变得颇为生动。当然，需要注意到，尼采将主人道德混淆于社会的优越地位以及在权力上的所有优势。

另一方面，奴隶道德不仅仅是一种道德的视角，而且还是一种不幸而又可悲的人生整体。那么，在我们之中究竟有什么人会选择要成为奴隶呢？① 尽管如此，甚至在古代史的语境下，这种描述也是简单的与不精确的。毫不奇怪，任何一个紧跟新闻或定期观看《富人与名人的生活方式》② 这档节目的人都会听到，有权势者通常都没有创造性，因缺乏教养而好斗，肤浅，在情感上有依赖性，有所戒备并自我陶醉。我们真的会相信萨尔丹那帕勒斯③ 不是这样吗？而在古代世界，最有教养的人往往是那些分享了他们的主人的生活方式，而不是拒斥了他们的主人的生活方式的奴隶。当然，这并不是尼采的夸张描绘的要点所在；那个要点仅仅是，主人道德——如今或许会被人们确认为一种自我实现——是第一位的与不成问题的，而奴隶道德只有作为一种基于怨恨的**回应**才有可能存在，这种怨恨只是某些奴隶的怨恨，而不是所有奴隶的怨恨，而且最初仅仅是那些最聪明的、最愤慨的奴隶的怨恨。然而，这又产生了一个与这些足智多谋的反叛者有关的问题，即他们是否应当被等同于群畜，还是应当被称赞为捍卫受压迫者的斗士？相应地，怨恨是否应当被确认为是一种完全用来激发普遍的不公正感的基本英雄行径？④

---

① 参见 F. 伯格曼关于奴役与自由的论述，这些论述被收录于 On Being Free (Notre Dame, IN: University of Notre Dame Press, 1988)。
② *Lifestyles of the Rich and Famous*，一档在 1984 年到 1995 年间在美国播放的系列节目，它旨在展示富有的娱乐明星、运动员以及商业富豪的奢侈生活方式。——译注
③ Sardanapalus, 萨尔丹那帕勒斯是亚述的最后一个苏丹，以荒淫的生活著称。——译注
④ 在这个语境下，我们确实应当提醒自己，尼采坚持认为，主人道德与奴隶道德能够在同一个人格中共存——无疑，这是尼采对自己所做的一个精确无误的评价。

因此，在这里的是一种相当不同的描述。主人道德代表的是这样一种人，他们出生于一个优秀的家庭，并且在诸多有利条件下长大，其中最大的好处是那种近乎傲慢的自信，在最好的情况下，这种自信将孕育出大胆的成就，但即便在最坏的情况下，这种自信也将以一种自然而然的、通常是高傲自大的优越姿态来表达自身，人们只有透过科尔维克跑车的挡风玻璃才能看到这样的优越姿态。主人追求的是他们自己的欲望以及他们自己的满足，他们将大多数的禁忌与禁令视为某种相当陌生、而且不适用于他们自身的东西。他们并不特别有野心，因为野心已经是不安全与缺乏优势的一种标志。他们或许认为，他们自身作为一个群体是优越的，但这种共享的观念都是关于他们的共同体的意识。主人并不过多考虑正义，这既是由于他们缺乏动机，又是由于任何合情合理的正义标准至少都会让他们感到不舒服。我认为，若说这种存在者恰恰对立于某种原初的**超人**理想，而更接近于克里斯托弗·拉什①对当代的自恋主义的描述，这不会有什么牵强之处。

接下来请考虑那些所谓的奴隶，这些人以群体为导向，他们相互依赖、野心勃勃，但由于那些并非他们自己所制造的障碍而遭受挫折。奴隶对这个世界有一种理想的形象——甚至有一种意识形态——毫不奇怪，它强调了奴隶自身的某些（得到承认的）品质，提升了普遍的（而不仅仅是个人的）

---

① 克里斯托弗·拉什（Christopher Lasch, 1932—1994），美国著名的历史学家与社会心理学家，主要著作包括《真实与唯一的天堂》《自恋主义文化》《最小的自我》等。——译注

自恋主义。他们对这个世界的状态以及他们在这个世界中的位置，提出了正当而又有根据的控诉。这些控诉包括了那些处境或许更加悲惨的其他人，它们即便没有普遍的原则，也带有系统的特征。因此，他们就变成了一些嫉妒的、叛逆的与怨恨的人。他们**反抗**的世界是一个他们并没有获得成功的世界，一个不公正的世界，一个被不应当占据优势的人们（即便按照这些人自身拥护的标准，他们也不应当占据优势）所统治的世界。就像加缪的西绪弗斯一样，他们继续履行他们的义务，这些义务由于他们的"蔑视与反抗"而变得可以忍受。但是，他们确认的并不是他们的处境的荒谬，而是他们的处境的**不公正**。他们的怨恨彻头彻尾是一种道德的情感，它并不是道德的动机，而恰恰是道德的素材。

许多哲学家（不仅包括尼采，而且还包括苏格拉底）都用怨恨与报复心来和正义进行比较。但是，在正义的进化过程与人们确认不公正的过程中，怨恨扮演了一个引人注目的角色。就算怨恨始终是以某种自我专注（如果称不上是彻底的自私的话）与某种苦涩的失落感和羞辱感为出发点的，但是，它接下来就倾向于将自身合理化与普遍化，进而将它自己的无能投射到外部，从而形成了一种关于这个不公正世界的**论断**乃至理论。正是这种没有得到公正对待的感受，以及随之产生的想要复仇的感受，想要撤回怜悯感与其他更加慷慨的情感，才让我们全部的正义感——基于先前的不公正感——有所发展。事实上，虽然罗尔斯如此艰辛地要将正义理解为一个与实践理性有关的问题，他也承认怨恨在正义的心理起源中的重要性。他注意到，怨恨已经承认了，某些其他人的"富足是不公正体制或他人所做出的不正当举动的结果"。罗尔斯提出,这种情感好像已经在自身之中就包含了那种通常在哲学论证中有所提升的要求:"那些表达了怨恨的人们必然准备表明,为什么特定的体制是不公正的,或者他人以何种方式伤害了自己。"我认为,"必然"这个词在这里是不恰当的;这种怨恨在学术上或对话上并没有什么特定的义务。但是,这种怨恨强烈要求将自身普遍化并向外投射,这种怨恨旨在从根基处破坏现状,就此而言,它确实充斥着各种理由,即便根据通常意义上的公正的客观性,这些理由并不是合情合理的或理性的。

当然,有一些人的正义感几乎完全被怨恨所困扰,他们的"受压迫感"要远远胜过任何怜悯的感受,并且遮蔽了与"受压迫者"产生共鸣的任何可能。还存在着这样一些人,对他们来说,最轻微的怠慢与最低程度的冒犯都会导致那种小题大做的**怨恨**(怨恨**在法语中确实**听起来更具有讽刺的意味)。但即便如此,怨恨难得全然是个人的痛苦,它几乎总是根据某种更大程度上的不公正来思考自身,这种不公正并不仅仅是一个人自身所遭受的不公正,而通常是同类受苦者的整个群体所遭受的不公正。这并不是说,怨恨在自身之中体现了任何正义的原则,但是,怨恨确实有可能包含了这样的原则,在任何情况下,它需要求助于某种对公平的期望或关于公平的隐含标准。这些标准或许就像我的两个年轻兄弟在争吵时提出的"这是我的,而不是你的!"那样简单与具体,或许就像我刚被外交专业忽略时所提出的"任何人都不应当仅仅根据党派的政治观点而获得大使的职位"那样复杂与抽象。

第4章 尼采论怨恨、爱与同情

怨恨总是拥有一种个人的基础，尽管它并非专注于个人或个人的范围。一个人总是莫名其妙地觉得自己被剥夺了什么或遭到了怠慢（或者觉得这**针对**的是其他的某个人），但是，一个人的抱怨所专注的是怠慢的本质，而不仅仅是怠慢本身。至少在我们这些善于表达的"理性的"动物之中，这种抱怨的范围是那些剥夺与怠慢的整体，它们在此已经例示为一个整体。人们可能会说，怨恨是一种与诸多情感相称的行动。因此，即便怨恨是专注于自己的，它通常都会变成一种社会性的情感，将他人摄取于它的利爪之下。人们可能会说，喜好有人做伴的恰恰是怨恨，而不是不幸。倘若有足够的同伴与一点小小的勇气，怨恨甚至能够发起一场革命。而革命通常都会具备这样的条件。

尼采对这种熟悉的正义感的攻击，就是对纯粹报复性的与"回应性的"情感的攻击，弱者与无能者试图用这种情感来"责备"那些强者与成功者。对尼采来说，正义就是那种"不屑于"所有的怠慢并超越报复欲的优越感——尽管这并不是会被我们大多数人称为"正义"的东西。当我们试图理解正义时，它就会倾向于依赖"报复"这样的概念，并且会倾向于确保每个人都得到他或她应得的那份东西。但根据尼采的观点，一种得到恰当理解的正义感在它的表现中（尽管并非在它的动机中）非常类似于关于宽恕与谅解的基督教美德，它们不是因为人们觉得审判或惩罚是不正确的，不是因为人们应当诉诸某个更高的正义法庭，更不是因为人们害怕自己的行动所带来的后果，而是因为相较于为了过去发愁，相较于为了那种通常被尼采用"寄生者"这个贬抑的词汇称呼的人担忧，人们认为自己的生活有着更为重要的事情要做。至于那种为了要让每个人都得到他或她的应得之物而产生的烦恼，尼采坚持认为，正义主要不是为了捍卫弱者（尽管尼采承认，那些更加幸运的人甚至有"义务"去帮助这些弱者），而是一个人自身品质的培育与表现。

人们或许会谨慎地在尼采的这种极度精英主义的正义观与人们如今在某些自由主义者的作品中发现的观点之间提取出某些相似之处，例如，罗伯特·谢弗①就在《反对成就的怨恨》中将"由成就形成的道德"与"由反对成就的怨恨形成的道德"做出了区分。当然，尼采几乎不可能忍受那种对"权利"的执着，这种执着占据了如此众多的自由主义者的思想。尼采首先就会指出，在那些反对所谓的"怨恨的成就"的作者中，有许多人也有着苦涩的怨恨。尽管如此，尼采对个人出类拔萃的强调与对平庸反应的谴责，在众多现代的思想家中产生了赞同性的共鸣。那些无法应对尼采的风格，但又赞同这种想法的人，通常最终都会导向安·兰德的缺少风格的散文。

尼采忽略的是需要改变这个世界的感受的正当性——我认为，这部分是由于他自己所理解的生物决定论，部分是由于他感到自己的无根性以及在社会上的无能。怨恨的情感常常有可能是一种正当的**受压迫感**。它并不是平庸或无能的声音，而是由于正义被否定而产生的激情。这不是说怨恨并非令人不快。它当然是令人不快的。它怀恨在心。它想要改变

---

① 罗伯特·谢弗（Robert Shaeffer, 1949— ），美国自由作家与怀疑论者，他的作品涵盖了基督教、女性主义、科学进化论与特创论等多项主题。——译注

事物。它嫉妒地看着那些位居上层并拥有权力的人。它想要拖垮这些人。但若要声称怨恨总是乃至始终是平庸者暗中打击出类拔萃者，失败者在成功者的道路上设置陷阱的手段，这就是完全不合情理的。尼采将正义与"回应性的情感"相分离，他对正义的辩护将正义作为一种罕见而又不同寻常的高贵情操。尼采同样清楚地表明，一种强烈的不公正感——它通过怨恨而得到表现——是我们大多数人的道德试金石。但当尼采拒斥对正义的滥用时，我们并不需要因此而产生分歧。在尼采看来，正义是捍卫一个人自身的利益的一种假象，无论它是以"权利"的名义还是以平等的名义，由此产生的后果是以"拉平"的效果加强了人们的平庸。被我们称为"正义"的东西在许多情况下是过于虚伪的。比如，在"正义"的名义下，我们采纳了一种平等主义的立场，但仅仅是单向度的。在法国大革命时期，法国的中产阶级只是抬头审视他们想要取代的贵族，但他们从未低头看处境远为恶劣的其余的"第三等级"。正义总是以自我与个人的激情为出发点，但它并不因此就必定是自私的。正义或许以怨恨为出发点，但怨恨并不必然就是小题大做的或对立于慷慨与怜悯的高贵感受。事实上，鉴于我们并不是尼采的那种极度沉溺于白日梦的**超人**，我们并非完全对我们的世界满足，我们也无法完全对我们的世界负责，因此，我们甚至难以想象没有怨恨的正义（以及就此而论的道德）会是什么。欧根·杜林是正确的：要在"回应性情感的领域"中寻找正义的故乡。[①]

[①] Nietzsche, *On the Genealogy of Morals*, II, §11.

第 5 章　尼采的肯定的伦理学

　　她自己告诉我，她没有什么道德——而我认为她有，就像我一样，她拥有一种比其他人更为严厉的道德。

　　　　　　　　　　——尼采,《论道德的谱系》

　　尼采有一个对着世界咆哮的疯狗形象——这个形象所包含的恶意，与许多研究尼采的学术论著并无不同，它对尼采所做出的解释，也并不比这些学术论著犯下的错误更多。事实上，这就是对尼采的传统描绘：一个没有完成的技艺精湛的非道德主义者，就个人而言，他是温柔的乃至羞怯的，但他主要是一个破坏者。当然，尼采也经常对他自己的破坏性做出诸多不成熟的评述——比如，在《瞧，这个人》中的"我就是炸药"这个说法。然而，这些评论不仅让人们对尼采的意图产生了错误的印象，而且让人们对由他的作品构成的那种在哲学上的正确意义产生了错误的印象。

　　尼采将他自己以及他的某些论著描述为"不合时宜的"，这或许是他对自己的书不仅卖不出去而且还引起了否定性的回应这个事实所做的合理化辩解。但尼采无疑是最具历史影响乃至最"合时宜的"作者之一。他相当于界定了 20 世纪的转向。很少有哲学家像他那样,把握住了正在显露的崭新感悟。但同样重要的是,他完美地达到了漫长的西方哲学传统的巅峰,这是一个被马丁·海德格尔确认的事实,但接下来,为了将这个事实符合于他自己的哲学偏见,海德格尔以怪异的方式扭曲了这个事实。这个事实也得到了阿拉斯戴尔·麦金泰尔的承认,在麦金泰尔看来,尼采终结了伦理学中的"启蒙规划方案",他标志着那种可以回溯到柏拉图与亚里士多德的伦理学传统的衰退。海德格尔与麦金泰尔两者都认为,尼采在一种颇为否定的意义上终结了西方的传统——在一种被**虚无主义**这个词所把握到的意义上。然而,我就此认为,尼采在一种颇为不同的"肯定的"意义上达到了这个传统的巅峰,他收复了西方伦理学中最优秀的东西(而并非偶然的是,尼采还让它更为接近于某些最显赫的东方伦理学传统)。

要谈论尼采的"肯定的"哲学,首先就要以尼采有时对**肯定生命**做出的近乎歇斯底里的强调为出发点。在拒斥了叔本华的悲观主义(它代表的是一种最为恶名昭彰的虚无主义)之后,尼采转而坚持认为,**生命不是没有意义的**。生命是美好的,即便它充斥着苦难。希腊人知道这一点。用尼采的话来说,这就是为什么"希腊人是如此美丽"的原因。就尼采用"肯定生命"来表达的真实意思以及他是否真正成功地采纳了这种态度而言,还存在着一些严肃的问题。必须要说的是,相较于他如此频繁地提出的"狄奥尼索斯"的形象,尼采并没有剪裁出一个非常有说服力的快乐人物。他的笑容通常就像是被强迫的,他的欢快通常就像是一个绝望者所能达至的极限。根据他最终发疯之前的所有证据来看,他甚至无法像查拉图斯特拉所提议的那样出色地舞蹈,而他的嬉戏似乎多半局限于学者的笑话。露·莎乐美在1882年曾经对尼采做出了这样的描述:

> 他笑得不响,说话声音不大,走路时小心翼翼,总在沉思……他喜欢那种文雅的社会交往……但他在这些社会交往中都倾向于掩饰……我还记得,当我第一次同他说话时,他那种形式上的客套让我震惊与迷惑。但这个孤独的人无法长久地迷惑我,他只是固定不变地戴着他的面具,就好像某个来自荒漠与山间的人穿上了世俗的外套。①

然而,如果由此就摒弃尼采肯定生命的真诚努力,将之仅仅作为反对叔本华的修辞或一个不幸者的绝望尝试,这种想法本身既是盲目的,又是残酷的。我认为,我们应当认真地对待尼采的肯定的哲学,在本章以及本书的剩余章节中,我试图要做的就是这件事。无论尼采是否让他自己相信了(一种超越于智识时尚的)生命价值,问题仍然是,我们能够从尼采的以下这个挑战中塑造出什么东西,即在看到了生命的所有不幸面貌的同时,仍然能够设法去**热爱**生命。与其将尼采的伦理学视为一种前后不一致的狂热与轻蔑的间断爆发,我

---

① Lou Salomé (1882), 转引自 Karl Jasper's *Nietzsche* (Tucson: University of Arizona Press, 1965), p. 37f. 与 R. C. Solomon, ed., *Nietzsche* (New York: Doubleday, 1963), 8。

们或许还不如将尼采的伦理学在很大程度上视为西方伦理学传统的一个组成部分,乃至将尼采视为一位严肃的伦理学的"理论家"。

在传统语境下的尼采:虚无主义所支持与反对的

> 虚无主义站在门口:这位在一切客人中最危险可怕的客人来自何方?
>
> ——尼采,《强力意志》

毫无疑问,我试图要理解的尼采的伦理学,恰恰**位于那个通常以令人误导的线性方式回溯至苏格拉底的哲学传统之中**。尼采作为首要破坏者与哲学反叛者的名声包裹住了尼采(这多半是由于他自己的要求),以至于让人们无法注意到他的道德哲学(我确实坚持要将之称为"道德哲学")的核心要点。但确定无疑的是,在尼采那里,他的伦理学绝非仅仅是虚无主义、争辩或嬉戏,它在很大程度上恰恰是"那个传统"的组成部分。尽管如此,随着康德的理性主义与穆勒的功利主义在伦理学中的觉醒,它是一种几乎被放弃的伦理学。它是另一种伦理学,不难理解,尼采无法为这种伦理学找到一个恰当的名称("主人道德"肯定是带有误导性的,"贵族道德"也好不了多少),而我在此将为尼采的这种伦理学做出辩护。①

将尼采作为一个"肯定的"哲学家这个想法，由于尼采的名字与虚无主义的普遍联系而受到了阻挠。**虚无主义**，暂且不论它的词源，并不简单地意味着"接受虚无"。就像大多数提升至孤立而又人为的抽象层面的哲学术语一样，这个术语实际上也是在特定的语境中与特定的视角下发挥它的作用的。它通常的功能是作为一种谴责，这多少有点滥用了这个术语。某些频现于报端的传统基督徒用这个术语来作为"世俗人道主义"的一个多少有些粗俗的同义词，他们（错误地）假定，一个不信奉上帝的人，就必定是一个同样不信奉基督教的价值的人。（这就是越来越疯狂的伊凡·卡拉马佐夫提出的那个歇斯底里的论证："假如不存在上帝，那么就没有什么事是不被许可的。"这个论证经常在此语境下被引用。）但请注意，我说的是"基督教的"价值，因为那些谴责者很有可能会承认（实际上他们坚称），虚无主义者确实有信奉的价

---

① 我在耶胡韦尔·约韦尔（Yahovel Yovel）于以色列的耶路撒冷举办的一次会议上作了题为"一种更为严厉的道德"的学术报告，我在这个学术报告中提出了本章的核心思想，这次报告首次发表于 *Journal of the British Society for Phenomenology* 16.3 (Oct. 1985)，接下来作为 "Une Morale plus severe: L'ethique affirmative de Nietzsche" 被收录于 *Nietzsche's Affirmative Philosophy* (Jerusalem: Hebrew University of Jerusalem, 1986), *Krisis*, ed. Alain de Benoise (Paris: CarriereMainguet, 1988) 与我的论著 *From Hegel to Existentialism* (New York: Oxford University Press, 1988)。这次报告的最终修订版本被收录于 Daniel W. Conway, *Critical Assessments: Friedrich Nietzsche* (New York: Routledge, 1998)。莱斯特·亨特（Lester Hunt）随后在 *Nietzsche and the Origins of Virtue* (London: Routledge, 1991) 中为一个相似的观点做出了辩护，正如托马斯·布罗布杰（Thomas Brobjer）在 *Nietzsche's Ethics of Character* (Uppsala, Sweden: Uppsala University Press, 1995) 中也做出了这样的辩护。

值，只不过是那种主观的、自私自利的与偏执的世俗价值。（伊凡的那个没用的兄弟德米特里也有他信奉的价值，即那种追求着**金钱**、**美酒**与**女人**的价值。尽管如此，一个优秀的基督徒会说，德米特里恰恰与他的兄弟伊凡一样，他们都是虚无主义者。）相似地，我的一个传统的犹太朋友将任何没有自觉的传统观念的人都称为"虚无主义者"，他假定，在别人的经验中肯定缺少他在自身中发现的那种如此必不可少的东西。马克思主义者用这个术语（有时和它在一起的还有"资产阶级的个人主义"，但并非总是这样）来控诉那些并不共享他们的阶级意识所宣扬的价值的人们。唯美主义者用这个术语来敲打那些庸俗的市侩，而我在学术上的同事则用这个术语来严厉斥责那些用"宽松的"标准过高评价自身的正常水平的人们。斯坦利·罗森[①]用整本书的篇幅来攻击虚无主义，但他甚至未曾明确地说出虚无主义究竟错在何处，除了虚无主义远远达不到他所追求的那种黑格尔式的绝对真理以外。[②]

这个术语本身导源于新近的时代，尼采在19世纪末捡起了这个术语。对虚无主义精神的经典描述来自伊凡·屠格涅夫，他是陀思妥耶夫斯基的同时代人，而且还一度是他的盟友。屠格涅夫在他的小说《父与子》中推广了"虚无主义者"这个术语。在这部小说中，年轻的阿尔卡迪将他的朋友巴扎

[①] 斯坦利·罗森（Stanley Rosen, 1929—2014），波士顿大学哲学荣休教授，他撰写的著作有《启蒙的面具：尼采的查拉图斯特拉》（1995）、《作为政治学的诠释学》（1987）与《虚无主义》（1967）等。——译注

[②] 参见 Stanley Rosen, *Nihilism* (New Haven, CT: Yale University Press, 1969) 与他的 *G. W. F. Hegel: An Introduction to His Science of Wisdom* (New Haven, CT: Yale University Press, 1974)。

洛夫描述为一个"虚无主义者",因为巴扎洛夫在任何权威面前都不弯腰致敬,他在信仰上并不采纳任何原则,无论铭刻在那种原则之中的东西有多么令人肃然起敬。按照这种情况来看,该特征描绘把握的是从笛卡尔到康德的整个启蒙精神。我们可以将之理解为健全的怀疑论的一个陈述。尽管如此,当这部小说在俄国发表时,它引起了一片狂怒,屠格涅夫被迫逃离俄国。因此,在尼采捡起这个术语的时候,它就已经拥有了一个充满争议的过去。

然而,不同于笛卡尔或康德,尼采在他对价值的探求中既不会转向上帝,也不会转向理性,因此,他对"权威"的拒斥远比他们激进。但虚无主义并不仅仅是一种怀疑论的哲学。随着这个术语的形成并得到人们的广泛运用,虚无主义已经成为一种文化的体验,一种深深的失望感,它既存在于某些无法用哲学来为道德原则辩护的伦理学家之中,又存在于某种人生的结构之中,半个世纪之后,加缪在他的《西绪弗斯的神话》中以同情的方式描述了这种"在我们时代中的普遍感受"。尼采不断提醒我们,虚无主义同样是一种有待占据的立场与一种有待描述的现象。查拉图斯特拉在他的某个最为好斗的时刻里,曾经极力主张我们应当"推倒那些摇摇欲坠的东西",而在尼采的笔记中,尼采极力主张要推进"一种完备的虚无主义",并以此取代我们如今生活于其中的那种不完备的虚无主义。① 在此,我们再次注意到尼采的自觉的"适时性",以及他对伦理学中那种致力于完备性(虽然是反常的

---

① Nietzsche, *The Will to Power*, §28.

完备性）的传统的信奉。而叔本华将他自己暗淡的视线投向这个世界时，根本就没有对这个世界做出这样的描述。

但假如尼采在伦理学中确实让我们意识到了某些东西，那么，我们意识到的就是视角的重要性以及在语境下审视一切概念和价值的必要性。（这是先前所有的章节关注的东西。）因此，令人惊奇的是，尼采自己的哲学中有许多关键的概念被他如此惯常地鼓吹到了绝对的地位，即非视角性的地位，这些概念在独立于语境乃至缺乏语境的情况下也是有效的。特别是虚无主义，它通常是在特定语境下做出的谴责，它预设了某种视角。在所有的语境之外，它就什么都不是（当然，这导向了某种古怪离奇而又装腔作势的巴门尼德式的文字游戏）。但正如莫里斯·布朗肖[①]写道，虚无主义是特定社会的一种特定成就。[②] 虚无主义变成了一种关于世界的假说，但由此付出的代价是，人们错过了在尼采那里最紧迫，也是最有助于消除假象的东西，即尼采对那种自命不凡地根据我们自身有限的与受限的道德经验来对这个世界"本身"做出的先验理解的攻击。对尼采来说，虚无主义是一种具体的文化现象，而不是一个抽象的形而上学假说。

在由尼采累积的笔记构成的伪作《强力意志》中，有许多内容暗示了他所描述的虚无主义的范围与本质。但在此最

---

① 莫里斯·布朗肖（Maurice Blanchot, 1907—2003），法国著名作家、思想家，布朗肖一生行事低调，但他的作品和思想影响了整个法国当代思想界，对乔治·巴塔耶、列维纳斯、萨特、福柯、罗兰·巴特、德里达等法国哲学家影响深远。——译注

② Maurice Blanchot, "The Limits of Experience: Nihilism", 再版于 David Allison, *The New Nietzsche: Contemporary Styles of Interpretation* (New York: Dell, 1977), 121–128.

为重要的观点或许是：在绝大多数情况下，尼采将虚无主义描述为一种具体的文化现象，而没有**认可**它是一种哲学。因此，我想要排除虚无主义在上文中的用法（"推倒那些摇摇欲坠的东西"并推进"一种完备的虚无主义"的强烈主张），并将之作为尼采的夸大其词，因为正如他的文本所清楚表明的，尼采的目的是**克服**虚无主义，而不是推进虚无主义。虚无主义处于一个特定的背景之中，即19世纪末的欧洲。因此，当尼采宣称，"虚无主义站在门口"（无疑，尼采从马克思与恩格斯在1848年出版的《共产党宣言》的那个壮观开篇中得到了启发）时，他就已经非常清楚地表明，虚无主义是一种在当时当地发生的现象，那扇门就是**我们的**门。因此，当尼采将虚无主义界定为"对价值、意义与追求的彻底废黜"时，他继续清楚地表明，虚无主义在很大程度上是一个对同时代（科学、政治学、经济学、编史学，特别是文艺与浪漫主义）的诠释问题，它"扎根于"基督教对世界的道德诠释。当尼采将虚无主义再次界定为"最高价值的自行贬黜。没有目标；没有对'为何之故'的回答"时，他相当接近于加缪在六十多年后所描述的"荒谬"这个抽象的概念，但就像加缪一样，尼采应当被理解为是在描述一种"普遍的感受"，而不是一种形而上学的真理。当尼采进而将"**彻底的**虚无主义"界定为"对存在的绝对缺乏可靠性的确信"时，他极其清楚地表明，虚无主义并不是他支持的立场，但虚无主义本身是"培养'真诚'的后果——因此，它本身是信仰道德的后果"。①

---

① *The Will to Power*, I, 1, 2. 但此后他马上坚持认为，"道德是虚无主义的伟大**解毒剂**"（I, 4）。在我看来，这表明，依赖于尼采的这些笔记，并不足以产生任何融贯的观点。

第 5 章 尼采的肯定的伦理学

按照哲学的方式来理解,尼采的虚无主义代表的是一种在传统伦理学语境之中的谴责。它指的是在"道德的观点"中的一种不幸的或至少是恶劣的空洞性,通过追问为什么道德哲学家变成了一种不得不以如此古怪的方式交谈的人,我们或许就能预料到这一点。事实上,构成伦理学的整个历史的重要组成部分的恰恰是,"大写的道德"断然不仅仅是"一个视点";它是必要与强制的。这种说法已经泄露了一个严重的妥协;"视角主义"与"大写的道德"是交战的敌人,而不是互补性的论题。如果"大写的道德"被迫隐藏于多元主义的粉饰背后,那么,它又怎么能找到那些支持它自身的必然性的"理由"呢?正如阿拉斯戴尔·麦金泰尔所认为的,在当代伦理学中有许多人恰恰站在了由尼采所点亮的道路之上,这种立场颇为对立于由康德与犹太教—基督教的道德传统所倡导的那种"绝对的"伦理规范。

在他的《追寻美德》中,麦金泰尔同时攻击了尼采与虚无主义,他将之作为我们普遍衰败的症候("颓废"这个词或许过于流行,因此,若用它来描述我们在道德上的恶劣,那就太武断了)。[①] 但在这么做的过程中,他同样为尼采的论题给出了一个极好的当代形式;道德是未完成的、虚伪的、空洞的赝品,哲学家忙碌地捏造各种"理由"并胡乱修补那些宏大的原则,而这仅仅是为了说服他们自身相信,在传统道德那里或许仍然存在着某些东西。被哲学家以防御性的方式称为"道德的观点"的东西,是一种掩饰性的让步。它仅仅是

---

① Alasdair MacIntyre, *After Virtue* (Notre Dame, IN: University of Notre Dame Press, 1981).

为了掩盖哲学家提供的那些道德偏见的空虚。道德不再是一种"美德的列表",而是一块白板,我们虽然坚持了道德的必要性,但我们由此获得的回报欠佳。不过,我要说的是,麦金泰尔在以下这方面犯了错:他将尼采放到了这个问题的错误那一方,即启蒙运动的那一方(他将尼采作为启蒙运动的最终崩溃的始作俑者),而不是将尼采放到了那种可提供替代方案的传统那一方。尼采并不是一个虚无主义者,正如他自己所宣称的,他是虚无主义的解答者。但是,要理解这一点,就需要理解尼采(就像麦金泰尔那样)如何以重要的方式改变了伦理学的那一个本质。

尼采、康德与亚里士多德

> 亚里士多德对当代哲学家是重要的,这首先恰恰是因为他并没有共享我们在道德理论中的当下关切。
>
> ——特伦斯·欧文[①],
> 为亚里士多德的《尼各马可伦理学》撰写的序言

在我看来,若认为亚里士多德与康德从事的是"提出并推进一种道德理论"这个相同的智识工作,这始终是有悖常情的。毫无疑问,他们都是道德主义者;也就是说,他们都拥有被尼采发现的隐藏于一切哲学理论之下的"道德偏见"。

---
① 特伦斯·欧文(Terence Irwin,1947—),牛津大学哲学史教授,专门致力于古希腊哲学与伦理学史方面的研究。——译注

当然，这并不会让他们感到困扰（可能除了"偏见"这个词以外）。他们两者还是保守分子（尼采首先就会这么认为），他们都试图支撑起一种伦理道德，但这种伦理道德的精神气质——即一种已经得到确立的生活方式——已经崩溃。为了做到这一点，这两位伦理学家都求助于一种关于理性与合理性的高于一切的目的（即便谈不上是绝对的目的），而尼采在《偶像的黄昏》中通过对比苏格拉底，巧妙地展示了理性与合理性的这种可疑地位。[①] 在他们时代的虚无主义者面前，这两位哲学家还将他们自己视为"文明的美德"的捍卫者，尽管亚里士多德展示了他与普罗泰戈拉的丰富而又密切的关系，康德则毫不犹豫地支持过罗伯斯庇尔。但无论如何，在这两位伟大的思想家之间存在着一个深刻的差异。不过，为了支持那种据说起始于苏格拉底的线性发展的传统，人们轻易就会迷失于这种需求之中，以至于忽略了那些甚至在苏格拉底自身中也可发现的辩证冲突。亚里士多德与康德代表的不仅是两种对立的伦理理论（它们分别是"目的论的"伦理理论与"道义论的"伦理理论），这两种伦理理论可以通过理性的**目的**实现综合。他们还代表了两种对立的生活方式。

亚里士多德或许与荷马所描述的那个希腊相距甚远，但亚里士多德的那种伦理学仍然在很大程度上与荷马式的战士传统有关。亚里士多德在卓越品质的列表中首先提到的仍然是勇敢的美德，自豪仍然是一种美德，而不是一种罪恶。它是少数人特别享有的道德伦理，尽管亚里士多德并不像尼采

[①] Nietzsche, *Twilight of the Idols*, in Kaufmann, *The Portable Nietzsche*, 473–479 and 479–484.

那样，他并不需要在序言中宣扬这一点。但最为重要的是，它是一种并非主要关注规则与原则的伦理学，更不用说是那种普遍的规则与原则了（如绝对律令）。事实上，亚里士多德在《尼各马可伦理学》的第 6 卷中对所谓的实践推理做出了颇具先驱性的讨论，其中存在着某种东西，它虽然类似于在形式上的普遍原则（它在伦理道德上产生的激励作用就像"吃瘦肉有益健康"一样），但它是相当有节制的——这种原则几乎谈不上是亚里士多德伦理学的基石，正如某些学者已经努力证明的。[1] 亚里士多德的伦理学并不是一种与原则、律令或其他类似的东西有关的伦理学。它是一种实践的伦理学，是对真正的精神气质的描述，而不是要定义精神气质或创造精神气质的抽象尝试。就其本质而言，精神气质受限于文化；由于康德伦理学的纯粹理性的本质（这种本质给它本身带来了大量的风险），它看起来就没有受限于文化。当然，任何哲学家都能表明，实践实际上是一种受规则支配的活动，他们进而还能阐述、考察与批评这些规则。[2] 实际上，人们甚至有可能表明，孩子们玩弄他们的食物也遵循着特定的规则，但

---

[1] 比如，参见 G. E. M. Anscombe in *Intention* (Oxford: Oxford University Press, 1957), 尤其是第 58–66 页，而约翰·库珀（John Cooper）在他的 *Reason and Human Good in Aristotle* (Indianapolis, IN: Hackett, 1986) 中对此做出了反驳。最近以来，特伦斯·欧文、朱莉娅·安娜斯（Julia Annas）与罗莎琳德·赫斯特豪斯（Rosalind Hursthouse）继续就此展开了争辩。

[2] 比如，参见 William Frankena, *Ethics*, 2d ed. (Englewood Cliffs, NJ: Prentice-Hall, 1973), 62–67。但就那种从不善表达的实践中制定规则的实际天赋而言，通俗哲学家杰瑞·宋飞（Jerry Seinfeld，美国著名喜剧演员，其代表作品《宋飞正传》风靡美国 9 年——译注）就是其典型，他与他的朋友们喜欢对那些在绝大多数情况下不需要解释的东西做出解释。事实是，恰恰是这种幽默对这项哲学事业的本质暗示出了某些东西。

这么做即便没有误解这些孩子的活动，也对他们的活动做出了错误的描述。① 而对实践伦理学来说，关键的并不是规则的缺席，而是卓越或美德（arete）的概念的至高无上的重要性。亚里士多德所描述的是一位理想的公民，一个出类拔萃的个体，他在研究伦理学并学会阐述任何原则之前，就已经对自身感到自豪，对他的家庭与共同体感到骄傲了。他被朋友所环绕；他是力量的典范，但这并非仅仅是身体上的技艺高超，因为身体上的高超技艺对阿喀琉斯格外重要，而阿喀琉斯在其他的美德上却远非理想。在尼采对荷马的幻想中，这样的个体或许已经有点过于"文明"了，但他代表的是一种明显有别于康德在两千年之后描述的道德类型。他的伦理学就是他的美德；他的卓越就是他的骄傲。

另一方面，康德是在一种极其不同的传统之中的杰出的道德主义者。战士并没有扮演任何榜样的作用，也没有为我们提供任何理想；亚里士多德简单地预设了个人才华与"健全成长"的幸运，但康德从第一页开始就将这些东西排除出道德的领域。② 康德的伦理学是绝对律令的伦理学，普遍理性原则的伦理学，驯服美德的伦理学，而不是培养美德的伦理学。这种伦理学对差异轻描淡写，它的出发点是假定我们都拥有"人性"这个共同的范畴，都拥有理性这个共同的道德官能。一个好人就是一个抵制了他的"偏好"的人，他不仅

---

① 令人欣喜的是，麦金泰尔在《追寻美德》中用这个例证对诸多实践的描述性报道与规范性法则做了比较。
② Immanuel Kant, *Grounding for the Metaphysics of Morals* (Indianapolis, IN: Hackett, 1983), 7.

为了义务而行动,而且只为了义务而行动。这个极端的标准用一些有趣的方式得到了描述:比如,康德暗示,"一个人应当培养自己的才华"这个法则本身就是绝对律令的一个例证,因为一个人有特定的义务来追寻自身的幸福,只有这样做,他才倾向于比其他人更好地实现自身的义务。① 但对康德来说,合理性意味着规则("道德律"),伦理学首先是一门先验的学科,它并不受语境或文化的约束。("没有什么比从例证中推导出道德更有害了。"②)

我要论证的观点在此应当已经显而易见(至少有一部分已经显而易见)。尼采可能谈到了"创造新价值",但正如他自己经常说的,这意味着回到一组遭到忽视的古老价值上——即尼采最为关注的那种主人道德所蕴含的价值。就此存在着一些复杂的难题。我们拥有的并不是伊利亚特式的精神气质,我们甚至不具备荷马或亚里士多德的那种更为驯顺的**精神气质**,就此而言,康德在哥尼斯堡的自鸣得意的小市民也不具备这样的精神气质,但他们具有一套特定的实践,在这些实践中,绝对律令这个概念本身貌似是合理的。换而言之,假如我们在其中"创造"新美德的那个语境本身并不具备什么美德,那些新美德就是一种脱离实践的美德,它们并不会比一种脱离语言的文字或一种脱离语境的姿态更有价值。也就是说,当尼采坚持要"创造新价值"时,他是在一种绝望的情况下敦促我们的。尼采所拒斥的是抽象的律则伦理学的平

---

① Kant, *Grounding for the Metaphysics of Morals*, 12.

② Kant, *Grounding for the Metaphysics of Morals*, 20.

庸与乏味，但他无法依靠任何实践来发展他重建的美德伦理学，除了19世纪德国浪漫派的那种时而狂妄时而荒谬的自命不凡以外。即便当尼采将德国浪漫派作为他唯一可资利用的语境时，他仍然对之有所指责。① 这并不是一个微不足道的看法：尼采远远不像他对自身必然抱有的想法那样，他既没有那么孤立，也没有那么独一无二。狄奥尼索斯，就像"十字架上的"耶稣一样，他们只有在某个语境下才是一种理想的典范。虽然在**尼采事件**（*der Fall Nietzsche*）中，它的语境似乎主要是通过拒斥来得到界定的。

尼采的虚无主义反对的是一种相当特殊的道德观，这种道德的概念在现代的康德伦理学中得到了概述。完全可以预料的是，犹太教与基督教所倡导的许多道德——或那些通常被称为"犹太教—基督教道德"的东西——都共享了这种道德观。它针对的也是大多数人，而不仅仅是少数人。它将所有的灵魂都视为相同的，而不管这么做是否合理。它执着于抽象概念，无论是作为"黄金律"的绝对律令，还是被称为

---

① 比如，"起初，我充满希望地……接近现代世界……我……将19世纪在哲学上的悲观主义理解为一种征兆，它似乎在象征一种更伟大的思想力、一种更大胆的勇气与一种充斥着更多胜利的生活……什么是浪漫主义？每一种艺术与每一种哲学也许都可以被视为治疗手段与辅助手段，它们服务的是一种不断成长与不断斗争的人生，而受苦者也分为两种：一种是因为生活的过度丰裕而痛苦……另一种是因为生活的贫困而痛苦……受苦者的这两种需要适合一切浪漫主义……这种追求永恒的意志，也需要有两种解释。首先，它可能来自感激与爱……但它同样有可能是严重病患者、斗争者与受折磨者的专断意志。"（尼采，《快乐的科学》，370）试比较诺瓦利斯："这个世界必定会变得更加浪漫。接下来我们将再次发现它原初的意义。为了让某物变得浪漫……低级的自我就要被认同于高级的自我。" Friedrich von Hardenberg, *The Romantic Reader, Fragments*, trans. H. E. Hugo (New York: Viking, 1974), p. 51.

阿加佩的博爱。这些抽象概念适用于每一个人，因此也就不适用于任何特定的人。黑格尔在一篇早期的论文中让耶稣在山上的布道①直接取自《实践理性批判》②，他这么做并没有什么大错。康德自豪地将他的道德哲学视为基督教伦理学的核心，他将爱的戒律与追求幸福的愿望恰恰理解为绝对律令的体现，实践理性的功能，而不是个人美德与生命旺盛的表现，他这么做也并没有在欺骗自己。③

亚里士多德与阿喀琉斯对抗康德与基督教。这种说法并非完美地符合实际情况，但相较于不自量力的"重估一切价值"与自以为是的"狄奥尼索斯对抗十字架上的耶稣"，它让我们能够更好地解释尼采的目的与尼采的问题。另一方面，康德与尼采也并非完全对立。正是康德在哲学上确立了尼采的那些回应所需要的条件，康德不仅以如此清晰的方式整理了那些被尼采攻击的核心论题，而且在概念上动摇了对道德的传统支持。启蒙运动对权威（"霸权"）的攻击与康德对"自主"的强调是尼采的道德行动的必要前提条件，无论后者有多么频繁地提出，他自己所提供的道德观优于（而不是预设了）康德的道德行动。当然，正是康德如此强调意志的重要性，（若用温和的话来说）叔本华进一步将之戏剧化，而尼采仍然只是理所当然地借助意志的初始特征来攻击叔本华的意志

---

① 即耶稣的登山宝训（The Sermon on the Mount），该典故出自《马太福音》第五章到第七章，指的是耶稣基督在山上所传讲的神道，为基督徒的言行提供了重要的准则。——译注

② G. W. F. Hegel, "The Life of Jesus", trans. Peter Fuss (Notre Dame, IN: University of Notre Dame Press, 1984).

③ Kant, *Grounding for the Metaphysics of Morals*, 12.

概念。(在这方面,尼采对"意志",特别是对"自由意志"的攻击,尤其值得注意。"品性"和"强力意志"并不与"意志力"相等同。)正是康德拒绝通过求助于宗教来支持道德——相反,康德论证了一种颠倒了的依赖关系——尽管"上帝已死"这个如今已经令人生厌的尼采假设主要针对的可能就是这种传统的观点,但尼采的大量道德论证预设了康德所做出的这个颠覆——宗教作为道德见解的理性化,而不是道德见解的先决条件。

道德的意义

> 道德中的每种自然主义——即每种健康的道德——都受生命的一种本能支配。相反,反对自然的道德——即几乎每种迄今为止被教导、被推崇与被鼓吹的道德——恰恰反对生命的本能。
>
> ——尼采,"作为反自然的道德",《偶像的黄昏》

哲学家总是受到诱惑来假定,"大写的道德"指的是单一的现象、单一的能力或特定社会(即便不是所有社会)的单一特征,就此而言的最佳例证或许仍然是康德。根据这种僵化的立场,道德理论与某些特定的法则有可能变化,但"大写的道德"则是一组单一的基本道德律,所有的道德理论都必须将之接受为一种给定的道德律。康德在他的第二批判与《道德的形而上学基础》的开头坦率地陈述了这一点。① 人们可能会合理地推测，每一个社会都有几组"格外有效的"法则与规定，它们禁止某种特定的行为，并被那个社会的人们视为绝对的"律令"。但（正如亚里士多德有时对"幸福"所喜欢采纳的论证那样）由此并不能推导出，存在着某种单一的法则与规定，它们对每一个人都"格外有效"。哲学家则会进而论证，在各种各样的法则（"功利原则"或某个权威的原则）的背后，存在的是单一的理性或实践理性的某种单一的逻辑形式。

某些哲学家还会挑战这种原则的所谓的普遍性与无私利性，但是，以下这个想法仍然是一种颇具诱惑力的可能性："大写的道德"的内容即便不是在任何地方都一样，但是，它的形式（或至少是它的意图）在任何地方最终都一样。这个想法满足了我们对简单性与统一性的热切追求，它一下子就解答了与伦理相对主义有关的那个令人不快的问题。假若事实上并没有什么伦理的多元主义，那么，"道德伦理的不同准则以不可通约的方式有所不同"这个仓促的结论就几乎不会紧紧地抓住我们。事实上，即便是尼采，他在后期论著中也被这种单一而又僵化的形象所诱惑；他对"悬挂于所有人之上的美德列表"的多元主义见解，就是根据他的那个精力充沛的熟悉理由来做出解释的："它就是他们的强力意志的表现！"在尼采反复发起的"反对道德的运动"中，他也让"大写的道德"看起来极其类似于一个单一而又庞大的体系，而不是一组复杂的现象，这些现象之间的差异或许就像它们之

---

① Kant, *Grounding for the Metaphysics of Morals*, and the second *Critique*, trans. L. W. Beck (Indianapolis, IN: Bobbs-Merrill, 1956).

间的相似之处一样显著。

什么是"大写的道德"？它或许远比其他的任何问题更为有力地引导着尼采的伦理学，但它也混淆了尼采给出的解答。尼采在拒斥那个相当特别的犹太教—基督教—康德式的大写道德观的过程中，他的话语过于频繁地让人觉得他要拒斥的是**所有的**道德。但尼采经常谈论的是**多元的道德**，因此他的观点应当被描述为对某个特定的道德观的拒斥，而不是对**所有的**道德或道德本身的拒斥。不过，吸引尼采的恰恰是这种特殊化的道德观，或者让我们用"大写的道德"（*Moralität*）这个康德式的名字来称呼它：诸多道德规范或道德准则怎么会被还原为"大写的道德"？或者奴隶道德（一种对道德的特定歪曲）怎么会变成仅存的一种"大写的道德"？同样，（多元的）美德又怎么会共同融入一种无定形的大写的美德之中？

道德准则有许多意义，这就正如道德规范有许多模式与概念一样。尼采所专注的**道德准则**的一种意义（它也是我将在此采用的意义）是以下这个由康德提供的定义：实践理性的一组普遍而又绝对的原则。另一方面，**道德规范**是一个远没有那么精确的术语，我对这个术语的用法非常类似于休谟在他的《道德原则研究》中的用法：道德规范是那些普通的习俗与可接受的行为方式，它们在某个特定的文化中一般是令人赞同的，一个好人就具备这样的特征——这种用法以相当开放的态度来对待这个并非与概念有关的非常重要的问题：（在什么背景下）具备什么样的特征才算得上是一个好人？我将伦理学最终理解为一个全面的竞技场，道德准则、道德规范以及其他与美好生活以及如何度过美好生活有关的问题都位于这个竞技场之上。披着康德外衣的道德准则对伦理学并不是必不可少的，无论康德主义者多么努力地主张他们对这些概念的支配权。人们或许可以通过提出如下问题来表述尼采的关切：伦理学的宽泛主题怎么会如此轻易地被转化为"大写的道德"的哲学，也就是说，以康德的方式对"大写的道德"做出的哲学分析，而不是以休谟的方式对诸多美德做出的多少有点异教徒式的赞颂。（我并没有暗示，尼采会对休谟这个愉快的苏格兰人感到非常舒畅，无论他们在哲学上的紧密关系有多么令人印象深刻。）

根据自康德以来的道德哲学家，与伦理学有关的问题是对道德原则的**辩护**，而对这种辩护的探求则伴随着对单一的最终原则（即**至善**，summum bonum）的寻求，通过这种最终的原则，所有的分歧与冲突都能得到解决。"什么是道德？"这个问题通常在开头几段或开头几页中就能得到解决；但对"为什么要有道德？"这个在辩护上更为麻烦的挑战寻求恰当的解答，成为伦理学这项工作的主要命令，这种解答经常会填满整本书。尽管如此，这种问题并非全部都是重要的。"但人们没有理由担忧，"尼采向我们保证，"在今日仍然存在的事物，其存在方式一如既往：我在欧洲没有看到任何人具备这样的意识（更不用说提升这样的意识），即对道德的思考有可能变成危险的、强词夺理的、蛊惑人心的东西——它有可能牵扯到某种灾难。"① 由此我们会发现，一种几乎完全是道德

---

① Nietzsche, *Beyond Good and Evil*, §228.

怀疑论（虚无主义？）的观点，如今在牛津与耶鲁这样的道德标准中心得到了人们的捍卫，这种观点只是被冠之以"规约主义"与"情感主义"这样不带有挑衅性的名称而已。但是，无论我们对之做出了什么样的分析，这些人仍然信守了他们的承诺，他们将自身局限于分内之事。对辩护的探求，并不是对单一而又庞大的体系的挑战；它只是一种训练。

事实上，成问题的恰恰是"大写的道德"现象本身。在尼采提出他对康德的挑战之前的半个多世纪，一位与后康德主义者更为投合的哲学家黑格尔，就攻击了康德的"道德准则"观，而他所依靠的根据或许会与尼采相一致，假若尼采对德国**精神**能更多一点接受的态度。黑格尔同样将康德的道德准则观视为一种单一而又庞大的体系，但他还看到，在这种道德准则周围还环绕着那些或许也可称为"道德规范"的其他概念，而从人类发展的目标来看，后者不仅更为重要，而且更为"初始"。它们中的一个概念就是**伦理**，或与习俗（*Sitten*）有关的道德准则。[1] 它就是先前被我们称为"实践的道德"的东西，它对立于原则的道德。黑格尔提出的并非仅仅是一种诠释与捍卫道德律的不同途径（尽管这也蕴含着这样的内容）；他捍卫的是根本不依赖于法则的道德规范观——其中，辩护的活动其实已经成为某种与哲学没有什么关系的东西。捍卫道德律的需要，就已经泄露了这些道德律本身的空洞、缺乏说服力、缺乏支持。自此之后，人们总是

---

[1] Hegel, *System der Sittlichkeit* (1802) and *The Phenomenology of Spirit*, trans. A. V. Miller (New York: Oxford University Press, 1977), Part C (AA), Chapter 6 ("Spirit"), esp. §439–450.

错误地认为，黑格尔对基本的伦理问题缺乏关切，这导致了某些著名的道德评论家（如波普尔与沃尔什①）谴责黑格尔在总体上没有道德观念②，他即便没有公然欢迎威权主义，也容易导向威权主义。按照这些人的观点，如果拒斥康德的道德观，如果拒绝沉溺于这种学术上的辩护游戏，似乎就相当于既在实践上又在理论上完全抛弃了伦理学。

当然，这也是人们倾向于对尼采做出的解读，按照这种解读，尼采拒斥了康德与犹太教—基督教的传统，因此，尼采就是一个不讲道德的虚无主义者，他完全抛弃了伦理学。但"大写的道德"并不是伦理学的全部，人们不仅可以将"大写的道德"视为一种对伦理学的歪曲，而且还可以将"大写的道德"视为某种反对伦理学的东西，尤其是假如人们不仅像亚里士多德与尼采那样，而且像约翰·斯图亚特·穆勒与功利主义者那样，坚持主张伦理学中的**自然主义**与伦理学中的**美好生活**这个概念的优先性。这并不是在断言，"大写的道德"对立于美好的生活（尽管尼采有时持有这种强硬的观点），而是说，"大写的道德"最起码要在得到辩护的范围内，才能导向美好的生活。尼采反对道德的一个最为常见的理由恰恰就在于这一点，即道德是"反自然的"，它与人类对美好生活的自然追求（无论是穆勒那里的"对快乐的追求"，还是亚里士多德那里的"出类拔萃"）背道而驰。尼采显然站在亚

---

① W. H. 沃尔什（William H.Walsh, 1913—1986），英国哲学家，爱丁堡大学逻辑学与形而上学教授，退休后任牛津默顿学院荣誉研究员。——译注

② Karl Popper, *The Open Society and Its Enemies* (London: Routledge and Kegan Paul, 1954); W. H. Walsh, *Hegel's Ethics* (New York: St. Martin's, 1969).

里士多德这一边，但在此的关键是，为了追求美好的生活而拒斥"大写的道德"，这绝不意味着放弃伦理学。

如果我们要理解尼采对"大写的道德"的攻击，我们就必须领会"大写的道德"这个有限的概念，它倒在了尼采探听底细的锤子下面。通过理解伦理学（即对美好生活的追求，通过某条最好的可能途径或某些最好的可能途径而实现的**最佳**生活）在尼采思想中的全部重要性，我们就能领会尼采道德思想的"肯定的"那一面，我们就能领会尼采在何种意义上将他自己视为拥有"一种比任何人都更为严厉的道德"。尼采自己的语言根本就没有将这一点表述清楚。在《超善恶》中，尼采夸口说，"我们这些非道德主义者！……我们已经卷入了一个艰难的线团，我们已经穿上了义务的紧身衣，因而**无法**摆脱义务——在这个意义上，我们也是义务之人……蠢货与表象说着那些反对我们的话，'这些人是无义务之人'。我们面前总是有一些蠢货与表象在反对我们。"[①] 但若将尼采描述为一个真正的"非道德主义者"与一个"大写的道德"的纯粹破坏者，这就是以一种糟糕的方式来解读尼采，并混淆了康德的"义务"概念（它被整个束缚于康德的普遍主义的理性体系）与那种从人们在生活中的角色与选择中形成的更加宽泛的义务概念，这种做法混淆的是某些极其不同（仅在字面上相似）的概念。简言之，若有人认为尼采是一个反对伦理学的人，这个人就是一个"蠢货"。

对尼采（或黑格尔与亚里士多德）来说，道德并不是由

---

① Nietzsche, *Beyond Good and Evil*, §226.

原则构成的，而是由实践构成的。在道德上具有重要意义的恰恰是行动，而不是意志；是品性的表现，而不是实践理性的展示。实践具备的是一种地方性的重要意义：它需要——并确立了——一个语境，它并不是一个有关普遍法则的问题，事实上，人们有时会认为，普遍性表明了某些并不是实践的东西。(比如，社会生物学家已经提出论证，乱伦与其他某些性偏好并不是性爱的实践，因为根据社会生物学家所谓的普遍性，无法表明它们是经由基因遗传而获得的特征。)① 当然，某些实践奠基于原则，但不是所有的实践都奠基于原则；原则有助于界定实践，尽管人们很少能仅靠原则来界定实践。当然，黑格尔与亚里士多德强调的是集体的社会实践，其中的法则或许相当显而易见。尼采特别感兴趣的是社会实践的"谱系"，在这种社会实践中，原则不仅发挥了核心的作用，而且还扮演了不怎么光明正大的角色，但是，尼采过于仓促地得出了这样的结论，即存在着两种"道德类型"，他将它们分别定名为"奴隶"("群畜")道德与"主人"道德。事实上，只要一个人愿意，他就能分辨出任意数量的道德"类型"，而将在历史学与人类学中所有相对缺少法律约束的社会定名为"主人道德"，这不仅在哲学上造成混乱，而且尤其有悖于历史。我们需要补充的仅仅是，对尼采来说，主人的品性与控制力根本就不需要展示，它指的是一个人自己的丰富经验的"内在"完整性。

那个关于"大写的道德"的单一形象脱离了特定的人与

---

① 比如，爱德华·O. 威尔逊在他的《社会生物学》(Cambridge: Harvard University Press, 1978) 臭名昭著的第 27 章中摆弄了这个论证。

特定的实践,从而产生了一个灾难性的选言命题:或者是"大写的道德",或者就什么也不是。如果尼采看起来经常一无所获,经常以模糊不清的方式来呼吁人们"创造新价值",那是因为尼采发现自己在拒斥诸多原则的同时,没有可以依靠的一套实践。要是尼采就像他的前辈费希特那样,生活于类似法国大革命这样的世界之中,他就会说:"这里恰恰是我们能够证明自身的地方!"然而,尼采发现他自己生活在19世纪的民主社会主义的一个几乎没有什么英雄气概的世界之中,他自己则过着从阿尔卑斯山区的一个城镇旅行到另一个城镇的孤独生活。在缺少英雄实践的情况下,尼采赞颂了"生命",并将他应对个人苦难的举措转化成了一种英雄性的活动。在缺少那种尼采在其中可对他人发挥有益作用的共同体的情况下,尼采经常最终导向对一种肯定自我的粗略概念的辩护,并将之作为"强力意志"推广到所有的自然之上,这就让人们对尼采伦理学的流行观点沦为一种由好斗的陈词滥调与精力旺盛的自我放纵构成的混合物。(在此若再次提及利奥波德与洛布,这是否不太公平?他们根本就不是通晓尼采的学生。)相应地,我们在表面上发现的东西根本就不是一种"肯定的"哲学。武断与好斗并不是"肯定的"。为了**生命**而拒斥"大写的道德",这仍然不是一种肯定的哲学。

但是,道德并不是"大写的道德",一旦人们对"大写的道德"做出了探究并发现它有所欠缺,那么,由此剩下的就是各种**精神气质**。进而,道德哲学主要并不是对辩护的探求(它甚至在次要的意义上也不是对辩护的探求)。相反,在表面上需要辩护,这本身就暗示了某种缺乏说服力的东西,因而就暗示了伦理学中的欠缺之处。比如，亚里士多德就不曾试图去为他的伦理学做出"辩护"。他简单地假定，任何得到了良好的教育并享受了雅典社会的巨大恩惠的人们，都毫无疑问地会接受他描述的东西——也就是说，不会提出"我为什么应当有道德？"这样的挑衅性问题。一种恰当的伦理学，即得到恰当描述与恰当呈现的伦理学，它不需要任何辩护。尼采对大写道德的拒斥，其实颇为类似于亚里士多德在伦理学中的追求。

美德伦理学：尼采与亚里士多德

尼采还是亚里士多德？

——麦金泰尔，《追寻美德》

在《追寻美德》中，阿拉斯戴尔·麦金泰尔给了我们一个**非此即彼**（enten-eller）的选择：尼采还是亚里士多德？[①] 他明确地警告我们，并不存在第三个替代者。麦金泰尔将尼采的哲学视为纯粹破坏性的，尽管事实上他也称赞了这个首要的破坏者，因为尼采洞察到自启蒙运动以来逐渐显著的道德崩溃。麦金泰尔选择了亚里士多德来作为正面的替代者。亚里士多德具备一种精神气质，尼采却没有为我们留下任何东西。尽管如此，尼采却位于整个传统的顶峰之上——我们

---

① MacIntyre, *After Virtue*, 103ff.

第 5 章 尼采的肯定的伦理学

仍然将之称为"道德哲学"或"伦理学"——该传统奠基于一种在理论与实践中都或许是不可挽回的可悲谬误之上。这个谬误就是拒绝将**精神气质**作为道德的基础,并以此为代价坚持对道德进行理性的辩护。没有一种预先假定的**精神气质**,就没有任何辩护是可能的。在一种精神气质中,没有任何辩护是必不可少的。因此,在数个世纪的衰败之后,致力于超越纯粹的习俗并想要一劳永逸地为道德律辩护的启蒙规划方案产生了内在的不融贯与不足,道德的结构已经崩溃了,留下的只是一些不融贯的碎片。从休谟对情感的诉求与康德对实践理性的诉求,到当代贫乏的"元伦理学"理论,"伦理学"都是理解这些碎片并为之"辩护"的无效努力。这就是尼采的查拉图斯特拉敦促我们去清理的那片废墟。这就是尼采敦促我们在其中成为"立法者"并"创造新价值"的那块真空。但我们要用什么东西来做到这一点呢?"要创造新价值",这究竟意味着什么?如果说,早期的犹太人(在反对比他们更优越的贵族的过程中)曾经做到了这一点,我们反对的对象又会是什么呢?难道这不会成为另一个版本的奴隶(回应性的)道德吗?尼采伦理学的美德所具备的难道不正是个人主义的碎片式本质——这种伦理学难道不是多元主义的吗?

通过将尼采对立于亚里士多德,麦金泰尔断绝了我们以这样的基础来最佳地重构道德的可能性:即通过尼采的眼光来重新思考亚里士多德。当然,尼采助长了这种对抗性的理解。但这种对立是一种有害的构想,而这种理解是具有误导性的。麦金泰尔就像菲利帕·福特一样,以过于按照字面意思的方式,将尼采理解为在攻击一切道德。但在我看来,尼采恰恰没有拒斥亚里士多德的伦理学，而是回到了亚里士多德以及他在"尼各马可伦理学"（"新麦克恩的"的伦理学①）中（以回顾的方式）分类记载的那个仍然与战士紧密相关的贵族传统之中。无论在《伊利亚特》的希腊与亚里士多德的雅典之间有着多少差别，在亚里士多德的精英主义的伦理学与康德的平等主义的、中产阶级的、虔敬派的伦理学之间有着远为巨大的鸿沟——而这并非仅仅是由于数个世纪的差距造成的。尼采或许将他自己设想为反对十字架上的耶稣的狄奥尼索斯；但他更适合被理解为一位对抗康德的智者，一位反对绝对律令的美德捍卫者。

朱利叶斯·莫拉维斯科②时常通过比较亚里士多德与尼采来开始他关于亚里士多德的讲座。他说，他们两者都是某种功能主义者、自然主义者、"目的论者"，他们的立场都十分对立于功利主义者与康德主义者。莫拉维斯科并没有将这个观点贯彻到底，但他在研讨班上随意做出的这个评论这些年来一直萦绕在我心中。随着我（在如此不同的时间与心情之下）对这两位作者做出越来越多的解读与讲授，我越来越发现这个表示同情的评述具有启发性。尼采确实就像亚里士多

---

① Neo-McKeon ethics，指的是美国哲学家理查德·麦克恩（Richard McKeon, 1900—1985）的伦理学。麦克恩对亚里士多德伦理学的阐释与众不同，他主张放弃中世纪亚里士多德学者对亚里士多德的阐释，而是应当从亚里士多德本身的文本出发来理解亚里士多德。这种方法也被称为"(新)麦克恩主义"。——译注
② 朱利叶斯·莫拉维斯科（Julius Moravscik, 1931—2009），美国哲学家，他的主要研究兴趣是古希腊哲学，尤其是柏拉图、亚里士多德与前苏格拉底哲学家，他撰写的论著包括《理解语言》（1975）、《思想与语言》（1990）、《柏拉图与柏拉图主义》（1992）等。——译注

德那样，他是一个自我标榜的功能主义者、自然主义者、目的论者，而我还要补充的是，他是一个精英主义者。根据这两位哲学家的观点，从功能主义、自然主义与目的论的立场，就可以推导出精英主义的立场。尼采的功能主义的最为明显的表现是，他始终坚持认为，我们应当评估价值，考察它们的目的何在，以及它们在一个人的生存与生活中所发挥的作用。他不知疲倦地向我们讲述他的"自然主义"，当然，他直截了当地宣称，他是第一个心理学家兼哲学家，他以耳目一新的方式强调了心理学的解释（麦金泰尔在此处将之替换为社会学），并以此取代理性的辩护。尼采经常根据"此生"的洞识来陈述这一点，以此对立于基督教对"来世"的展望，但我认为，这并不是一种重要的比较。事实上，在今日成为伦理学主要关切的，恰恰是某些基督教的权力在"此生"中的活动所带来的阻碍，它所关切的更多的是（对立于比如说康德的理性主义的）自然主义，而不是拒绝将天堂与地狱作为伦理学的目标（当然，康德也会同意这一点）。

尼采的目的论有时就像亚里士多德的那样，是一种宇宙论，特别是当那个宏大的目的变成"强力意志"时。但在严格的人性层面上（假如不是在太人性的层面上的话），尼采的伦理学就像亚里士多德的那样，在导论性的伦理学读本中，它最好可被归类为一种倡导"自我实现"的伦理学。"成为你自己"是尼采中期作品中的一句口号：从《查拉图斯特拉如是说》开始，**超人**的**终极目标**就充当了一种理想。实际上，**超人**只能是亚里士多德的"伟大灵魂的人"（*megalopsychos*），尼采甚至从中借鉴了大量术语来描述他的"主人类型"。这种人是"索求伟大之物并配得上伟大之物"的理想典范。这种人是被歌德(尼采最为频繁地将歌德作为**超人**身份的候选者)称为他的"精灵"("精灵"[daemon]与亚里士多德的幸福[*eu-daimon*]之间的关联并非偶然)的东西所驱使的。

亚里士多德的目的论是以工匠、医生、农夫的**目的**为出发点的,这个出发点是适中的。每一种人都有他自己的目的,他自己的评判卓越的标准,他自己的"善"。但这种适中的善与目标几乎谈不上是伦理学的素材,亚里士多德迅速转向"对人而言的善"与"人的功能",他用"对人而言的善"这个词所意指的是那种理想的人,他用"人的功能"这个词所意指的是处于最佳状态的人。① 若要讨论我们在今日以流俗的方式称为"好人"的究竟是什么,这没有什么意义,这种人不违背任何规则或法律,不触犯任何人,他们除了让某些特定的道德哲学家感兴趣外,不会吸引任何人。没有什么理由去讨论这些民众,他们令人满意地向城邦与国家效忠,并恰当地尊敬着那些比他们更优越的人。值得描述的恰恰是这些优越者本身,因为他们是榜样,各种人性观恰恰是根据这些榜样才构想出来的。我们听到亚里士多德与尼采共同提出了这样的问题:究竟是哪种疯狂可以解释平等主义的理念,根据这种理念,所有人都拥有相等的价值,任何人都可以充当一种理想的典范,都可以充当我们中最优秀者的榜样?假如我们的领袖就像伯利克里一样,我们为什么还会需要绝对律令?("上帝之子对我们的道德教训是什么?")假如我们的

---

① Aristotle, *Nicomachean Ethics*, trans. H. Rackham (Cambridge: Harvard University Press, 1946), Book I, Chapter 2.

领袖就像我们自己一样,那就难怪我们会被律则与平庸所窒息了。

但是,要拒斥平等主义的伦理学并抛弃"好人"这个符合最低限度伦理旨趣的陈腐概念,这仍然不是要成为一个"非道德主义者"。这并不意味着破坏一切规则。这并不会导致一种无能为力,这种无能为力折磨过道德哲学家理查德·黑尔,他曾在某一段时期内无法根据任何理性的理由来对希特勒做出道德上的谴责。① 假如我们想要一个"非道德主义者",他在最坏的情况下就是安德烈·纪德在他的短篇小说《背德者》中塑造的那种人,他用自己的肉体感官感受到了他自己必死的命运与生活的奢侈,他由于周围的人们的小缺点而感到开心与陶醉。② 当然,这并不是亚里士多德在头脑中想到的那种人。这个斯塔吉拉人③关注的是政治家、哲人王,在现实中存在的有血有肉的**超人**,而不是仅仅存在于小说、哲学幻想与查拉图斯特拉的宣告中的**超人**。但当问题归结到例证之时,尼采关注的也不是一个幽灵般的幻影,而是现实生活的英雄与"伟人",这些人为创造了他们的那个社会的存在做出了辩护(我特地用了"辩护"这个词)——而他们反过来又创造了社会。拒斥中产阶级的道德,这并不意味着残酷,而是强调了出类拔萃的重要性。强力意志并不是**权力**(*Reich*),而是**力量**,并不是至高无上的地位,而是优越性。尼采敦促我们创造价值,但我认为,他最为珍视的恰恰是这种创造本身的

---

① 比如,参见 Richard Hare, *Freedom and Reason* (Oxford: Clarendon, 1963), 172.

② Andre Gide, *The Immoralist* (New York: Vintage, 1954).

③ 亚里士多德出生于斯塔吉拉城,他有时也被称作"斯塔吉拉人"。——译注

价值——以及具备力量与为什么这么做的目的意识。尽管尼采的精英主义与鼓吹战争的语言有可能让我们震惊，但接近于他内心的那些**超人**是他在审美上的同伴，"哲学家、圣徒与艺术家"。① 尼采没有说出但始终有所表现的观点是：现代人可以获得的恰恰是艺术创造的浪漫活动，即一种可实现的精致的个人品位与个人体验。

精英主义本身并不是一种伦理学。事实上，我认为，亚里士多德与尼采两者都很可能会反对这种精英主义。相反，精英主义假定，人们的才华与能力都有所不同。它以这种情况为出发点。（请比较约翰·罗尔斯："正义……依赖的……恰恰是对社会基本结构的正确选择。"）② 道德伦理的目的是最大化人们的潜能，在最大程度上鼓励所有人的最佳潜能，尤其是鼓励最优秀者的潜能。从一种文化的与艺术的观点看，这意味着我们应当仅仅关注极少数人（尽管从一开始就根本无法确定谁将是这些极少数的人）。但这并不是尼采的冷酷无情的标志。它无非是承认，真正的天才（以及鼓励天才发展的文化）是非常罕见的。它同样承认，任何普遍法则——无论它得到了多么精巧的阐述，多么平等的实施——都将对某些人不利，尤其是对艺术才华的发展（而不是在我们心中想到的政治）不利。让强大的人被软弱的人所限制，让富有成果的人被没有成果的人所限制，让有创造性的人被没有创造性的人所限制，这不仅是巨大的浪费，而且是不公正的（这

---

① 亚历山大·内哈马斯在这方面做了某种经验的研究：他发现，在《超善恶》中，超过四分之三的**超人**候选者是作家，参见他的 *Nietzsche: Life as Literature*。
② John Rawls, *A Theory of Justice* (Cambridge: Harvard University Press, 1971).

两位作者都更为担心前者，而非后者)。

通过表明精英主义并没有以同样的方式对待人们，而是以有所差别的方式对待人们，这仍然无法掩盖问题的关键所在。精英主义从一开始就预设了这种不平等，并通过求助于更大的图景来为之辩护。亚里士多德通过求助于城邦与国家的福祉与事物的自然秩序来为之辩护，尼采则以更为抽象但又更加浪漫的现代方式求助于人类的创造性。当然，尼采拒绝像康德那样去求助于"人性"，因此，他呼吁人们要走到人性之外，要高于人性。但**超人**恰恰是我们中最优秀的东西的投射，而被康德称为"尊严"的东西，尼采则坚持认为是"高贵"。当然，差别在于，康德认为，尊严内在于我们中的每一个人；尼采则断言，只有在极少数人中才能发现高贵。(在此我希望能格外清晰地表明，尼采采纳的是一种审美的观点，而不是一种政治的观点。)

对这种伦理观(我们不要将它称为精英主义的伦理学，而是应当将它称为一种关于美德的伦理学，即**美德**[*areteic*]伦理学)来说，必不可少的是对卓越这个目的论概念的专门强调。诸多美德不仅导向丰富的审美经验，而且还构成丰富的审美经验，恰恰是这种经验为诸多美德以及包含诸多美德的人生提供了辩护。

于是，服从规则、法律与原则的价值就大为减少，因为一个完全顺从的人同样有可能是迟钝的、缺乏成果的、没有想象力的、庸俗的。需要重申的是，这并不意味着"非道德主义者"就像尼采为其所取的那个令人误导的名字那样，会杀死无辜者，偷窃年老者，背叛友谊，乃至开车闯红灯。艺术上的**超人**完全愿意"以符合道德的方式"行动，甚至愿意在一种限定的意义上"为了义务"而行动，也就是说，只要这种义务符合他的品性与**终极目标**，只要这种义务满足他的精致品位的高标准。（我认为，人们或许会将之视为康德所关心的"对自身的诸多义务"之一。）在一段颇具争议的文字中，尼采甚至坚持认为，强者有"义务"帮助弱者，无论是对尼采的伦理学做出康德式的解读，还是对尼采的伦理学做出虚无主义的诠释，这个陈述都是完全令人困惑的。① 但有一种不同意义上的"义务"，它对亚里士多德并不陌生，这种义务与一个人在（公共）生活中的地位和责任有关，人们可能会认为，尼采所论证的是一个相似的，完全在经验意义上的义务概念，它与一个人的审美见解和生活责任有关。**超人式的**抱负不承认的是绝对律令，即不考虑一个人的阶层、能力与品位，并不针对个人的普遍命令。然而，根据他的感受以及他对自己在这个世界上发挥的作用的领悟（人们或许会说，这种领悟可作为对他的目的有用的假设性的律令体系），**超人**就有可能与其他任何人一样有道德。

麦金泰尔对我们的"可悲"命运的诊断，取决于他的这个认识，即统一而又融贯的伦理学或许会奠基于其上的单一**精神气质**已经破碎了。我们不再拥有一种具备已经确立的习俗与获得共识的道德体系的单一文化；相反，我们拥有的是多元主义。（尼采在他对艺术价值的严格要求下，恐怕也会轻易导向一种审美的一元论。）而根据麦金泰尔的观点，我们继而

---

① "与众不同者对待平庸者比对他自己与他的同类更为温和，这不仅仅是心灵的礼貌——这简直就是他的义务。" Nietzsche, *Antichrist*, §57.

对宽容的坚持与对规则的强调，是对本真的**精神气质**的贫乏替代。对宽容的求助与对规则和法律的强调，是我们的痼疾表现出来的症状，而不是对之做出的治疗。但我们中有许多人反感的是这个观点，即一种仅仅奠基于传统的统一而又融贯的伦理学或文化。我们一而再再而三地看到这种文化会演变成什么。而且，是否存在过这样的文化？或者，它们极有可能仅仅是某种神话虚构出来的东西？（请考虑纯粹的日本种族的虚构性，或者还可以看看那些统一的宗教会以何种方式轻易地分裂为势不两立的派系。）在一种多元文化与不可化约的多元主义的世界中，规则与法律或许完全是必不可少的，但宽容（包括审美上的宽容）是最为重要的美德之一。相当糟糕的是，尼采这位伟大的多元主义者对此并没有说出更多的东西。更为合理的或许是，人们应当在"**麦金泰尔还是尼采？**"这个问题上做出选择。

亚里士多德的城邦，尼采的问题

> 查拉图斯特拉在登山之际想到，从少年时代以来，他有多么频繁地进行着独自的漫游。
>
> ——尼采，《查拉图斯特拉如是说》

尼采不仅仅是一位研究已经死去或正在死去的道德的病理学家，他还是麦金泰尔断言我们已经失去的那种完整性的拥护者。问题是，"在一个没有**精神气质**的社会中，或者用更为积极的措辞来说,在一个拥有众多**精神气质**的多元主义社会中,完整性如何成为可能?"在这种社会中还有意义来谈论"卓越"吗?或者我们应当仅仅奖励"业绩",仅仅承认在那些得到谨慎界定的群体、背景与职业中的有限成绩?假如我们试图通过假定某种追求卓越的原始冲动(比如,"强力意志")来掩盖所有这些差异,这看起来似乎根本就没有什么帮助。问题在于,我们应当如何界定这种多元主义的完整性。

在亚里士多德那里,两种便利的理想让他的那种有力的目的论构想成为可能:他的共同体的统一性以及据此筹划的关于人的终极目标的构想(这种构想与亚里士多德的共同体的最佳形象的一致性并非偶然)。我们不再拥有这种统一的共同体——尽管它的那种并非全心全意的多元主义不是尼采拒斥中产阶级道德的理由。事实上,无论尼采所在的那部分欧洲在19世纪晚期是否已经在普遍的意义上真正失去了这种统一的共同体,尼采肯定已经失去了这种统一的共同体。他不是任何共同体的成员,他最多也只是某些共同体的熟悉的局外人。但不难看出,尼采的挑衅性的伦理学是一种不同的共同体的表达,即由不满的学者与知识分子所构成的共同体,尼采为了这些人而写作,不论这些人是否会阅读尼采。对于尼采为了新伦理学而做出的相当极端的论断来说,这或许是一个糟糕的基础,必须要说的是,尼采所影响的那些一般人并没有达到他向往的"更高级的人"与"未来的哲学家"的标准。尽管如此,尼采就像亚里士多德那样,紧紧抓住了这种共同体的构想,并根据一种追求出类拔萃的至高目标而对之做出了界定。虽然尼采对"人类的改善者"做出了嘲讽式的评论，但他欣然接受了人类所拥有的巨大潜能。

　　正是对"自我实现"的强调，让尼采接近亚里士多德并解释了他们对诸多美德的强烈兴趣。但不难理解的是，在亚里士多德每次都会求助于"最优秀者思考这些事物的方式"（即他自己的共同体的贵族制）的地方，尼采若遇到任何需要求助于共同体的问题时就会感到茫然。此外，尽管亚里士多德保留并谈到了战士的诸多美德，但他倡导的绝大多数美德都有别于优秀公民的美德，他关注的是正义、友谊与共同相处。尼采几乎没有谈论有关"火与冰"的主题①，他肯定没有强调残忍与折磨。亚里士多德并不是一位在群山与沙漠之中的孤独漫游者，而尼采在《查拉图斯特拉如是说》中有时对孤独漫游者做出了仿效与赞颂。诚然，这就是他们之间的一个深刻差异。无论他们有多么高贵，相较于尼采的严厉的道德约束（参见《查拉图斯特拉如是说》第四部的"聚会"），亚里士多德的美德看起来就过于文雅，他的生活看起来具备了太多的聚会精神。若将亚里士多德的美德称为"市民的"美德，这会是一个不可饶恕的历史性错误，尽管如此，这些美德缺乏尼采所做出的宣告的有利优势。亚里士多德是一个好邻居与好公民。尼采则是一个流浪者，他有时还是一个陌生人。相应地，他们的美德与他们的自我概念就会以不同的方式来实现。

---

① "火与冰"（fire and ice）出自 20 世纪美国著名诗人罗伯特·弗罗斯特（Robert Frost, 1874—1963）的诗歌《火与冰》（1923），在诗中，火象征着激情和欲望，冰象征着冷酷与仇恨，诗人认为，火与冰这两种毁灭性的力量有可能让世界走向灭亡。——译注

亚里士多德为诸多美德构想了一种简洁而又明智的标准,"中道学说"或"在诸多极端之间的适中"。(我将在下一章中简要地讨论这个学说。)但是,人们普遍认为,亚里士多德的标准无法满足他的许多美德与他所罗列出来的诸多美德,它们看起来相当具有特设性(至少就他的标准而言)。但这对亚里士多德来说不成问题,因为他真正要做的是一些人类学或社会学的工作,即描述他自己的社会以及这个社会中的一般人(至少是某些贵族)将什么东西接受为**他们的**美德。相应地,尼采的问题是,他并不具备这种共同体或背景来利用,他的肯定的伦理学因而时常看起来就像缺乏实质的内容。谈论孤独的荣耀,这当然不错,但远非清晰的是,孤独本身是一种美德,还是诸多美德的可能基础?而亚里士多德的**城邦**却肯定是诸多美德的基础。

进而,尼采的孤独状态也绝对没有被人们完全弄清楚。他的书信向我们表明,他在很大程度上生活于一小群分散的朋友之中,而他有时根据这些朋友来界定他自己。将查拉图斯特拉做出的圣经式的夸夸其谈撇到一边,他花费了大多数的时间来寻找朋友。亚里士多德在他的伦理学中反问道:"有什么人会在没有朋友的情况下生活呢?"尼采肯定不是这种人。他是一个有口皆碑的好朋友,一个满腔热情的朋友。假如他保持着孤独的状态,这就是一个需要用精神病学来诊断的问题,而不是一个需要用本体论来诊断的问题。至于尼采的战士精神,残酷的刀锋、"冰与火",尽管露对尼采眼中闪现的目光做出了描述,然而,几乎没有什么证据表明,尼采展示了这些东西或钦佩这些东西。尼采自己所罗列的美德包括诸如正直、勇气、慷慨与礼节等亚里士多德式的美德。① 但最终,尼采所谓的崩溃不还是在他拯救那匹遭受鞭挞的马的时候发生了?

亚里士多德是否达到了他自己所罗列的美德的标准,这似乎没有什么问题(尽管据说在亚里士多德与亚历山大的女友菲利斯[Phyllis]之间有一点小插曲)。② 但尼采给我们留下了如此众多尚未说出的东西,并给予了我们如此众多的夸张话语,因此,对于理解尼采的伦理学或道德劝诫的尝试来说,针对个人的分析从根本上就是偏离主题的。即便是那些根本就不同情尼采的人,也能明白这个人的内心与孤独、道德、叛逆所进行的持续**斗争**,这种斗争如此频繁地以一种青少年不负责任的(尽管也是精彩的)语言表达出来。但如果说尼采并没有满足他的战士形象的标准,我们应当牢记的仅仅是,在不同的时代存在着不同种类的战士。阿喀琉斯适合于《伊利亚特》。我们今日的战士是甘地与马丁·路德·金。尼采的战士有可能是贝多芬与歌德。

但尼采是孤立的,缺乏他所归属的共同体,这产生了另一个问题,一个被他后期"重估一切价值"的尝试所暗示的问题。从尼采所处的远距离的位置看,他将犹太教—基督教传统以及与之伴随的"大写的道德"视为一种单一的、几乎包罗万象的历史实体,在它周围显然没有任何可构想的替代

---

① Nietzsche, *Daybreak*, §556, trans. R. J. Hollingdale (Cambridge: Cambridge University Press, 1982).
② 据推测,亚历山大安排菲利斯去引诱并愚弄了亚里士多德。对这个故事的精彩讲述,参见 David Allison, *Reading the New Nietzsche* (Lanham, MD: Rowman and Littlefield), 155–157。

者。要是尼采生活在雅典的**城邦**（有人怀疑，这恰恰是尼采的梦想），他关于合理未来的想象就会有良好的根基（即便就像通常会出现的情况那样，这些想象最终还是有可能被证明是错误的）。但相反，尼采发现，在他自己所处的历史背景下，他自己以及由他提出的那些"大写的道德"的替代者实际上都是牵强的，他自己既被这个历史背景牢牢抓住，又由于这个历史背景而感到窒息。因此，尼采为我们的命运（其中包括了被麦金泰尔以如此系统的方式描述过的道德崩溃）带来了两种极其不同的处方。首先，他敦促我们重新赢得"主人"的道德感、贵族的道德感，就好像这种贵族在基督教两千年之后仍然是有可能存在的。《伊利亚特》中的那个疲于战争的前**城邦**世界已经离去了，亚里士多德的**城邦**也已经离去了。但是，贵族需要有一个背景，人们远远无法弄清的是，在尼采看来，在什么样的背景下，现代贵族才有可能存在。民主制与社会主义已经助长了一种大众文化，这让贵族的美德成为一种不可接受的东西，尼采则将这种大众文化视为他想要助长的文化的对立面。贵族道德的根基已经离去；人类的平等已经成为某种先验的真理（"我们坚持认为，这些真理是不证自明的……"）。相应地，尼采想要鼓励我们经历的人生已经成为某种濒临灭绝的东西。

　　这只是一方面——一种不切实际的怀旧，它颇为类似于美国人（与欧洲人）对美国西部（"那是一个男人仍然是男子汉的地方"）、约翰·韦恩①与万宝路牛仔（他们实际上是一群

---

① 约翰·韦恩（John Wayne, 1907—1979），好莱坞明星，以扮演西部片与战争片中的硬汉著称于世。——译注

艰难地维持生计的肮脏而又饥饿的难民）的幻想。但如果没有什么战士的精神气质可供我们回归，那么，我们要做什么？"要创造价值！"尼采说。但"创造价值"究竟意味着什么？甚至尼采也没有做出任何暗示——他甚至没有暗示是一种价值！他所做的是反复让我们回想起可用作道德伦理的阿基米德点的那些已经确立的古老价值，反复推翻人们对一种过于抽象、过于平庸的道德的信念，因为这种道德无法促进品格的美德与高级的文化。他被意志薄弱（并不是被这个名称所吸引）与怨恨所吸引——还有什么能比这些更像基督教的罪恶？他谴责我们的虚伪——甚至"非道德主义者"也要以某种方式来向美德致敬。他指出了德尔图良与其他基督教的道德主义者的残酷。他严厉斥责了斯多葛主义者，因为他们仿效了自然的挥霍。他攻击斯宾诺莎，因为斯宾诺莎过于热爱"他自己的智慧"。他从整体上攻击基督教，因为基督教是一种被"群畜的本能"所驱使的"奴隶"道德，而它不利于整个种族的进步。然而，新价值又是什么呢？

伦理学是一种**精神气质**的表现，即便这种精神气质是几百个分散于欧洲丘陵湖泊的不适应环境者的零碎的浪漫感伤，这些人有可能是优秀的，也有可能不那么优秀。并不存在那种在尼采意义上的"创造出来的新价值"。它并不像那种将蛤壳作为货币的宣告，若借用麦金泰尔的那个出色例证，它并不是夏威夷王国的卡米哈米哈二世所做出的这个声明，即对那些在很久以前就已经遗忘其功能的"禁忌"宣告无效的声明。尼采并不拒斥道德，他拒斥的仅仅是一种"大写的道德"观，它将由康德形式化了的那种可普遍化原则作为它的工具，它的祖先可通过各种方式回溯到圣经。但是，正如舍勒在捍卫基督教时所说的，这个诊断结论并不完整。事实上，正如露·莎乐美所观察到的，若将尼采视为一个古典的道德主义者，他厌恶周围的世界，但无法令人满意地描绘出一个替代性的世界，也无法发现可恰当孕育替代世界的环境，这或许没什么错。

这些既没有否定尼采（就像考夫曼所声称的那样）是一个真正的道德革命家，也没有质疑我们所做出的这个论断：尼采拥有一种肯定的伦理学。尼采确实在追寻着某些新颖而又重要的东西，即便这些东西也很古老，而且远没有"创造新价值"那么野心勃勃。正如麦金泰尔的双关语所暗示的，尼采在追寻美德[1]，虽然尼采更情愿将它们理解为荷马式的美德，而不是亚里士多德式的美德。在尼采的作品与书信中，尼采所专注的替代物，就像他所攻击的那个更加宏大的"大写的道德"观一样是可辨认的。这个替代物就是亚里士多德的美德伦理学，实践伦理学，而不是律则伦理学。在这种伦理学中，发挥主要作用的是品性，而不是义务或普遍之爱的抽象姿态。"为一个人的品性赋予风格。这是一项罕见的技艺。"[2] 正是在这句话中，尼采概括了他自己的肯定的伦理学，这远比由争辩与辱骂构成的整本论著做得更好。

---

[1] 指的是麦金泰尔的代表作 *After Virtues*，既有"追寻美德"的意思，又有"德性之后"的意思。——译注
[2] Nietzsche, *Gay Science*, §290.

第6章 尼采的美德:他会怎样塑造我们?

> 为一个人的品性赋予风格,一项伟大而又罕见的技艺。
>
> ——尼采,《快乐的科学》

> 上德[美德]不德,是以有德。①
>
> ——《道德经》

尼采将他自己称为一个"非道德主义者"(尽管人们会怀疑,他在一生中是否做过任何真正不道德的事情),他肯定是以刻薄的与鄙视的方式拒斥了通常被称为道德的东西。他宣称,犹太教—基督教的道德乃至苏格拉底的伦理学是"反对生命的"。他将康德的第二批判视为某种不易察觉的"玩笑",他认为功利主义纯粹是"庸俗的"。然而,尼采的"非道德主义"是由某些并非不道德的行为以及对"大写的道德"的拒

---

① 出自老子的《道德经》第三十八章:"上德不德,是以有德;下德不失德,是以无德。"这句话的大意是:"具备'上德'的人不表现为外在的有德,因此实际上是有'德'的;具备'下德'的人表现为外在的不离失'道',因此实际上是没有'德'的。"——译注

斥构成的。他倡导了一种非常不同的方式来思考伦理学,这种方式鼓励人们最为充分地经历自己的人生,并培养一种丰富的内在生活。如今尼采并不孤独。伦理学已经从康德式的理性意志主体与功利主义对快乐后果的关注转向对个体的完整品性(即他或她的**诸多美德**)的重新关注。根据这种观点,具备美德的品性,一个具备诸多正当美德的人,一个具有完整性或被尼采称为"高贵品质"的人,才最终是善的。甚至康德与穆勒也已经被重新解释为美德伦理学家。① 因此,伦理学的中心问题就变成:哪种品性是善的?哪些美德是善的?

这就是我将之设定为本书引导性主题的问题:"尼采会怎样塑造我们?"我们现在已经准备开始以详尽的方式来解答这个问题。正如我已经暗示的,答案应当根据诸多美德,根据那些特别值得钦佩的个人品质特征来予以表述。但是,值得钦佩的是些什么人?根据的是什么标准?不同于亚里士多德的"在诸多极端之间的中道"或他"罗列"的一组融贯的美德,尼采似乎并没有为我们给出简单的指示。在尼采称赞的众多美德(整晚的美梦、对朋友真诚、强大、"坚强"、不可普遍化的"立法价值"、幽默感、创造性、抓住机会,等等)中似乎也没有任何模式。人们接下来就进入了熟悉的死胡同:我们不应当对查拉图斯特拉的傲慢姿态或他的那个引人注目的**超人**概念抱有太多期望。我们也不应当试图从永恒复归这

---

① 比如,康德已经被斯蒂夫·达沃尔(Steve Darwall)变成一个"基于能动者"的美德伦理学家,参见 *The British Moralists and the Internal "Ought", 1640–1740* (Cambridge: Cambridge University Press, 1995)。约翰·斯图亚特·穆勒在《功利主义》(Indianapolis, IN: Hackett, 1979)第 5 章中泄露了他的亚里士多德主义的倾向。

个得到众多讨论的概念或"强力意志"这个相当不幸而又极度被夸大了重要性的概念中压榨出更多的意义。不过，我认为，从尼采在"中期"的创造性阶段所撰写的那些在道德上更加具体与更加具有洞察力的论著（即那些从《人性的，太人性的》与《朝霞》到《超善恶》与《论道德的谱系》的论著）中可以得到大量的素材。在那里发现的诸多主题很少像**超人**的（空洞）承诺那么令人兴奋，但是，它们共同构成了一种即便不是完全一致，但也多少融贯的生命哲学与美德哲学，这种哲学或许可以用"为一个人的品性赋予风格"这个美好建议来得到最佳的概括，它孕育的结果是尼采自己所追求的那种精致的内在生活。

我在本书的开头就说过，我对分析尼采或尼采的哲学并不怎么感兴趣，我的动机是被上文中提到的这个问题所激发的，即**尼采会怎样塑造我们**？迄今为止，我在本书中所做的是为解答这个问题奠定基础，最出色的大学生总是会提这个问题，他们通常用不完全的学术词汇将之表达为"**一个超人会像什么样？**"（他会结婚吗？他在哲学中的专业会是什么？他会努力得到 A 等成绩吗？）当然，他们真正想问的是"**我们应当像什么样？我们应当追求什么？尼采认为我们应当如何转变自身？我们如何'成为我们所是的那种人'？我们怎么知道我们是谁或应当成为什么？**"

尼采对这些问题做出的许多较为明显的解答是否定性的：不要怨恨。不要听从别人，而要听从你自己的本能。不要过分屈从。不要让你自己过于"柔和"。不要消极。不要妄下判断。不要因纠缠于同情和怜悯而牺牲了你的理想。不要自以为是。不要将你的信仰寄托于彼岸世界。不要相信牧师。不要试图"改进"人的本性,等等。但在第5章中,我为一种关于尼采的"肯定"见解做出了论证,这要求的是一组令人振奋的美德,而不仅仅是一列详细阐释尼采诸多恶习的"禁令"。诚然,它们并不是一些常见的恶习,但简单地假定,这些恶习的"对立面"——比如说,对立于同情的铁石心肠——就必定是尼采的美德,这并不能解决问题。无可否认,相较于普通人,尼采对种种描绘人间喜剧的恶习与"罪恶"要更加宽容,但是,"尼采积极珍视的是什么"这个问题的答案无法简单地从尼采批评的诸多恶习中收集到。当然,所有这些问题又因以下这个事实显得更加复杂,即尼采同样坚持认为,在某种意义上,我们的品性是与生俱来的,无论是奴性的还是高贵的,我们都无法摆脱我们的品性,因此,所有改变自身与"改进"自身的追求实际上都被丢到了黑暗的阴影之中。(我将在下一章中处理这个表面上的悖论。)

因此,尼采会对我们抱有怎样的期望?他会怎样塑造我们?他捍卫的是什么美德?我们应当怎样理解与实现这些美德?当麦金泰尔坚持认为我们必须在"亚里士多德还是尼采"这个问题上做出选择时,他强烈地暗示,这是在美德与虚无(即由于后启蒙运动无法建立一门关于抽象而又普遍的律则伦理学而导致的虚无主义)之间做出选择。但是,亚里士多德与尼采两者都是关注个人的美德、完整性、品性与高贵感受的哲学家。尼采在《查拉图斯特拉如是说》中甚至为传统的重要性做出了辩护。当然,他们之间也存在着引人注目的差异,但我认为,以亚里士多德的美德(与尼采对它们的理解）来作为罗列尼采美德清单的出发点，这或许是个不错的选择。

他们共同享有许多东西，首先，亚里士多德生活在战士的文化之中，尼采则通过希腊文献的阅读而构想出了战士的文化。因此，对他们两者来说，勇气都是首要的美德，它为其他所有的美德都提供了某种东西。另一个关键的共同特征是在美德与卓越之间的关联，也就是说，美德是非凡的成就，而不仅仅是恰当的行为，这种特征对于希腊的美德（arete）来说是自然的，但当美德被翻译成德语（Tugend）或英语（virtue）时，就失去了这种特征。尼采就像亚里士多德一样，他感兴趣的是"具备伟大灵魂的人"，英雄的贵族，而不仅仅是"成为一个好人"。在哲学上特别有趣的是，他们两者在解释这些美德时都没有怎么利用在"道德的"品质与"非道德的"品质之间做出的那个据认为是基本的区别。明智是亚里士多德的美德之一，正如良好的幽默感是尼采的美德之一。他们两者都将友谊当作一种美德，事实上，是最高的美德之一。诚然，亚里士多德在他有关美德的作品中预设了一个有条理的**城邦**，因此，他强调了社会礼节对人们相处的必要性，但他同样培育了一种理想，即从苏格拉底那里继承下来的沉思生活，正如在尼采那里，我们会将之描绘成一种"丰富的内在生活"（尽管**内在**这个术语对尼采没有什么意义，而对亚里士多德来说，这个术语更没有什么意义）。

然而，尼采坚称，我们每个人都必须发现自己的道路，"成为［我们每个个体］所是的那个人"。这个主题贯穿《查拉图斯特拉如是说》的始终："如果你要走向高处，请用你自己的两条腿。"① 尼采甚至在《查拉图斯特拉如是说》中再次提出，每一个美德都是独一无二的，即便它因为命名而变成了某种**共有的**东西。这个想法会让人们无法对诸多美德，尤其是尼采的美德做出普遍的解释。它最终似乎仅仅反映了如下这个主张，即我们每个人都应当坚持我们自身。没有什么美德是可以被命名、比较或分析的。但这当然是愚蠢的。另一个尼采的夸大其词则与另一个无可非议的观点有关，即我们不应当过于迅速地假定，一个人或一个文化的美德，恰恰类似于另一个人或另一个文化的美德。让问题变得更加复杂的是，尼采就像苏格拉底那样，不相信美德是可以教导的。但假若我们每个人都必须发现他或她自己的道路，这也就意味着，要为我们每个在文化、社会阶层与人品上都有所不同的个体都制作一幅画像或一些画像。

进而，我们不应当（与亚里士多德以及美德的大多数古代捍卫者一起）过于迅速地假定，各种美德都是和谐一致的。因此，我们的画像很有可能是一种**立体主义的**画像，它展示了我们自身的不同面貌与备选可能性，而这些面貌与可能性是不相容的。一个人不可能同时既是优秀的战士，又是自由的思想家。我们有着多种面貌，充满着各种可能性，尽管这些东西在某种意义上肯定是"被给予"我们的，但通过艰辛的劳作与训练，恰恰是我们才能在它们之中做出选择，并最终确定我们将要成为什么人，将要成就什么事。

---

① Nietzsche, *Zarathustra*, IV, §10.

第6章 尼采的美德：他会怎样塑造我们？

追寻美德（"价值的重估"）

> 美德是无法在老师与学生的思想中找到共鸣的言辞，是被人们嘲笑的嘈杂话语——假如你没有对之加以嘲笑，你就是可悲的，因为这让你成为一个伪君子！
>
> ——尼采，《教育家叔本华》

美德是什么？我们可以说，美德仅仅是一种令人钦佩或值得拥有的品性状态。事实上，这种说法几乎没有说出多少东西（而且这种说法也有可能被人们质疑）。不过，即使人们接受了这种平庸的论断，人们仍然有可能将美德理解为某种导源于人与人之间关系的东西（正如休谟所暗示的，它们让自我与他人"愉悦"），或者有可能将美德理解为（在某种得到界定的意义上的）"善本身"（如麦克尔·斯洛特①的"以能动者为基础的"伦理学②，或者可以将美德理解为旨在实现一组得到独立辩护的价值的行为倾向（如克里斯廷·斯旺顿 [Christine Swanton] 的"以价值为中心的"伦理学）。对于美德的元伦理学来说，这些差异是相当大的，但它们对我们在此的规划没有多大的影响。假如我们想要一个更加透彻的美德定义，一个看起来特别适合尼采的美德定义，我就会提出

---

① 麦克尔·斯洛特（Michael Slote, 1941— ），美国迈阿密大学伦理学教授，当代美德伦理学的领导人物之一。——译注

② Michael Slote, *From Morality to Virtue* (New York: Oxford University Press, 1995).

这个建议：让我们追随斯旺顿的美德定义，即"一种特性——尤其是一种人性的卓越之处，具备这些优点的人倾向于能够便利而又自然地提升价值、表现价值、尊敬价值与欣赏价值；或者倾向于能够便利而又自然地提升、表现、尊敬、欣赏那些有价值的对象或有价值的事态"。① 这种对卓越的强调是重要的，因为没有任何"善"的特性能够满足美德的要求。而这种对价值的强调也是重要的，因为按照我的解读，尼采坚持认为，没有任何美德是"善"本身，只有当美德对其他的某些有价值的东西（比如，个人的风格与品性、美的制品、狂喜的个人经验，或社会的文化丰富性）做出了贡献时，它才是善的。在这种意义上，尼采支持的是一种普遍化的功利主义，只要我们坚持对"什么算得上'好的后果'"这个问题仅仅做出"高贵的"解释，而不是将之等同于穆勒的"满足的傻瓜"的那些微不足道的快乐与满意。

要对"好的后果"做出合理的解释，或许就要依循某种亚里士多德的"繁荣兴盛"路线，尽管正如在亚里士多德那里的情况，这不应当被理解为一种过于个体化的方式。尼采的一个众所周知的社会概念是他的"伟人式的"社会概念，它主要是一个文化的视角，在这个视角中，一个社会只有凭借它的"最高典范"（也就是说，它最伟大的艺术家、诗人以及其他的文化英雄）的美德，才具备世界史意义上的价值。但是，让这些世界史上的个体变得重要的，并不是他们个体的繁荣兴盛，而是他们对作为一个整体的文化所做的贡献。

---

① Christine Swanton, *Virtue Ethics* (New York: Oxford, 2002).

第 6 章 尼采的美德：他会怎样塑造我们？

实际上，尼采是个相当正规的浪漫派，他深切地相信"受难的艺术家"，这种艺术家在个人生活上是颇为不幸的，但他或她从自身的不幸中造就了伟大的作品或伟大的功绩。尼采所提倡的价值主要是艺术价值或审美价值，他称赞的价值，则是那些表现、提升、尊敬、欣赏与实现它们的价值。

但是，尼采所提倡与称赞的是哪些价值与美德呢？人们或许会将美德的价值与特定文化联系起来（比如，就像阿拉斯戴尔·麦金泰尔所暗示的），或者有可能存在着"非相对的美德"（正如玛莎·努斯鲍姆在一篇相当著名的论文中以及在别处所论证的）。① 人们很有可能认为，对美德来说，并不存在单一的维度，就正如对一个行为或一件艺术品来说，并不存在单一的"道德"维度。人们根本没有弄清楚，是否存在着唯一的一套审美的或个人的价值，它们可以充当这些美德的标准。问题在于尼采的那个被称为"重估[Umwerthung]价值"②的狂妄努力，似乎肯定了某套基本的价值，它们构成所有正当价值的基础，并充当了它们的最终标准。我无法肯定这意味着什么，尤其是从尼采的角度来看。这种企图有时听起来就像渴望走出一切价值之外——在每一个"视角"之外——从而估价（评估）所有的价值或估价"价值"本身。这是无意义的废话，而在对尼采的解读中，这就是双倍无意

---

① MacIntyre, *After Virtue*; Martha C. Nussbaum, "Non-Relative Virtues" in Peter French, Theodore E. Uehling, Jr., Howard K. Wettstein, eds. *Ethics and Character: Midwest Studies Volume XIII* (Notre Dame, IN: University of Notre Dame Press, 1988).

② 尼采曾经短暂地考虑过，要将这个短语作为他最后一些作品的标题，但是，他明智地拒斥了它，我推测，这是因为甚至尼采也觉得它过于狂妄。

义的废话。实际上，我甚至已经质疑了尼采的这个在表面上更加具备视角性（但并非更加温和）的坚决主张：我们应当"创造新价值"，换句话说，创造新的视角。这是"未来的哲学家"被认为要做的事情。但假若我们审视尼采自身，他看起来并没有鼓励任何"新"的事物。事实上，他捍卫的一般都是些非常古老的、前基督教的、异教徒的、英雄性的与具备审美趣味的美德（尽管这些美德也深深地编织到19世纪浪漫文化的结构之中）。他捍卫的是勇气、诚实、宽厚与礼节。它们几乎不是什么"新价值"！

我们或许可以解决这个问题，只要我们就像瓦尔特·考夫曼在他论述尼采的经典论著中所做的那样，在一种有限的与完全否定的意义上来理解"重估"。也就是说，"重估"需要对犹太教—基督教的价值做出评估，并最终拒斥犹太教—基督教的价值，不过，它并没有假装要评估**一切**价值。但我认为，这种"重估"的内容又太有限了，尼采已经在《超善恶》与《论道德的谱系》中完成了这项任务，他没有理由将它再次命名并宣称为一个全新的规划方案。诚然，尼采所筹划的用来"重估"的真正完成并出版的一本书是《反基督者》，可在我看来，人们不应当错误地认为，尼采的宏大规划可以被一本成问题的书所概括。托马斯·布罗布杰[①]另外提出了两种对"价值重估"的解释，我们可将之概括为"颠倒"与"回归"。"颠倒"意味着捍卫"对立于"犹太教—基督教的价值，即"主人的"价值。"回归"意味着回到历史上更古老的价值上，即

---

① Thomas Brobjer, in conversation, 2000.

第6章 尼采的美德：他会怎样塑造我们？

贵族的价值。但这似乎又一次仅仅回到了尼采的早期论著之中，而不是向前审视某种全新的东西，即重估一切价值与创造新价值。人们既不清楚主人式的贵族价值是否以如此显而易见的方式"对立于"奴隶价值（尽管尼采肯定对立于奴隶价值），又不清楚（正如卢梭所反对的）"回归"先前的价值是否具有任何真实的可能性。这就让布罗布杰将发明或发现真正全新的价值（它们不同于我们先前拥有的或如今拥有的任何东西）称作对重估的"乌托邦式"诠释。而这又一次让我们陷于毫无任何线索的境地。

因此，我的建议是，我们不应当按照字面意思，将尼采的"新价值"理解为真正的新价值，而是应当将它们理解为某些实际上相当古老的价值，它们通过个人的实现而成为美德，并被重新改装以适应我们的时代。尽管尼采明确想要捍卫在审美与艺术层面上的价值与美德，然而，他如此欣赏比拟战士的隐喻，以至于人们很容易错过他的观点，或将他的观点误解为某种野蛮的与残酷的东西，这也许是令人遗憾的。但是，坚持要成为一个"强硬的"艺术家，这相当不同于坚持要成为一个"强硬的"政治家或老板。我认为，尼采对审美的强调，恰恰是尼采的伦理学中最有价值与最重要的东西，然而，这相当容易被他的军事修辞所遮蔽。但在更普遍的意义上，尼采捍卫的是一种无论在当代的伦理学中，还是在19世纪的德国哲学中都不曾得到（与尚未得到）充分赏识的伦理观。这是一种聚焦于美德与优点，尤其是审美意义上的美德与优点的伦理学。在捍卫这种伦理概念与卓越概念的过程中，他既捍卫了美德的概念，又捍卫了某些与当代道德规范相抵触的品质。毋庸置疑,当尼采首次提出这些美德时,它们与当代道德规范的抵触更加明显。

通过范例展示的美德

> 有一些人将懒于作恶称为美德……
>
> 又有一些人就像上紧发条的廉价时钟,他们发出嘀嗒声,并且想要将这种嘀嗒作响称为美德……还有这样一些人,他们认为,只要通过宣称"美德是必要的",就能具备美德。但他们的内心相信,只有警察是必要的。
>
> ——尼采,《查拉图斯特拉如是说》

我们应当如何对待尼采要求我们每个人都拥有他或她自己的"独有"美德的坚决主张呢?就像他之前的克尔凯郭尔与他之后的海德格尔一样,尼采追寻的是一种本真感(**本真状态**或"**本己性**"),并将本真性与无特色社会的"群畜"心智并排放到一起。本真性与让一个人成为个体的东西,即他或她的"风格"有关。但我认为,我们可以顾及尼采对本真性的坚决主张,却又不乞灵于他对命名美德与分享美德所提出的那个荒谬的限定,即每个人与每个美德都是独一无二的,甚至为美德命名也会让它们变成"共同的东西",从而歪曲了这些美德。不可否认,我的信用不会在所有细节上都与你的信用相同,在它们之间存在的可能仅仅是一种"家族相似"。尽管如此,无论是你的本真性,还是我的本真性,都不会由

第6章 尼采的美德：他会怎样塑造我们？

于我们的"信用"而遭受损失。事实上，尼采的某些至为重要的美德，恰恰是那些我们用来**界定**本真性的美德，比如，确信的勇气以及尼采的那个奇妙的基本美德：孤独。

通过审视尼采对他的同代人以及其他哲学家做出的时而毫不留情的批判性描绘，我们就能得到一组通向尼采美德观的重要线索。我认为，人们错误地假定，美德与恶习是对立的（正如由茶馆里的道德主义者制定的关于美德与恶习的整洁清单所暗示的），虽然如此，尼采对其他人的谴责（或者是对整个文化或整个思想流派的谴责）能让我们极大地洞察到他发现的那些有价值与值得称赞的东西以及那些没有价值与不值得称赞的东西。在这一点上，他个人所做的针对他人的人身攻击就特别有价值，正是在美德伦理学的语境下，人身攻击论证就不是没有抓住（其他哲学家的论著与观念）要点的悖论，而是直接切入了问题的中心。一个人应当像什么样？一个人的美德似乎并非严格地就只是他自己的美德，在这个意义上，一个人就能将它们作为批评其他人的比较标准。因此，一个人也能通过与其他人的比较来批评自己。这些美德或许会承认许多个人的变量，不过，尼采显然没有做出回避，而是将一套复杂的价值与美德适用于其他人，即便尼采偶尔才会按照他显然相信自己应当做的方式进行自我批判。（我将查拉图斯特拉的频繁的自我怀疑与明显的失败理解为尼采自己的自我怀疑与可疑失败的一种隐蔽表现。）①

尼采坚持认为，一位哲学家首先就应当是**一个范例**。这

---

① 尼采在致保罗·雷的信件中写道："因此，我的人生还没有成为一个错误！"

已经标志着对古代的"英雄性"的伦理学的回归,这种伦理学是示范性的,而不是受规则支配的行动指南。根据这种古老的模型,伦理学或许可以简单地被概括为"要像他一样!"① 因此,范例就为尼采的众多道德哲学(即他的美德伦理学)提供了基础。令人遗憾的是,这种正面的例证相对少见。但幸运的是,这些例证绝大多数都是有创造性的人、艺术家与诗人,而不是军队的英雄或暴君。(因此,人们应当将尼采所提到的诸如恺撒·博尔吉亚② 这样的人物放到恰当的反讽语境之中。)他提供的最为杰出的范例是歌德,尼采的慷慨称赞是:歌德"创造了他自己"并让他自己"成为一个完整的人"。尽管如此,尼采的锋利笔法甚至也针对过歌德。还有一些关于叔本华、瓦格纳、苏格拉底乃至耶稣的肯定言辞,虽然它们被随后的批评所构成的合唱淹没了。即便这些英雄也被证明是人性的,太人性的。尼采偶尔对拉尔夫·沃尔多·爱默生、海因里希·海涅、费奥多尔·陀思妥耶夫斯基(我还可以多提几个名字)做过一些赞誉,尽管在最好的情况下,这些人的个人细节也是不充分的。也许这些作家(他们几乎都是作家)喜好匿名状态与疏远的安全性,因为尼采从来都不了解——后来也不曾去费心了解——他们的诸多情况。但是,甚至当尼采称赞他自己时(尤其是在他的自传性作品《瞧,这个人》那里),这些称赞也经常由于嘲弄而有所动摇。

---

① 我对希腊早期的道德本质的这个概括,受益于朱利叶斯·莫拉瓦契克(Julius Moravscik)。
② 恺撒·博尔吉亚(Cesare Borgia,1475—1507),教皇亚历山大六世的私生子,瓦伦蒂诺公爵,罗马尼阿的主人,以他的邪恶、残忍与征战天才著称于世。——译注

第6章 尼采的美德：他会怎样塑造我们？

另一方面，人们会发现，有大量反面的例证贯穿尼采文集始终。我们已经提到了不少这样的例证。"在他与国家的关系上，"尼采写道，"康德并不伟大。"尼采还补充了一句反对他的整个文化及其思想的尖刻话语："作为哲学的德国式颓废……最终的生命枯竭。"① 当然，苏格拉底是嘲讽的持久对象，尼采不仅对苏格拉底是"丑陋的"这个事实进行了嘲讽，而且还对苏格拉底以个人的方式"将理性转变为暴君"② 这个事实进行了嘲讽。尼采在早期作品中打击了欧里庇得斯，在晚期作品中则对教父做了最为严厉的打击。英国人成为尼采的俏皮话所喜爱的笑柄，在这方面，他们或许仅次于德国人。"大写的道德"是奴性思维与群畜思维的产物，是奴隶的道德，是**怨恨**的表现，而尼采不断以相当详尽的方式批判了那些在他们看似最虔诚与最道德的意见中泄露了怨恨的人们。③ 教士泄露了从虚伪到残忍的一系列恶行，哲学家（一般而言）似乎总是由于各种各样的个人疾病、自欺与自我否定而遭受折磨。（几年以后，弗洛伊德就会诊断出有关哲学家神经症的见解。以德国浪漫派作为他的例证，弗洛伊德诊断出了一种**悲天悯人**的情感。如今，考虑到分析哲学家对方法的青睐，弗洛伊德可能会对之做出强迫性神经症的诊断。实际上，人们会乐于听到弗洛伊德关于美国哲学协会的某些有权势者的见解。）人们只能想象，尼采会对当代的"海德格尔危机"添

---

① Nietzsche, *Antichrist*, §11.

② Nietzsche, *Twilight of the Idols*, "The Problem of Socrates", §3.

③ Friedrich Nietzsche, *On the Genealogy of Morals*, I, §10, and elsewhere. 他在《论道德的谱系》第一篇论文第15节与《反基督者》中对德尔图良的攻击尤其典型。

加些什么刺耳的言辞,考虑到海德格尔面对国家社会主义时所采纳的姿态几乎谈不上有什么英雄性。① 不过,无论如何,关键在于,尼采乐于发现他的那些同行的错误,而从这些错误中我们就能够(相当谨慎地)推断出某些美德。②

就尼采而言,他不同于亚里士多德,我们不应当指望他对各种美德做出分析,但他为美德突出了各种范例,这些范例既是个人的又是普遍的,既是真实的又是文学的。我们不应当指望他给出就像"在诸多极端之间的中道"这样的单一标准,他给出的仅仅是大量的评论与反思。但根据这些内容,我认为,我们就可以得到一个关于尼采美德构想的正确看法,这些美德是尼采特别钦佩的美德,因此,它们也是**尼采会用来塑造我们的美德**。

我们怎样具备美德?让我来数数道路

> **四美德**。对我们自己与我们的朋友诚实;对敌人勇敢;对被征服者宽厚;始终要有礼貌——这就是四种基本的美德对我们寄予的期望。
>
> ——尼采,《朝霞》

美德伦理学似乎有一个强制性的杂务,即为美德制定一

---

① Hans Sluga, *Heidegger's Crisis* (Cambridge: Harvard University Press, 1994).
② 再说一遍,恶习的对立面不是美德。爱说闲话是一种恶习。不爱说闲话并不是一种美德。事实上,人们或许会认为,这本身就是另一种恶习。

份清单。亚里士多德为我们提供了一份整洁的美德清单与所谓的精确标准（不要在意他所罗列的美德与标准并非完全匹配，这暗示了整个规划方案的一种特设性）。但是，亚里士多德的整个伦理学在更基本的意义上是由他的这份清单充实起来的：勇气、节制、慷慨、伟大、骄傲、好脾气、友谊、真诚、机智、羞耻［一种"准美德"］、公正，再加上种种实践理性与智识生活。亚里士多德的老师柏拉图同样是一位美德伦理学家（正如他的老师苏格拉底也是一位美德伦理学家），柏拉图在《理想国》中也为我们提供了一份关于美德的简明清单：智慧、勇气、节制、正义。亚里士多德在中世纪最终造就的弟子典范，圣托马斯·阿奎那为我们提供了一套刻板的新亚里士多德主义的美德清单，尤其是他所罗列的基本宗教美德：谨慎、刚毅、节制、正义与信望爱。

为了确保我们不带有过分的种族中心主义，我有必要表明，在世界的另一边，孔子与《奥义书》也提出了多少有些简明扼要的美德构想。孔子提供了一些美德的清单，但他最常提到的美德是：**仁、礼、义、孝、安、忠与恕**（仁慈、礼节性的仪式、公正合理、子女的孝顺、安静、忠诚与尊敬）。从《奥义书》中得到的美德是：平和、怜悯、自控、智慧的觉醒、勤勉、朝向更高级自我的开放性、知足的自我接受。假如我们想要得到一些更具实践意义的美德，我们或许可以添加某些南太平洋（波利尼西亚）的美德，比如毛利人的"八种开放心灵的机会"（*e waru nga pu manawa*），也就是说，一个典型的战士首领（*rangatira*）的八种品质：（在获取食物上的）勤奋，解决纷争的能力，无所畏惧，领导能力，精于雕刻、文身与装饰性的编织，殷勤好客，擅长建造房屋与船只，具备部落土地边界的知识。①在古代，世界各地的唯一选择是美德伦理学。（一个有所限定的例外是古代的希伯来人，他们部族的伦理学是美德与律则的有趣混合，由此，他们设定了尼采在《论道德的谱系》中以如此易于挑起争端的方式加以利用的情境。）

尼采自身为我们提供了两份关于美德的简短清单，一份清单是在《朝霞》之中："诚实、勇气、慷慨与礼节"，另一份清单是在《超善恶》之中："勇气、洞察力、同情心、孤独"。②这些美德彼此并不一致，或者与他自己在论著的其他地方所说的并不一致，我们对此不应当感到惊奇，因为尼采是在不同时期（而且无疑是在不同心情中）写下这些美德的。一如既往，人们并不清楚，尼采在每个这样的场合下的态度有多认真。我可以肯定，他并非意在让这两份清单成为完整的与详尽无遗的。这两份清单都包括的美德仅仅是勇气。正如我已经说过的，我认为，这就是对尼采与亚里士多德而言的关键美德，尽管（正如我将简要论证的）勇气对他们两者来说拥有不同的意义。这些清单上的有些条目需要扩展性的评论，但就目前而言，请让我将我的评论局限于三种美德。

---

① 感谢我的同事斯蒂芬·菲利普斯（Stephen Phillips）在《奥义书》上提供的帮助，感谢夏威夷大学的罗伊·佩雷特（Roy Perrett）在毛利人的美德上提供的帮助（毛利人的美德源自纳蒂阿瓦部落；参见 Roy Perrett, *Philosophy East and West*, 1991, p. 191）。我还要感谢奥克兰大学的安德鲁·夏普（Andrew Sharp）。

② Nietzsche, *Daybreak*, 556; *Beyond Good and Evil*, 284.

第6章 尼采的美德：他会怎样塑造我们？

礼节通常并不被人们认为是一种非常具备尼采色彩的美德，尽管众所周知，尼采在他自己的社会活动中一丝不苟地遵循着礼节。因此，礼节被包含于他早期的美德清单之中，这强有力地暗示，他个人的行为实际上是他自己的伦理学的反映（反之亦然），以区别于比如说以下这种情况：他激烈地谴责同情与怜悯，但与此同时，他自己又是一个高度敏感的、感同身受的、带有同情心的个体。

但这就应当让我们对第二份清单竖起耳朵，尼采在其中以可敬的方式提到了**同情心**。同情心！不过，我们应当注意到，尼采在此处用到的词是 *Mitgefühl*，而不是被人们以不同的方式翻译成"同情"或"怜悯"的 *Mitleid*。在这里，尼采做的是那种类似两边下注以防损失的事情吗？在 *Mitgefühl* 与 *Mitleid* 之间究竟有什么差别？我认为，最为重要的差别是，叔本华用后者（通常被翻译为"悲悯"）来指称他的伦理学的基本原则。但是，鉴于尼采用"践踏"的方式对待"同情"概念的名声，人们确实乐于接受尼采对作为一种美德的同情心的强调。

作为一种美德的孤独？不可否认，亚里士多德不会理解这一点。也不能简单地将此归咎于尼采自己的缺乏根基与孤寂。我将简要地讨论作为美德的孤独，但在此足以表明，尼采不仅仅将孤独视为与他相似者的必备之物——这部分是因为他在社交场合下的笨拙，部分是作为一种回避"群畜"的方式，但有人发现，这也是因为他自己过度倾向于被其他人影响（康德的"他律"）。然而，尼采并不仅仅将孤独作为美德的一个先决条件。他坚持认为，孤独是一种美德，它本身就是一种出类拔萃的优点,而不仅仅是一种实现出类拔萃的辅助手段。它也不仅仅是对笨拙人格的弥补。

不过,这两份清单并不构成一份统一的清单,它们之间的差异应当作为对我们的警示。我们不应当假装有能力孤立一小部分美德,就像尼采自己在这两份简短的清单中所做的那样。虽然存在着"作为一个范例的哲学家"这个重要的主题,但我们仍然应当在尼采宣教的美德与尼采在作品中例示的美德之间做出区分。但宣教本身就表明了一个人的品性,倨傲的宣教、先知的宣教、反讽的宣教或许是相当与众不同的,它们与"宣教者是谁"这个问题有关。一个哲学家坚持认为要审慎与严肃(让我们重复一遍,审慎与严肃),他多次相当谨慎与非常严肃地说出了这一点,这肯定向我们表明了某些重要的东西,它们不仅与他或她的(坚决主张审慎与严肃的)论著有关,而且还与这个人有关。

因此,类似地,当尼采通过运用大量的惊叹号与斜体字,通过频繁参考经典与神学,通过夸张的质疑与刺耳的辱骂来告诉我们,基督教的道德是一种"奴隶"道德时,我们可以正确得出的不仅是"他对基督教的道德特别没有好感"这个结论,而且还包括以下结论:尼采个人对基督教的道德感到愤怒与鄙视,他将自己设想为一个在某种意义上"超越"了基督教道德或在基督教道德之外的人,(特别重要的是)他将自己首先视为一个博学的精英主义者。尼采有意支持这种贫瘠的、义愤的、歧视的、冒犯的与争辩的风格这个事实,表明了他对自己作为先知的大量看法——我认为,它要比尼采让他的那个改变了的自我出演的真实先知**查拉图斯特拉**更优秀。它更像耶利米①,而不是琐罗亚斯德②。尼采所运用的视角性的历史观同样表明了一种独特的人格,这种人格显然是从特殊的陈述风格中显露出来的,它为了支持出色的洞察力(即便是短暂的)而摒弃了前后一致。因此,若发现尼采的美德目录是臃肿而混乱的,充斥着前后不一致,我们也不应当感到惊奇。假若我们在尼采那里发现了许多风格的变化(就像一个人在阅读手写的书信时,风格将逐行或逐句发生变化),这同样表明了某些关于尼采性格的相当有启发的东西。(任何笔记分析师都会这么认为。)因此,尼采的美德就不应当仅仅在他所说的话中去寻找,而且应当在他的说话方式中去寻找,进而还应当在由此反映的他所是的那个人与他认为我们应当成为的那种人中去寻找。我们应当提醒自己,正如偶尔是尼采英雄的爱默生所告诫的,不一致是渺小心智中的妖怪。

因此,在本章的剩余部分,我想要提出一张丝毫都谈不上简单的清单,它罗列的是"尼采美德"目录中的那些多少合乎情理的候选者。我将这些美德分成三组:第一组被我称为"亚里士多德式的"美德,它们显现于亚里士多德的那张可敬的异教徒美德清单之上。第二组美德是一组不寻常的"尼采式的"美德,尽管这张清单很难说没有它内在的冲突与矛盾。这些美德是无法根据亚里士多德的清单来想象的美德,而这不仅仅是因为亚里士多德没有考虑过它们。最后一组是一张"成问题的"清单,一组不匹配的尼采的"隐秘"美德,

---

① 耶利米(Jeremiah),《圣经》中的人物,希伯来先知,也被称为"流泪的先知"。——译注
② 琐罗亚斯德(Zoroaster),伊朗先知,古代波斯国国教拜火教的创始人,查拉图斯特拉是琐罗亚斯德的波斯语译名。——译注

它们诱使人们做出讨论与分析,并且提出了一些与美德本质以及诸多美德有关的有趣问题。

尼采的亚里士多德式的美德

让我们以一张稍微有些传统的美德清单(也就是说,它差不多与亚里士多德相一致)作为出发点。然而,无论传统与否,所有这些美德都需要做出某种解说,因为人们不应当假定,尼采通过这些美德的名称所要表达的意思,就是包括亚里士多德在内的其他哲学家通过它们所表达的意思。

勇气

慷慨

节制

诚实(真诚)

荣誉/完善

公正

骄傲(伟大的灵魂,*megalopsychos*)

彬彬有礼

友谊

机智(幽默感)

勇气

我已经提出,对尼采与亚里士多德来说,勇气都充当了一种关键性的美德,它相当于所有美德的某个原型。不过,无论是尼采还是亚里士多德,他们都认为,勇气并不局限于战场上的勇敢,就此而言,他们主要关注的并不是战场上的勇敢，他们只是将这种勇敢作为他们显而易见的范例（或者在尼采的情况下，作为他最为流行的隐喻之源）。正如我已经提到的，存在着一种与一个人的信念有关的勇气，这种勇气对破坏传统观念的尼采所构成的挑战，肯定要比它对老好人亚里士多德构成的挑战更多。还存在着一种直面人生的勇气，它对多病的、失眠的与受疼痛折磨的尼采所构成的挑战，要远大于亚里士多德。就我们所知，亚里士多德的健康状态相当不错（而且，亚里士多德将良好的健康状态视为**至善**[*eudaimonia*]的前提条件）。我不知道，尼采是否会接受"本周的致命疾病"这档最近赢得我们关注的过于伤感的电视节目，但可以肯定的是，它带有一些在尼采那里的勇气概念。尼采不顾一切地敦促我们肯定生命，这提示我们，相较于尼采所有与军事有关的隐喻，尼采个人最钦佩的仅仅是**坚持不懈地**生活并完成某些有价值东西的平凡勇气。

不过，勇气是什么？亚里士多德为我们给出了一种分析，事实上，它就是"诸多极端之间的中道"这个他的美德标准的示范性例证。亚里士多德将勇气这个美德与怯懦和鲁莽这两种恶习（即勇气的两个"极端"）区分开来。（这种三位一体应该已经在很大程度上提醒了我们，要反对将美德与恶习理解为"对立的"。）对亚里士多德来说，这些恶习与美德共同涉及的是畏惧的存在。怯懦是因为有太多畏惧存在。相较之下，鲁莽是由于缺乏畏惧（或至少没有多少畏惧）。与这两者适成对照的是，勇气恰恰是由于具备了恰当数额的畏惧，既不多也不少。显而易见，按照亚里士多德所做的陈述，这种解释最适合于战场，它期待着战场上的战士在面对令人生畏的敌人时仍能坚守他的阵地。但当它应用于一个人在持续面对痛苦和疾病的信念或意志中蕴含的勇气时，这种解释就不怎么有说服力了。不过，还是让我们以战场作为我们的例证，由此我们将会看到，尼采是否赞同亚里士多德的分析。

　　对尼采来说，具备勇气似乎并不意味着"克服畏惧"这个标准的解释，甚至并不意味着具备"恰当数额的畏惧"这个过于定量的亚里士多德的解释。相反，正如在尼采的众多美德概念中的情况那样，尼采的模型（或隐喻）是"充溢"。在勇气这个例证中，我会暗示，它充溢着一种使命感乃至义务感（但断然不是康德意义上的义务感）。它是一种面对任何有待克服的障碍，无论如何都要完成某些事情的感觉（在恰当背景的限制下）。在战争中，这种限制或许相当少见。在文明的生活中，恰当性（乃至道德）的限制或许是相当多与相当复杂的。但这种充溢的、想要完成某些事情的使命感压倒了（而不是乏味的"克服"）恐惧。人们可以想象一位荷马式的希腊英雄，他的内心涌动着爱国精神、复仇心、战士的热情、男子气概（或无论什么东西），他在这些动机的驱使下，冲过任何他或许会感到恐惧的东西。① 事实上，恐惧的数量几乎没有什么关系。因此，以同样的方式，有雄心壮志的艺术家或哲学家热情而又专注地追寻着他或她的想法，而不顾失败、嘲笑乃至完全被忽视（这或许更糟糕）的危险。类似地，癌症患者寻求有风险的试验性疗法，完全可以理解，她会由于可能存在的副作用与极有可能的失败而产生畏惧，但她不

---

① 但可参见尼采在《朝霞》第 277 节中关于"热的美德与冷的美德"的论述，特别是他关于"热烈的"勇气对"冷酷的"勇气的优势的论述。

第 6 章 尼采的美德：他会怎样塑造我们？

顾这种畏惧，毫不犹豫地去做任何有可能做到的治疗。

请考虑一个亚里士多德与尼采都会产生敬意的例证，即在《伊利亚特》中阿喀琉斯复仇的场景。[①] 阿喀琉斯被他的朋友帕特洛克罗斯之死激怒了，他带着复仇之心（"正义"）在特洛伊之外的战场上冲撞。他并没有什么畏惧。在所有这些精心引导的杀人狂怒中，并没有给畏惧留下任何余地。若要将这种状态下的阿喀琉斯称为"无所畏惧的"，这看起来即便不是荒谬的，也是相当轻描淡写的。按照亚里士多德的理解，勇气所依据的是抵制的数量或必须克服的畏惧的数量。我们自己对勇气的理解或许与亚里士多德一致，或许与亚里士多德不一致。但是，如果我们按照尼采（与荷马）的方式来审视这个场景，那么，畏惧与勇气就不是互补的，而是对抗的。无所畏惧的正是阿喀琉斯，而不是那种颤抖着膝盖"强迫自己"坚守阵地的可怜战士。（**勇敢**这个词曾经也带有这样的含义，此外，它同样已经被亚里士多德对**勇气**的理解所影响。）换句话说，勇气并不是克服畏惧。它是决心的充溢，它是由一种势不可当而又得到精巧引导的情感之流构成的。亚里士多德在他的伦理学中注意到，某些人战斗起来"就像野兽"，他们没有任何荣誉感。然而，由"充溢"所构成的勇气吸收

[①] Homer, *The Iliad*, trans. S. Lombardo (Indianapolis, IN: Hackett, 1997), xv, 348–351; Aristotle, *Nicomachean Ethics*, Book III, chapter 8, line 1116. 大卫·罗斯爵士指出，这段引文可能更类似于阿伽门农，而不是赫克托耳（68），但亚里士多德认为："激情有时被看作勇气……因为激情尤其渴望冲向危险。因此，荷马'将力量放到他的激情之中'。"亚里士多德继续说道，出于激情而行动的人并不具备真正的勇气，而是更类似于野兽。他们的行动"既不是为了荣誉，也不受规则引导"（1117）。尽管如此，亚里士多德补充说："他们拥有某种与勇气同源的东西。"

了一个人的荣誉感,而不是(像亚里士多德所认为的)排斥一个人的荣誉感。事实上,(在许多情况下)"充溢"的东西正是一个人的荣誉感(尽管阿喀琉斯随后做出了糟糕的行为)。

慷慨

人们可以对慷慨(它在《查拉图斯特拉如是说》中被称为"馈赠的美德",在亚里士多德那里被称为"宽宏大度")做出一种相同的分析。它不仅仅是给予,也不是给予的习惯。请在"捐助捐到疼!"这个呼吁捐助的熟悉语境下来考虑慷慨。我们可以想象,捐助者与他或她自己的吝啬所引起的苦恼做斗争,通过良知的权衡来反对自己用捐款去街上的酒店购买廉价出售的法国葡萄酒。最终,慷慨克服了抵制,美德以令人钦佩的方式得以展现。**但是**,首先请注意,一个人的施舍所经历的斗争越多,这个人就**越不**慷慨,而不是相反。因此,亚里士多德正确地坚持认为,就像所有的美德那样,慷慨实际上是令人愉快的,而不是令人痛苦的,这本身就是对一个具备美德的人的检验。它同样要求捐助者在正确的时间对正确的人施舍正确的数额,而这取决于一个人的不偏不倚。施舍给错误的人是一种不同的恶行,在错误的时间做出施舍则是另一种恶行。当然,最为重要的是,一个人是出于"高贵"品性做出施舍,而不是为了任何报酬或由于确信有可能得到回报而做出施舍。①

人们也能看到,"在诸多极端之间的中道"这个亚里士多德的标准在这种情况下是如何发挥作用的(或许是以一些

---

① Aristotle, *Nicomachean Ethics*, Book IV, section I.

不同的方式发挥作用的)。亚里士多德自己的处理方式是,将挥霍确认为过度的恶习,将吝啬确认为不足的恶习,这暗示着慷慨首要考虑的是一种经济责任感(就像在勇气那里的畏惧),它是以怜悯来权衡的,或更确切地说,是那种特定意义上的同情,即想要帮助比自己更不幸的那些人。(这是一种对亚里士多德的更为现代的理解,而亚里士多德自己的理解则依赖于高贵感。)于是,不足的恶习就是缺乏同情与"吝啬",这导致了一种不怎么慷慨的精神。过度的恶习就是不负责任,乃至想要全部赠送出去与"挥霍"的非理性期望。这有可能是基督教思想中的美德——正如在托马斯·贝克特①这个例证中,他将自己所有的世俗财产都给了穷人,但亚里士多德并不认为这是一种美德。对亚里士多德而言,贝克特其实是非理性的。(约翰·克里斯②的《巨蟒剧团》有关罗宾汉的讽刺喜剧幽默地阐明了过度慷慨导致的悖论——就像莫尔先生一样,罗宾汉"劫富济贫",直到穷人变得比富人更富有。在这个时候,罗宾汉举起双手大声惊呼:"财富的重新分配比我所认为的更加复杂。")尽管如此,亚里士多德评论道,"挥霍"倾向于涵盖大量的恶习,因此,他没有将他的分析过于紧密地固定于"挥霍"。他同样注意到,吝啬显然是一种"更大的罪恶",而这仅仅是因为人们更有可能在这个方向上犯错误。不过,在颠倒这幅图画的同时,人们或许还可以说,在其中

---

① 托马斯·贝克特(Thomas à Beckett,1118—1170),英格兰国王亨利二世的大法官兼上议院院长,英国坎特伯雷大教堂的大主教,死后被教皇亚历山大三世封为圣徒。——译注
② 约翰·克里斯(John Cleese,1939—),英国喜剧界大师级的演员、编剧和电影制作人,英国电视喜剧片《巨蟒剧团》系列是他的代表作之一。——译注

发挥关键作用的情感是某种类似于占有欲的东西，即那种坚持一个人所拥有之物的愿望。在这种情况下，过度的恶习就会是吝啬，即一种过于强烈地坚持一个人所拥有之物的愿望，而不足的恶习就会是一种对自身所拥有之物的漠不关心，它可能也是在基督教、斯多葛主义与禁欲主义思想那里的一种美德，但对亚里士多德来说并非如此。在亚里士多德看来，这会构成一种特殊的不负责任。最起码这将意味着一个人不再有能力负担得起慷慨。① 无论根据哪种诠释，我们都可以看到，根据亚里士多德的标准，人们能够以何种方式运用过度与不足来解释慷慨（宽宏大度）的本质。

尽管如此，不妨假定，慷慨是由那种或许可称为一个人的"充溢"本性的东西构成的。事实上，这就是亚里士多德对一种慷慨者的描述，他们简直可以说是充溢着财富，这些财富多半是继承而来。不过，亚里士多德对此表达了严重的忧虑，显然，这种慷慨行为的高贵由于其潜在的不负责任而声誉受损。但是，话又说回来，人们或许可以回应说，慷慨者所拥有的金钱多得让他"甚至不知道如何处置"。我听说，这就是滚石乐队的米克·贾格尔②在路途中的行事作风。由于贾格尔拥有的金钱要多于他（或任何人）有可能知悉的花费途径，他就干脆让金钱自由而又多少不加分辨地流向接受者，而这既产生了公正的后果，又产生了轻率的后果。如今不可

---

① 参见 Aristotle, *Nicomachean Ethics*, Book IV, section I 与 Sir David Ross, *Aristotle* (London: Routledge, 1995)。
② 米克·贾格尔（Mick Jagger, 1943— ），英国摇滚乐手，滚石乐队创始成员之一。——译注

否认的是，根据亚里士多德，缺乏分辨就意味着它是一种恶习。但即便亚里士多德也坚持认为，慷慨是一种品性的状态，而不是有关施舍的任何细节。因此，人们可能会设想，贾格尔的放任与缺乏关切表现的是一种真正的慷慨，而阻止丧失财产的个人斗争则描绘了吝啬与绝大多数并非名副其实的慷慨的特征。有人认为，慷慨涉及的是一种只能伴随着巨大财富的漠不关心，诚然，这是一种颇具精英主义色彩的说法，但尼采会毫不犹豫地这么说（就此而言，他类似于亚里士多德，而与绝大多数的基督教美德颇为不同）。不过，尼采关注的当然不是金钱（这并不是说，他对金钱问题漠不关心），还存在着与一个人的时间、精力和才华有关的慷慨，而尼采在查拉图斯特拉那里所显明的例证在此处就变得相当有意义。慷慨是具备伟大灵魂的精神的"充溢"，是丰裕者的"充溢"。因此，尼采的查拉图斯特拉充溢着分享其智慧与洞识的需要。因此，正如每一个好学生都有所了解的，一个伟大的老师不仅仅具备知识与技能，而且也充溢着分享那些知识与技能的需要。

节制

因此，其他的美德也是作为具备伟大灵魂的精神的"充溢"与丰裕者的"充溢"而出现的。若有人提出反对，认为这些美德并非如此，而是相对于自私自利与个人需要的义务感，那么，他就回到了被尼采认为是可悲的美德模型之中，即那种出现于康德与基督教的模型，在那里，精神的贫乏者而非丰裕者变成了焦点与范例。为贵族写作的亚里士多德则介于两者之间。不过，构成尼采美德的东西，实际上是一种丰富性，一种认为自己位于世界之巅的感觉。一个人若要采纳这种伦理学，他并不需要在金钱、威望与权力上大伤脑筋。尼采或许就可以充当这样的例证：他不仅是贫穷的与健康不佳的，而且被同时代的知识分子所忽视，尽管如此，在他状态较好的时日里，他的写法显得就像是将整个世界的命运都握在自己的手中。

然而，节制似乎是一种不同的美德。亚里士多德相当明确地根据"触觉的快乐"与"非理性部分的美德"来对节制做出了讨论。我们在此碰到了一个在我们谈论尼采时常常会涉及的并无新意的问题。一方面，尼采至少在他的想象与他的作品中是一个异乎寻常的好色之徒，而众所周知，尼采的性生活相当有限，由此产生的一个奇妙后果是，人们倾向于忽视或忽略他的论著中提及的众多性爱。但另一方面，尼采的性生活颇为节制，无论那个认为尼采是同性恋者的新近假设能否被证明具备任何真正的可信性，可以肯定的是，甚至根据维多利亚时代的标准，尼采的恋爱经历也是相当克制的。当然，与节制有关的不仅仅是性爱的快感。亚里士多德相当详尽地谈到了关于食物和饮食的节制与放纵，但即便是以最简要的方式参照尼采的那些更有节制的饮食习惯（在他尚且能饮食的时候），人们也会明白，对尼采来说，放纵几乎谈不上是一个选择。

因此，在节制与放纵的问题上，我们最好将自己局限于尼采的所思所写。我认为，他在那里展现的沉溺酒色的倾向，就这种美德对他的可能意义提供了一幅相当清晰的图画。在先前的章节中，我提议，我们应当试图根据那种被我称为**热**

情的生命，被尼采称为狄奥尼索斯的东西来理解尼采。毫无疑问，狄奥尼索斯是色情的与没有约束的。（我认为，将被尼采称为阿波罗的东西视为对狄奥尼索斯的修正性限制，这是错误的。它们更类似于阴和阳，相互补充而不是彼此修正。）至少在他的作品的语境之下，尼采将**这种性欲**当作一种美德。当然，这在很大程度上有悖于西方与东方的整个哲学传统，在那些传统中，哲学家普遍认为，在最好的情况下，性欲也分散了人们关注诸多永恒真理的精力。在叔本华的影响下，尼采却将性欲与性爱构想为某种与现实本身密切相关的东西（除了少数笔记，尼采并没有求助于任何类似于叔本华的形而上学的东西）。当然，这是（好色之徒典型的）夸大其词。但它相当清楚地表明，只要尼采能够满足性欲在体格上与性情上的要求，那么，他对节制的看法就会是，它并非一种追求适中的美德。它是一种自制的美德，多少类似于在一个人的欲望激流之上冲浪。否则，它就变成了一种微妙的禁欲主义。在狄奥尼索斯的王国中，并不存在放纵这样的东西，只要狄奥尼索斯是一种令人持续陶醉的肯定生命的激情。在那里，存在的仅仅是"充溢"及其精于掌控的表现。

诚实（真诚）

或许可以将那种通常以"诚实"为人所知的美德更好地称作"真诚"。对此存在着各种理由，而我们要提到的一个最为重要的理由是，这是亚里士多德赋予这种美德的名字。而且，"真诚"（truthfulness）让丰富性（fullness）这个词的形象成为它自身的一部分（诚实［honesty］则并非如此），因而将充溢的形象作为它自身的一部分。人们可能会将诚实视为真理的"充溢",或更审慎地说,视为一个人最真心实意的见解,但在大多数情况下,它被视为谎言的对立面与对说谎的克制,而说谎和谎言在道德上是错误的。然而,这并非尼采在心中想到的东西。真理的"充溢"更好地描绘了尼采自己作品的特点,查拉图斯特拉则是这种美德的典范,温和地说,他始终处于"充溢的"状态。他迫不及待地要将他学到的东西告诉花斑奶牛镇的镇民。因此,若普遍化这个形象,一位优秀的教师就不会是那种在义务的督促下(或为了他自己的薪水)一点点分发知识的人。一位与课堂紧密相结合的优秀教师几乎无法克制自身,他或她"充溢着"知识与见解。(人们会期望,这些见解是由品位所磨砺出来的,但在尼采那里,这一点并非总是显而易见。)这就让我怀疑尼采以不同的方式提出的这句智者式的评论:"你应当将教育仅仅给予那些**需要**它的人。"真诚从根本上就不是对他人的服务,它首先是自我的充溢。①

尼采的真诚远远多于亚里士多德的真诚,它彻底不同于任何或许导源于"绝对律令"的反对说谎的禁令。告知真相与其说是一种义务,不如说是一种强有力的"倾向"。不消说,它与"最大多数人的最大幸福"也几乎没有什么关系。尼采说,真理是**危险**的!但无论尼采在认识论中对真理说了些什么(比如,"不存在真理"或"所有的真理都是谬误"),他尤其对他自己的真诚、诚实乃至他不情愿隐瞒关于人生与人的本性的最为丑陋的真理而感到骄傲。值得注意的是,亚

---

① 这节从头到尾都受益于克兰西·马丁(Clancy Martin),他在田纳西大学撰写的学位论文富有洞察力地研究了亚里士多德与尼采的"真诚"概念(December, 2003)。

里士多德将真诚的美德几乎都局限于告知一个人功绩的真实情况。对希腊人来说,夸耀是无妨的(它是希腊人自豪的一种形态),但在简历中说谎则不是。尼采几乎没有注意到这种关切,假若我们不全信他的嘲讽,我们就会饶有兴趣地注意到,他以极端的方式夸大了他自己的重要性与成就,尤其是在《瞧,这个人》那里(例如,"我为什么这样聪明"与"我为什么写出了这样的好书")。诚实或真诚似乎也没有对尼采以臭名昭著的方式喜爱的夸大其词产生任何约束,因为尼采理所当然地认为,夸张与说谎并不完全相同。

相较之下,诚实对尼采来说,是一种过于文明的情感,它带有太多与头脑简单的"终末之人"有关的形象,这种人眨着眼睛讲述真理。诚实缺乏尼采的美德所具备的丰富性与隐蔽的复杂性。真诚并非直言不讳地说出自己的想法,它不仅仅以反对说谎的禁令为基础。一个人说出真理,这不是由于义务,而是由于这个人被培养成讲述真理的人,他觉得有讲述真理的需要。事实上,尼采有时暗示,谎言本身或许是最有力的真理,这正如他在那篇"过火的"早期论文"论道德之外意义上的真理与谎言"中所论证的。根据审美的冲击力,情况可能确实是这样。令人遗憾的是,尼采似乎经常认为,一个陈述越真实(抛开那些认识论上的疑虑),它就越难以消化吸收("甚至是那些朴素的、生硬的、丑陋的、令人厌恶的、非基督教的、非道德的真理——因为这样的真理确实存在")。[①] 因此,真诚的美德有时听起来就更像是一个触怒众

[①] Nietzsche, *On the Genealogy of Morals*, I, 1.

人的借口。但我们不应当被尼采挑衅性的认识论或他对夸大其词的喜爱所误导。尼采首先为他作为哲学家的真诚而自豪，而我认为，相较于其他任何美德，真诚也是尼采最强烈地要求我们去实现的美德。尼采会怎样塑造我们？他首先就会让我们成为那种充溢着认知需求与讲述真理需求的讲述真理者。

荣誉／完善

对亚里士多德来说，荣誉有两种不同的含义。它与诸多声誉——即公众的认可有关，其次，它意味着某种更加类似"高贵"的东西，它关注的与其说是其他人的想法，不如说是具备美德者的美德的统一性或被我们称为"完善"（"完整性"、整合）的东西。由于亚里士多德既不重视私人与公众之间的区别，又不认为个体截然不同于他或她的共同体，因此，这两种含义之间的差别并没有那么巨大，不过，尼采非常犀利地提出，荣誉有一种肤浅而又偶然的意义，它取决于其他人心血来潮的意见，荣誉还有一种更加深刻却又不可或缺的意义，他将之称为"所有美德的目的"。尼采或许曾经追求过公众的认可（甚至是以不顾一切的方式追求），但他非常清楚，不要过于认真对待公众（"群畜"）的重要性。不同于亚里士多德，他肯定在私人与公众之间做出了区分，并且非常严肃地对待这个区别。最为根本的恰恰是一个人的私人（"内在"）生活，一个人高贵的激情与情操，而不是一个人的名声或世俗的成功。

对亚里士多德与尼采两者来说，荣誉的第二种远为重要的意义（即高贵）充当了一种概括性的美德。它与其说是一种美德，不如说是所有美德最终都关注的东西。根据我们的那种更为平等主义式的思维方式,它充当的是一种与**完善**相同的功能,它与其说是一种美德,不如说是所有美德的整合。(重要的是,不要将完善与任何单一的美德相混淆。比如,诚实。一个人的诚实有可能是冷酷的或工于心计的,而这违背了此人的完善。)尼采在许多地方特别挑选出了完善,比如,在《偶像的黄昏》对歌德的精心称赞。然而,尼采在此泄露了那种大量渗透于他的美德伦理学的不一致性。一方面,他称赞了那种将自身锻造为统一体的做法。("就像果树必然孕育果实一样,我们的观念,我们的价值,我们的赞同与反对,我们的保留与辩解,也必然是从我们身上成长出来的……它们都是**一个**意志、**一种**健康、**一**片土地、**一个**太阳的见证。")①但另一方面,尼采强调要拒斥一个由亚里士多德锻造而成并被他的几乎所有后继者所共享的古代学说,它被称为"美德的统一性"。这个学说被人们以各种方式进行诠释。②但它的基本思想是,诸多美德"都是协调一致的",也就是说,诸多美德都是可以相互并存的,一个人若具备一种美德,就倾向于具备所有的美德。尼采特别在《查拉图斯特拉如是说》那里,通过论证直接反对了这个论题,他注意到,诸多美德倾向于彼此交战,每一种美德都会为了支配地位而斗争。③(它们同样拥有它们的强力意志。)因此,尼采式的自我就是一种

---

① Nietzsche, *On the Genealogy of Morals*, preface §4.
② 参见约翰·库珀(John Cooper)关于这个主题的概述性论文:"The Unity of Virtue",该文被收录于 *Virtue and Vice*, ed. E. Paul (New York: Cambridge University Press, 1998)。
③ Nietzsche, *Zarathustra,* I, 5.

在诸多对抗的本能与美德之间的动态张力，而完善（高贵）则是将它们结合在一起的东西——无论这种结合有多么脆弱。

我曾经考虑过要将**自主**列为尼采的传统美德之一，但是，这个词是被康德以及他的追随者所指定的，因此，我认为它在最好的情况下也是高度具备误导性的。康德将这个术语呈现为一种我们在其中成为"理智世界［或超感性世界］的成员"的自由，无可否认，这种形而上学的意义远非人们可以从尼采的那种自然主义意义上的美德中提取出来的东西。因此，对于尼采来说，"独立思考"这个更一般的观念（包括为自己确定什么是应该做的与下决心去做应该做的）带有太多的反思性，更不用提以下这个事实，即康德的自主虽然包含了"独立思考"，但它依赖于普遍合理性的概念，因而依赖于普遍的道德。然而，在**独立**的意义上的自主，无疑是尼采那种强有力的意义上的个体性（对立于"群畜"）的核心。这在尼采所运用的主人—奴隶的隐喻中有着清晰的暗示，黑格尔则明确地将这个隐喻描述为独立性与依赖性的辩证差异。但我认为，更好的做法是将这种独立性描述为完善，或者回到亚里士多德的作为高贵的主人心智，而不是回到带有过多康德腔调的"自主"。因此，在我们的思路中，完善通常包括了思想、良知与行动的独立性。而对尼采来说（在《超善恶》那里），高贵相当明确地要求一种极大的独立性。

公正

如今很少有哲学家认为，公正会像柏拉图或亚里士多德所断言的那样，是一种个人的美德。公正在今日是一个理性的筹划，一种社会的品质，而不是个人的品质。但对尼采来说，公正更多的是一种个人的美德,而不是在亚里士多德那里的比例的品质,也不是在柏拉图那里的"给予每个人应得之物",尽管尼采也经常做出可以这么理解的评论。一方面,尼采似乎很少关注"分配"正义,无论是古代哲学家的分配正义,还是同时代哲学家的分配正义。事实上,他的哲学对分配正义中的物质财富分配与荣誉分配几乎没有提出任何建议——更不用提理论了。他甚至没有坚持——有时则直截了当地拒斥——这个想法,即(包括审美品质与艺术品质在内的)诸多美德**应当**有所回报。(他甚至拒绝将这些美德视为"它们自身的回报"。)然而,他极其关注那种有时被称为"报应正义"的东西,也就是说,那种本质上是惩罚问题的东西。简言之,尼采**反对**惩罚。尽管尼采的文字看起来似乎都充满着强烈的报复心理,但是,尼采发现,惩罚是低贱的,它建立在怨恨的基础上,因此是弱小的一种标志。惩罚本质上是残忍的理性化。这或许会让那些人感到吃惊,他们对尼采关于残酷的频繁讨论(这些讨论即便不是对残酷的辩护,有时也近乎是为残酷寻找借口)留下了深刻的印象。可是,公正(它紧密地关联于宽恕这个同样成问题的概念之上)对尼采来说,首先就是对惩罚欲望的**克服**,或更确切地说,具备如此宏大的自我感受,以至于不再欲求任何惩罚。因此,宽恕是充溢的另一个例证,而得到恰当理解的公正则恰恰是这种宽恕的感受。①

骄傲

骄傲通常被列为基督教的"七大致命原罪"之一。但

---

① Nietzsche, *On the Genealogy of Morals*, II.

对尼采与希腊人来说，它意味着某种更加类似于"应得的自尊"的东西，亚里士多德在他的"具备伟大灵魂的人"（*megalopsychos*）那里称赞了这种品质。事实上，对于亚里士多德来说，骄傲（宽宏大量）是作为一种美德的至高点出现的。因此，大卫·休谟，一位自称的"异教徒"，将骄傲这种美德视为对立于谦卑这种"僧侣式"美德的品性。尼采对骄傲的谈论将之作为基本的动机，例如，在《朝霞》中，他将骄傲分析为道德的基础，并进而追问，一种对道德的新理解（亦即他自己的理解）是否需要"更多的骄傲？一种新的骄傲？"① 当然，骄傲预设了某种骄傲所**针对**的东西，但骄傲的美德不可还原为那些作为其源头的成就。这种美德与一个人如何看待自身的方式有关，与一个人如何看待自己所推进的诸多价值的方式有关。人们或许也会认为，（如此理解的）骄傲是伟大思想与伟大功绩的前提条件。正如康德与黑格尔曾经论证的，"没有激情，就无法完成任何伟大的事物"，而他们或许还会加上"**自信**"。进而，尼采会说，从谦卑中永远无法产生任何伟大的事物，基督教历史中的某些特定的表面现象也不例外。

彬彬有礼

对于那些怀有强烈兴趣要将尼采理解为一个伟大野蛮人（或野蛮人的辩护者）的人来说，尼采对礼节与礼貌的强调或许是某种给他们带来强烈冲击的东西。但在尼采看来，与他人和睦相处肯定具有至高的重要地位（尽管他在哲学上仍

---

① Nietzsche, *Daybreak*, 32.

然是喜好争辩的）。无论如何，粗鲁暴露的是缺乏风格，缺乏自律以及视角的贫瘠。

友谊

通过阅读尼采的信件（更不用提他的那次令人尴尬的求婚），我们得到了这样的感觉，即他的友谊观远不是一种平静的友善。相反，它是喜爱乃至绝望的爆发。亚里士多德与有绅士风度的大卫·休谟也许会坚持认为，人们易于与诸多美德一起生活，这些美德的本性（绝大部分）是随和的。然而，查拉图斯特拉对朋友的寻求清楚地表明了尼采自己对友谊的态度。无论他怎么赞颂孤独，尼采显然赞同亚里士多德："没有人会选择不与朋友一起生活。"[1] 事实上，尼采不仅倾向于不断充溢着（若不确切地说，则是"不断喷涌着"）他的友爱，而且还倾向于不断充溢着他对友谊的需求，这是人们从他的众多私人信件中获得的压倒一切的印象。[2]

当尼采以积极肯定的态度来讨论爱时，他心中想到的爱几乎总是**菲利亚**[3]，而不是**阿加佩**或**厄洛斯**。也就是说，友爱是他关于爱的最终理想。但与亚里士多德一样，尼采并没有将各种友爱都视为完全一样的，他也没有将大多数人的友谊视为"最高"意义上的"真正"友谊。亚里士多德勾勒了三种友谊，最为常见的友谊是互利的友谊。这种友谊取决于利益的持续存在，在一种显而易见的意义上，这些所谓的朋友实际上"利用"彼此，用康德的术语说，他们仅仅将彼此视

---

[1] Aristotle, *Nicomachean Ethics*, Book VIII, 1.
[2] 参见 Middleton, *Selected Letters*。
[3] philia, 希腊语，指的是同伴之爱与友爱。——译注

为手段，而不是目的。第二种友谊（即彼此愉悦的友谊）的情况有所好转。在这种友谊中，两个朋友没有在任何意义上"利用"彼此，但这种友谊仍然存在着意外的可能性（人们经常在浪漫之爱牵扯其中时听到这种意外）：只有当友谊是"令人愉快的"，它才会持续。当愉悦持续时，爱也会持续。第三种友谊（即"最高级的"友谊）是相互激励的友谊。这种友谊不仅仅是钦佩，因为钦佩仍然有可能产生彼此结盟的好处，或仍然有可能仅仅是与如此值得钦佩的人在一起而产生的愉悦。而激励旨在未来，这种友谊主要存在于彼此的激励之中，从而完善自身并让他或她实现最佳状态。因此，让一个人以最佳的方式成其所是，就是这种友谊所扎根的环境，因为只有在这种友谊之中，而不是互利的友谊或彼此愉悦的友谊，关注的焦点才转向自我完善（对立于自我的利益或愉悦自身）。

当然，我们大多数人拥有的是所有这三种友谊。但尼采并不是。没有证据表明，他曾经在心中带着个人的利益去追寻友谊，也没有证据表明，他似乎纯粹地享受着他的友谊。对尼采来说，只有亚里士多德的那种理想的菲利亚才会满足他的要求。在尼采的信件中，我们经常能够看到，尼采所要求的正是这种友谊（往往被误称为"柏拉图式的"友谊）。当厄洛斯与菲利亚相结合时，就会产生巨大的困惑，就正如在露·莎乐美（乃至保罗·雷）的例证中那样。厄洛斯引入了**需求**的概念。当然，这通常对我们大多数人都适用，但在尼采的例证中，这对于揭示友谊的意义尤其具有启发性。菲利亚在最高的意义上恰恰预设了尼采在其哲学中一直有所称赞的独立性与主人般的举止。因此,无论主人般的友谊是为了利益还是为了愉悦,尼采都没有将之描绘为彼此依赖,而是将之描绘为志同道合者在高贵与力量中的情谊。尽管如此,在(情欲的)恋爱之中,力量与独立性转变成了可悲的依赖性,这就正如尼采在他的两位最好的朋友那里亲身体验到的羞辱经验所展示的。

机智(幽默感)

任何一个人在阅读尼采时若没有发现他的机智(这说的并不是幽默),那么,他就错过了颇为显著的东西。仅仅就尼采的机智这个主题,肯定可以(而且应当)撰写一本书。(凯瑟琳·M.希金斯的《喜剧的慰藉》是对尼采《快乐的科学》所做的一次研究,它恰恰对该主题的研究做出了部分的尝试。)[1] 无疑,尼采将他自己设定为最佳范例的一个美德就是机智的美德,即便是那些从根本上就不觉得他"有趣"的人(相反,他们也许会觉得他极其令人不快)也不会否认,尼采自始至终都试图让他的论著成为机智的作品(尽管它们也许仍然如此令人不快)。但是,在机智与幽默之间的关系是某种值得深入探究的东西,因为这两者并不相同,人们或许可以有根据地认为,它们实际上是对立的(而且还对立于许多其他的美德)。[2] 幽默确实有可能是本能的与"低水平的",这取决于一个人的理论与幽默感,就像霍布斯对被打败的对手

---

[1] Kathleen M. Higgins, *Comic Relief: Nietzsche's Gay Science* (New York: Oxford University Press, 1999).

[2] 特别是亨利·柏格森在他的《笑论》中所做的论述(转引自 John Morreall, *The Philosophy of Laughter and Humor* [Albany: SUNY Press, 1987], 119)。

所表现的"得意狂笑"(roar of glory)，或者就像"普通人被微不足道的东西击中，因而将他们的车子开进了沟里"这个在无声喜剧中经常出现的场景。诙谐是一种独特的"机智"（或试图要成为这种机智），它几乎总是用文字表达的。它在绝大多数情况下是由文字游戏构成的，它的关键是（以令人钦佩的方式更好地）将焦点转回说话者身上。正如我们所知道的，尼采的幽默感（他在何种程度上拥有幽默感，这肯定是一个颇为有趣的问题）几乎完全是由诙谐构成的。（尼采让他自己与保罗·雷充当拉露·莎乐美的木车的公牛，这可能是少数反例之一。）他是一个非常严肃的男人，无法轻易地嘲笑他自己（我认为，能否嘲笑自身是检验一个人是否具备幽默感的最终办法）。为了弥补这一点，他广泛地运用俏皮话与精致的"内部笑话"，而在这么做的过程中，尼采无疑又例示了一种他大为钦佩的美德。或许应该将它称为"嬉戏"，而不是幽默。不过，假如没有这种品质，人们就无法想象尼采——或尼采的哲学。

尼采特有的美德

我认为，我已经相当清晰地表明，"充溢"的隐喻是尼采的诸多美德概念的关键。它是尼采的人生构想的重要组成部分，尼采将人生视为热情的与动态的，它充满着活力，并且是"狄奥尼索斯式的"。这甚至适用于那些亚里士多德式的美德，虽然它们看起来相当传统，它们可以按照不同方式被理解为比如说在诸多极端之间的中道，一种适度。然而，尼采

第6章 尼采的美德：他会怎样塑造我们？

似乎预见到了奥斯卡·王尔德的这句妙语："过度带来的成功是无可比拟的。"因此，我们可以假定，在分析那种被我称为独特的"尼采式"美德的过程中，过度与充溢尤其相关于这类美德。"尼采式的"美德包括：

充沛的精力

"风格"

"深度"

冒险

宿命论（**热爱命运**）

唯美主义

嬉戏

孤独

充沛的精力

我将表明，相较于诸如心灵宁静（*apatheia*）与无动于衷（*ataraxia*）的传统美德，充沛的精力本身不仅是一种美德，而且它几乎就是所有的尼采美德的核心。根据这种观点，"充溢"是一个由尼采对能量的赞颂派生出来的隐喻，并非偶然的是，它颇为符合在19世纪末变得相当流行的新物理学概念。不用说，充沛的精力与"活泼"几乎没有什么共同点，尼采只会鄙视那些以"活跃"为显著特征的人格（特别是这种在美国流行的人格）。在这种美德中存在的是活力与激情，然后才会有吉杰特[①]这样的人。

[①] 吉杰特（Gidget）是小说家与剧作家弗雷德里克·科纳（Friedrich Kohner, 1905—1986）在他的小说《吉杰特》（1957）中塑造的一个虚构人物，以其热爱冲浪的热情性格著称。美国好莱坞的第一部冲浪电影，即根据这部小说改编。——译注

就像大多数美德一样，充沛的精力无法在脱离背景的情况下被人们理解，也就是说，无法在脱离由其他美德构成的背景的情况下被人们理解（无论每个人都拥有他或她自己的［那组］美德这个说法有多么真实，无论诸多美德"彼此都在斗争之中"这个说法是否为真）。充沛的精力这个美德尤其依赖于"正在充溢"的那些东西。（人们会想到各种无法接受的候选者，如贪婪与暴饮暴食。）由此，我们就回到了价值的问题上。只有当它的激情代表的是那些真正**可贵的**价值（如审美的价值）时，充沛的精力才是一种美德。因此，它同样依赖于它表现的自制力，或者更确切地说，它表现的风格。人们或许会说，充沛的精力作为一种美德，它仅仅是**激情**与作为美德的热情洋溢，但它同样会对正确的事物热情洋溢。在最终的意义上，尼采的充沛精力是对生命本身的激情，而我认为，这正是尼采哲学的核心。

"风格"

尽管风格在不同人之间有所变化，但它的出发点总是充沛的精力、"肯定"生命、热情、"充溢"。对尼采来说，风格的出发点是代表着价值的充沛精力；因此，它是一个人的人格的（训练有素的）充溢。风格不仅仅是一个人"装扮"自身的方式，它还是一个人"出场"的方式。假如尼采说的是每个美德都是独一无二的，那么，肯定可以据此认为，对一个人来说，风格尤其是或应当是独一无二的。然而，大多数被误认为是风格的东西，或许可以更确切地将之仅仅归为"时尚"，即风格的那个对立面。时尚试图以符合他人期待的方式生活，却忽略了一个人自己的品质。相较之下，风格明显是

第 6 章 尼采的美德：他会怎样塑造我们？

一个人自己的。人们或许可以做出这样的类比，风格就像对立于迷人的优美。① 迷人是俗套的与"肤浅的"。优美则是"深刻的"，它揭示了一个人的内在灵魂（不仅揭示了"外表"，还揭示了他或她的价值）。风格是一种**生存**的方式，它反映了一种本质性的"内在"冲动。尼采有时根据诸多本能对之做出了表达，而这显然继承自叔本华的生物主义（但并没有继承与"意志"有关的那个形而上学包袱）。不过，风格同样是或主要是某种**培养**的东西，它是一个人为了自身而创造出来的东西。足够有趣的是，风格恰恰被让-保罗·萨特关于存在的三种生存论模式（即"自在""自为""为他"）所遗漏，正如（同样有趣的是）它也被大多数西方哲学史所遗漏一样。

然而，尼采隶属于包括席勒、谢林与黑格尔在内的一脉相承的德国思想家，查尔斯·泰勒将他们称为"表现主义者"。② 表现主义者相信，人的自然本性（或自然本身）恰恰拥有通过塑造世界来表达自身的需求，而这是通过各种反映其内在本质的手段来实现的。因此，艺术就成为人类所有手段（当然包括哲学在内）中最基本的筹划。对谢林而言，世界精神（上帝）是一位艺术家，人类艺术家是它的工具。不用说，他对早期的浪漫主义运动有着巨大的吸引力。对黑格尔（与亚里士多德）来说，精神（亚里士多德的"以自身为对象的思想"）是最终的哲学家，它运用特定的哲学家（尤其是黑格尔）来作为它的媒介。马克思（追随席勒）在很大程

---

① Kathleen M. Higgins, "Beauty and Its Kitsch Competitors", in *Beauty Matters*, ed. Peg Zeglin Brand (Bloomington: Indiana University Press, 2000), 87–111.

② Charles Taylor, *Hegel* (Cambridge: Cambridge University Press, 1977).

度上也是一个表现主义者，这也就是为什么他将劳动（对立于非人性化的"劳作"）作为人这个"类存在物"的本质。劳动即自我表现，它只是在人的经验付出巨大代价之后才会被"异化"。

尼采隶属于这个传统，这个传统在很大程度上位于浪漫主义的中心（但它并非专门被这个运动所独有）。他并不追求这种普遍性的命题（尽管有人也许会试图将之包含到"强力意志"的范围之内），但他热衷于关注这个命题在个体中的情况。风格是人类特定个体的反思、筹划与自我表现。在经过任何大型的艺术博物馆时，我经常会思考，构成风格的究竟是什么？我的意思是，艺术史并不是由运动和时尚构成的（无论这些运动和时尚是由艺术家本身所创造的，还是由批评家与艺术史家所断言的），而是由艺术家的个体风格构成的（无论这些艺术家是否认为自己符合某种艺术史的范畴）。什么东西能让我们来辨别伦勃朗、哈尔斯[①]、维米尔[②]、莫奈、马奈或塞尚？比如，塞尚就不太可能坐下来一边绘画一边想，"我不得不发展我的风格"，更不可能去思考"我怎样才能让这幅画看起来更像是塞尚的作品"。毫无疑问，他思考了大量其他的事物，比如，他想要获得的是什么效果，桃子正在腐败的事实，他的经销商欠他的钱，但风格本身是作为他独有的艺术个性而**显露**的。风格本身并不是目标，而是一种显示，人们

[①] 弗兰斯·哈尔斯（Frans Hals, 1582—1666），17世纪荷兰著名画家，尤其擅长肖像画。——译注

[②] 约翰内斯·维米尔（Johannes Vermeer, 1632—1675），巴洛克时期荷兰著名画家，作品大多是风俗题材的绘画，基本上取材于市民平常的生活，作品风格温馨、舒适、宁静，给人以庄重的感受。——译注

或许会说，它是一种外在的表现，只是在"外在的"表现之外，并没有什么"内在的"真理（而这就是表现主义哲学的关键）。作品的真实性不仅仅是由塞尚非凡的风格来界定的，而且还是由作为艺术家的塞尚来界定的。正如萨特就不同种类的艺术家所说的，"普鲁斯特的天才无非就是他的作品。"①构成普鲁斯特或塞尚本质的，是他们的独特而惊人的个体生产力与个体风格。

但是，风格不仅仅是由天才构成的。构成风格的并不仅仅是这种才华。风格同样是由一个人的缺点与不足构成的。尼采否认诸多美德能够以任何统一的方式共同"匹配"。尽管如此，他赞扬了风格的统一性，赞扬了对不足与弱点的整合，赞扬了对通常无法结合的美德与特征所做的共同匹配。因此，尼采告诉我们，拿破仑具备风格，这不仅仅是因为他不在乎他自己的说话缺陷，而且还是**由于**他的说话缺陷。拿破仑设法让这种说话的缺陷成为他自己的东西，而且还利用这种缺陷，将之变成他的优势。他的弱点就变成了他力量的一部分。因此，我们或许也可以用同样的方式来思考尼采那个冲突的与在多方面矛盾的人格：混有羞怯的妄自尊大，混有对军队纪律热爱的自由精神，渴求孤独却又兼具对亲密友谊的需求。从这些不可能的人格大杂烩中，尼采创造出了他自己。②因此，出现于尼采作品中的那个"尼采"不只是"具备风格"。他是哲学风格的典范，与此同时，他显然又具备了他自己独有的

---

① Jean-Paul Sartre, "Existentialism Is a Humanism", trans. P. Mairet (New York: Philosophical Library, 1949).

② 这也是亚历山大·内哈马斯的优秀作品《尼采：生命之为文学》的主题之一。

风格。(相较之下，今日的哲学家主要以他们自觉的**缺乏**风格而著称。我的一位年长的老师曾经强调了作为哲学论文根本特征的"纯粹的形式"的重要性。论证应当有说服力，论题或许多少让人感兴趣，但作者的人格不应当在任何地方被人们察觉。)

"深度"

与"深度"有关的隐喻遍布尼采的作品之中。当然，他有时对深度非常不满，尤其是当他怀疑这是一种虚假的深刻时("浪漫主义者搅浑了水，以便于让他们显得深刻")。深刻在德国的学术研究中无疑是一种基本的品质，而尼采却不可抗拒地要嘲弄它。尼采对这个隐喻的用法的独特之处是，这个隐喻指的是我们之中的**生物要素**，而不是通常所认为的"精神要素"，指的是那些被尼采有时称为"最低级"的东西，而不是"最高级"的东西，指的是**自然的**东西，以对立于那些学术或宗教的欺诈、文化的托词、习得的圆滑。深刻的东西必定是神秘的，它们是在神话中被把握到的，而不是被理性把握到的。因此，我认为，在阐释尼采显著的自然主义的过程中激烈地强调科学，这种思路从根本上就是完全错误的。肤浅的恰恰是这些被现代哲学称赞最多的东西，即"清晰而确切的观念"、"理性之光"、逻辑以及(通常被构想的那些)科学方法。这种思想的标志是："凡是可说的，都可以说清楚。"① 我相信，通过表明最深刻的、最需要说出来的东西根本无法以清晰的方式来言说，人们就不会被尼采的想法搞糊涂。

---

① 这个精密的构想受益于我的好朋友雷·布雷德利(Ray Bradley)，他如今还并不是一个尼采的狂热爱好者，但将来有可能是。

冒险

"要生活在险境中"是尼采最有名的劝诫,尽管不可否认,他几乎没有按照我们今日对这种说法的联想以身犯险。然而,不容置疑的是,尼采在他的写作中承担了许多风险——在他看来也是如此。他追随着他的天才与洞识,而不管它们会走向何方。在《悲剧的诞生》(他的第一部"学术"论著)中,尼采本着良知鄙视学术的标准:他对苏格拉底与欧里庇得斯的论述,没有脚注、没有古板的语文学、充斥着对同时代的参照,接近于语文学领域的亵渎言辞。尼采最后的两本书《反基督者》与《瞧,这个人》,分别接近于真正的亵渎与真正的狂热。人们无法轻易想象尼采会高速驾驶汽车或在阿尔卑斯山的峭壁上做蹦极运动,更不用说独自冲向特洛伊的军队了。但正如经常发生的那样,尼采的躯体形象需要根据精神的与审美的探求才能得到最佳兑现,在他的整个哲学生涯中,承担最多风险的,恰恰是他的灵魂,而不是他的已经遭到疾病连续打击的身体。伟大的艺术家要抓住机会!不这么做,一个人就会回到安逸的循规蹈矩之中并完全放弃对伟大的寻求。

宿命论(热爱命运)

冒险就要接受其后果,而这种宿命论对尼采有着吸引力。我认为(我将在下一章中论证),在这方面,尼采在很大程度上是萨特的同盟。萨特也许并不相信命运,但他无疑坚持认为,一个人必须接受他或她的行动的诸多后果。古希腊人在面对荒谬与苦难时仍然接受了他们的人生与命运,尼采在对此进行分析的过程中被这种宿命论吸引住了。这种宿命论的魅力在于，当尼采思考他自己悲惨的人生时，它让尼采用天赋造就的欢欣鼓舞来直面他自己荒谬的苦难。"不仅要接受命运，"尼采在人生的最后阶段呼喊道，"而且还要热爱它，**热爱命运！**"① 我在下一章中对尼采"古典的"宿命论概念还有更多要说的东西。不过，将宿命论作为一种美德，这恰恰与尼采在整体上坚持的"肯定生命"相一致，与尼采对叔本华的悲观主义的拒斥相一致。要欢快地接受一个人的命运，而不是痛苦地诅咒一个人的命运（尼采在他的生活中肯定有大量被痛苦诅咒的东西）——这是人生最伟大的美德之一。

唯美主义

我认为，宿命论并不是一个科学（或反科学）的命题，而是一个美学的命题。因此，同样地，尼采在他早期作品（1868年的论文）中捍卫的目的论并不是一个有关科学（或反科学）的学说，而是一个有关美学的学说。实际上，有一个用来概括尼采的整个伦理学的诱人方式，也就是说，尼采像孔子那样，将所有的道德价值都变成了审美的价值，人们应当通过艺术的透镜将人生（与世界）视为"一件艺术作品"。因此，尼采在《悲剧的诞生》中以著名的方式坚持认为，"只有作为一种审美的现象，这个世界才能得到辩护。"为了领会尼采的论断所指的方向（尤其是他旨在反对康德与叔本华的目的），我们可以忽略"为什么这个世界从根本上需要辩护？"这个问题。这个世界的存在无法根据道德的正当理由来得到辩护（康德从卢梭那里继承了这个观念，并将之传给了浪漫主义

---

① Nietzsche, *Ecce Homo*, "Why I Am So Clever", §10.

者)。但世界并非无法得到辩护,也就是说,生命(与我们的人生)并非没有意义。无论一个人或许会对世界、自然与人类的历史有什么其他的想法(比如,残酷、复杂、愚蠢或浪费),只要我们做出了选择,我们就可以不受限制地将之完全视为**美丽的**。毫无疑问,要做到这一点需要相当多的努力、韧性、技能与选择性的想象。而培养品性与风格,最终无非就是要实现这一点。

唯美主义肯定是尼采在早期论著中论述最多的一种美德,但我认为,人们有可能根据尼采在1886年撰写的一篇《人性的,太人性的》的(未发表)序言而错误地认为,尼采拒斥了与唯美主义有关的视角(与形而上学)。我相信,尼采拒斥的是叔本华的悲观主义、叔本华关于意志的形而上学(鉴于尼采对"强力意志"的固执坚持,他对这种形而上学的拒斥并不彻底)以及"艺术为人们提供了一个逃避无意义人生的独特方式"这个叔本华的见解。然而,就像柏拉图一样,尼采对美的理想的坚持要远比大多数哲学家更加固执。他以各种不同的方式谈论美(以及作为其对立面的丑)。事实上,人们若认为,美始终是尼采哲学首要的非道德评价范畴之一,这也没有什么错。但正如我曾经说过的,审美主义需要培养与经验。尼采不断称赞优雅与品位的审美价值(若运用的是骇人听闻的比喻,则暗示了优雅与品位的缺席)。不顾苦难(甚至**由于**苦难)而将这个世界视为美丽的,这始终是贯穿尼采哲学的一个最为明确的追求,也肯定是尼采会敦促我们去做的一件事。

嬉戏

相当明显,在尼采的写作风格中,他不断采纳的是一种嬉戏的态度，甚至在他愤慨或怨恨时也是如此（尽管在他的个人行为举止中可能并非如此）。嬉戏应当被称为尼采首要的美德之一，它与充沛的精力具有同等的地位，并且大致上与风格相依而存。然而，嬉戏的美德不应当被理解为当前知识分子的相当贫血的自我放纵，这种自我放纵已经败坏了如此众多的后现代主义者的声誉（尽管这种对文字的玩弄也经常可以在尼采那里找到）。相反，尼采向我们极力主张的嬉戏应当被构想为一个孩子的丰富多彩、活泼开朗而又开放坦率的热情。在《查拉图斯特拉如是说》中，尼采将孩子置于"三种变形"的顶峰，他代表的是这种充满活力的嬉戏与充满创意地向世界开放的态度。尼采并不喜爱天真或幼稚，而是喜爱孩子对明显吸引着他的那个世界所采纳的单纯的、没有成见的与坦诚的开放态度。他还将嬉戏作为一个人（在"狄奥尼索斯的"意义上）对个体性的表现与放弃，即既让自己变得比自身更多，又让自己变得"无私无我"的一条途径。这符合尼采所称赞的更加"本能"（较少具备自我意识）的行为的普遍倾向。这也符合尼采的那个普遍意义上的视角主义，因为一个人能够扮演与假装的角色，要比这个人在"现实生活"中能够实际承袭的角色更多。

"现实生活"在任何关于嬉戏的讨论中都显得是一个突出的问题。弗洛伊德表明了这样一种看法，即"对立于嬉戏的并非严肃，而是现实"。[①]然而，尼采在认识论上相当有经验，

---

① Sigmund Freud, "Creative Writers and Daydreaming" (in Tilman and Cahn, eds. *Philosophy of Art and Aesthetics*, New York: Harper and Row, p. 442). 特别感谢珍妮特·麦克拉肯（Janet McCracken）在她的新近作品中对嬉戏做出的某些精彩讨论。

他会怀疑这种引入简单二元论的做法。对尼采来说，严肃显然是嬉戏的对立面，特别是形而上学、神学与众多可充作学术的东西中的那种沉闷枯燥的严肃。尽管如此，在某种意义上，嬉戏的非现实性显然是一件好事。尼采在《悲剧的诞生》中指出，在（包括戏剧在内的）嬉戏中，我们能够以不伤害自身的方式来欣赏英雄主义与悲剧。① 不过，尼采并没有将嬉戏作为一种"虚假之物"而抛弃，相反，他正确地坚持认为，嬉戏是"自然的"（而严肃则不是），并且（先于弗洛伊德）提出，嬉戏是"重新整理世界"的一种方式。嬉戏同样可以指导我们"设法应对我们所得到的东西"。这是尼采的**热爱命运**的一种温和说法，因为在嬉戏中我们学会了以各种创造性的方式"回收利用"我们生活中的附属品，以各种方式试探我们的人生与我们的情感，并在这个过程中转化自身。②

令人遗憾的是，尼采在他作品中呈现的许多嬉戏感就像青少年那么幼稚，它们旨在令人震惊与令人愤慨，或者尼采以复杂的方式展示了他的嬉戏感，而这仅仅旨在给那些辨认出他的典故与影射的人们带来欢笑。尽管如此，我认为，毋庸置疑，我们可以在尼采尝试嬉戏的过程中确认他对这种美德的钦佩以及他的那个要改造哲学的几乎毫不隐晦的议题，这个议题要让哲学远离"严肃"的重负并转向嬉戏的精神。

孤独

最后，我们要讨论尼采反复赞颂的孤独。这反映的不仅

---

① Nietzsche, *Birth of Tragedy*, §67.
② 再次感谢珍妮特·麦克拉肯。

仅是尼采自己的多少有点故意的孤独以及他的孤独的查拉图斯特拉这个文学范例。孤独代表的是独立性以及以最明显的方式与"群畜"相分离。请考虑那些作为万宝路男人的由来已久的美国形象，他们形单影只，完全独立自主（但请忽略这种形象所代表的其他东西）。不过，孤独并不仅仅意味着孤单，人们肯定不应当将之与孤单相混淆。孤单并不是一种美德。它仅仅是一个事实，对我们中的大多数人来说，它是不安全感的根源，偶尔是解脱的根源，有时则是一种真正的负担。相较之下，孤单从根本上就是一种被剥夺的感受（我们应当注意到，一个人即便在其他人面前也会感到孤单）。但孤独是人们努力实现的某种**成就**。我有时会给我的学生们布置一项作业（附带上所有必要的心理健康告诫）。我要求他们独自度过二十四个小时——没有朋友，没有电话，没有收音机，没有电视机，没有音乐，没有电脑、电子邮件或网络，而且没有任何让人分心的"计划"。他们将带着他们自身与他们的思想保持孤单的状态。此后，我的许多学生告诉我，这是他们在自己的人生中第一次真正处于孤单的状态。我的大多数学生在大约六个小时之后就放弃了，他们不是由于无聊，而是由于不断增长的焦虑（它通常被理性化为无聊）。孤单的状态是艰难的。独立自主是一种美德，无论如何，或许正是因为这一点，尼采（与美国的神话）才会将孤独也视为一种美德。孤独是对独立性（我们可能会非常谨慎地将之称为"一个人的自治"）的真正检验。

美德经常被哲学家（如亚里士多德、休谟与麦金泰尔）构想为社会的功能。事实上，对这些哲学家来说，他们难以

第6章 尼采的美德：他会怎样塑造我们？

想象，有任何美德会存在于一个隐士或一个没有国家或社会共同体的人之中。相较之下，在尼采那里，最好是在相当个人的背景下来理解美德。实际上，尼采所倡导的许多传统美德（如彬彬有礼）相当痛苦地反映了他在其他人面前恰当行动的**迫切需要**。但恰恰是这种迫切需要暗示了尼采的不情愿，如果可能，他宁愿不这么做。因此，我们将礼节视为一种约束，它导源于我们的这样一种需求，即让自身行为举止规范，而不让它们被我们对人类伙伴的爱以及我们在与人类伙伴相处时的欢乐所驱使。相比之下，尼采特有的大多数美德是在孤独之中例示的，它们有时则仅仅在孤独之中例示。我甚至认为，这也适用于那些通常或许会被人们认为明显是社会性的美德。比如，起舞的查拉图斯特拉这个形象并没有被设置于一场舞会或一个迪斯科舞厅之中，更不会被设置于一场狂欢舞会之中。恰恰相反，通过舞蹈而例示的这些美德在很大程度上是一个独自起舞的隐士的美德。（当然，人们并不清楚，查拉图斯特拉是否真正跳过舞。他只是称赞了舞蹈，谈论了舞蹈，并且"像舞者那样行走"。尽管如此，人们可以稳妥地假定，要是尼采舞蹈，他不会跳探戈舞。）

毫无疑问，尼采对孤独的坚持肯定在很大程度上与他自己易受伤害的感觉有关。但我认为，这不应当被视为他的个人弱点。新近的研究与证据已经对品性与美德的那个本质产生了质疑，因而也对美德伦理学产生了质疑。在社会心理学中有一些经典的研究，其中包括著名的米尔格拉姆实验（实验中有些实验对象对另一些实验对象实施了近乎致命的电击，因为实验中的权威告诉这些实验对象要这么做）、由 P. G.

津巴多①所做的实验（将学生分到监狱看守与囚犯之中，观察他们迅速堕落为施虐狂与受害者的过程）以及由 J. M. 达利②和 C. D. 巴特森③所做的实验（神学院的学生在听完有关"善良的撒玛利亚人"的演讲之后，仍会急匆匆地经过一个迫切需要帮助的男人）。④由此得到的暂定性结论是，我们都相当容易受到外部的影响（权威与同伴的压力），吉尔伯特·哈曼⑤与约翰·多里斯（John Doris）通过论证将这个结论充分发展为一个哲学的命题。因此，美德伦理学对品性的强调是相当幼稚与相当不恰当的。⑥尼采承认这一点，而且并非只有他自己是这样。于是，孤独就成为一种解决方案，就成为一个人避免其他人的威胁并维持自身高贵品性的一条途径。

---

① P. G. 津巴多（P. G. Zimbardo, 1933— ），美国著名心理学家、斯坦福大学心理学系荣休教授，他曾经进行了著名的斯坦福监狱实验，并出版了《心理学与生活》与《津巴多普通心理学》等深受读者欢迎的心理学系列教材，被誉为"心理学的形象和声音"。——译注
② J. M. 达利（J. M. Darley, 1938— ），美国社会心理学家。——译注
③ C. D. 巴特森（C. D. Batson, 1943— ），美国社会心理学家。——译注
④ Stanley Milgram, "Behavioral Study of Obedience", *Journal of Abnormal and Social Psychology* 67(1963); P. G. Zimbardo, *Quiet Rage* (video) Stanford University, 1992; J. M. Darley and C. D. Batson, "From Jerusalem to Jericho: A Study of Situational and Disposition Variables in Helping Behavior", *Journal of Personality and Social Psychology* 27 (1973).
⑤ 吉尔伯特·哈曼（Gilbert Harman, 1938— ），美国哲学家，其研究兴趣涵盖语言哲学、认知科学、心灵哲学、伦理学、道德心理学、认识论、统计学习理论与形而上学等多个领域。——译注
⑥ Gilbert Harman, "The Nonexistence of Character Traits", *Proceedings of the Aristotelian Society* 100 (1999—2000): 223–226; John Doris, *Lack of Character: Personality and Moral Behavior* (New York: Cambridge University Press, 2002). 也可参见 R. E. Nisbett and L. Ross, *Human Inference: Strategies and Shortcomings of Social Judgment* (Prentice-Hall, 1980).

第 6 章　尼采的美德：他会怎样塑造我们？

这可能是尼采哲学中最令人不安的一个问题，尼采不断表明了他深刻的厌世立场（有时还会更加过分）。对人类的"憎恨"与"厌倦"不仅仅是**其他人**颓废与患病的症状。尼采相当频繁地暴露出了这些症状。其次，他对美德的解释以及他给出的查拉图斯特拉这个例证即便没有表明一种对日常的感受与思想的发自内心的反叛，也表明了一种有关孤独者的令人不快的偏见。也许正是这一点吸引了众多尼采最忠实的追随者，但我不想要追随他们。即便在孤立的个体身上也有可能产生群畜般的行为。而在非尼采的语境下，最好将那种被尼采称为"群畜"的东西理解为"共同体"。孤独在那里确实根本就不是一种美德。尼采有时承认习俗与传统的重要性，但他时常就好像在主张，只有通过反叛习俗与传统的方式才能实现美德。按照某种对尼采的"重估价值"的不成熟理解，尼采被视为遵循了一条只属于他自己的道路，但事实上，对习俗与传统的反叛是在我们那些更加可疑的当代品质中最类似于群畜的东西。孤独可能会助长一个人"成其所是"的幻觉，而事实上它包含着根本无法成为任何人的危险。

尼采的隐秘美德

最后还有一组隐秘的美德。我将它们称为隐秘的美德，因为将它们作为美德是成问题的。由于种种理由，问题并不在于尼采提到它们的频率或融贯性，而在于它们作为美德的地位。事实上，它们再次开启了这个整体性的问题："美德是什么？"

健康

力量

"冷酷"

利己主义

责任

健康

当然，健康是尼采哲学中无处不在的主题之一（更不用提他的个人生活了）。用来评价道德、宗教、文化整体与特定观念的根据，主要取决于它们是健康的还是病态的，主要取决于充斥其中的是活力还是"颓废"，是充沛的精力还是"疲乏无聊"。主人道德被视为健康的，奴隶道德被视为病态的。尼采将那种把"道德"等同于"无私"的"偏见"比作"脑部疾病"。教士阶层是不健康的，尼采的诊断是，他们的弊病类似于"肠道疾病与神经衰弱症"。教会的主要产物**怨恨**是"有毒的"。尼采告诉我们，"由那些病态的、苍白的、厌倦的与精疲力竭的人构成的欧洲如今已经开始散发恶臭"，这些欧洲人对立于那些"更高级的人"，他们"体质健全，至少仍然能够生活，至少仍然能够肯定生命"。当然，尼采还以各种方式将那些信奉禁欲主义理想的人们称为"生理畸形者与精神错乱者"。①

无可否认，尼采主要用病理学的语言来作为他偏爱的侮辱性言辞，但是，根据他以鄙视的态度对任何显著的美德概念所做的诊断，并不能轻易推断出这些病理学的结论。尼采

---

① Nietzsche, *On the Genealogy of Morals*, I, 2; I, 6; I, 9, 10; III, 1.

或许直截了当地将它们诊断为一种疾病,但这绝非等同于已经说出了健康是由什么东西构成的——除了表明健康意味着不存在那些成问题的疾病或病痛以外。尼采有时清晰地表达了如下说法,即美德与恶习是健康与疾病的**效果**,但也可以将尼采解读为表达了某种更加极端的东西,即健康本身就是一种美德(而不仅仅是衡量美德的一个指标),疾病本身就是恶习(而不仅仅是衡量恶习的一个指标)。诚然,健康是值得拥有的。(至少可以认为)对我们自己与其他人来说,健康是令人愉快的。相较之下,(至少可以认为)疾病是不值得拥有的,而对我们自己与其他人来说,疾病都不是令人愉快的。在面对疾病时,大多数人在审美上感受到的厌恶是显而易见的(无论他们进而多么成功地用他们的怜悯掩盖了他们的厌恶)。但是,也许还存在着一种明显**在道德上的**厌恶,特别是当人们在某种意义上可以为了那些疾病而**谴责**病人时。由于过分放纵而造就的疾病就是一个显著的候选例证,不过,我们可以充分自由地运用这种谴责性的视角,以至于如今几乎任何疾病都可以被归咎为一个人"没有充分照顾好自己"。当然,这种不充分性是由得病这个事实所确立的。苏珊·桑塔格在她从癌症中复原的过程中撰写了她最优秀的一本书《疾病的隐喻》,她严厉斥责了那些在这种处境下对病人采取谴责性视角的人。我认为,尼采对这个问题会有一些混杂的意见。在细致地得知了他自己的脆弱健康状态之后,他肯定不会不考虑这种谴责。尽管如此,部分由于他的宿命论,他肯定会承认这个事实,即健康与疾病通常至少会倾向于在不经意间来到一个人身上。

因此问题是,能否明智地将美好的健康称为一种美德(或能否明智地将疾病称为一种恶习)。这个问题部分取决于一个人在多大程度上相信自己对美好的健康负有责任。即便如此,健康本身仍然很有可能被理解为特定美德的结果(如"洁身自好"),而不是美德的构成部分。但在此更让人感兴趣的是,尼采肯定知道,古代的斯多葛主义者在(包括健康在内的)"无关紧要的"或"偏好性的"善与"真正的"善、品性和美德之间所做的区别。不用说,尼采不会赞同这种区分,人们可以将他对健康的不懈强调理解为一种对斯多葛主义的全力拒斥。根据尼采的观点,健康本身就是一种美德与真正的善,事实上,它是最终的美德与最终的善。至少,它是善的最终标准。若要发现说谎、好色与贪婪错在何处,一个人没有必要去求助于绝对律令或任何关于恶习的正式清单,只要看看这些恶习对这个人的健康与活力所产生的效果就足够了。

当然,还有一个困难的问题,即"健康与疾病是由什么东西构成的?"在《论道德的谱系》中,尼采以著名的方式写道:"良心谴责是一种疾病,但这是像妊娠那样的疾病。"[1]无可否认,这是一个令人震惊的类比,不过,究竟在何种意义上妊娠才是一种疾病?一位艺术家拒绝照料自己,将他的每一分钟都完全用于创造他非凡的作品,从而毁掉了他的健康。按照尼采的观点,这是否是一种恶习呢?假若一个人过的是一种真正的狄奥尼索斯式的生活(尽管他的生命或许是短暂的),那么,由此构成的是美好的人生还是悲惨的人生?

---

[1] Nietzsche, *On the Genealogy of Morals*, II, 29.

假若一个人就像我们的许多好市民所做的那样，密切关注他或她的健康，但回避了任何由创造带来的不确定性或压力，那么，这个人在何种意义上有可能具备美德？

尼采拒绝承认在身心之间存在任何本质性的差异，因而也会拒绝承认在心理健康与身体健康之间存在任何鲜明的区别，就此而言，尼采是一个严格的"物理主义者"。尽管如此，尼采主要谈论的显然是**心理健康**。然而，我们在此进入了一系列的争议之中。多年以来，医生将同性恋归类为一种疾病。弗洛伊德由于试图指出儿童的性行为并对之"去道德化"而招致了大量的辱骂。天才经常仅仅被诊断为神经症患者（而并非罕见的是，神经症患者被错误地当作天才）。只能委婉地说，极其难以将心理健康领域中的诊断与道德评价相分离，一方面，尼采关于"健康作为一种美德"的论述将因此而变得相当合情合理。（要说某个特征是一种美德，**就是说它是健康的**。）另一方面，它表明了这种心理诊断所给出的论断几乎是不重要的。尽管如此，相较于禁欲主义者、斯多葛主义者和众多其他的道德主义者完全根据节制与约束而得出的美德概念，尼采将美德问题与健康问题相结合的做法确实是耳目一新的。此处的要旨仍然是，得到恰当理解的道德无法与美好而又繁荣兴盛的生活相割裂，它创造的是一种美妙的人生，一种由丰富多彩而又振奋人心的思想和经验构成的人生。

力量

力量（*Kraft*）在尼采那里是一个无处不在的主题，但是，有关体质与责任的同一类问题也适用于这个主题。当然，尼采关于"自然"力量的评论（正如他在《论道德的谱系》中的那个关于羔羊和老鹰的令人吃惊而又不快的寓言）让这个主题变得更加令人困惑。假如力量仅仅是一个人根据自然的体质而拥有的某种东西，那么，它是否值得被人们当作一种美德？或者它仅仅是一种自然的优势？相较之下，假如一个人通过训练与培养而让他或她的力量得到发展，那么，孕育这种力量的究竟是美德还是韧性与自制力？若不专注于作为野蛮人科南的施瓦辛格这个与体力有关的形象，就难以思考这些问题。但显而易见的是，尼采在心中想到的并不是体力（尽管我们在心中应该始终想到尼采的物理主义），而是信念的力量，韧性与自制的美德，自信以及一个人在才华与技能上拥有的财富。但是，还有一些颇为真切的问题，即尼采用"力量"这个词真正意指的是什么以及在何种意义上力量是一种美德。还需要追问的是，若要让力量作为一种美德，这在何种程度上取决于一个人对自身力量所**负责**的范围？

接下来要考虑的是，尼采频繁地提到强力意志。并非完全清楚的是，力量与强力意志在何种范围内相互关联，而尼采对此提出了各种相互冲突的观点。他认为，"强力的增长"是行为的最终动机（更不用提他的那些经常被引用但大多没有发表的笔记，其大意是，一切都**无非是**强力意志），这让人无法确定，我们在何种范围内谈论的是某种意义上的**品性**状态。尽管如此，考虑到尼采在他反对的几乎所有事物中都反复谴责"软弱"，即便力量被尼采当作一种美德，人们也可以足够清楚地看到他这么做的理由。尼采与基督教（"柔顺者

第6章 尼采的美德：他会怎样塑造我们？

将继承大地"）的反差是显而易见的，但力量是一种美德这个想法给我们带来的问题要远远多于解答。这是哪种力量？作为健康的力量？作为自律的力量？作为"意志力"的力量？作为精神性的力量？或许力量根本就不是一种美德，而是诸多美德的**背景**或**前提条件**。最有助于说明这一点的话语可能并非来自尼采，而是来自尼采的同代人玛丽·沃斯通克拉夫特①："当一个强大的女人举止温柔时，她具备的就是一种了不起的乃至神圣的美德；当一个弱小的女人举止温柔时，她具备的就是一种不光彩的乃至低贱的缺陷。"②而这也适用于男人。

"冷酷"

尼采对"冷酷"的坚持也被人们所误解，人们通常将之作为尼采反对怜悯与同情的那个可疑运动的组成部分。然而，尼采更注重的是自律。（有一句佛教的格言是："即便一个人在战场上能够上千次地征服上千个人，相较于另一个征服了自己的人，后者才真正是最伟大的征服者。"）③ 用当代的措辞来说，我们可以根据与它同等重要的对应者"强硬"来轻易理解这个"冷酷"的隐喻。比如说，人们将强硬普遍吹捧为一种商务生活中的美德，如今还有人将之鼓吹为父母教育的一个必要组成部分（正如在"严厉之爱"中的强硬）。但问题

---

① 玛丽·沃斯通克拉夫特（Mary Wollstonecraft, 1759—1797），英国启蒙时期著名的女性政论家、哲学家、作家与思想家，也是西方女权主义的先驱。——译注
② Mary Wollstonecraft, quoted in R. Tong, *Feminine and Feminist Ethics* (Belmont, CA: Wadsworth, 1993), 33.
③ *Dhammapada*, quoted in Freny Mistry, *Nietzsche and Buddhism* (Berlin: De Gruyter, 1981), 3.

是，尼采的冷酷或今日的强硬是否就像人们通常对尼采所做的那个不讨人喜欢的"践踏式的"描绘所坚持的那样，以某种方式建立在无情与冷漠的基础之上，以及这种品质是否适用于我们对待其他人的方式（以对立于我们对待自身的方式）。

如今，**强硬**这个词通常以钦佩的方式被人们使用，但它同样有可能是一个勉强表示赞叹的措辞（"他是一个强硬的老混蛋"）。当然，有时它仅仅是一个委婉的说法，以取代或搭配各种指称可憎可恶者的同义词。并非罕见的是，它意味着固执、难以应对或心胸狭窄。不过，强硬通常真诚地被人们理解为一种美德，尽管它是一种经常被错置与误解的美德。比如，在与其他人交易和讨价还价这个与尼采颇不相关的背景中，强硬就是这项活动最重要的品质，而它的对立面与其说是软弱，不如说是无能。但是，在这种意义上的强硬既不是一种美德，也不是一种恶习。与其说它是一种性格特征，不如说它是一项技能、一种技巧或一组技巧，它是培训出来的，而不是"自然的"。

强硬还意味着坚毅的精神。某些品质具备了过多坚毅的精神，于是它们就变成了纯粹的顽固或固执。当然，对于那些几乎没有什么信心的人来说，那种看起来固执的行为很有可能让他们在结果中获得丰厚的回报，而那种确实负载了大量坚毅精神的行为则有可能最终失败，从而仅仅表现为一种固执的态度。具备坚毅精神的强硬指的无非是拥有目标与目的，即便看到这些目标与目的是毫无价值的，也要自始至终地追求它们。要让一个人变"强硬"，就是要让他直面那些会阻碍普通人的挫折与障碍；事实上，只有在面对失败时，这种强硬才能真正得到检验,因为当这个世界交给你的仅仅是成功时,你就不会"保持"任何美德。

但请注意,我在此几乎没有说什么与拒绝同情或拒绝感受怜悯的"美德"有关的东西。为了要做正确的事情,人们有时就必须要做些痛苦的事情。当然,强有力的政治家总是要面对各种困境,这就产生了一些重要的文献,它们论述的是关于强硬和"无情"的有争议的"美德"以及所谓的公共道德与私人道德的对立领域。① 有时,一个人为了实现更高的目标,就必须要做一些他在其他情况下不会去做甚至不会去考虑的事情。因此,我认为,对尼采的冷酷或今日的强硬的正确理解是,它们并非意在让我们无视那些在危难中的人们,而是让我们直率地保持自己所做之事的优先顺序,并让我们意识到,为了成就善行,我们有时不得不成为恶棍。

然而,这并不是说,人们能够或应当在没有内疚、痛苦或糟糕感受的情况下做出这种选择(对这一点,无论怎么强调都不过分)。这也并不意味着,只要一个人所做的是必要的,他的做法就都没有错。一家大公司的首席执行官曾经告诉我,"精简"他的公司是他以往必须去做的一件最为痛苦的事情。他的强硬体现的并不是无情或冷漠,而是他在面对自己压倒一切的内疚感时仍然坚持做出了必须要做的事情。强硬是一

---

① 比如,参见 Stuart Hampshire, ed., *Public and Private Morality* (Cambridge: Cambridge University Press, 1978), and his *Innocence and Experience* (Cambridge: Harvard University Press, 1989)。也可参见 Bernard Williams, "Politics and Moral Character", in his *Moral Luck* (Cambridge: Cambridge University Press, 1981) 以及 Thomas Nagel, "Ruthlessness in Public Life" in Hampshire, ed., *Public and Private Morality*。

种美德，但无情与冷漠并不是。特别是在尼采那里，它们永远都不应当被混淆在一起。

利己主义

利己主义通常不被当作美德，而是恰恰被当作美德的对立面。可以说，对尼采来讲，经过恰当理解的利己主义不是一种恶习，而是一种美德。作为一种美德的利己主义不是作为"自私自利"的利己主义（即在安·兰德的"自私的德性"中的利己主义），也不是作为纯粹的自我扩张（妄自尊大）的利己主义。尼采指的是"伟大的自我"，它是某种不同于渺小自我的东西。若要谴责利己主义，尼采就会问，"这是谁的自我？"这个自我代表、欣赏、促进与表达的是什么价值？相较于伟大艺术家的利己主义，充满怨恨的无赖与爱说闲言的卑下者的利己主义拥有极为不同的品质。不同"自我"的需要和期望颇为不同，而由此导致的后果（无论是作品还是品性的风格）也颇为不同。尼采想要重新思考人们对利己主义所做的全面谴责，"这种将'道德''不利己''**无私**'作为等值概念的偏见，凭借着它所具备的'固定观念'和脑部疾病般的力量，在如今占据着统治地位"。[①] **这个特定的自我**会满足什么欲望和抱负？当一位荷马的英雄、亚里士多德的贵族或尼采的伟大艺术家想要"满足自身"时，几乎必定能推断出，他的满足将同时丰富这个社会（无论这个社会目前的成员是否会接受）。在荷马那里，英雄的本质恰恰在于，他为了荣誉而行动。他的荣誉就是他的自我利益。因此，根据亚

---

① Nietzsche, *On the Genealogy of Morals*, I, 2.

里士多德的观点，美德的标志恰恰是欲求美好而又善良的东西。因此，具备美德的人出于他自身的欲望而行动，但若将此称为自私就几乎没有什么道理。莫扎特或歌德狂热地追求他们的欲望，其结果是伟大的音乐或伟大的诗歌，它们丰富了我们所有人的生活。

从这些思考中得出的结论或许仅仅是，利己主义并非必然是一种恶习，但它也并不因此就成为一种美德。留给尼采的当然就是以一种最具争议性的方式来表达这个观点。但关键是，必须要以具体化和差别化的方式来评价那些"自私自利的"欲望及其满足。私利（利己主义）并非因此而被人们谴责。我们应当注意到，它不同于道德哲学家经常做出的论断，后者指出，不应当将利己主义与"满足自己的欲求"相混淆，因为一个人自身的欲求很有可能是利他的或无私的。尼采至少在他早期生涯中深深地怀疑是否存在任何真正是利他的或无私的行为或欲求，但道德哲学家的观点是言之有理的。我试图满足的恰恰是**我的**欲求这个事实并没有让我成为利己的或自私的人。不过，尼采所说的意思要比这一点更多。我行动与欲求的缘由恰恰是为了**我的**自我这个事实，并没有在任何消极的意义上让我的行动成为自私自利的行为。在上文提及的那些例证（荷马、亚里士多德与歌德）中，人们甚至会说，他们的利己主义就像他们的骄傲一样，是一种绝对必要的美德。

但所有这些观点都可以用一种较少误导性的方式表达出来。尼采的建议与亚里士多德相当一致，他们都彻底拒斥了在利他主义与利己主义之间的反差。在亚里士多德的具备伟大灵魂的人那里，他的欲求与**城邦**更大的需求是一致的，正如在荷马的英雄那里，他对荣耀的追求同时也是对整个军队的胜利与威名的追求。在这两种情况下，我们也许会说，他们满足自身利益是为了让更大的善受益，也许我们还可以说，在他们满足自我的个人利益与他们为之奋斗的更大的理想和价值之间无法做出有意义的区分。美德伦理学的一个长处恰恰在于这个事实，即它倾向于消除那种在自私与善（做正确之事、具备美德等）之间的所谓的对立。无可否认，这种对立出现于某些特定的场合。（希腊人将之命名为：**悲剧**。）但若认为，所有的人类行为都被撕裂为两组相当不同的动机，一方面是利己的动机，另一方面是道德的动机，这就犯下了大错，而这种错误位于（在康德与奴隶道德那里的）"大写的道德"这个概念的核心。当然，尼采还有其他的理由（非利己的道德动机所提出的根据的虚假性以及据称不利己的动机的可疑性）来怀疑这种两分法，但首要的反驳理由可回溯到亚里士多德与希腊人，这种反驳理由指出，在大多数人类行为中，这种所谓的对立并不存在。（安东尼·弗卢[①]在这方面提出的问题是，他的女儿吃掉了她们［自己的］早餐，这是否是一种"自私的"行为。）[②] 在善良的行为中，这种**由于定义**而产生的所谓的对立并不存在。

责任

尼采经常与克尔凯郭尔和萨特一起被列为"存在主义

[①] 安东尼·弗卢（Anthony Flew, 1923—2010），英国理性主义哲学家，无神论的著名倡导者，但在 2004 年，他转而成为一个自然神论的信奉者。——译注

[②] Anthony Flew, "The Profit Motive", *Ethics*, 1976.

者",克尔凯郭尔与萨特坚定地捍卫了自由与责任。但尼采关于自由的观点是错综复杂与令人困惑的。他将"自由意志"作为一种幻觉而拒斥了它。他将许多被理解为责任（如康德意义上的义务）的东西仅仅视为奴隶道德的另一种面貌。他以嘲讽的方式攻击"那些改进人类的人",他暗示,负责的改革者所从事的众多事业是徒劳的。我们无法改变我们自身。然而,这会让人们难以解读尼采,难以得出这样的结论:对自身的教养与转化——"成为你自己！"——是尼采思想的核心。尼采或许表达了他对自主与自由选择的众多概念预设的那份怀疑论的态度,但是,他恰恰隶属于一群他如此频繁地与之相关的哲学家,对于这些哲学家来说,并非自欺的个人选择是"本真"生存的一个必不可少的构成要素。（在下一章中,我将讨论尼采对责任的复杂见解。）

超人：一幅立体主义的画像

瞧！我来教你们做**超人**。

——尼采,《查拉图斯特拉如是说》

那么,当这些美德集中起来时,它们看上去通常会像什么？在我们开始罗列这些美德之前,我就暗示,这看上去非常类似于一幅立体主义的画像：奇形怪状的、"不自然的"、古怪的,但与此同时又是富有洞察力的,而在某种意义上,一张简单的快照无法做到这一点。尼采的亚里士多德式的美德看起来或许构成了一个统一的集合（正如亚里士多德的那个"统一性"论题所主张的），但"充溢"的隐喻暗示，在这些美德中，每种美德也许并没有给其他的美德留下任何余地。尼采的众多美德是分裂的，正如亚里士多德的众多美德在本质上是社会性的，而那些尼采独有的美德则更多地具有以自我为中心的倾向。不过，这似乎反映的是尼采自己分裂的感受。在公共场合或与朋友在一起时，尼采不仅是文明的、彬彬有礼的，而且还是完美品格的典范，但在私下里，在他的作品中，他是彻底不文明的、相当粗鲁的，并倾向于写出各种过分的文字。人们或许可以将之仅仅作为个人问题或性格缺陷而不予考虑，但我认为，尼采会说，我们大多数人在我们的生活中没有体验到这种分裂，这是因为我们既无法真正地参与到这个世界中去，又无法充分地在我们自身"之中"。尼采在此的批判与克尔凯郭尔最为相似，后者不懈地指责我们无法在自身之中充满激情，无情地嘲笑我们在参加社会活动中所表现出来的安逸与顺从。因此，我的理解是，尼采那个瘦削憔悴的**超人**画像恰恰对立于野蛮人科南这样寻常的戏剧性人物。他（或她）或许就像克尔凯郭尔的"信仰骑士"那样具有精致的内在禀性，不会将他或她的激情与丰富的内在体验泄露给那些漫不经心的观察者。无论尼采在纸上表现得有多么张扬，我仍然会认为，他的美德实际上是一些宁静而又微妙的美德，它们无时无刻不在肯定，它们是被内在的激情与热忱所界定的。因此，我不仅将尼采的作品解读为某些时而深刻的哲学实验与一扇通向热情激昂的人格

第6章 尼采的美德：他会怎样塑造我们？

的窗户，而且还将尼采的作品解读为旨在让我们重新思考自身的不懈批评。由此我们就回到了这个问题：尼采会怎样塑造我们？我认为，尼采会让我们以类似的方式热爱与热衷于哲学的思想与哲学的乐趣，热爱与热衷于我们的动物本性与生活的振奋之处，热爱与热衷于艺术创造的伟大作品，我们即便自身无法创造这些作品，但仍然能够通过它们丰富我们的体验，丰富这个世界，并让人类的生活过得更有价值。

假若我们将**超人**理解为我们的美德的最终规划方案，那么，对于我们每个人来说，**超人**就会以不同的比例与不同的主导性美德，显示出它自己的不同面貌。不同于亚里士多德，尼采并没有为我们给出一幅关于人类典范的单一画像。不同于柏拉图，尼采并不认为，为了有所发现，我们似乎必须在某种意义上知道我们所寻求的是什么。尼采的哲学是一种开放式的创造性哲学，我们在进击的过程中创造了我们的美德。我们看到了我们所钦佩的并仿效他人。我们看到了对我们"发挥作用"的东西，满足我们的东西，让我们遭受挫折的东西，让我们蒙羞的东西，我们通过某种自然选择，根据"我们所是的那种人"而演化出了我们的美德。因此，查拉图斯特拉不断回到"要发现你自己的道路"这同一条建议上，但他（尼采）似乎并没有为我们在沿途给出各种指导和建议。尼采不这么做的原因是，各种美德并不以令人舒适的方式构成一个整体。我们每个人都不得不在生命中做出艰难的选择。我们也许永远无法将它们构成一个整体。但最终的目的是将我们的美德逐渐培养与塑造成一种带有风格、热情与精致内在体验的融贯品性。对尼采来说,热情与精致的内在体验就是与美德有关的一切,而**超人**代表的仅仅是对我们每次努力的"罗夏测验式的"① 自我描绘。

---

① 罗夏测验是由瑞士精神科医生、精神病学家赫尔曼·罗夏(Hermann Rorschach)创立的。罗夏测验因利用墨渍图版而又被称为墨渍图测验,该测验通过向被试者呈现标准化的由墨渍偶然形成的模样刺激图版,让被试者自由地观看并说出由此联想到的东西,然后将这些反应用符号进行分类记录,加以分析,进而对被试者人格的各种特征进行诊断。——译注

第 7 章　尼采的存在主义

> 一个人不想要除此以外的任何东西,将来不要,过去不要,永远都不要。不仅要承受必然性……而且还要**热爱它**。
>
> ——尼采,《瞧,这个人》

> 我从未停止发展的一个观念是,人类最终总是能够从构成他的东西中造就出某些东西。
>
> ——让-保罗·萨特,《新左翼评论》访谈

1966 年,当我在普林斯顿大学首次执教时,我被要求去接替瓦尔特·考夫曼的名为"黑格尔、尼采与存在主义"的课程。我承认,我由于要讲授黑格尔这个想法而陷入恐慌,因为我对黑格尔的研究仅仅是简单的与随意的,但它给了我一个动力(与一个颇为有趣的夏天)去迈向一个多年以来被证明非常值得做的研究方向。我对这个课程其余三分之二的内容并不怎么担心。我已经爱上了尼采与萨特,我悄悄进入克尔凯郭尔的哲学,这刚好让我充分意识到,他是一位可敬

的哲学家。至于"尼采与存在主义"指的恰好是一个主题还是两个主题，尼采是否属于存在主义者这个群体，还是说（正如在考夫曼的课程中那样）他仅仅与存在主义者**有关**，我对这些问题确实没有做过多少考虑。

当然，自此之后，这些问题被多次提及。学生们提出了这些问题，而我始终以各种策略来做出应对。我毫无愧疚地将尼采包括到我关于"存在主义"的课程之中（由此激起了那些最优秀的学生带着某些关于"存在主义"的奇特定义向我挑战），当学生向我施加压力时，我经常只是简单地说道："我热爱尼采。我试图将他包含到每堂课之中。"但这显然不令人满意。我**确实**将尼采视为一个存在主义者，这不仅仅是一种支持我的那个如今已经固化了的教学大纲的辩护手段。然而，对此有一些显著的异议，我最近在欧洲至少听到了这样一个颇为时髦的异议：尼采是"热门的"，而存在主义是**过时的**。我以为，持有这种异议的人是后现代主义者的牺牲品。人们还可以通过更为哲学化的方式论证，尼采拒斥了那些以往被称为存在主义的主要原则的东西，至少，他拒斥了萨特的经典表述。这就是我想要在此审视的观点。

什么是存在主义？首先有一个明显是微不足道（但又是重要）的描述：它是一种强调**生存**（它对立于任何关于意义与人类生命的抽象而又非个人的概念）的哲学。**生存**通常（但并不必然）指的是私人的与个体性的存在，而不是集体性的存在，当然，人们也可以认为，比如海德格尔就为**此在**的超个人诠释留有了余地。最为显著的是，对克尔凯郭尔来说，**生存**是一个特别具有个体性而又相当令人尊敬的术语，它暗示了生命不仅仅是一种"所谓的存在"，它是被诸如风险、冒险与激情这样令人振奋而又冲击着大学生脉搏的概念所界定的。（对克尔凯郭尔来说，从第三人称的视角看，热情的生命是否从根本上显而易见，这是个无关紧要的问题。）

在最低限度的（但又是最具活力的）意义上说，"生存"是对**生命**的赞颂。尼采在这里加入了克尔凯郭尔（我还会补充上费希特与黑格尔）。但不幸的是，**生命**这个术语是含糊的。对克尔凯郭尔来说，生命是快乐的还是悲哀的，这并不重要（他为后者辩护），而让人们"欣然涌向悲哀人生"的东西无非是**超越**此生的生命，它正是尼采最为激烈地拒斥的"彼岸"意义上的生命。对克尔凯郭尔来说，生命既不快乐也不充分，为了要得到慰藉，就必然需要朝向另一个生存领域的"信仰的跳跃"。尽管如此，这个决断（以及所有这类决断）必须要**在生活中**做出。对尼采来说（至少在他更加狂躁的心情中），生命是一个"狄奥尼索斯的"庆典，在生命之外不存在任何东西。进而，生命主要并不是一个抉择的问题。（不同于克尔凯郭尔与萨特，尼采几乎没有谈论选择。）不过，克尔凯郭尔与尼采都赞颂个体性的生存，这种生存为了支持生命的激情，排除了各种抽象的理论与概念。正是由于这一点，才导致卡尔·雅斯贝斯在20世纪初就标示出了两者的亲缘关系并指出了他们共同享有的一些品质。

"存在先于本质"这个萨特（从别处借用）的著名口号以一种更加世俗的风格清晰地表明，关于人的本性的抽象问题是次要的与派生的,对我们自身的具体处境的描述是首要的。尽管尼采偶尔会有一些抽象的文字(它们大多出现于他未经发表的笔记之中),但他仍然可以在最低限度的意义上算得上是一个存在主义者。他对于生命的细节与激情有着出色的具体描绘与深刻的洞识。("这些微不足道的事物——营养、地区、气候、休闲娱乐、自私自利的全部诡辩——不可思议地比人们迄今为止认为重要的一切都更为重要。")①

在我看来,若根据这里所考虑的哲学分类,所有这一切至少并不特别令人感到意外。

然而,还有一些更加深刻的哲学问题,它们远远超出了分类的问题,而且肯定与对尼采的文本和哲学所做的基本诠释有关。就像索伦·克尔凯郭尔与让-保罗·萨特那样,尼采也是一个或许可被称为"存在主义式的自我"(即一个通过探索与训练自身特殊才能,通过将自身区别于群畜与其他墨守成规者的影响而"塑造自身"的个体)的有力捍卫者。但尼采同样攻击自由这个概念并据此攻击了以下这个存在主义的观念,即我们是自由的,因而对我们所塑造的自身负有责任。进而,尼采赞颂的恰恰是"命运"与"宿命"这些古代的概念,萨特却特别将之作为"自欺"的典范而拒斥了这些概念。接下来的问题是:尼采支持"热爱命运"(*amor fati*)并反对"自由意志"的众多评论以及他时而做出的论证,是否动摇了任何根据存在主义与"自我塑造"而对尼采的哲学所做的诠释?我认为,某些诸如自我塑造或自我创造这样的概念至少在克

---

① Nietzsche, *Ecce Homo*, II, 10.

尔凯郭尔与萨特那里是中心,因此,我将之作为那种被称为"存在主义"精致感受的东西的确定核心。我想要论证的是,尼采的宿命论与他的"塑造自我"最终是一枚硬币的两面,它们并非相互冲突或彼此矛盾。尼采支持责任的概念——特别是对一个人的品性以及"他所是的"那个自我所承担的责任——但他并没有乞灵于"自由意志"。

尼采的宿命论、决定论与命运

你的良知在说什么?——你要成为你自己。

——尼采,《快乐的科学》

对我们来说,重要的是区分那些在当代哲学中通常被人们作为"决定论"来讨论的东西与那些自古以来就被人们称为"宿命论"的东西。当然,人们以相当深奥复杂的方式来理解前一个概念,它依赖于因果关系或科学范式。我认为,这类极其复杂的文献(它们最终不可避免地会谈到量子力学)与尼采的这些问题并没有任何关联。相较之下,人们以大量混乱的、轻率的与不屑一顾的方式来理解"宿命论"。[①] 它被

---

① 丹尼尔·丹尼特(Daniel Dennett)嘲笑宿命论是一个"神秘的与迷信的"论题,它主张,"没有任何行动者能对任何人做任何事",它仅有的品质是"在文献中创造令人毛骨悚然效果的能力",参见 *Elbow Room* (Cambridge: MIT Press, 1984), 123, 104。

认为仅仅是决定论的一个变种。① 这更易于让当代哲学家顺遂心愿，但由此付出的代价是让人们错过了尼采要用这个术语表达的真实意思。宿命论被认为仅仅是一个主张"该来的就会来"的同义反复的命题，它根据"上帝的意志"与"预定论"而得到了宗教的诠释。这显然不是尼采要表达的意思。宿命论也被理解为返祖式的神话虚构与有点古怪的诗意放纵。在分析的文献中，宿命论只是偶尔才被给予一个完整的形而上学路线，正如马克·伯恩斯坦（Mark Bernstein）在1992年出版的令人印象深刻的研究论著《宿命论》那样。② 但在尼采的情况中，宿命论并不是一个形而上学的命题。它重新让人回想起尼采热爱的前苏格拉底时期的希腊悲剧作家以及他们的**命运**（*moira*）概念。它与现代科学思想几乎没有什么关系。我认为，我们也许可以（追随尼采的一篇未发表的早期论文）③将之称为一个审美的命题。在这种审美的意义上，并不需要任何决定论的假设，也不需要任何确定的因果链条，甚至"在原则上"不需要一个可以辨认的因果链条。这种宿命论所拥有的仅仅是必然结果的概念以及让这个结果显得是必然的叙事。因此，俄狄浦斯的"命运"就是去做那些他注

---

① 这个术语在此处会有一些变化。布莱恩·莱特（Brian Leiter）区分了古典决定论、古典宿命论与因果本质主义。他捍卫的仅仅是因果本质主义，他将之归于尼采。按照他的理解，因果本质主义主张一个个体的"本质"属性"以并非微不足道的方式决定了"这个个体的"可能轨迹"。参见"The Paradox of Fatalism and Self-Creation in Nietzsche", in *Willing and Nothingness: Schopenhauer as Nietzsche's Educator*, ed. C. Janaway (Oxford: Clarendon Press, 1998), 225.

② Mark Bernstein, *Fatalism* (Lincoln: University of Nebraska Press, 1992).

③ 参见尼采1868年的论文："On Teleology", trans P. Swift Nietzscheana #8 (Urbana, IL: NANS, 2000)。

定要做的恶劣行径，无论他追逐的是什么因果链条，他的结果已经是固定不变的。

因此，初看起来，决定论与宿命论做出了两个相当不同的论断。前者坚持认为，无论发生了什么，（原则上）都可以根据先行的原因（事件、事态、内在结构再加上自然律）来做出解释。后者坚持认为，无论发生了什么，它们都是**必定会**发生的，不过，人们并不需要努力去指明在这种"必然"的情态背后的因果缘由。但是，若将宿命论视为一种**排除**了任何这样的努力尝试的学说，这仍然会犯下错误。无可否认，俄狄浦斯的行为及其可怕的结果可以被逐步解释为一个事件引发了另一个事件。然而，这肯定会错过了这个叙事的关键所在。在这个叙事中，结果是注定的，但通向结果的道路则不是。另一方面，若要坚持认为，宿命论依赖于诸神的兴致、轻率的命运或任何其他神秘的力量，那就会简单地抛弃掉一个曾经相当明智而又有吸引力，现在也仍然相当明智而又有吸引力的哲学论题。我认为，我们需要理解的恰恰是，尼采究竟有多么认真地对待这个古代的宿命论论题，为什么这个论题既不同于决定论，又没有排斥责任。

关键在于，我们既没有将宿命论还原为决定论，也没有以这样的方式将两者对立，即将决定论变成可敬的科学命题，而将宿命论归为远古的神话与诗歌。理解那种接近尼采意图而又摆脱了任何"令人毛骨悚然"暗示的宿命论的一条途径源自赫拉克利特的见解，它是古代世界里的一种老生常谈（它在今日仍然如此），即命运牢牢地束缚于性格。因此他宣称："性格就是命运。"亚里士多德追随着赫拉克利特，他将在悲剧英雄性格中的"悲剧性缺陷"或"过失"（hamartia）的概念引入他的悲剧理论。因此，人们对俄狄浦斯的悲剧的解释，经常要借助于他专横的傲慢、顽固以及他拒绝听从提瑞西阿斯与他的妻子/母亲这个事实。① 但无论我们是否以如此方式解释俄狄浦斯的命运（我认为，这种根据"缺陷"而做的解释根本就是不合情理的），显而易见的是，驱使这个叙事发展的动力来自由环境、性格与"必然性"所构成的结合体，而这种"必然性"是由情节（连同以下这个事实，即观众在戏剧刚开始时就已经知道了结局）所确定的。

人们可能试图以这样的方式将宿命论同化为决定论，即将一个人对"命运"的关注焦点限定于有关性格与性情的实际问题，这些性格与性情让这个人以特定的方式行动，并且让这个人自己陷入某种特定的处境之中。然而，这种做法在获得了科学尊严的同时，却由此失去了尼采想要推进的主题，即这样一种必然性，它的意义超出了科学的（因果）必然性。另一方面，人们仍然可以（在不排除决定论描述的情况下）坚持宿命论与决定论的区别，他们强调了在宿命论之中的一种特定的叙事。相较于决定论，它在结尾（即结局）中开始叙事，并且认为，鉴于这些人的性格本质，这个结局在某种意义上是必然的。这并不是说，主人公在情节展开的过程中

---

① 比如，参见 Cecil M. Bowra, *Sophoclean Tragedy* (Oxford: Clarendon, 1945); Cedric H. Whitman, *Sophocles* (Cambridge: Harvard University Press, 1951); Marjorie Barstow, "Oedipus Rex as the Ideal Tragic Hero of Aristotle", *Classical Weekly* 6.1 (October 5, 1912); Martha Nussbaum, *The Fragility of Goodness* (Cambridge: Cambridge University Press, 1986).

没有做出任何选择，没有承担任何责任。恰恰相反，它表明了完成的选择与累积的责任会以何种方式导致一个可预见的必然结果。

请考虑这种情况：一个淘气的男孩变成了一个朋克小子，接下来则变成了一个少年犯与小混混，此后又变成了一个"强硬的"罪犯。他的邻居与他的某些家庭成员一边摇晃着手指一边说道："我以前就这么告诉过你！"若否认男孩的性格提供了某种必然性，这是愚蠢的，但若坚持认为性格所承载的"必然性"是由因果严格确定的必然性，这同样是愚蠢的。事物是否有可能产生其他的结果？当然有可能。导致该结果的诸多原因能否不同？即便不同又有何妨。事实上，对葛梯尔例证[①]（Gettier-type examples）的略微有些歪曲的实际应用有时会出现于谴责性的视角之中，比如，人们对受鄙视者并未犯下的罪行进行控诉。人们认为，这种人的罪名在某种意义上是必然的，却没有顾及导致这个结果的反常因果链。

换句话说，无论一个人拥有的是**什么**命运，他并不需要对**如何**实现命运做出承诺。当然，这并不意味着决定论是错误的，因为人们不仅有可能坚持认为，而且确实必定会坚持

[①] 葛梯尔例证（Gettier-type examples）出自当代知识论中的葛梯尔问题。1963 年，美国哲学家爱德蒙德·葛梯尔（Edmund Gettier）通过反例质疑了当时在哲学界公认的知识定义：知识是得到辩护的真信念（也被称为知识三要素，或"JTB 理论"）。根据葛梯尔的论证，即便一个人相信的某件事是真实的，即便一个人的信念得到了辩护，这个人在特定情况下仍然有可能并不真正知道这件事。所罗门借用这个思路指出，即便有些人对淘气男孩的犯罪结局的信念是真实的，即便有些人可以用必要的因果链来合理解释淘气男孩的犯罪结局，但让淘气男孩导向犯罪结局的因果链是多种多样的，其中甚至包括反常的因果链。根据周围人对淘气男孩的那些得到辩护的真信念，无法得出淘气男孩的性格必然导致其犯罪的结论。——译注

认为，存在着**某种**导致该结果的事件与原因的链条。不过，尽管这很有可能让科学家感兴趣，它却不是宿命论者的主要关切。因此，那个以艰苦的监狱生活告终的淘气男孩无疑有一本充斥着各种间接原因的恶劣档案，但对于那些说了"我以前就这么告诉过你"的人们来说，重点在于，在充分撇开这些因果细节之后，**这就是那个淘气男孩的最终结果**。结果的必然性极其不依赖于结果的因果必然性。同样地，在科学家与宿命论者之间的差异也不是因果解释的在场或缺席。两者的差别在于他们归于结果的叙事性意义。

请考虑寿命的问题，综合考虑尼采的雄心壮志与他长期糟糕的健康状况，它始终是尼采关切的问题之一。（令人遗憾的是，"要死得其时"对尼采这个人来说，是一个反讽性的墓志铭。一方面他死得太早了，另一方面他在最后十年里又死得太晚了。）请思考我们自己的人生，难以对"我将活多久？"这个问题进行通盘考虑。这不仅仅是一个实践的问题，而且它也不仅仅局限于那些垂下头接受医学上的死亡宣判的病人与那些进入战场的士兵。我们所有人轻易就会产生这同一个问题——有时，这个问题是不可回避的。因此，难以根据特定的"得到分配的时间跨度"来做出思考。有些人"在他们的时代到来之前"就已经死了，如今则有许多人在他们有用的人生之外还多活了几年乃至许多年（就像尼采那样）。无可否认，一个人的死亡与寿命可以根据明确的因果描述来获得科学的解释，但源自命运的解释与源自医学的解释并不相同。

为什么所有这一切并不仅仅是决定论？因为宿命论在形式上不仅是因果性的，而且还是**目的论的**（甚至可以认为，它在形式上并非因果性的，而是目的论的）。重要的是，不要将决定论与目的论作为在解释模式上的不可相容的竞争者，而我认为，尼采在试图这么做的时候犯下了严重的错误（比如，他对作为"强力意志"载体的诸多冲动的分析）。尼采就像先前的亚里士多德一样，他在很大程度上是一个生物主义者（在达尔文主义之前，他就明确地切断了自身与目的论思想的关联）。宿命论是一种目的论，这体现于它专注的并非诸多原因，而是事件或结果的最终**重要性**。目的论这个概念不应当根据在幕后的超自然能动者来进行解释，尼采会明确拒斥这样的解释。但是，尼采戏剧性地谈论"**命运**"之处（尤为显著的是在《瞧，这个人》之中，尼采在"为什么我是命运"这个标题下思考了他自己的人生与事业），显然把握到了这种宿命论式的目的论。命运不仅仅是一种必然的结局。只有在确定了某种更宏大的目的以及一个人的品性与能力（或者是民众的品性与能力，正如 19 世纪的美国人暗中主张的"天定命运"①）之后，它才是一种必然的结局。因此，歌德的命运恰恰是成为德国第一个伟大的国际主义者，爱因斯坦的命运恰恰是颠覆物理学的世界。诚然，通过分析歌德与爱因斯坦各自的才能如何造就了他们各自的成就，人们可以重新表述这些论断。但是，值得注意的是由此错过的东西。（同样值得注意的是，在 19 世纪的语境下，将他们的美德称为"才能"，就已经体现了某种目的论的观点。）错过的是这种叙事的聚焦

---

① 天定命运（manifest destiny），19 世纪中后期被美国人广泛持有的一种信条，它表达了美国凭借天命，对外扩张，散播民主自由的信念，其理念在 20 世纪持续地影响着美国的政治。——译注

于结果的、带有目的性的本质。仅仅通过理解结果发生的（因果）方式，人们无法理解命运。

尼采不清楚的是，品性在何种程度上就是能动性。他同样不清楚的是，品性与特定行动是以何种方式相互关联的。不过，不同于赫拉克利特，尼采相当明确的一点是：并没有上帝或任何其他的能动者来决定我们的品性，而是我们（无论我们在自身的自然本性中"被给定"的是什么东西）对培育我们自己的品性**负有责任**。这一点都不简单。尼采告诉我们："为一个人的品性赋予风格，一项伟大而又罕见的技艺。"① 但无论是罕见还是常见，无论是局限于少数"更高级的人"还是我们所有人都能做到，对一个人品性的培育密切相关于尼采的宿命论这个概念。他与康德一样坚决主张我们拥有发展自身美德的责任（尽管尼采不会将之称为一种"义务"）。即便尼采没有在这种责任感中看到"自由意志"的作用，这也绝对没有让我们摆脱责任的负担或免受谴责性视角的影响。尼采就像克尔凯郭尔与萨特那样坚持认为，无论我们的命运以何种方式被天意、环境或我们自身的品性所设定或制约，它们都掌握在我们自己手中。我们既不是偶然与意外的牺牲品，也不是萨特的"我们命运的船长"。（根据尼采众所周知的一种欢快之情，人们或许会说，我们更像我们命运的船夫，能够做出一些英勇的自我行动，但也有可能被卷入那片时而残酷但又壮丽的大海之中。）

---

① Nietzsche, *The Gay Science*, §290.

尼采论自由与宿命论：悖论还是视角？

假如我的观察是正确的，就总是可以用一种深刻的个人方式，从两个完全对立的角度来审视"意志的不自由"问题：某些人无论如何都不会放弃他们的"责任"，他们对自身的信念，他们对自身荣誉的个人权利……另一些人则恰恰相反，他们不希望对任何事情担负责任，由于内在的自我鄙视，他**们企图将对他们的指责置于其他的某个地方**。

——尼采，《超善恶》

在其论著《尼采》的相当长的篇幅中，海德格尔为了在热爱命运、永恒轮回与关于自由和决断（*Entscheidung*）的可能性之间的那个笨拙的乃至悖论性的关系而烦恼。我并没有捍卫海德格尔研究尼采的路径，我发现，这条路径具有危险的诱惑力（海德格尔强调的是尼采未发表的论著，尼采的"形而上学"焦点）。我也不会将海德格尔当作典型的存在主义思想家，尤其是在撰写《尼采》时的海德格尔。但我认为，他提出了一组重要的问题，虽然我对他的解答的恰当性（或可理解性）有保留意见。在分析哲学的圈子里，布莱恩·莱特[①]将这些问题称为尼采"关于宿命论与自我创造的悖论"，他认

[①] 布莱恩·莱特（Brian Leiter, 1963— ），美国哲学家与法学家，芝加哥大学法学院的法理学教授，他的研究主要集中于法哲学与欧陆哲学，尤其是尼采与马克思的哲学。——译注

真地探究了这个悖论。① 不过，我认为，尽管海德格尔做出了相反的断言，但是，当遇到有关个人选择与责任的问题时，海德格尔表现出了一种可疑的暧昧态度。莱特为了支持在尼采那里的"自我创造"论题与"宿命论"论题，仅仅考虑了某些广为人知的文本，并由此得出了"宿命论是尼采的支配性主题"这个结论。② 莱特在这么做时并没有让我感到非常折服。（特别是就尼采而言，我并不怎么相信那些用来论述一个问题的不同方面的引文的重要性。乔治·艾略特在《米德尔马契》中将这种论证描述为"一个没有比较标准的统计数据，只能在它后面加上一个惊叹号"。）③ 我认为，莱特错误地解读了尼采的"宿命论"的本质，他沿着极其混乱的"自由意志"问题的路线，错误地将它理解为某种"决定论"的变种，而我认为，他在描述"自我创造"时为我们扎了一个稻草人来攻击。我自己的结论是，并没有什么悖论，尼采对个人的责任有着坚定的信念（即便他拒绝接受诸如"自由意志""意志"与**自因**这种成问题的概念），因此，尼采在很大程度上与克尔凯郭尔和萨特的存在主义相一致（不管他是否与海德格尔的存在主义相一致）。事实上，只要经过正确理解，我也会赞同莱特的这个观点，即"自我创造"（或自我塑造）预设了某种形式的宿命论。按照我对这些论题的理解，它们最终显得相当一致。

因此，我在尼采那里的宿命论主题与自我创造主题之间

---

① Leiter, "The Paradox of Fatalism and Self-Creation in Nietzsche", 217–257.

② Leiter, "The Paradox of Fatalism and Self-Creation in Nietzsche", 255.

③ George Eliot, *Middlemarch* (London: Penguin, 1994), 424.

并没有发现任何"悖论"(即某种矛盾),即便是根据其表面意义来理解也是如此。相反,我看到的是尼采的视角主义的一个深刻例证。事实上,假若我要在此概括一个严肃的方法论要点的话,我就会认为,解读尼采的关键是认真对待他的视角主义,不仅仅应当将之作为论题或"实验",而且还应当将之作为尼采哲学进路的那个本质。我认为,我们在这里谈论的并不是两个对立的论题,而是透视我们自身与人类生活的两个基本视角。一方面,我们对自身的熟悉见解是,将之(多少)作为一种自主的存在者,可以深思熟虑地做出选择并对自身的欲望产生作用,有时能够反思与权衡自身的欲望,有时能够尽责地拒绝自身的欲望(或拒绝被它们诱惑)。正是根据这个视角,我们通常会坚持认为,人们(与我们自身)应该对他们(我们)的行为负责,并将这些行为的原因归于他们的品质。

另一方面,任何一个没有过度迷醉于庸俗化的萨特或乔伊斯·布拉泽斯博士[①]的人都会承认,我们所有人都"被抛入"我们的处境之中,我们生来就具备(或不具备)某些特定的才华与能力以及某些身体上的不利因素与局限性。我们所有人都是我们的教育、家庭和文化的产物(有些人会说是"牺牲品")。一个人可以将自身以及自身的行为看作自己过去的行为习惯、自己的发展史以及许多环境因素、生物因素、社会因素、文化因素和意外事件(特别是一些糟糕的运气,它

---

① 乔伊斯·布拉泽斯博士(Dr. Joyce Brothers, 1927—2013),美国著名心理学家,她多年从事女性、婚姻、爱情等方面的图书与文章的写作,并在电视台开办有关节目,内容生动、有趣、时尚,被称为最流行的心理学家。——译注

们无法轻易被包含于**热爱命运**的策略之中）的结果。从这个观点看，一个人的行为就显得根本不是自由的。我们有时将自己视为自由的，有时将自己视为命定的。即便没有引入类似**宿命论**这样令人毛骨悚然的词语，我们也能毫无困难地理解如下事实，即我们在自身之中与在其他人那里都能辨认出我们的环境的沉重负担，我们的选择与我们所谓的自主性既是有限的，又多半是高度可预测的（这差不多就是在说，它们是"被决定的"）。我们经常会相继占据这两个视角中的某一个，但我在此并没有看到"悖论"。相反，这仅仅是"人的境况"。在我们看来，我们自身既是自由的，又是受约束的。

　　为了比尼采更为直率与明确地说出这个问题，就要借助于多重视角，通过这些视角，人们就能描述与评价自身的能动性与行为以及别人的能动性与行为。我在第 2 章中注意到（根据伯恩德·马格努斯与理查德·罗蒂喜爱的说法），有关个人责任的语言是一种**可选择的词汇**。存在着无数方式来描述我们的行为（比如，将我们的行为描述为物理过程与化学过程的产物），在某些描述方式中，有关责任的语言是不合适的。但通常而言（尽管绝不是以前后一致的方式），尼采的建议是，我们对我们的行为与我们所培养的美德负有责任，虽然他拒绝接受（用康德的话说）"作为一种因果性的意志"观念、"将自身理解为自由"的"立场"或将我们自身当作"理智世界［或超感性世界］成员"的想法。[①] 尼采所具备的是一种强大的能动感受，即便他拒斥了康德与某些存在主义者对

[①] Immanuel Kant, *Grounding for the Metaphysics of Morals*, 97, 107, 109–110.

这种能动感所附加的那个夸张的自由概念。尼采的整个哲学是根据有待克服的"使命"与困难来得到表达的。

无论如何，自我创造都不可能是人类版本的**无中生有**，因为尼采认为，即便对上帝来说这也是不可能的。我们不可能作为一个**自因**来行动，不可能以"独自努力的"方式将我们的道路引向自我。它也并不要求或涉及任何对自然律的违背，就像康德在本体论上的主题一样，这种要求是尼采最激烈攻击的目标之一。自我塑造最终是一种自我修养，它绝对无法独立于或分离于一个人与生俱来的才华、"本能"、环境、其他人的影响与这个人所在文化的影响。它不是一个根据本体论上的绝对自由来"塑造自身"（萨特坚持的著名论断）的问题，而是一个"成其所是"的问题。这强烈地暗示，塑造自我（"成为"）已经包含了宿命论（"其所是的那个人"）。生成自我并不涉及"自由意志"，尽管如此，就像萨特那样，尼采仍然坚定地相信个人的责任，即便他也为我们提供了这样一种可选方案（比如，他根据生理学对心理学做出的讨论），其中，这些与个人责任有关的词汇不再是合适的。

一旦我们将自由意志这样有争议的概念与那些可选择的词汇（尼采不断提醒我们这些词汇的可选择性，但他对这些词汇的用法并非一致）放到一边，在尼采的宿命论主题与自我创造主题之间就不会有任何"悖论"或矛盾。第一人称的立足点的不可思议之处在于，我们既"从外部"来审视我们自身，又"从内部"来审视我们自身。正是这个不可思议之处构成了引人注目的非对称性并推动了许多现代哲学的发展。从第一人称的立足点看，不可能否认我们作为能动者的力量(无论它多么有限)。从非个人的第三人称的立足点("无所不知的"立足点)看,我们似乎在这个视角下完全消失了。我们至多不过是用来审视世界的视角的基准点。人们或许会仅仅带着少许恶作剧的态度,将尼采的这个所谓的悖论与康德的第三个,也是最著名的二律背反(B480)相比较,这个二律背反在表面上是两个矛盾的论断,但通过考察(与康德的那个艰难的分析所提供的帮助),它最终被证明是两个不同"立足点"的表达。(没有理由去把这种关于"两个世界"的诠释硬塞给康德,尼采如此明确地拒斥了这种理解。)我同样会将这个悖论与在我看来是让–保罗·萨特在《存在与虚无》中的现象学本体论的关键步骤相比较。萨特在那里极其详尽地描述了第一人称的立足点在现象学上的独特性,并且将那些并没有预设这一立足点的科学视角与其他视角都判定为"出局"(out of play)。(由此,萨特以错综复杂的方式追随了康德,却又拒斥了胡塞尔的一个关键原则,但这并非本书专注的焦点。)

尼采的古典宿命论

> [宙斯:]命运让萨尔佩冬被帕特洛克罗斯杀死,
> 我对萨尔佩冬的喜爱超过任何人。
> 我是否要在他活着时将他带出战场……?
>
> ——荷马,《伊利亚特》

在古代悲剧中，各种巨大的诅咒与战争通常都是神明或女神的干预。因此，古代的命运与天命明确地具有目的论的性质，也就是说，它们服务于奥林波斯山上诸神的（通常是反复无常的）目的。类似地，无论基督教的"预定论"有多么神秘，它的结果都是由上帝根据其目的来决定的。尽管如此，在古代世界中，命运是某种不同于神明的东西，神明经常被描述为自身受到了命运的约束，尽管他们通常并不是命运的受害者。虽然命运被明确地描述为必然性，但根本无法肯定的是，命运是否涉及任何类似能动性或目的的东西。（命运只是偶尔才被人格化为"命运女神"，她们通常是三个老妇人——克罗托、拉克西丝和阿特洛波斯①——在这种情况下就有可能假定能动性与目的。）在基督教的许多思想中，命运与宿命论也尖锐地对立于自由意志，这被捍卫为基督教世界观的标志，但也由此产生了某些著名的悖论。② 因此，古典宿命论的目的论绝对无法轻易被还原为神圣能动者有目的的行为。

现在我要对命运与宿命论做出区分，尽管有关前者的绝大多数构想都暗示了后者。比如，对犹太教与基督教的上帝的信仰有时就涉及一种宿命论的版本（如关于"上帝的意志"这个概念的信仰），不过，这种信仰特别对立于命运这个概念（也就是说，在抛开上帝的情况下所发生的事情的任何能动

---

① 在早期的希腊神话中，复仇女神是三位年轻优雅的女士。此后，她们变成了与莎士比亚的《麦克白》中的三个女巫并无不同的老妇人。在罗马神话中，有四位复仇女神：阿南刻、诺娜、德克玛与墨尔塔；在北欧神话中，她们是兀尔德、薇儿丹蒂与诗寇蒂。

② 参见 Lisa Raphals, "Fatalism, Fate, and Strategem in China and Greece", in *Early China/Ancient Greece: Thinking Through Comparisons*, ed. S. Shankman and S. W. Durrant (Albany: SUNY Press, 2001), 207–234。

性或最终的重要性）。在印度教、佛教与耆那教的哲学中的**业**（karma）同样没有隐含一种与众不同的能动者，但是，它作为一个人行动的"残余物"而牢固地关联于这个人的行动。为了简单地表述这个区别，不妨将宿命论理解为这样一个命题，即已经发生的事情（在某种意义上）**必定会**发生。这并不需要任何其大意是"**无论**发生什么事情，它们**都必定会**发生"的普遍命题。更合理的做法是，将宿命论适用于多少比较确定的行动与事件之上（丹尼特轻蔑地将这种宿命论称为"局部的宿命论"）。①

命运给宿命论附加了某种准能动性（quasi-agency）的概念，其中的一端是奥林波斯诸神的合谋或上帝自身的意志，另一端是某些与能动者几乎没有什么关系的责任概念，比如，中国的"天命"与印度南部的**业**，在这些概念中，用来解释一个人命运的仅仅是他或她自己的行动。（赫拉克利特的"性格就是命运"所扮演的是一个多少有点模棱两可的角色，因为它并没有表明性格在何种程度上是一种能动性以及性格与特定的行动以何种方式有所关联。它同样没有表明的是，性格是否是诸神或任何其他能动者的所作所为造就的——在这些其他的能动者中或许也包括一个人的自我，在尼采的"自我创造"的哲学中，这是一种至关重要的可能性。）因此，命运所包含的是一种比宿命论更具拟人化色彩的信念，因为它做出了某种尝试来**解释**成问题的必然性。但是，即便是如此理解的命运，也未必就可以被仅仅视为一种

---

① Dennett, *Elbow Room*.

"粗糙的"或陈旧的思维方式。事实上,即便在这个量子理论与虚拟实在的时代里,几乎不可能有什么人会从未感受过它的吸引力。

西方关于命运的最伟大文本是荷马的《伊利亚特》,它做出了众多肯定影响了尼采关于这些问题的思想的惊人评述。对荷马来说,命运是无法反对的。不仅诸神无法反对命运,甚至宙斯自身也无法反对命运。尽管如此,宙斯至少看起来增加了与命运有关的"自由空间"。在一段值得注意的文字(即本节开头的引文)中,宙斯正盘算着要去拯救他最喜爱的一个儿子萨尔佩冬,而不顾命运注定他要被帕特洛克罗斯杀死这个事实。赫拉"瞪大了她温柔的眼睛",她骇然回复道:

> 克洛诺斯之子,你说的什么话!
> 一个凡人的命运早已注定,
> 你却想要免除他悲惨的死亡?
> 你这么干吧,但不要指望我们所有神明会同意。

赫拉接下来警告宙斯,这会激起大量的怨恨,"其他神明会做同样的事情"。由此,"天神与凡人之父不再反对/但并非心甘情愿"。① 因此,宙斯在何种程度上被命运所"束缚"(以对立于纯粹凡人的明确"约束"),这仍然是模棱两可的。尽管如此,通常而言,神明与女神的那些保证事物确实发生的行动让命运显得有其可控的法令。以此方式,波

---

① Homer, *Iliad*, 16:470–496.

塞冬在阿喀琉斯手中将埃涅阿斯从死亡中拯救了出来:"因为命运注定埃涅阿斯躲过死亡 / 让达耳达诺斯一族不断绝后嗣。"① 然而,由此看来,诸多神明似乎并非必然被命运的必然性所束缚。

对于凡人来说,则没有这种左右摇摆的空间。阿喀琉斯在悼念帕特洛克罗斯之死时告诉迈密登的战士们:

> 我们两个人注定
> 要用我们的鲜血染红这同一片土地,
> 正是在特洛伊这片土地上,我永远都不会再返回家园。②

在《伊利亚特》的开头,赫克托耳也说过类似的话,其大意是,没有一个人能够提前将他送到冥王哈迪斯那里,尽管如此,他与其他所有人一样,都是由命运注定的。③ 当问题是一个人何时死亡时,命运就成为关联度最高的主题。不过,这个问题同样与人们的行动有关。当然,在我们考虑索福克勒斯的俄狄浦斯时,这种情况就更为确切。但无论是在《伊利亚特》中,还是在《俄狄浦斯王》中,命运(或诸神的行动)并没有让人们做出他们不会做的事情。相反,命运(或诸神)安排了这样一种处境,一个人在这种处境下"依从本性"所做的事会确定不可避免的后果,比如,骄傲而又冲动的俄狄浦斯在帕纳塞斯山脚下的一个狭窄的十字路口与拉伊俄斯的

---

① Homer, *Iliad*, 20:298ff.

② Homer, *Iliad*, 18:350–351.

③ Homer, *Iliad*, 6:512–513.

相遇。不过,命运(或诸神)有时非但没有激发一个人的目的与欲望,而是缓和一个人的目的与欲望,它强迫这个人花费时间深思熟虑那些在其他情况下有可能变为鲁莽的行动。比如,在《伊利亚特》刚开始的时候,阿喀琉斯在盛怒下要攻击阿伽门农之时,赫拉派遣的雅典娜与他说了几句话:"我过来看看自己能否抑制你的怒火。"阿喀琉斯回应道:

> "女神啊,当你们发话时,一个人就应当听从,
> 而不管他有多么愤怒,这样做比较好。
> 谁服从神明,神明就会听取他的祈祷。"
> [在这么说的同时]他将有力的大手放到
> 银色的剑柄上并将大剑
> 插回它的剑鞘。①

《伊利亚特》经常相当不明确地谈论着命运的本质,它并没有将命运与宿命论相区分。相较之下,《俄狄浦斯王》(通过拉伊俄斯)将命运作为主题与推动情节发展的引擎。尼采与这些古代的典范相一致,他也频繁地谈论命运(如**热爱命运**,"对命运的爱"),但他实际上指的仅仅是宿命论。也就是说,他鼓励我们领会的是结果的必然性与重要性,但又不提及任何神秘的能动性。他在此明确地与赫拉克利特站在一边。有待论证的是,对于"性格在何种程度上就是能动性"以及"性格如何与特定的行为发生关联"这些问题,尼采是否也持有

---

① Homer, *Iliad*, 1:226–231.

模棱两可的态度。有人也许会认为，对尼采来说，性格**就是**能动性，因此它体现的是自由与必然性两者（一个与大卫·休谟也有关系的立场）。①

尽管如此，尼采不厌其烦地回避有关能动性的谈论，甚至回避关于有意图的行动的谈论。因此，他相当频繁地谈论"定量的能量"，②这个关于"放射自身"的定量能量的隐喻可以被吸收到一幅用来描绘性格的更为常见的图景之中，它将性格作为一种在无数行动中显现自身的潜在力量（其中有意识的目的或许是无关的或仅仅是次要的）。在《超善恶》中，尼采提到了"崇高**命运**的坚毅与预定决断的坚毅"，由此甚至将决断也呈现为宿命论与某种并没有确定其重要地位的能动性。③尼采在《遗稿》中的评论（我总是对仅仅出现于《遗稿》中的任何文字的地位有所怀疑）反映了他的一个远为极端的思想："一切事物从一开始就已经被引导着依循特定的路线。"④事实上，这不仅仅是宿命论，而且还是一种责怪命运无处不在的谴责性思维方式。

但是，命运是**被谁**引导的呢？无可否认，并没有什么神明或上帝。尼采在此肯定超越了他古代的导师，他暗示，并非**某种**行为、事件或结果是必然的，而是**一切**都是必然的。这种粗俗的目的论在此并不是一个审美视角的问题，而是看起来就像一种偏执。我对此的想法是将它作为尼采的一个相

---

① Hume, *A Treatise of Human Nature*, 400ff.
② 比如，参见 Nietzsche, *The Gay Science*, 360。
③ Nietzsche, *Beyond Good and Evil*, 232.
④ Nietzsche, *The Will to Power*, §458.

对粗暴而又没有获得成功（并且没有发表）的思想实验，我会简单地将它抛弃，除了它以极端的方式突出了明显遍及成熟尼采思想的那种感受，而且它的根源也不难寻找。这种感受是，在我们行动的有意识的能动性"背后"还存在着某种能动性。当然，对叔本华来说，这种神秘的能动性就是非个人与非理性的意志。在尼采那里，这种能动性被归因于那些在科学上更可敬的过程，特别是"本能""冲动"（Trieb）与其他生物学意义上的"能动性"。在这一点上，尼采非常类似于多年之后的弗洛伊德在**他的**晚期著作中的做法。（我并不想发展这个观点，但我认为，弗洛伊德与尼采两者都会对这些概念在如今被人们时而称作"心理决定论"的东西或尼采所谓的强力意志的各种决定论版本中的机械化而感到震惊。）

"成为你自己"

> 流俗的道德还将力量与力量的表现区分开来，就好像在强者的背后存在着一个中立的基础，它可以**自由地**选择是否表现力量。但并没有这样的基础，在行动、效果与生成的背后并没有什么"存在者"，行动者无非是附加到行动上的一个虚构之物。
>
> ——尼采，《超善恶》

尼采的口号是"成为你自己"。（由此形成了《瞧，这个人》的副标题：**一个人如何成其所是**。）这个简短的话语以一种并非悖谬的方式抓住了尼采的立场。一个人只是在他预先注定的有限可能性（即一个人的才华、能力、美德、残缺与局限性）中**生存**。一个儿童在幼年（或许可以认为是从出生之时起）就展示出了有关音乐、语言、特定交往、体育、舞蹈和领导能力的真实才能。不过，完全显而易见的是，这些有前景的可能性也无非如此，它们需要发展、鼓励、训练、实践与专注（或至少要满足某些这样的要求）。

一个人是**成为**他所是的那个人的。如果人们相信——我认为，任何没有因为过度的平等主义而变得盲目的人都必然会相信——我们所有人都以不同的方式具备才能与美德（包括自律这种也许会被我们称为元美德［meta-virtues］的东西，它们与我们助长自身美德的能力有关），那么，他们多少会接着相信，我们将自由地发展我们的美德（自由即在我们具备美德的范围内），然而，在"我们已经具备了什么美德并因而有可能选择发展什么美德"这个问题上，我们并没有多少自由。我在此说"多少"，是因为对此还有一些相当明显的限定条件：大多数人具备不止一种美德，因此他们可以自由地在其中进行选择性的发展，而任何美德的发展都有可能受到某些外部因素与内部因素的阻碍，比如，缺乏机会，缺乏恰当的榜样与范例，缺乏表扬与鼓励，（更糟的是）过多的挫折乃至嘲弄，或令人衰弱的灾祸与意外。

进而，美德是"被赋予的"，而不是被选定的，这个见解也承认了其他一些错综复杂的问题。我们可能会说，一个人无法简单地通过选择来具备美德，而且一个人也并非总是知道自己是否具备美德，在大多数纪律的约束下，一个人即便不具备美德，也能发展出某种近似美德的东西，而且一个人肯定能够在一种才能与其他任何有竞争关系的美德之间做出选择。这种发展的内在限制或许是由于诸多美德的冲突与无法在它们之间做出选择。它或许也是由于人们拒绝承认这个人具备美德。但在培养一种美德的过程中最让人感兴趣的困难，恰恰导源于那种被我称为"元美德"（即追求自身[诸多]美德的能力）的东西。作家以自欺的方式称为写作瓶颈的东西，就是它的一个令人不快的熟悉例证。

正如众多在文学上有所抱负的人们带着畏惧心态证实的，作家的瓶颈与文学才能绝对不是相对立的。实际上，它们甚至有可能是正相关的。不过，真正的问题无疑是，作家的瓶颈是否应被归类为一种**阻碍**，也就是说，作为某种相当独立于能动性或意志的心理障碍。作为一种元美德，不顾阻碍追求自身才华的能力或许既可以被视为"被给定的"东西，又可以不被这么看待。假如它是被给定的，它就和其他任何才能一样；它不可能简单地被人们选择。假如它不是被给定的，它或许就有选择的可能性。作家的瓶颈有时似乎是由于完全无法将真实而又有趣的句子放在一起，或者令人尴尬地缺乏任何想要说出来的东西。但在某些时候，作家的瓶颈或许是由于他顽固地不情愿转换自己的工作习惯，或许是由于他宁愿愚蠢地盯着一页页空白的纸张或电脑屏幕，而不是去阅读与搜集信息，或许是由于他不情愿放弃自己目前已经失去功效的规划方案，或者是由于他不情愿为了某种有可能更好地促进自身能力的东西而转换自己的规划方案。换言之，即便一个人的写作才华是给定的，即便它无法简单地通过选择而被人们拥有，人们仍然经常会不加批判地假定，一个人的元才能（meta-talents）在某种意义上就是这个人自身的责任。

还有这样一个问题：对元美德这个概念的调用是否会导致无穷后退？也就是说，假如我们拥有诸多支配我们的"一阶"美德（无论这些美德是被选定的还是纯粹被发现的）的实践与发展的美德，这难道不会暗示，我们可能（必定）拥有诸多支配我们的元美德的实践与发展的更高阶的美德吗？而这难道不会进一步暗示，我们会拥有支配我们元—元美德的更高层次的诸多美德吗？以此类推。我承认，这个形而上学的难题总是让我感到扫兴。[①] 当哲学家变得迷恋于辩护的概念以及诸如"根据""基础"与"担保"这样的隐喻时，无穷后退这个可憎的事物就变得可以理解了。但是，并非所有的哲学都是辩护，特别是在存在主义者之中，他们以典型的方式颠覆了追求辩护的重要性。（"一个行为的根据是由于我选择了它，而不是由于一个进而需要某个诸如此类的原则来为自身辩护的原则。"）不过，在这种情况下后退的极限并非逻辑的或概念的极限，而仅仅是人性的，太人性的极限。我们能做的仅仅是这么多递归或跃层（level hopping）。元—元美德确实有一些例证——事实上，自律就完全可以提供这样的例证。我们有时的确会下决心不仅要发展一种美德，而且还要"致力于"提升我们发展自身美德的能力，例如，通过让

[①] 我始终无法理解，亚里士多德传给一代又一代的基督教哲学家的究竟是些什么概念问题，这些基督教哲学家同样利用了匮乏的想象力来"证明"上帝的存在。（一种过于复杂的推测是，他们恰恰缺少充分的数学概念来理解无限。）

我们自身服从其他规训的约束来提升这种能力。然而，我们能够或情愿"超出"自身的范围是有一个极限的，特别是在任何的现实生活（对立于纯粹的形式）中，若要试图提供这样的"类型理论"，就不可避免地会混淆"诸多层次"。对于所有实际的目的来说，只要坚持认为，除了我们的欲望和美德之外，我们还拥有元欲望（meta-desires）和元美德，它们关注的是我们以何种方式有效地将自身的欲望和美德付诸行动，这也就足够了。

尽管如此，不应当认为，让一个人的欲望和美德符合这个人的元欲望和元美德，这通常乃至始终是一个有关纯粹自律的问题。吸毒上瘾者或酗酒者想要克服他或她的受诅咒命运的绝望尝试就是一个极端的例证，这仅仅是因为它不仅明显涉及心理上的依赖性，而且还明显涉及生理上的依赖性。临床上等级更为严重抑郁症也呈现出一幅相似的痛苦图景。但是，无论是上瘾、抑郁症还是纯粹的"写作瓶颈"，对它们都有一个极其麻木不仁的回应："去克服它。"然而，正如经常在尼采那里出现的情况，那些麻木不仁的文字同样有可能是美好而又可靠的建议，用当下的大白话来说就是"严厉的爱"。而这凸显出了尼采的存在主义。他尖锐的批判腔调表达的不仅仅是蔑视。综观他所有的作品，这种腔调还试图要惊醒我们，从而让我们进入一种吩咐我们"要克服它"的自我认识之中，无论"它"指的是什么（如上帝之死，"奴隶"道德或"群畜"道德的无处不在，形而上学的哲学陷阱或我们的同情倾向）。我们能够"成为我们所是的那种人"，但这只有在某种帮助与指导下才能实现，而尼采已经被人们正确地确认为我们所找到的最优秀的生存向导之一。不过,这绝对没有与以下这一点相抵触,即尼采也是现代宿命论的最有力的倡导者之一。

合理地理解宿命论

> 冥冥有手写天书,彩笔无情挥不已。
> 流尽人间泪几千,不能洗去半行字。
>
> ——奥马珈音[①],《鲁拜集》

赫拉克利特关于"性格就是命运"的见解,让我们以合理而又可靠的方式来理解命运与宿命论,人们不需要引入任何空想的哲学技巧或形而上学机制(而且也不需要讨论那些经常在机械意象中有所表达的命运和宿命论)。某个人非常有可能会以某某方式"告终"这个想法是相当通情达理的,它只会被那些持有夸大意义上的"自由意志"的人们(或那些毫无顾忌地追求自助类畅销书地位的作者)所否定,他们最不合情理的观点是,"任何人都能做到任何事,只要他们足够努力地去尝试"。但是,除非陷入疯狂的状态,否则人们不会否认,一个人的性格提供了某种必然性。但若坚持认为,"必

[①] 奥马珈音(Omar Khayyám,1048—1131),波斯诗人、数学家、天文学家、医学家和哲学家。中译文参考的是黄克孙先生翻译的《鲁拜集》。——译注

然性"指的是哲学家所主张的那种强硬的决定论①,这同样是疯狂的。当人们谈论命运时,他们的谈论所根据的并非因果必然性和决定论。他们试图理解的是他们的生活,试图对为什么有些事发生在这些人身上而不是发生在别人身上这个问题做出合理化的解释。而在人生与哲学的极限中,他们试图理解那些看起来毫无意义的东西。

生与死,我们出生的环境(不仅包括显而易见的环境——我们的父母、我们的家庭条件、我们的身份地位、我们在历史中的位置、我们的遗传体质、我们的健康、我们"天然的能力"——而且还有可能包括神秘的外在环境,如恒星与行星的方位以及月相)以及我们死去的方式,是人们对不同于偶然或"运气"的某些事情的可能性有所关切的最显著根源。对于我们人生的最初进程与持续路线,我们会乐于发现某种理由,但这无关乎那些对未来事件的真实状态或时间的本质所做的诡辩。我们发现自身处于并非我们选择的环境之中,我们在开始时所具备的性情在很多方面都是自出生之日起就设定好的(尽管并非固定的)。婴儿在出生时或许是欢快的,或许是忧郁的,或许是恐惧的。诚然,我们能对此有所作为,甚至能倾注我们的一生来试图做出改变,但无可否认的是,这种命运先行于任何意志的行为,仍然有待考察的是,是否

---

① 此处这个**经常被引用的说法**源自亚里士多德在他的《形而上学》(New York: Penguin, 1999)中提出的关于明日海战的著名例证。在那里它转变为这个问题:假如明天将发生海战是**真实的**,难道这不是在说,明天必定将发生海战? 对于这些关切的延伸论述,首先可以在亚里士多德那里找到,接下来还可以在当代的形而上学之中找到,参见 Sarah Broadie, "Aristotle's Sea Battle",该文收录于她的 *Passage and Possibility* (Oxford: Clarendon, 1991) 与 Bernstein, *Fatalism*。

有某种更宏大的解释或叙事来赋予这种命运某些意义。同样地,在生活中降临到我们身上的事情无论是否被我们预料到,它们通常都独立于任何由我们做出的可构想的决断。事实上,我们不仅必须面对现实,发到什么牌,就得怎么打;而且,命运发给我们的花牌有可能只是一次令人折磨的意外。

我们中的许多人如今面对的是一个令人烦恼的发现,即我们必须照顾我们年老的父母。这有点类似于中国的美德(**孝**),而我们大多数人此前从未对之深思熟虑。我们不曾选择过我们的父母,我们或许很久以来都没有和他们住在一起,我们也几乎没有为他们当前的健康状况做过什么。然而,无论我们的关系如何,无论我们与他们相处的局面有多么困难与不舒适,这是我们无法否认的"命运"的一个明确例证。它是我们人生叙事的一个不可或缺的组成部分。同样地,若将它作为"纯粹的运气"(不论好坏)或偶然的事件而将它抛弃,这就否定了这种叙事的意义。无可否认,这些并非科学的解释,它们也决不想要取代科学的解释。但是,在因果必然性与随意的偶然性之间,充满人性丰富意义的叙事就在我们面前展露。人们为什么还要坚持认为,科学必定会与这种叙事相抵牾呢?

请思考古代的农业世界,人们就可以轻易想到,为什么命运与宿命论的概念会变成人类想象的一个自然组成部分。请考虑不可避免的自然变化、四季的周而复始、人类发展的"旅程"、神圣的礼节以及生死的循环。根据以上这些迹象,将时间与存在作为车轮或循环的古代概念就相当合情合理,它们远远早于基督教的线性算术与爱因斯坦的复杂演算的出现。在我们自己的逐渐全球化与"虚拟化"的都市世界里，人们轻易就会失去明显的视野。尼采伟大的思想实验"永恒复归"根据的就是这种构想，它被抽象与个性化为一种"生存的律令"。① 我们关于时间的感受（我在此指的不是哲学家或物理学家对时间可能持有的想法）围绕的是我们的规划与追求（如完成法学院的学业，实习打工或获取居住权），我们只是在次要的情况下才会倾向于根据诸多世代与超越个体的生死循环来思考时间。然而，我们若能超越自身生命的界限，就不难想到诸多世代的翻腾、进化的诸多纪元以及我们生命嵌入其中的诸多更为宏大的叙事。在这些更为宏大的叙事组成的背景之中，我们就难以避免地要修正我们自己的个人叙事，并在某种必然感的支撑下来审视我们的人生，这就相当不同于那种坚持认为关乎我们生命（与死亡）的诸多事件都拥有因果说明的见解。

由于某种原因，中国人在历史的背景下指出了个人的命运（**史**或**使命**——黑格尔在他的**时代精神**中把握到了这一点）。只需快速地审视中国历史那令人敬畏的广阔领域，它的发展伴随着各种"战国时期"与混乱的剧变。这相当清楚地表明，一个人在**何时**出生，对他的人生有着巨大的影响。只要想想 20 世纪，从孙中山缔造共和政体的革命到 30 年代日本的入侵，从 40 年代毛泽东的革命到 50 年代的"大跃进"以及 60 年代的"文化大革命"。（张艺谋杰出的影片《活着》追溯了一个家庭在这些起伏跌宕的岁月之中的命运，它残酷

---

① 参见 Bernd Magnus, *Nietzsche's Existential Imperative* (Bloomington: Indiana University Press, 1978)。

地表明了个人的主动性是以何种方式被更大的必然性所束缚与调和的。)在这种处境之下,人们几乎不可避免地会认为,一个人的人生是被远比自身更强大的力量所束缚与决定的,无论这个人在面对命运时是选择叱骂命运,还是下决心打开一条穿越命运的道路。

然而,即便在我们的更加稳定与安全的生存之中,关于**使命**的真理连同机会(**劫**)这个更加局部化的概念都变得不言而喻。请想想在第二次世界大战中(心甘情愿地)战斗的那一代人(他们被汤姆·布罗考①称为"最伟大的一代人")与在越南(充满不快、怨恨与懊悔地)战斗的那一代人之间的区别。接下来再想想当前这一代大学生,对他们来说,越南"仅仅是历史"。请考虑我这一代人所享有的机会(自孔子以来最大规模的高等教育扩招所带来的高校职位与大学职位,终身就职于不会暗示"裁员"的公司)或20世纪90年代末幸运的网络实业家所利用的产生机遇的狭长窗口。

在古代的中国人看来,出生于富庶的权贵之家,而不是贫苦之家,这是一个人的确定命运,然而,这种观念在今日的政治中遇到了严重的阻碍与斥责。(不同于大多数人在19世纪晚期之前的做法,我们不再将贫穷的人们作为不可救药者而抛弃他们,含蓄地蕴藏于"若非托上帝鸿福,我也会如此"这个想法中的慈善精神显然是有诱惑力的。)但是,"存在于正确的时间与正确的地方"(就像"存在于错误的时间与错误的地方")并不必然就是一个与运气(即无法解释的偶

---

① 汤姆·布罗考(Tom Brokaw,1966—),美国新闻主播,美国全国广播公司(NBC)晚间新闻节目的王牌主持人。——译注

然）有关的问题。考虑到相关的叙事，它也是——或可以被视为——一个与命运有关的问题，只要命运不被当作无所作为的软弱借口。

由此，命运这个概念在我们的现代世界中获得了尊严，它不是作为任何神秘莫测的能动者或不可解释的必然性的一种表现，而是作为我们看待自己人生的一种更为宏大的叙事。但即便在这种叙事中也存在着我们关于生存责任的有力概念，它在尼采那里表现为他的如下声明，即哲学家不仅应当"重估一切既存的价值"，而且还应当"创造新的价值"。我不敢肯定这些要求的最佳表达方式是"自我创造"，但看起来确实合理的是，正是通过自我培育以及在某种程度上自我塑造，人们才有可能创造新的价值与重估旧的价值。正是在对一个人的自我的创造中——而不是反对一个人的自我——尼采的宿命论与他的责任感才吸引了我们。

什么是"自我创造"？
（它需要"自由意志"吗？）

> 不自由的意志是个神话；在现实生活中，它只不过是一个与意志的强弱有关的问题。
>
> ——尼采，《超善恶》

我认为，人们在对尼采生涯的任何一个阶段做出解读时，都会沉浸于这样一个印象之中，按照我的学生的说法就是：

"他告诉了我们如何真实地生活!"当然,就像我们的那些更为老练的注释者那样,我的学生也被这样一个问题所阻碍:"尼采告诉我们的是**什么样**的生活方式?"我在本书中已经试图提供了某种解答,但请让我再说一遍,尼采的各种提议缺乏特质(请忽略他就各种事物向我们提出的众多相当详细的建议),这并不意味着他不是一个首要的存在主义哲学家,甚至可以说,他是一个道德主义的哲学家。无论他(或他那个作为改变了的自我的查拉图斯特拉)是否曾经"告诉我们要做什么",在我看来相当清楚的是,他的整个使命、他的腔调、他的紧迫感与义愤感都基于以下这个观念,即我们应当经由打击的震撼而进入自我反省与自我转化之中,无论是以个体的方式还是以集体的方式。

无可否认,这种挑衅通常混杂着这样的预言,它宣称事物真正是什么样,它们将要成为什么样或必定成为什么样。而这整个布道得到了那种让人变得相当顺从的宿命论与生物决定论的支持,它们承认,我们每一个人都受到我们个体本性(与人类本性)的界定与制约。但我拒绝接受这样的见解,即某种**对立于自我创造**的宿命论是尼采哲学的"支配性主题"。尼采的宿命论既是一种激励,又是一种挑战,它让我们成为我们所是的那种人,让我们去发现、探索与发展我们的才能,让我们审视自身并忍受"没落"的痛苦与屈辱,而且还让我们通过勇气、智慧、勤奋的劳作与训练来实现我们的"命运"。简言之,尼采告诉我们要"**创造自身**",并为了这个目的"**创造新的价值**",但这些始终应当**符合**我们与生俱来的能力和局限性。

第7章 尼采的存在主义

与自我塑造或自我创造有关的概念允许有众多变种。在某一端是康德版本的（有人会说是萨特版本的）"自助"，根据这个版本，我们通过纯粹的意志或决断，**从虚无中**（de nihilo）创造出我们自身。我们的行动就是最初的原因，对它们而言，并没有先行的决定性因素。它假定，"在这个世界中存在着一种由自由而来的因果性"①。对于这种孤立的与带有可疑形而上学意义的自我创造，尼采显然不会容忍。但我也没有看到证据表明，那些最为强烈地倡导尼采式的自我创造的人们（如亚历山大·内哈马斯与理查德·罗蒂）怀有任何这样的立场。在另一端是那些强硬的决定论者的理解，他们的大致观点是，"自我创造"所指的仅仅是自我的形成或"显露"，他们没有提及能动性，更不用说自由的选择了。正如一粒种子长成一棵大树，尽管如此，它仍然处身于由维系生命的环境要素（水、天气、土壤的质量、周围的植物群落、可狩猎的动物）构成的决定性网络之中。一个人的品性也是在行动中显露的，它受制于决定行动的环境要素。（其中的某些要素是约定的关系而不是因果的关系，也就是说，它们决定了某种行为有可能"被当作"什么，而不是有效地导致了这种行为。）因此，自我塑造仅仅意味着自我的形成，此外没有更多的含义。

康德的本体自我概念过于夸张，而决定论者对自我创造的解释又过于狭隘，它们既无法把握自我创造这个观念的复杂性，又无法把握尼采这个提议的丰富性。我认为，这个问

---

① Kant, *Critique of Pure Reason*, second edition, trans. N. Kemp Smith (New York: St. Martin's Press, 1933), B, 472.

题的绝大部分根由在于如下事实，即自我创造的问题总是被混淆于臭名昭著的自由意志问题。人们对自我创造做出的所谓的分析追踪的是"决定论者、相容论者或意志自由论者"对自由意志问题提出的某一个解决方案，而这导致了整个问题被吸进了那个尼采以如此明确的方式谴责过的形而上学的黑洞之中。如今，我也总是对这个自由意志问题抱有疑虑（这并不是说，我曾经对这个问题表述过我自己的解决方案）。相反，我始终持有的是一个日常的见解，歌德用简洁的措辞将之概括为：我们拥有的是一种"有限的自由"。环绕于**自因**的形而上学悖论从未让我产生过哲学上的负疚感，不过，我总是被康德的这个论题所吸引，即"每一个存在者只能在自由的理念下行动，正是因为这一点，从实践的观点看，他们真正是自由的"①，我认为，这个论题也位于萨特理论的核心。无疑，正是"从实践的观点看"，才能理解尼采给出的解释。在哲学中倡导单一或"绝对"真理的人们总是反对"二律背反"的这种"双重立场"的表述，他们不耐烦地要求回答："它究竟是自由还是决定论？"但是，任何倡导视角主义的人们（我认为，康德通过他独特的方式也是一个视角主义的倡导者）都会发现这种观点没有什么过错。

当我们将自身视为医生时，我们将在"不幸的生理系统"的规则（换言之即自然的规则）下来审视我们自身。但在大部分时间里，特别是在我们思考与决断时，我们想当然地将我们的身体作为"工具"，并且想当然地认为，"我们在自由

---

① 这段引文出自 Kant, *Grounding for the Metaphysics of Morals*, 100。

的理念下行动"。这么做绝对不是在拒斥决定论的真理。① 当成问题的决定论涉及的是诸如一个人的成长与"影响"这样的社会问题与心理问题或诸如欺骗这样的问题时,所有这一切都会让人感到极其困惑,但是,"**决定论还是自由意志?**"这个所谓的悖论或矛盾似乎从根本上就不是一个悖论或矛盾,它仅仅是如下的奇妙事实在现象上的又一个表现,即我们不仅仅是自然中的对象,而且还是意识到自身以及自身在自然与社会中的地位的能动者。

我认为,如果"自由意志"被理解为某种形而上学或本体论的论断,那么,它对于自由,特别是对于自我创造来说,就不是不可或缺的。我们所需要的一切是一个强有力的能动性概念。但能动性绝不是一个简单的概念,关于这个主题的文献在技术上与关于自由意志的文献一样错综复杂。(事实上,由于某些显而易见的原因,这两个主题倾向于交叠在一起与彼此参照。)但我在此会暗示,正如在哲学中经常发生的情形,并没有单一的能动性概念,哲学家所运用的能动性概念依赖于一些不同的对比。比如,在被强加的事物与被选择的事物之间的对比,在被逼迫的行为与"自由的"行动(即并非被逼迫的行动)之间的对比,在习惯的或"不假思索的"行为与作为深思熟虑的后果的行为之间的对比。作为一种抽象,我无法确定,除了与比如说在物理学、生理学与化学中描述的自然过程或与电脑的"行为"的一般性对比之外,"能动性"还会有多少内涵。

---

① 我在别处已经证明,萨特在他的哲学中支持的是一种纯粹的决定论,但这并未触及他坚决持有的如下见解:我们即便在本体论上也必须将意识视为从因果关系中解放出来的自由的东西。

尼采写道："难道我们真的想要让存在为了我们而降格成这个样子，即被还原为计算器的纯粹操作吗？"①

尽管如此，存在着一整套或许可以被理解为"自我创造"的自发过程，它并没有求助于任何类似"自由意志"的东西。比如，诺贝尔奖获得者伊利亚·普利高津一直主张，甚至物理系统也有可能是自组织与自维持的。在一种显而易见的意义上，许多生物学的过程是自我创造的。但是，物理学与生物学肯定没有为关于自我的谈论留下任何空间，因而也没有为关于能动性的谈论提供任何证明。② 能动性需要自我的行动（而我认为，自我需要能动性的概念）。因此，人们通过他们的行动来创造自身，许多行动也许并不是深思熟虑的产物或任何有意识的决断。事实上，我们大多数人正是在某种冲击下才在某个早晨完全清醒过来并意识到我们已经塑造了我们自身。不可否认，"塑造"的过程充满了诸多有意图的行动，但是一个人很有可能并没有意图来变成他已经成为的那个人。（可供替代的方案是，"一个人应当谨慎地选择想要成为什么样的人"，因为这种冲击感有可能恰恰在于，在一个人已经成为他想要成为的那种人之后，如今困扰着这个人的问题却是，为什么他当初会想要成为这样的人！）

有关能动性的存在主义问题或许可以被（审慎地）区分

---

① Nietzsche, *The Gay Science*, 373.
② 在某种意义上，或许可以挑战这个观点，虽然我认为，这种挑战不会对我在此推进的论题构成威胁。路易斯·托马斯（Lewis Thomas）认为，甚至最原始的生物（如黏液菌）都拥有某种意义上的自我，因为它们能够"识别"与自己相同的那种黏液菌（实际上就是它们自己的后代）并回避其他的黏液菌（其他具有不同基因构成的黏液菌）。Lewis Thomas, *Lives of a Cell* (New York: Viking, 1974).

为两个方面，第一个方面是上文简要描述的整体意义上的自我创造——即（在尼采与萨特的意义上）一个人如何成为他所是的（那种人），第二方面是，对某个特定行为承担责任究竟意味着什么。（人们应当假定，这个简要的表述既包括"疏漏的行为"，也包括一个人对由于自身的作为和不作为而导致的事件与事态所承担的责任。）处理尼采的自我创造概念的一种方式是坚持认为，他关注的是整体意义上的自我创造，而不是对特定行为承担的责任。这种方式抵消了那种与宿命论的假定对立，这仅仅是因为正如上文所表明的，一个人显然是通过他或她的行为来创造自身的，**无论这些行为在意图上是否如此直接**（也就是说，无论这些行为是否完全是有意的）。一个人喝酒并不是为了成为一个酗酒者，但是，这有可能就是最终的结果。在某些情况下，人们很可能会（毫不同情地）说，他"自己塑造了"他所是的这个人。事实上，他喝酒的行为本身很快就有可能变得不能自制，他不仅会违背他更好的判断，而且甚至在一种明显的意义上会违背他的意志。尽管如此，他已经创造出了他自己，将他自己变成了他所是的那个人。

不过，尽管尼采（不同于萨特）就特定行为的责任问题几乎没有说过什么，我却认为，重要的是应当坚持认为，尼采确实假定了一种强有力的能动性，因而假定了与特定行为有关的责任。在此涉及的仍然是一些重要的对比，例如，在上一个段落中描述的那个酗酒者或许可以被认为对某次单独的饮酒负有责任或不负有责任，这取决于我们在心中想到的对比。"冲动"这个概念对亚里士多德而言似乎是清晰的，但对弗洛伊德来说并非如此，它肯定是这个问题的关键要素。①特别是尼采，他似乎认为，我们的一切行为在某种程度上都是被驱使——它们与其说是被外部的力量（亚里士多德心中所想的东西）或来自无意识的力量（弗洛伊德心中所想的东西）所驱使，还不如说是被一个人的本性所驱使的。因此，在《论道德的谱系》中的猛禽不得不像猛禽那样行动，羔羊不得不像羔羊那样行动。因此，一个强大的人不得不成为强大的人，一个弱小的人不得不成为弱小的人，他们所完成的特定行动就是以此方式被他们的本性所驱使的。尽管如此，他们仍然对这些行为负责，而无关乎他们是否对这些行为有所深思熟虑（正如尼采所认为的，奴隶经常思考他们的行动，而主人通常不这么做），甚至也无关乎他们是否对自己所做的事情有着充分的意识（尼采让我们确信，主人对自己的作为有着充分的意识，这仅仅是出于他们不顾虑他人的透彻性，奴隶则不然，因为他们是自欺的）。

出于一个人本性的行动本身也许就是归属责任的充分根据。最近由哈瑞·法兰克福②表述的一个区别有助于弄清楚这一点。③他称为"自由行动"的东西，仅仅是一个人符合他或她的欲望的行动。假若我们（正如法兰克福所做的那样）由此认为，自由的行动隐含着责任，那么，一个以符合他或

---

① Aristotle, *Nichomachean Ethics*, III. Freud, *Introductory Lectures on Psychoanalysis*, trans. J. Strachey (New York: Norton, 1966).
② 哈瑞·法兰克福（Harry Frankfurt, 1929— ），美国哲学家，普林斯顿大学哲学系荣休教授，主要研究兴趣包括道德哲学、心灵哲学与行动哲学。——译注
③ Harry G. Frankfurt, *The Importance of What We Care About* (Cambridge: Cambridge University Press, 1988), 23.

她的欲望的方式行动的人就要对那个行动承担责任。这就排除了冲动的行为与（在某种更精致的协调下的）强制行为，但经过某些进一步的论证，它又包括了众多"未经思考的"行动与并非故意的行为（所要求的只是结果符合一个人的欲望）。① 法兰克福进而区分了"**肆无忌惮**"的人与精力充沛的人，一个"**肆无忌惮**"的人自私轻率地根据他或她的欲望来行动。但一个精力充沛的人并不是一个"**肆无忌惮**"的人。他或她根据"二阶欲望"，即根据"想要让行动符合自身欲望的欲望"来行动。一个酗酒者或许渴望着饮酒，但他会绝望地想要抵制这种诱惑。② 根据法兰克福的观点，倘若一个人的行动不仅符合他或她的（一阶）欲望，而且还符合他或她的二阶欲望，那么，不仅这个人的行动是自由的，而且这个人还具备"自由意志"。这组区分在解读尼采的过程中是重要的，这至少是由于以下两个理由。

第一，人们（根据貌似清晰的文本段落）经常将尼采解读为一个"本能主义者"，在他们看来，尼采敦促我们"根据本能"行动，而不是根据反思与深思熟虑。在《论道德的谱系》的第一篇论文中，尼采提出，"主人"以类似于此的方式行动，这是他们的美德的一个方面。他在别处又认为，更为一般的美德与其说是掌握计算或反思，不如说是掌握本能。（在《瞧，

---

① 排除的目的是为了避免"那种葛梯尔的例证"，也就是说，违背我们关于有意图行为的直觉的反常因果链。也可参见 Patricia Greenspan, "Impulse and Self-Reflection: Frankfurtian Responsibility versus Free Will", *Journal of Ethics* 3 (1999): 325–340 以及 David Zimmerman, "Making Do" in *Doing and Time* (forthcoming).
② 他或她通过做出那些不符合一阶欲望的行动来满足二阶欲望。

这个人》中，尼采承认，他自己是"一个本能的无神论者"。)但是，如果将出于本能的行动理解为草率的行动、没有进一步的动机或（用法兰克福的语言来说）没有二阶的欲望，这种对尼采的诠释就是粗劣的与高度误导性的。因为即便是尼采，他也像克尔凯郭尔那样严厉地批评了人们由于过度的考虑与反思而压制与削减了行动的力量，他肯定强烈主张我们的行动不仅要符合我们的本性（即我们的本性所产生的一阶欲望），而且还要符合二阶的、"更高级的"目标与追求。也就是说，尼采告诉我们，要追随着自己的本能并且不要被客观的理论（特别是**道德的**理论）分散精力，**但他并没有排斥高阶的欲望与反思**。根据尼采的观点，我们或许无法自由地转变我们的本性，但这并不意味着，我们就局限于那些根据其本性最直接的（通常也是最愚蠢的）表现而做出的行动。

　　第二个理由则更为直接地指明了这个问题的关键所在。人们很有可能会说，尼采就像康德与路德宗的基督教那样，相信乃至坚持主张我们拥有"自由意志"，只要这并没有暗示任何有关主体的可疑概念。尽管这将让人产生一些困扰，但它们最终仅仅是字面上的。在法兰克福意义上的"自由意志"并不需要暗示任何关于主体的特殊见解（除了拥有高阶欲望与根据高阶欲望行动的能力之外），它也不需要暗示任何神秘的实体或意志的官能。① 通过追随法兰克福，我们就能将尼采的观点理解为：我们是自由的与负责的（即我们拥有的是他拒绝称为"自由意志"的东西），只要我们的行动不仅符合我

---

① 参见 Greenspan, "Impulse and Self-Reflection".

们的欲望、"本能"与品性，而且也符合我们高阶的欲望（它们大概也导源于我们的品性）。因此，要具备自由的意志，这并不必然需要审慎的思考，甚至并不必然需要做出决断。（法兰克福与格林斯潘用某些巧妙的论证反驳了某些哲学家在分析自由时求助于决断或"以其他方式行动"的可能性的做法。）以符合一个人最高追求的方式来行动，就足以让这个人具备自由的意志。

对康德来说，理性意志的典范承认并遵循理性的命令，它反对诸多偏好所产生的各种冲动与强制，并要求有一种关于能动性的非比寻常的激进概念。显然，尼采所追求的是一种相当不同的范式。贯穿本书始终的是我的这个观点，即尼采应当被当作一位一流的"美德伦理学家"（与此同时我也同样厌恶这个丑陋的标签，我赞同包括玛莎·努斯鲍姆在内的一些批评家最近提出的如下看法，即美德伦理学如今已经成为伦理学理论的一个错误类别）。[①] 这部分意味着，在他的批评与估价中，尼采审视的并不是孤立的行动及其意图（也不是它们的结果——至少不是孤立的结果），而是"整个人"，他或她的**品性**，他试图理解的是一种会做出各种行动并经历特定人生的存在者。因此，类似地，当一个人审视自己过去的行为（与倾向）时，他评价自身所根据的与其说是那些让人感到骄傲或懊悔的对象，还不如说是整个人，或至少是在

[①] 我将尼采确认为美德伦理学家的主张可以追溯到 20 世纪 80 年代早期。参见我的 "A More Severe Morality: Nietzsche's Ethics", *Journal of the British Society for Phenomenology*, 1986, 该文也被收录于 Yovel, *Nietzsche's Affirmative Philosophy*, Hunt, *Nietzsche and the Origins of Virtue* 与 Brobjer, *Nietzsche's Ethics of Character*。

某个重要范围内的身份（如父亲、竞赛者、学者）。当然，某些让人感到骄傲或懊悔的特定对象会在描绘中如此突然地出现，以至于有可能毁掉或无论如何重新界定了所有其他的特征。也许正是在心中想到了这一点，人们才恰恰能够解读以下这句尼采最著名的格言："'我已经做了这件事'，我的记忆这么说。'我不可能做过这样的事'，我的自尊这么说，并始终坚定不移。最终——记忆屈服了。"① 但作为一个美德伦理学家，尼采不需要对能动性的本质做出任何特殊的承诺。

若将尼采作为一个美德伦理学家，人们就能轻易领会为什么尼采会说了那么多话语来反对康德的聚焦于"善良意志"的道德观。除了他更为复杂的论证之外，尼采还有一个相当明确的关切，即有可能没有"奏效"的善良意图。此外，尼采还有一个关于虚伪、自欺与**意志薄弱**（无自制力）的古老关切，所有这一切都可以被理解为某种意图与行动的分离。但是，就像在他之后的萨特一样，尼采坚称，有必要将意图仅仅理解为它们激起的行动的不可或缺的组成部分。一个没有体现为行动的善良意志从根本上就不是意志。善良意志是体现为行动的美好品性，仅此而已。

那么，什么是自我创造？自我创造就是通过培养与发展而逐步显明一个人的品性。这并不需要任何"独自努力的"或神秘莫测的意志行为，也不需要对各种"主体"做出任何成问题的承诺。我们应当注意到，在尼采的伦理学中有一个"近在眼前的目的论"（imminent teleology），无论尼采有多

---

① Nietzsche, *Beyond Good and Evil*, § 68.

么反对那些在自然科学中被误置的目的论或在社会科学中不恰当的目的性解释（更不用提康德与黑格尔在宇宙论中捍卫的那种多少带有神学色彩的目的论）。一个人正是根据其本性而具备了才能、美德、能力与人生的目的。人们可能还会认为，一个人培养其品性或发展其才华的能力本身也许是命运赐予的，也许不是命运赐予的，但不成问题的是，每个人都需要培养自己的品性，发展自己的才华并为此而承担责任。

尼采论责任

我承认，除了以批评的方式之外，尼采并没有经常谈论或使用**责任**（*Verantwortung*）这个术语。特别是在他早期的作品中，他反对以任何理由将道德责任归咎于任何人。但我完全不认为，将存在主义关于"自我责任"的论题置于尼采的哲学使命的核心，是对尼采的一种误解或糟糕的诠释。事实上，尼采至少在两个地方相当详尽地讨论过责任，他在那里仍旧嘲讽与批判了这个概念的历史及其滥用，而对它的正面价值所谈不多。① 尽管如此，不难看出，虽然尼采如此频繁地嘲笑责任，但是，他的嘲笑掺杂着极大的尊重。

在《论道德的谱系》中，尼采对责任做出了篇幅最长的著名评述，"这正是**责任**起源的漫长历史。正如我们已经把握到的，作为先决条件与准备工作，一项用来培育被允许做出许诺的动物的任务包含了这样一项更为具体的任务，即先在

---

① Nietzsche, *On the Genealogy of Morals*, II, §2; *Twilight of the Idols*, "Four Great Errors", §3–7.

一定程度上把人变为必然的、均一的、相近的、有规律的，因而是可预测的"①，责任也被援引为一种"特权"，个体的"自由"与"主权"的标志，觉醒的"信任、恐惧与尊严"。责任的"骄傲意识……已经深陷他心底的最低层次并且变成了本能"，"独立自主的人类会将之称为他的**良心**"。②

人们应该带着某种审慎的态度来理解那些围绕着诸如"自由"与"独立自主"这样的说法的嘲讽式引述。只要它们指的是或假定的是康德的自我概念，它们就肯定意在讽刺。但只要它们指的恰恰是尼采所倡导的自制，人们就应当带着恰当的敬意来对待它们。尼采以混杂的方式将人们描述为"必然的、均一的、相近的、有规律的，因而是可预测的"，这暗示的是一些相当不同的形象与分析。按照我的理解，在该语境下的"必然"意味着某些类似于"不灵活"的东西，但它同样有可能暗示的是康德的道义论与它在具体的实践意义上的必然性。③当然，"均一的""相近的"与"有规律的"这些措辞意在冒犯，但人们在"培育"可彼此信任的动物时除了让它们变成"可预测的"之外，还能有什么其他的方式呢？难道尼采在暗示，信任与尊严（让我们暂不考虑恐惧）在任何社会环境中都是不恰当的情感吗？难道主人因此就是不可预测的吗？难道可预测性必定指的是奴性的态度？我认为，恰恰相反，与弱者和怨恨者打交道的一个危险是他们的不可预测性，他们恰恰有可能出于怨恨而以违背他们私利的方式

---

① Nietzsche, *On the Genealogy of Morals*, II, 2.
② 同上。
③ 感谢克兰西·马丁在这一点上对我的启发。

来行动。(请考虑陀思妥耶夫斯基的"地下人",他将他那种出于怨恨而行动的扭曲能力称为他"最有利的优势"。)

当然,尼采用"深陷他心底的最低层次"这个说法所指的本能在某些方面是令人费解的,更不用提这个事实,即(至少在生物学中)**获取**本能这种说法是不常见的。作为一个人本性的不可或缺的组成部分,本能恰恰不是获取的东西。然而,诸多本能在何种意义上是"低层次的"?这并不是尼采通常谈论它们的方式。若假定尼采谈论的是物种获取的本能,而不是个体获取的本能,那么,尼采一方面将责任严厉斥责为"不自然的"东西(尼采做出的一个并不令人感到陌生的抱怨),另一方面又批评责任**变成了**自然的东西,他似乎在这一对古怪的抱怨面前左右为难。相反,我认为,整段文字取决于"被允许做出许诺"这个奇特的措辞,它一方面应当被解读为一种远为中立的人类学研究,另一方面应当被解读为一些带有讽刺性的钦佩与惊叹。尼采正在告诉我们的是,那些已经掌握了自身意义的人类能够因此而将他们自身承诺于未来并为过去所做的承担责任,难道这不是出类拔萃的吗?在培养"未来的哲学家"乃至尼采如此急切地期待的**超人**的过程中,难道还能给出更高的赞誉或更不可或缺的东西吗?难道可以合理地假定,**超人**不会"被允许做出许诺"或他会在某种不同寻常的意义上自由地违背他的许诺吗?(另外,"无论是摩奴、柏拉图、孔子,还是犹太教徒与基督教徒的导师,都从来没有怀疑过他们撒谎的权利"。)[1]

---

[1] *Twilight of the Idols*, "The 'Improvers' of Mankind", §5.

另一段较为详细而又深入论述责任的文字是《偶像的黄昏》中讨论从"虚假的因果关系谬误"到"自由意志谬误"的"四大谬误"章节。在第7节中，尼采提供了"制造责任"的"心理学"，它将寻求责任的冲动追溯到"想要审判与惩罚的本能"。同样的论述也适用于自由的概念："每一个行动的根源都被设想为存在于意识之中。"尼采在这里再次无法自制地提出了他的那个反对审判、罪责与惩罚的运动。（"基督教是刽子手的一种形而上学。"）但请注意，在《论道德的谱系》中讨论的责任概念与在"自由意志谬误"的标题下讨论的责任概念之间存在着巨大的差异。前者并没有预设任何特定的主体概念（尽管正如我所认为的，尼采有时暗示了康德的主体概念），而且尼采在那里也没有将责任，无论是**担当**责任还是**承受**责任，等同于问责制（即**让**一个人为自己过去的行为负责）。事实上，尼采指出，一个负责的存在者是"必然的、均一的、相近的、有规律的，因而是可预测的"，而且他出于获取的本能而行动，这恰恰是为了避免有关特殊动机或根源的构想。尽管如此，在《偶像的黄昏》所提供的版本中，责任完全与特定的自我概念有关，人们可以相当明确地拒斥这种自我概念，与此同时却又不需要拒斥尼采在第一种意义上的责任概念。进而，一个行动的"发起者"决不需要出于自由意志而行动。比如，中国的责任感就完全忽略了动机与选择，它留意的仅仅是品性与后果。① 人们会想要知道，尼采在

---

① 比如，参见 Ronald De Souse and Jingsong Ma, "Social Constraint and Women's Emotions in Pre-modern Chinese Literature", *Proceedings of the International Society for Research on Emotions*, 2000。

《偶像的黄昏》中的论证会以何种方式与他的一句最尖刻的格言，即在《超善恶》中关于自尊与记忆的那句格言相调和。①

那么，"责任"对尼采意味着什么？对于"尼采是一位存在主义者吗？"这个问题来说，这无疑是关键所在。一个人能够有助于培养自身的品性，但这根据的或许仅仅是一种多少有些微不足道的意义，即他培养的恰恰只是自身的品性，正如人们可能会说，橡实在它自身成长为一棵大树的过程中发挥了作用。但即便这种微不足道的解释也具备这样的长处，即它区分了自我成长与在外部的塑造和陶冶下的生长，而此处某些这样的区分无疑是成问题的。只要一个人发展自己的才能（比如说弹钢琴）仅仅是由于威胁与强迫，那么或许可以说，这个人根本就没有为发展自身的才能承担责任。只要一个人发展自己弹钢琴的才能仅仅是由于诱惑与奖励——阿拉斯戴尔·麦金泰尔就训练的"外部"奖励系统给出的例证，它对立于训练的"内部"奖励系统——我们同样会犹豫要不要谈论与这个人有关的责任。

但由此无法得出这样的结论：承担责任的"内在论"解释需要包括意志的行动、特定的"主体"、意志对反对意图的任何特定障碍的克服以及其他类似的东西。它不需要涉及深思熟虑或"实践推理"。用古典的术语来说，一个人的愿望、意图、追求与行动都是和谐的，一个人的发展轨迹是与这个人的才能以及支撑这些才能的实践或机制相协调的。所有这一切都很有可能伴随着那些"由[一个人]用来成功发号施令的工具产生

---

① *Beyond Good and Evil*, "Prejudices of Philosophers", §9.

的欢快感"，尼采提出，这种欢快感有可能轻易被混淆为一种决定或意志的行为。① 但就目前而言，若说责任因此就有可能要与康德的意志概念切割，这并不意味着要在更重大与更一般的意义上将能动性与责任区分开来。在尼采的自然主义人生观中，为了一个人的命运而担当责任是完全合理的。尽管如此，应当区分这种观点与那种**让**（包括自身在内的）某一个人**负责**的观点，尼采经常说，那种观点是"荒谬的"。这不是因为它求助于一个完全不合理的形而上学，而是因为它又重新提到了尼采（以游移不定的方式）艰难地试图回避的谴责性视角。这种谴责（让人负责）或许是随意的，因此（至少在理论上）是可回避的。相较之下，对尼采而言，主动担当责任对于我们成其所是来说似乎是不可避免与不可或缺的。

存在主义式的肯定生命与再论永恒复归

究竟是哪一种想法（一次又一次地）将我们带回永恒复归？② 我们所捍卫的能动性与责任能以何种方式与尼采的这个著名学说相协调？无论永恒复归对尼采意味着什么，它暗示了一种不可避免的感受，并将招致一种宿命论式的麻木不仁。它是对一个人肯定生命的态度的检验，尽管人们可能会坚持认为，一个人应当在永恒复归的思想下**选择**肯定或否定生命，

---

① Nietzsche, in *Beyond Good and Evil*, 19.
② 本节根据的是 2001 年 3 月我在得克萨斯大学奥斯汀分校所做的一次关于尼采的会议报告，我对克里斯·贾纳韦（Chris Janaway）撰写的一篇相同主题的论文进行了评述。

但是，一个人的生命有可能看起来无异于它所是或它必定是的东西。永恒复归说，"生命在过去始终是这样，生命在未来也将始终是这样。"这为尼采的宿命论提供了一种虚构神话般的（而非形而上学的）支持。但是，难道它不会有助于一种责任感吗？难道它实际上不会为肯定生命提供一种充分的理由吗？

在《人的使命》中，费希特思考了永恒复归的一种世俗版本，其前景是：人们又吃又喝又繁殖，以便于别人再吃再喝再繁殖，由此构成了"一个不断回复自身的循环，在这个永不停息而又没有变化的圆环中，一切事物都仅仅是为了毁灭而出现的，而它们毁灭仅仅是为了让事物按照先前存在的方式重新出现"。① 费希特发现，关于这个"怪物"的想法是不可忍受的，因此，就像在他之后的黑格尔一样，他展望了一种"朝向更高完善的进步"。② 而叔本华在更为详细地阐述这种"不断回复自身的循环"时拒斥了任何与之类似的进步。他以彻底悲观主义的态度得出如下结论：生命没有目的、没有意义。尼采通过将这种循环的生命观构想为永恒复归，拒斥了叔本华的悲观主义。他是这么做的吗？

在此处有两个危如累卵的大问题，而尼采在他的整个哲学生涯中不仅始终没有对它们做出区分，而且他也没有就此持有某个单一的观点。其中的一个问题是生命的价值，另一

---

① Johann Gottlieb Fichte, *The Vocation of Man* (Indianapolis, IN: BobbsMerrill, 1956), 101. 我的引文出自 Robert Wicks, "Nietzsche's Aesthetic Justification of Existence" (2000)。

② Fichte, *The Vocation of Man*, 152. 转引自 Wicks, "Nietzsche's Aesthetic Justification"。

个问题是苦难的价值，后者有时被视为前者的对照。几乎不成问题的是，尼采哲学的最终目的是"肯定生命"，但这个暧昧的措辞究竟意味着什么，这绝非显而易见。仅仅说"是"或"对生命说是！"，这似乎根本就不具备特别重要的地位。成为一个基督徒或柏拉图主义者显然并不等同于拒绝肯定生命，这显然更不会像尼采经常暗示的那样，蕴含着对生命的否定。而且，被称为"生命激情"的特殊现象也并非必定是肯定生命的。它或许仅仅是一种持续的兴奋，而不管一个人所做的是否具有任何**生命的**意义，或者它有可能泄露的是对死亡的畏惧。无论在哪一种情况下，这个人也许仍然会坚持认为，生命最终是没有意义的，反思人生是无济于事的。①

正是在这种背景下，我想要重新思考尼采的永恒复归，即尼采的"最高肯定的公式"。②尽管有据可查，我自己就曾经狂热地将之作为一种"生存的律令"（请允许我借用伯恩德·马格努斯的过时措辞），但是，我还是想要对永恒复归提出一些质疑。一个人会对这种"想法"真正做些什么？我能否选择自己对这种狂想的反应？尼采似乎暗示，我拥有的只是快乐或绝望的"本能反应"，而根本没有必要对之进行思考。然而，永恒复归的思想是一个高度思辨性与纯粹反思性的哲学问题。最初的冲动或许并不值得信任，我认为，某些发现自己倒在地上咬牙切齿的人实际上很有可能误解了这个恶魔。

---

① 试比较 Nietzsche's account of "The Problem of Socrates", in *Twilight of the Idols*.
② Nietzsche, *Ecce Homo*, II, 10.

复归的**经验**是什么？我可以抽象地想象，我的人生一次又一次地重复自身，但**在**我的生活**之中**，我始终就像是第一次经历了这样的人生。① 在抽象的反思中，我或许会对"无数次在高校反复经受那同一个侮辱"（正如我实际上在想象中所做的那样）这个想法感到痛苦。但我很快就意识到，在每一次人生中，这个侮辱本身将仅仅发生一次。那么，这种"（最为）巨大的痛苦"，即承认人生的重复会让我付出什么代价呢？事实上，人们或许会认为，永恒复归的思想不仅没有让人付出任何代价，而且还为那种软弱的心灵提供了另一个支撑，它在此生之后被允诺了另一次生命，虽然它是一次又一次地以相同方式重复自身的人生。

我已经提出，永恒复归是一个伟大的观念，只要人们不按照字面意思来理解它或不对它提出过高的要求。它为基督教无限延后的幸福许诺以及此生仅仅是更美好的来生的检验根据这个想法提供了一个健全的替代者。加缪的默尔索② 无疑正确地运用了以下想法来反击监狱牧师的天国幻想："那种我可以回忆现在这种生活的人生，就是我想要的一切。"③ 但即便如此，即便加缪对我而言始终是一位最彻底地肯定生命的哲学家，在我看来，这种储备记忆式的复归也并不构成一种对生命的肯定。一个人甚至有可能以品尝与享受的态度来反复思考并沉溺于最令人沮丧或最丢脸的经验。一个人也有可能

---

① 试比较 Georg Simmel, 相关的讨论参见 Maudemarie Clark, *Nietzsche on Truth and Philosophy* (Cambridge: Cambridge University Press, 1990), 266。
② 默尔索（Meursault），阿尔贝·加缪的小说《局外人》里的主人公。——译注
③ Albert Camus, *The Stranger*, trans. Stuart Gilbert (New York: Knopf, 1946).

以真正懊悔的态度来回想起生命中的美好时光，因为如今他是通过没有实现的愿望与抱负的透镜或新近获得的道德—宗教观的可疑透镜来审视这些美好时光的。① 默尔索的形象所失去的东西是反思（它不应当被混淆于纯粹的记忆）。正是在反思中，人们才对生命有所肯定或感到懊悔，但这种反思是**在生命之中**，而不是源自某个在不断复归的生命之外的先验支撑点。

克里斯·贾纳韦用一种非常有用的区分解答了这种疑虑，他用这种区分反对伯恩德·马格努斯拒绝接受尼采的永恒复归思想的立场，后者的根据是，永恒复归要求一个人接受历史中的每一件事，而这是马格努斯拒绝做的（请考虑大屠杀）。贾纳韦区分了"一阶的"肯定与否定以及"二阶的"肯定与否定，此外，他追随叔本华，又区分了**反思的**肯定与否定以及**非反思的**肯定与否定。（这两种区分并不相同。）因此，一次丢脸的负面经验通过反思的"综合考虑"就或许是有价值的，而一次快乐的正面经验就同样有可能被负面评价所否决，比如就这种快乐而言，它有可能是愚蠢的乃至可耻的。所以，虽然尼采宁愿摒弃他的众多疾病和孤独，并拒斥他自己先前做出的某些狂热的陈述和话语，但他或许会坚持认为，通过反思，他会接受他的人生的所有这一切。然而，即便如此，根据尼采的观点，这种立场是必要的吗？为什么"部分肯定"就应当被视为一种不足以算作"肯定生命"的立场？为什么

---

① 马尔科姆·马格里奇（Malcolm Muggeridge）是20世纪最大的花花公子之一，他在六十多岁时"发现"基督教相当不错，接下来他理直气壮地对他五十多年来所采纳的那些想法表达了愤慨（不是懊悔）。

我不能"在热爱我的人生并接受它的全部的同时,真诚地希望在 a、b、c 这几点上有所不同"?

但话又说回来,这种将经验分割为"正面"与"负面"的两分法,难道不正是尼采(以前后不一致的方式)对抗的那种头脑简单的快乐主义思维方式的另一个真实例证吗?即便在一阶的经验中,难道苦难就必定是负面的吗?在我看来,尼采的"强力意志"假设的一个优点恰恰是,它在多个维度上对快乐主义的由快乐与痛苦构成的单薄的双色调色板进行了丰富的扩展。而这无疑就将我们带到了第二个大问题上,即苦难的价值。

根据叔本华,肯定生命的一个棘手问题是,生命充斥着苦难。这就是佛陀首要的"高贵真理"。但是,并不仅仅是苦难的存在贬损或破坏了生命的价值。叔本华有时暗示,恰恰是快乐与痛苦(以及居间于快乐与不快乐的一切)的**比例**将生命变得没有意义。后者迟早会大大超过前者。当然,这个观点相当不同于关于意志本质的形而上学论证。形而上学的论证认为,由于意志的非理性,苦难多于快乐的人生观(正如经常被归于叔本华的人生观)是可以与没有意义和目的的人生观相容的。然而,尼采拒斥了快乐主义(至少在他后期的哲学中)与叔本华的意志,显然,强力意志绝不是非理性的(它界定了它自身的合理性),它在任何意义上都不会向苦难妥协。那么,对尼采来说,苦难在何种意义上对肯定生命构成一种阻碍?这难道不会是一个错误的问题吗?

在《悲剧的诞生》中,尼采回到他热爱的古希腊来寻找一种回应苦难的肯定生命。然而,他仍然以基督教的方式为苦难寻求"辩护",并考虑了一种被他随后拒斥的神圣的审美解决方案。① 进而,这种减轻苦难并为苦难辩护的动力带有道德的气息,这也是他将叔本华斥责为秘密的道德主义者与基督徒的一个理由。尼采有时暗示,一种依据纯粹偶然的科学宇宙观会解决苦难的问题,然而,尽管纯粹的偶然会撼动人们对苦难做出的某种谴责性的与其他道德主义的解释,它显然没有命令人们要接受苦难或肯定生命。

用更轻松的方式说,尼采有时暗示,欢笑与"舞蹈"是苦难的解决方案,但无论这种解决方案对大多数尼采研究者会有什么样的吸引力,它从根本上就没有说服力,因为尼采展示的那种不自然的,有时甚至是歇斯底里的笑容至多不过是掩盖了苦难。事实上,甚至健康的幽默也仅仅让我们远离苦难,并让我们以更宽容的态度穿越这种没有意义的人生。(我特别想到,沃尔特·赫斯顿②在他儿子约翰执导的电影《碧血金沙》③的结尾,对他那项[真正在字面意义上]化为尘土的毕生事业所发出的狂笑。)我认为,尼采的最终解答是,苦难恰恰是生命的一个必不可少的组成部分。因此,他在《论道德的谱系》中写道,"生命在本质上(也就是说,在它的基本功能中)是通过伤害、攻击、剥削与毁灭的方式来运转的,

---

① 我被威克斯在"Nietzsche's Aesthetic Justification"中提出的论点所说服。
② 沃尔特·赫斯顿(Walter Huston,1883—1950),好莱坞早期影视两栖的著名性格演员。——译注
③ *The Treasure of the Sierra Madre*(1948),沃尔特·赫斯顿参演,他的儿子约翰·赫斯顿执导的剧情片,该片讲述了三个身无分文的美国淘金狂在墨西哥盗匪猖獗的群山中搜寻金矿的故事。——译注

根本无法想象在生命中没有这些特性"①。但所有这一切都没有导向一个人去肯定生命，更不用说肯定自己的生命，在最好的情况下，它仅仅意味着高度忍受苦难。

贾纳韦、马格努斯与其他许多作者思考永恒复归所根据的是尼采所宣称的**热爱命运**，尤其是根据尼采在《瞧，这个人》中做出的那个极端的声明："一个人不想要除此以外的任何东西，将来不要，过去不要，永远都不要。不仅要承受必然性……而且还要**热爱它**。"②我并不认为永恒复归与**热爱命运**是彼此等同的命题。我已经证明，尼采的宿命论是一个具体的古典论题（它承袭自荷马、埃斯库罗斯与索福克勒斯），它关注的是一个人"在出发点上就有所导向"的人生的重要细节，而永恒复归是一个高度抽象的"思想实验"，它旨在从整体上肯定生命。尽管如此，我认为，关于**热爱**（amor）的思想能够为苦难与肯定生命的问题提供一些线索。

我的想法是，还有另一种思考永恒复归的方式，而它既说出了生命的价值，又说出了苦难的价值。我从默德玛莉·克拉克（Maudemarie Clark）那里得到了提示，她给了我一个精彩的类比：两个已经结婚的人问对方，"假如你有机会再来一次，你还会与我结婚吗？"③我与克拉克一致认为，这很好地把握到了永恒复归用来"检验"与"肯定"的那一面，但我愿意进一步发展她的类比。当我们肯定我们的生命时，我们肯定的究竟是什么？马格努斯与内哈马斯坚持认为，肯定的

---

① Nietzsche, *On the Genealogy of Morals*, II, 11.
② Nietzsche, *Ecce Homo*, "Why I Am So Clever", §10.
③ Clark, *Nietzsche on Truth and Philosophy*, 269.

是生命的一切瞬间，只不过马格努斯将"一切瞬间"理解为"每一个"瞬间，而内哈马斯以整体的方式来理解"一切瞬间"。不过，马格努斯继续论证道，"在我们之中，又有谁不会更喜欢其他某种可能的人生或世界呢？"① 贾纳韦通过区分"想象"与"想要"来反对这一点：尽管人们会想象某种不同的乃至更好的事物，但是，人们想要仅仅抓住的是自己所拥有的东西，**因为它们是自己的东西**。我认为，这是一个非常有发展潜力的建议。

请考虑这一点：我爱我的妻子。难道这意味着我不能想象与她有关的**任何东西**呈现出其他的面貌？殷勤或许会命令我说"不"，审慎则建议我不要提供任何细节，但尼采的真诚要求我承认我会那么想象。或许，至少有一些小事，一些小习惯，即便没有它们我也可以轻松地生活。这种改变是否会像内哈马斯所暗示的那样改变宇宙吗？随后产生的是否不再是原先的那个人？我以为，这些是没有意义的问题，当内哈马斯将这些问题普遍化为一个关于反事实的可能世界的宏大哲学命题时，这些问题也不会变得更有意义。我可以轻易想象，我的妻子只是有一点不同，我也能期望她有所改变（甚至有可能向她做出暗示）。尽管如此，相较于其他任何人，我更喜欢她。**我爱她**。

然而，我说我爱她，这究竟意味着什么？我对她的偏爱肯定是这个说法的一部分。但这是没有限制的偏爱吗？在某种意义上，我爱的是她的**全部**——也就是说，我爱**她**，但在另

---

① Bernd Magnus, "Perfectability and Attitude in Nietzsche's *Übermensch*" *Review of Metaphysics* 36 (March 1983), pp. 633–660.

一种意义上并非如此。我不会在意那些（未特别指定的）小小改变。莎士比亚写道，"爱算不得真爱 / 若是一看见人家改变便转舵"①。在某种意义上，莎士比亚的诗句是真的，但在另一种意义上显然是假的。如果我们追随着贾纳韦，我们也许会被诱使着说，我爱她，因为她是**我的**！没错，在某种意义上或许是这样——即她是我所爱的那个人。但她是"我的"吗？我不这么认为。由此你就明白了其中的细微差别，而我认为，这也适用于尼采肯定生命的见解。"这是我的人生"这个事实确实有某些道理，但是，难以确定这个事实，就像难以确定知觉的先验统一性一样。而在另一种意义上，我的人生根本就不是**我的**。**热爱命运**：我的人生在一种重要的意义上不由我掌控。这就是为什么对我来说重要的是拥抱它、接受它、肯定它，而不管它拥有多少苦难与阻碍。它就是我的**人生**，无论我对它的细节有什么想法，也无论我对我自己"被抛入"其中生活的那个世界有什么想法。我认为，这就是永恒复归的意义。它并没有肯定每一个远非令人喜爱的瞬间，它甚至没有通过全盘考虑，没有通过无视我的抱怨与偶尔的不幸来肯定或热爱我的人生。热爱我的人生，就像热爱我的妻子，它无非是对我一般拥有的生活方式感到喜悦，并且不会爱上别的生活方式。（试比较黑格尔对历史合理性的论证："对于合理地看待世界的人来说，世界反过来合理地看待他。"）②

---

① William Shakespeare, sonnet 116（"我绝不承认两颗真心的结合会有任何障碍"），lines 2–3. *The Complete Sonnets* (New York: Dover, 1991).
② G. W. F. Hegel, *Introduction to the Philosophy of History*, trans. Robert S. Hartman (Indianapolis, IN: Bobbs-Merrill), 13.

不过，这仍然遗漏了某些东西。我认为，马格努斯在二十五年前就已经正确地证明，永恒复归充当了一种"生存的律令"。不过，在这方面，它恰恰是**热爱命运**的对立面，它也对立于马格努斯与内哈马斯如今所论证的"非选择性观点"。那种观点忽略的是未来。永恒复归不仅是对一个人**迄今为止**的人生的接受，而且也是对一个人的未来的思考方式。一个人过去的某个单一事件的反事实改变，甚至都有可能是极其错综复杂的，但是，对一个人尚未决定的未来而言，这种复杂性并不明显。当然，尼采的宿命论论题在这里投下了长长的阴影——我们将以何种方式来理解"一切事物从一开始就已经被引导着依循特定的路线"①这个陈述呢？但我认为，假若我们对我们的人生采纳了这种不受时间影响的（非视角性的）"孤注一掷的"观点，我们就丢掉了永恒复归的要点。提出肯定生命问题的恰恰是我们**在当前视角下的**人生，而不是某些注释者似乎假定的临终前的反思或先于行动的反思。而这就意味着，永恒复归的思想不仅仅是对肯定生命的检验。它是生存论反思的一个持久向导。

尼采将永恒复归称为"最大的重负"。我现在要论证的是，恰恰相反，永恒复归的**要求并不充分**。我不否认，它令人满意地反击了线性发展的基督教神话。正如在我个人的经历中，我并不质疑它在生存论上提供激动人心的启发价值。但在我看来，它对肯定生命这种沉重的主题来说是一个相当薄弱与抽象的支持。承认（甚至享受）你会乐于一而再再而三地经

---

① Nietzsche, *The Will to Power*, §458.

历你的人生，这是一回事。真正地**经历**你的人生，带着由衷的喜悦投入其中，与此同时感受到你真正热爱你所做的，这又是另一回事。在这种人生中，苦难仅仅是这个过程的组成部分，我认为，这就是尼采相当清晰地看到的。因此，我以为，尼采的哲学最终是一种充满激情的哲学，这将尼采与他曾经的导师叔本华真正区分开来。我们并非真的需要永恒复归或**热爱生命**来领会这一点。正如尼采在《瞧，这个人》刚刚开始的地方写道，"我怎么能不感谢我的整个人生呢？"这就是人们真正需要在生命中肯定的一切。

结论：尼采是一位存在主义者吗？

那么，尼采是一位存在主义者吗？他的古典的责任感是否足以让他与克尔凯郭尔和萨特的那些更加强调依靠自身的哲学结成同盟？我的答案是，我就是这么认为的。但要看到这一点，人们就不得不回到克尔凯郭尔与萨特，并表明他们几乎并不像通常所设想的那样是完全强调依靠自身的哲学家。萨特为决定论以及"处境"中的行动限制所留有的余地，要比他对"绝对自由"的夸大赞颂所暗示的更多。克尔凯郭尔为他的"主观真理"所负载的本质心理学，要比他的"信仰的跳跃"这个措辞所暗示的更多。这两位哲学家都会坚持认为，没有任何选择与行动发生于真空之中。对萨特来说，我们发现自己所在的处境既包括了我们的整个过去及其在当下的后果，又包括了我们的人格及其独有的与有限的特征，它支配的不仅是选择的范式，而且萨特有时说，它就是选择本身:"我也无法'自由地'回避我的阶级命运、民族命运、家庭命运，甚至无法'自由地'增进我自己的权力、财富或克服我最重要的嗜好或习惯。"①

20世纪70年代，萨特在《新左翼评论》所做的一次被人们大量引用的访谈中提出了这个著名的说法，"我从未停止发展的一个观念是，人类最终总是能够从构成他的东西中造就出某些东西"②。对克尔凯郭尔来说，"我"的"主观性"包括"我"的激情与我的欲望，"我"的受挫与"我"的神经症，这些东西多少支配了"我"的诸多选择。或许有些令人费解的是，克尔凯郭尔与萨特都没有发展出一种选择理论或就此而言的自由概念。他们两个人仅仅在他们的哲学的出发点假定了自由。萨特给我们的是一个相当空洞的自由概念，它将自由作为"自发性"。萨特告诉我们，自由等同于意识（不过，它并非简单的是意识的属性），但他几乎就止步于此。他在《存在与虚无》中用数百页篇幅继续发展的是自由与责任的各种表现（包括否认在内）。同样地，我认为，从尼采那里我们也无法得到任何更进一步的自由理论与责任理论，尼采（通常）甚至没有谈论过这样的东西——除了嘲弄"自由意志"特别采纳的种种挥霍与放纵的言辞。但按照我的理解，尼采起初就假定了一个强有力的偏见，即我们可以自由地发展我们的品性与才能，我们有责任去这么做。然而，纵观尼

---

① Jean-Paul Sartre, *Being and Nothingness*, trans. Hazel Barnes (New York: Philosophical Library, 1956), 619.

② *New Left Review*, 58 (1970). Reprinted in R. C. Solomon, *Phenomenology and Existentialism* (Lanham, MD: Rowman and Littlefield, 1985), 513.

采从学生时期到《瞧,这个人》的所有作品,尼采的那个多少有点自恋的关切是他自己感受到的巨大潜能及其产生的重大责任感。但这也变成了我们的关切,与尼采一起生活意味着认真对待我们自己的潜能——以及我们发展这些潜能的责任。即便尼采时而有些自命不凡地将所有这一切描述为"命运",但尼采由此不仅强调了他的宿命论,而且还强调了他的存在主义的解决方案。

参考文献

尼采著作

德语版

Kritische Gesamtausgabe Briefwechsel. Edited by Giogio Colli and Mazzino Montinari. Berlin: De Gruyter, 1975.

Kritische Gesamtausgabe Werke. Edited by Giogio Colli and Mazzino Montinari. Berlin: De Gruyter, 1967.

Werke in Drei Bänden. 3 vols. Edited by Karl Schlechta. 3d ed. Munich: Carl Hansers, 1965.

英译本

A Nietzsche Reader. Edited and translated by R. J. Hollingdale. Harmondsworth: Penguin, 1977.

Nietzsche: Selections. Edited by Richard Schacht. New York: Macmillan, 1993.

The Poetry of Friedrich Nietzsche. Edited by Philip Grundlehner. Oxford: Oxford University Press, 1986.

The Portable Nietzsche. Translated and edited by Walter Kaufmann. New

York: Viking, 1954.

Basic Writings of Nietzsche. Translated and edited with commentaries by Walter Kaufmann. New York: Modern Library, 1969.

以编年顺序排列的主要个人论著

The Birth of Tragedy. Translated by Walter Kaufmann. Published with *The Case of Wagner.* 1872. New York: Vintage, 1966.

Untimely Meditations. Translated by R. J. Hollingdale. Cambridge: Cambridge University Press, 1983.

David Strauss, Confessor and Writer (1873)

On the Advantage and Disadvantage of History for Life (1874) (Also translated by Peter Preuss. Indianapolis: Hackett, 1980)

Schopenhauer as Educator (1874)

Richard Wagner in Bayreuth (1876)

Human, All Too Human. Translated by R. J. Hollingdale. 1878. Cambridge: Cambridge University Press, 1986.

Human, All Too Human II. Translated by R. J. Hollingdale. 1879. Cambridge: Cambridge University Press, 1986.

Daybreak: Thoughts on the Prejudices of Morality. Translated by R. J. Hollingdale. 1881. Cambridge: Cambridge University Press, 1982.

The Gay Science. Translated by Walter Kaufmann. 1882. New York: Vintage, 1974.

Thus Spoke Zarathustra. Translated by Walter Kaufmann. In *The Portable Nietzsche*, edited by Walter Kaufmann. 1883—1885. New York: Viking, 1954.

Beyond Good and Evil. Translated by Walter Kaufmann. 1886. New York: Vintage, 1966.

On the Genealogy of Morals. Translated by Walter Kaufmann and R. J. Hollingdale. Published with *Ecce Homo*, translated by Walter Kaufmann. 1887. New York: Vintage, 1967. (Also, by M. Clark, A. Swensen, Hackett, 1998.)

The Case of Wagner. Translated by Walter Kaufmann. Published with *The Birth of Tragedy*. 1888. New York: Vintage, 1966.

Twilight of the Idols. Translated by Walter Kaufmann. In *The Portable Nietzsche*, edited by Walter Kaufmann. 1889. New York: Viking, 1954.

The Antichrist. Translated by Walter Kaufmann. In *The Portable Nietzsche*, edited by Walter Kaufmann. Written 1888, first published 1895. New York: Viking, 1954.

Nietzsche Contra Wagner. Translated by Walter Kaufmann. In *The Portable Nietzsche*, edited by Walter Kaufmann. Written 1888, first published 1895. New York: Viking, 1954.

Ecce Homo. Translated by Walter Kaufmann. Published with *On the Genealogy of Morals*, translated by Walter Kaufmann and R. J. Hollingdale. Written 1888, first published 1908. New York: Vintage, 1967.

信件与未发表作品

Nietzsche: A Self-Portrait from His Letters. Edited by Peter Fuss and Henry Shapiro. Cambridge: Harvard University Press, 1971.

Nietzsche: Unpublished Letters. Edited and translated by Kurt F. Leidecker. New York: Philosophical Library, 1959.

Philosophy and Truth: Selections from Nietzsche's Notebooks of the Early 1870's. Edited and translated by Daniel Breazeale. Atlantic Highlands, NJ: Humanities Press, 1979.

Selected Letters of Friedrich Nietzsche. Edited and translated by Christopher Middleton. Chicago: University of Chicago Press, 1969. Reprint, Indianapolis, IN: Hackett, 1996.

The Will to Power. Translated by Walter Kaufmann and R. J. Hollingdale. New York: Vintage, 1967.

其他作者的论著

Ackermann, Robert John. *Nietzsche: A Frenzied Look*. Amherst: University of Massachusetts Press, 1990.

Alderman, Harold. *Nietzche's Gift*. Athens: Ohio University Press, 1977.

Allison, David B., ed. *The New Nietzsche: Contemporary Styles of Interpretation*. New York: Dell, 1977.

Anscombe, G. E. M. "Modern Moral Philosophy", *Philosophy* 33 (1958) :1–19.

Ansell-Pearson, Keith. *Nietzsche contra Rousseau: A Study of Nietzsche's Moral and Political Thought*. Cambridge: Cambridge Univrsity Press, 1991.

―――――. *Nietzsche and Modern German Thought*. New York: Routledge, 1991.

Ansell-Pearson, Keith, ed. *The Fate of the New Nietzsche*. Brookfield, VT: Avebury, 1993.

Aristotle. *Nicomachean Ethics and Rhetoric*. In *The Works of Aristotle*, edited by R. McKeon. New York: Random House, 1941.

Aschheim, Steven E. *The Nietzsche Legacy in Germany, 1980-1990*. Berkeley: University of California Press, 1993.

Baier, Annette. *A Progress of Sentiments: Reflections on Hume's Treatise*. New York: Cambridge University Press, 1991.

Barstow, Marjorie. "Oedipus Rex as the Ideal Tragic Hero for Aristotle," *Classical Weekly* 6.1 (October 5, 1912).

Bedford, Errol, "Emotion," in *Essays in Philosophical Psychology*, edited by D. Gustafson. New York: Doubleday, 1964.

Behler, Ernst. *Confrontations*. Translated by Steven Taubeneck. Stanford, CA: Stanford University Press, 1991.

Bernstein, Mark H. *Fatalism*. Lincoln: University of Nebraska Press, 1992.

Bowra, Cecil M. *Sophoclean Tragedy*. Oxford: Clarendon, 1945.

Breazeale, Daniel. "Ecce Psycho: Remarks on the Case of Nietzsche." *International Studies in Philosophy* 23.2 (1991): 19–34.

Brentano, Franz. *Psychology from the Empirical Standpoint*. London: Routledge, 1971.

Brobjer, Thomas. *Nietzsche's Ethics of Character*. Upssala, Sweden: Upssala University Press, 1995.

Calhoun, Cheshire, and R. Solomon, eds. *What Is an Emotion?* New York: Oxford University Press, 1984.

Chamberlain, Lesley. *Nietzsche in Turin: An Intimate Biography*. New York: Picador, 1996.

Clark, Maudemarie. "Nietzsche's Misogyny." *International Studies in Philosophy* 26.3 (fall 1994): 3–12.

———. *Nietzsche on Truth and Philosophy*. Cambridge: Cambridge University Press, 1990.

Conway, D. W. *Nietzsche's Politics*. New York: Routledge, 1999.

Cooper, David E. *Authenticity and Learning: Nietzsche's Educational Philosophy*. Brookfield, VT: Avebury, 1991.

Copelston, Frederick S. J. *Friedrich Nietzsche: Philosopher of Culture*. New York: Barnes and Noble, 1975.

Danto, Arthur. *Nietzsche as Philosopher*. New York: Macmillan, 1965.

De Sousa, Ronald. *The Rationality of Emotion*. Cambridge: MIT Press, 1989.

De Sousa, Ronald, and Jingsong Ma. "Social Constraint and Women's Emotions in Pre-modern Chinese Literature." *Proceedings of the International Society for Research on Emotions*, 2000.

Deleuze, Gilles. *Nietzsche*. Paris: Gallimard, 1983.

Dennett, Daniel. *Elbow Room*. Cambridge: MIT Press, 1984.

Descartes, René. *Passions of the Soul*. Translated by S. Voss. Indianapolis, IN: Hackett, 1989.

Diethe, Carol. *Nietzsche's Women: Beyond the Whip*. Berlin: De Gruyter, 1996.

Dreyfus, Hubert. *Being-in-the-World: A Commentary on Heidegger's Being and Time*. Cambridge: MIT Press, 1991.

Fell, Joseph. *Sartre's Theory of the Passions*. New York: Columbia University Press, 1962.

Fortenbaugh, W. *Aristotle on Emotion*. London: Duckworth, 1975.

Foucault, Michel. "Nietzsche, Genealogy, History." In *Language, Counter-*

Memory, Practice, Translated by Donald F. Bouchard and Sherry Simon. Ithaca, NY: Cornell University Press, 1977.

Frankfurt, Harry G. *The Importance of What We Care About.* Cambridge: Cambridge University Press, 1988.

Freud, Sigmund. "The Unconscious." In *Essays in Metapsychology.* London: Liveright, 1935.

Gallo, Beverly E. "On the Question of Nietzsche's 'Scientism'." *International Studies in Philosophy* 22.2 (1990): 111-119.

Gibbard, Allan. *Wise Choices, Apt Feelings: A Theory of Normative Judgment.* Cambridge: Harvard University Press, 1990.

Gillespie, Michael Allen, and Tracy B. Strong, eds. *Nietzsche's New Seas: Explorations in Philosophy, Aesthetics, and Politics.* Chicago: University of Chicago Press, 1988.

Gilman, Sander L., ed. *Conversations with Nietzsche.* Translated by David Parent. New York: Oxford University Press, 1987.

Golomb, Jacob, Weaver Santaniello, and Ronald Lehrer, eds. *Nietzsche and Depth Psychology.* Albany: SUNY Press, 1999.

Gordon, Robert M. *The Structure of Emotion.* Cambridge: Cambridge University Press, 1987.

Greenspan, Patricia. *Emotions and Reasons.* New York: Routledge, 1988.

_____. "Impulse and Self-reflection: Frankfurtian Responsibility versus Free Will," *Journal of Ethics* 3 (1999): 325-340.

Grimm, Ruediger Hermann. *Nietzsche's Theory of Knowledge.* Berlin: De Gruyter,1977.

Guignon, Charles. "Moods in Heidegger's *Being and Time.*" In *What Is an*

Emotion?, edited by Cheshire Calhoun and R. Solomon. New York: Oxford University Press, 1984.

Hayman, Ronald. *Nietzsche: A Critical Life*. New York: Oxford University Press, 1980.

Heidegger, Martin. *Being and Time*. New York: Harper and Row, 1962.

———. *The Question Concerning Technology*, trans. William Lovitt. New York: Harper Colophon, 1977.

———. *Nietzsche*. 2 vols. Pfullingen, Germany: Neske, 1961. Translated by David Farrell Krell. 4 vols. New York: Harper and Row, 1979–1986.

Higgins, Kathleen Marie. *Comic Relief: Nietzsche's Gay Science*. New York: Oxford University Press, 2000.

———. *Nietzsche's Zarathustra*. Philadelphia: Temple University Press, 1987.

Hollingdale, R. J. *Nietzsche*. London: Routledge and Kegan Paul, 1973.

Hollinrake, Roger. *Nietzsche, Wagner, and the Philosophy of Pessimism*. London: Allen and Unwin, 1982.

Homer. *Iliad*. Translated by S. Lombardo. Indianapolis, IN: Hackett, 1997.

Hume, David. *A Treatise of Human Nature*. Edited by L. A. Selby-Bigge. Oxford: Oxford University Press, 1978.

Hunt, Lester. *Nietzsche and the Origin of Virtue*. London: Routledge, 1991.

Husserl, Edmund. *Cartesian Meditations*. Translated by D. Cairns. The Hague: Nijhoff, 1960.

James, William. *What Is an Emotion?* New York: Dover, 1890.

Janz, Curt Paul. *Friedrich Nietzsche Biographie*. 3 vols. Munich: Carl Hanser, 1979.

Jaspers, Karl. *Nietzsche: An Introduction to the Understanding of His Philosphical Activity*, trans. Charles F. Wallraff and Frederick J. Schmitz. Tucson: University of Arizona Press, 1965.

Jung, C. G. *Jung's Seminar on Nietzsche's Zarathustra*, ed. James L. Jarrett. Princeton, NJ: Princeton University Press, 1997.

Kane, Robert. "Responsibility, Luck, and Chance." *Journal of Philosophy* 96.5 (May 1999): 217–240.

Kant, Immanuel. *Groundwork of the Metaphysics of Morals*. Translated by H. J. Paton. New York: Harper, 1948.

Kaufmann, Walter. *Nietzsche: Philosopher, Psychologist, Antichrist*. 3d ed., revised and enlarged. New York: Vintage, 1968.

Kenny, Anthony. *Action, Emotion, and Will*. London: Routledge, 1963.

Koelb, Clayton, ed. *Nietzsche and Postmodernism*. Albany: SUNY Press, 1990.

Krell, David Farrell, and David Wood, eds. *Exceedingly Nietzsche: Aspects of Contemporary Nietzsche Interpretation*. London: Routledge, 1988.

Krell, David Farrell, and Donald L. Bates. *The Good European: Nietzsche's Work Sites in Word and Image*. Chicago: University of Chicago Press, 1997.

Lavrin, Janko. *Nietzsche: A Biographical Introduction*. New York: Charles Scribner's Sons, 1972.

Lea, F. A. *The Tragic Philosopher: A Study of Friedrich Nietzsche*. London: Methuen, 1957. Reprint, New York: Barnes and Noble, 1973.

Leiter, Brian. "One Health, One Earth, One Sun: Nietzsche's Respect for

Natural Science," *Times Literary Supplement*, October 2, 1998, 30–31.

———. "The Paradox of Fatalism and Self-Creation in Nietzsche." In *Willing and Nothingness: Schopenhauer as Nietzsche's Educator*, edited by C. Janaway. Oxford: Clarendon Press, 1998.

Lyons, David. *Emotion*. Cambridge: Cambridge University Press, 1980.

MacIntyre, Alasdair. *After Virtue*. Notre Dame, IN: University of Notre Dame Press, 1981.

Magnus, Bernd. "Eternal Recurrence." *Nietzsche-Studien* 8 (1979): 362–377.

———. *Nietzsche's Existential Imperative*. Bloomington: Indiana University Press, 1978.

———. "Nietzsche's Philosophy in 1888: *The Will to Power* and the *Übermensch*." *Journal of the History of Philosophy* 24.1 (January 1986): 79–98.

Magnus, Bernd, with Jean-Pierre Mileur and Stanley Stewart. *Nietzsche's Case: Philosophy as/and Literature*. New York: Routledge, 1992.

Magnus, Bernd, and Kathleen M. Higgins. *The Cambridge Companion to Nietzsche*. New York: Cambridge University Press, 1996.

Miller, William. *Humiliation*. Ithaca, NY: Cornell, 1993.

Morgan, George. *What Nietzsche Means*. 1941. New York: Harper Torchbooks, 1965.

Nehamas, Alexander. *Nietzsche: Life as Literature*. Cambridge: Harvard University Press, 1985.

Neu, Jerome. *Emotion, Thought, and Therapy*. Berkeley: University of California Press, 1977.

_____."Jealous Thoughts." In *A Tear Is an Intellectual Thing*. New York: Oxford University Press, 2000.

Nussbaum, Martha. *The Fragility of Goodness*. Cambridge: Cambridge University Press, 1986.

_____. "Pity and Mercy: Nietzsche's Stoicism." In *Nietzsche, Genealogy, Morality*. Edited by Richard Schacht. Berkeley: University of California Press, 1994.

O'Hear, Anthony. *German Idealism after Kant*. Cambridge: Cambridge University Press, 2000.

Ogilvy, James. *Many Dimensional Man: Decentralizing Self, Society, and the Sacred*. New York: Oxford University Press, 1977.

Parkes, Graham. *Composing the Soul*. Chicago: University of Chicago Press, 1994.

_____, ed. *Nietzsche and Asian Thought*. Chicago: University of Chicago Press, 1991.

Pitcher, George. "Emotion." *Mind* 74 (1965).

Plato. *The Republic*. Indianapolis, IN: Hackett, 1974.

_____. *Symposium*. Indianapolis, IN: Hackett, 1989.

Pletsch, Carl. *Young Nietzsche: Becoming a Genius*. New York: Free Press, 1991.

Raphals, Lisa. "Fatalism, Fate, and Strategem in China and Greece." In *Early China/Ancient Greece:Thinking Through Comparison,* edited by Steven Shankman and Stephen W. Durrant. Albany: SUNY Press, 2001.

Richardson, John, *Nietzsche's System*. New York: Oxford University Press, 1996.

Rorty, Amelie. "Explaining Emotions." In *Explaining Emotions*, edited by Amelie Rorty. Berkeley: University of California Press, 1980.

Ryle, Gilbert. *The Concept of Mind*. New York: Barnes and Noble, 1951.

Safranski, Rüdiger. *Nietzsche*. New York: Norton, 2001.

Salomé, Lou Andreas. *Friedrich Nietzsche in seinen Werken*. Vienna: Konegen, 1911.

_____. *Nietzsche*. Edited and translated by Siegfried Mandel. Redding Ridge, CT: Black Swan, 1988.

Sander, L. Gilman, *Conversations with Nietzsche: A Life in the Words of His Contemporaries*. Translated by David J. Parent. New York: Oxford University Press, 1987.

Sartre, Jean-Paul. *Being and Nothingness*. New York: Washington Square, 1956.

_____. *The Emotions: Sketch of a Theory*. New York: Philosophical Library, 1948.

Schacht, Richard. *Nietzsche*. London: Routledge and Kegan Paul, 1983.

_____, ed. *Nietzsche, Genealogy, Morality: Essays on Nietzsche's on the Genealogy of Morals*. Berkeley: University of California Press, 1994.

_____, ed. *Nietzsche's Postmoralism*. Cambridge: Cambridge University Press, 2000.

Scheler, Max. *Ressentiment*. New York: Free Press, 1961.

Schopenhauer, Arthur. *On the Basis of Morality*. Translated by E. F. Payne. Indianapolis, IN: Bobbs-Merrill, 1965.

Scott, Charles E. *The Question of Ethics: Nietzsche, Foucault, Heidegger*. Bloomington: Indiana University Press, 1990.

Sedgwick, Peter R., ed. *Nietzsche: A Critical Reader.* Oxford: Blackwell, 1995.

Seigfried, Hans. "Nietzsche's Natural Morality." *Journal of Value Inquiry* 26 (1992): 423–431.

Seneca. *De Ira.* Oxford: Oxford University Press, 1963.

Shapiro, Gary. *Nietzschean Narratives.* Bloomington: Indiana University Press, 1989.

Simmel, Georg. *Schopenhauer and Nietzsche.* Translated by Helmut Loiskandle, Deena Weinstein, and Michael Weinstein. Urbana: University of Illinois Press, 1991.

Small, Robin. "Three Interpretations of Eternal Recurrence." *Dialogue, Canadian Philosophical Review* 22 (1983): 21–112.

Smith, Adam. *Theory of the Moral Sentiments.* 1880. Oxford: Oxford University Press, 1976.

Solomon, Robert C. *About Love.* New York: Simon and Schuster, 1988. Reprint, Lanham, MD: Rowman and Littlefield, 1994, 2001.

———. "Nietzsche as Existentialist: The Practical Paradoxes of Self-Making. *International Studies in Philosophy,* 34.3 (2002): pp. 41-54.

———. "Nietzsche on Fatalism and Free Will," *Journal of Nietzsche Studies* 23.2 (spring 2002): pp. 63–87.

———. "One Hundred Years of Ressentiment:Nietzsche's Genealogy of Morals." In *Nietzsche, Genealogy, Morality: Essays on Nietzsche's on the Genealogy of Morals*, edited by Richard Schacht. Berkeley: University of California Press, 1994.

———. *A Passion for Justice.* Lanham, MD: Rowan and Littlefield, 1990.

———. *The Passions.* New York: Doubleday-Anchor, 1976. Reprint, Indianapolis, IN: Hackett, 1993.

———, ed. *Nietzsche: A Collection of Critical Essays*. Garden City, NY: Doubleday, 1973. Reprint, Notre Dame, IN: University of Notre Dame Press, 1980.

Solomon, Robert C., and Kathleen Marie Higgins. *What Nietzsche Really Said*. New York: Knopf/Schocken Books, 2000.

———, eds. *Reading Nietzsche*. New York: Oxford University Press, 1988.

Spinoza, Baruch. *Ethics*. Translated by S. Shirley. Indianapolis: Hackett, 1982.

Stack, George J. *Nietzsche and Emerson: An Elective Affinity*. Athens: Ohio University Press, 1992.

———. *Nietzsche: Man, Knowledge, and Will to Power*. Wolfeboro, NH: Longwood, 1991.

Stambaugh, Joan. *Nietzsche's Thought of Eternal Return*. Baltimore: Johns Hopkins University Press, 1972.

Staten, Henry. *Nietzsche's Voice*. Ithaca, NY: Cornell University Press, 1990.

Stern, J. P. *Nietzsche*. New York: Viking, 1979.

Stocker, Michael. *Valuing Emotions*. New York: Cambridge University Press, 1996.

Strawson, P. F. "Freedom and Resentment." *Proceedings of the British Academy*, 1962.

White, Alan. *Within Nietzsche's Labyrinth*. New York: Routledge, 1990.

White, Michael. *Agency and Integrality*. Dordrecht: Reidel, 1987.

Whitman, Cedric H. *Sophocles: A Study of Heroic Humanism.* Cambridge: Harvard University Press, 1951.

Wilcox, John. *Truth and Value in Nietzsche: A Study of His Metaethics and Epistemology.* Ann Arbor: University of Michigan Press, 1974.

Yalom, Irvin D. *When Nietzsche Wept.* New York: Basic Books, 1992.

Young, Julian. *Nietzsche's Philosophy of Art.* Cambridge: Cambridge University Press, 1992.

Yovel, Yirmiyahu, ed. *Nietzsche as Affirmative Thinker*: Papers Presented at the Fifth Jerusalem Philosphical Encounter, April 1983. Dordrecht: Martinus Nijhoff, 1986.

Zimmerman, David. *Doing and Time* (forthcoming).

参考说明

我自由地借鉴了一些我先前发表的作品，它们都经过了彻底的修改与大量的校正，在此没有任何作品是纯粹的转载。这些作品包括：

"Nietzsche, Nihilism and Morality," in Solomon, ed., *Nietzsche*, New York: Doubleday, 1973.

"A More Severe Morality: Nietzsche's Ethics," *Journal of the British Society for Phenomenology*, and in *Nietzsche's Affirmative Philosophy*, Hebrew University of Jerusalem, 1986.

"Nietzsche's *Genealogy of Morals:100Years*." *International Studies in Philosophy* (Special Nietzsche issue, 1989).

"Nietzsche, Postmodernism, Resentment" in C. Koelb, ed., *The Postmodern Nietzsche* (Buffalo: SUNY Press, 1990).

"Nietzsche and Nehamas's Nietzsche," *International Studies in Philosophy* (Nietzsche issue) vol. xxi, no. 2 (Summer, 1989).

"One Hundred Years of *Ressentiment*: Nietzsche's *Genealogy of Morals*" in R. Schacht, ed., *Nietzsche, Genealogy, Morality*. Berkeley: University of California Pess, 1995.

"Nietzsche *Ad Hominem*, Perspectivism, Personality and

Ressentiment" in Magnus, Higgins, eds., *The Cambridge Companion to Nietzsche*, Cambridge: Cambridge University Press, 1996.

"Nietzsche and the Emotions" J. Golomb, ed., *Nietzsche and Depth Psychology* (Albany: SUNY Press, 1998).

"Nietzschean Virtues" in A. O'Hear, ed., *German Philosophy Since Kant* (Cambridge: Cambridge University Press, 1999).

What Nietzsche Really Said (with Kathleen Higgins), New York: Random House, 1999.

"Nietzsche's Virtues" in R. Schacht, *Nietzsche's Postmoralism*, Cambridge: Cambridge University Press, 2000.

"Nietzsche as Existentialist: The Practical Paradoxes of Self-Making," *International Studies in Philosophy*, vol.34, no.3 (2002).

"Nietzsche on Fatalism and Free Will," *Journal of Nietzsche Studies*, vol.23, no.2 Spring 2002.

译后记

作为一位饱受争议的哲学家,尼采的"非道德主义"尤其遭人诟病。按照一种流俗的理解,尼采为人类社会中的"弱肉强食"辩护,他的非道德主义否认传统道德的价值,主张消灭一切道德规范,鼓吹强者完全置身于道德约束之外,因而与20世纪法西斯主义的思想和暴行有着密切的关系。以上偏见一度支配了英美哲学界,直到20世纪50年代,普林斯顿大学著名哲学教授瓦尔特·考夫曼出版了里程碑式的尼采研究作品《尼采:哲学家、心理学家、反基督者》。在这部作品中,考夫曼依据翔实的文献考证和深刻独到的哲学分析,有力反击了围绕尼采的众多流传甚广的"传说"与"神话"。尼采并不是一个狭隘的民族主义者与激进的反犹主义者,他的哲学观点并非是一些彼此不可调和的悖谬论断。通过恰当的视角透视,可以超越那些表面上的悖谬之处,对尼采的哲学思想进行系统化的重建。此后,在阿瑟·丹图、亚历山大·内哈马斯、伯恩德·马格努斯与理查德·沙赫特(Richard Schacht)等英美学者的共同努力下,英美哲学界逐渐承认,尼采不仅"能够得到解读",而且"应当得到解读"。在此基础上,英语世界数十年来积淀了一大批深入细致研究尼采的优秀论著。

尽管英语学界对尼采研究在多个方面取得了突破性的进展,但是,仍然有许多哲学家对尼采的非道德主义相当不以为然。美国著名哲学家希拉里·普特南在其代表作《理性、真理与历史》中就直言不讳地批评说,尼采的非道德主义将人类珍视的宗教伦理观念视为权力角逐的不合理反映,从而成为当代伦理学中的"相对主义利刃"之一。相较于这类对尼采的非道德主义的不宽容理解,罗伯特·所罗门在本书中则试图结合美德伦理学与存在主义的视角,呈现尼采的非道德主义的独特面貌。

在所罗门看来,尼采反对的并不是所有的道德,而主要是一种"大写的道德",这种道德广泛存在于犹太教—基督教的道德规范与(以康德的道义论与功利主义为代表的)现代伦理学之中,它最重要的特征是,无视个体的性格品质差异与环境的特殊性,主张其倡导的道德律则的可普遍化特征。支持"大写的道德"普遍性的根据,源自这种道德本身的客观性。然而,尼采对道德客观性颇为怀疑。尼采的视角主义认为,所谓的客观真理,实际上是认知者从他占据的视角出发对这个世界的透视。认知的视角并非全知全能的"上帝视角",而是负载着认知者的信念与价值的有限视角。从这个意义上讲,完全独立于认知者的诸多主体要素的客观性是不存在的。即便是作为人类客观知识典范的物理学,也仅仅是对世界的一种理解与注释,"大写的道德"的客观性与普遍性就更令人怀疑。

尼采进而指出,"大写的道德"之所以要极力伪装成一种客观而又普遍的道德规范，这有着相当深刻而微妙的历史根源与心理根源。通过对道德谱系的考察，尼采区分了两种古代的道德类型：贵族道德与奴隶道德。相较于在各方面都出类拔萃的贵族，处于劣势的奴隶则试图在道德上重估价值，将贵族所拥有的活力、激情与力量等卓越品质重新解释为恶，将自身的懦弱、愚昧与懒散等低劣品质重新解释为善，从而肯定与提升自身的意义和价值。贵族凭借自身的力量与优良品质，坚信自身的价值并肯定自己的生活意义，他们不试图将自己奉行的道德规范强加于其他人。奴隶并没有什么内在的追求和价值，他们无法仅仅凭借自己的品质来对自己的人生做出肯定，而只能通过否定性的回应与贬损贵族道德来确立对自身价值的肯定。因此，奴隶极力要将自己所主张的那些负载着低劣价值的道德规范不加区分地约束所有人，为此甚至不惜拉平整个人类文化的精神高度与阻碍整个人类文明的繁荣昌盛。

在尼采看来，这种奴隶道德正是"大写的道德"的历史根源与心理根源。"大写的道德"在很大程度上继承了奴隶道德的种种缺陷，成为弱者压制优秀者的一种策略。"大写的道德"的倡导者精心将"大写的道德"打扮成客观普遍的道德律令，其真实意图很可能是以空泛而虚伪的道德之名美化自己的无能与缺陷，贬低与压制富有生命激情的高贵人格。提升生命与振奋生命的激情是尼采所肯定的生活方式的重要组成部分，然而，"大写的道德"所倡导的某些道德情操非但无法振奋生命，反而倾向于让生命变得更加愚钝。比如，怨恨打着正义的旗号去谴责强者，暗中却宣泄着弱者对强者的嫉妒与厌恶。而在怨恨的感受中,弱者虽然从相关的道德谴责中获得一种内心的慰藉,但所有这些基本上无益于弱者做出实际行动来改善自己的环境或让自己变得更加强大。"大写的道德"以道德的名义毒化或阉割了生命的激情,培养了一个人对各种规则习俗的无条件的驯顺服从,却难免以牺牲这个人的创造性、能动性与生命活力为代价。

"大写的道德"反复断言,道德规范和道德律则是普遍适用于每个人的,就好像每个人都可以同等地受益于道德规则。然而,任何带有实质内容的规则即便对大多数人有利,也总是会对某些人不利。比如,一个宽松的评分体系所导致的分数贬值,对于最擅长考试的学生来说就很不利。"大写的道德"为了坚持其规则的普遍性,就将自身局限于大多数人在正常情况下都能做到的种种禁令之中,而这恰恰遗漏了对一个人的出类拔萃品质的关切。"大写的道德"为了追求道德律则的普遍性,拉低了自身的精神追求。不仅如此,由于专注作为普遍道德律则的"大写的道德",现代伦理学更关注的是对道德的合理性与正当性的种种理论辩护,而不是努力通过反思美德来切实指导人们如何度过一种美好的生活。不难看出,尼采对"大写的道德"的批判,也包含着对现代伦理学脱离生活实践的强烈不满。

尼采对"大写的道德"的批判,在众多致力于解构的后现代主义者中产生了巨大的共鸣,他们纷纷将之作为批判现代性的有力利器。而当代美德伦理学的重要代表麦金泰尔也认为,尼采的虚无主义终结了伦理学中的"启蒙筹划"。在这些思想观念的影响下,内哈马斯与马格努斯等尼采研究者倾

译后记

向于认为，尼采在道德上并没有提供任何真正有成效的建设性贡献，他的哲学不足以积极有效地指导人们如何生活。所罗门完全不赞同上述观点，在他看来，尼采哲学的独特魅力恰恰在于，它能够激起我们的勇气与激情去依据高贵的生存律令塑造我们自身。尼采并非仅仅满足于批判与解构，他的哲学与伦理学是积极的与建设性的，他将帮助我们在虚无主义时代的传统价值废墟上重构我们的品性与生命。

所罗门主张，完全没有必要像麦金泰尔那样，在"尼采还是亚里士多德？"这个问题上做出非此即彼的选择。事实上，也可以将尼采视为一位致力于在虚无主义时代重塑人类美德的美德伦理学家。尽管尼采与亚里士多德在美德上有着为数不少的共识，但是，尼采的美德伦理学与亚里士多德的美德伦理学之间仍然存在着深刻的差异。对于亚里士多德来说，美德的标准是"在诸多极端之间的中道"，尼采却认为，美德的基本模型是生命力的"充溢"。由此，尼采为人类这种道德行动者赋予了更多的积极性、主动性与能动性。在这种理解与诠释美德的视角下，尼采让亚里士多德所倡导的传统美德呈现出新的面貌。

不仅如此，不同于亚里士多德聚焦于公共美德的倾向，尼采的美德伦理学极为强调个体性的美德，例如，孤独就是尼采非常推崇的一种美德。按照所罗门的见解，尼采对孤独的推崇并非仅仅源于他自身的个性特质，尼采所倡导的孤独不是软弱者为了逃避外部世界的压力而以"个性"之名封闭心智，故作清高，垂影自怜。恰恰相反，真正的孤独不是自我的贫乏，而是自我的丰富，是对自身独立性的检验，是自身生命力的充溢。真正的孤独通向独立于流俗意见的本真个性，这种个性绝非任性颓废的自我放纵，而是通过创造与爱来发现自己真正的个性，而这意味的是给予而不是索取，并且需要经受有关克制与自律的毕生考验。

以柏拉图与亚里士多德为代表的古代美德伦理学相信各种美德具有内在的统一性，但尼采对此深表怀疑。尼采毫不讳言于各种美德之间的冲突和斗争，他所描绘的自我恰恰反映了一种相互对抗的诸多美德与本能之间的动态张力。将尼采所罗列的各种美德汇集起来的结果，就像一幅超人的立体主义画像。尼采的诸多美德之间存在着相互分裂与冲突的倾向，这为个体塑造自身留下了充分的自由空间。所罗门断言，根据尼采所倡导的这种塑造自我的自由，可以将尼采确定为一位存在主义者。

所罗门特别指出，作为一位存在主义者，尼采却严重质疑一种流行于现代哲学的"自由意志"概念，进而深刻地反思与颂扬人类的命运。所罗门认为，对于人类的命运，尼采所持有的是一种古典宿命论的立场。这种立场不同于侧重机械因果关系的决定论，它主张的是一个人的性格品质与其生活命运之间的密切关系。一个人的性格品质不仅仅是这个人自由选择的产物，它深受这个人的某些与生俱来的品性以及自然环境和社会环境中无法自由选择的要素的影响。由此，尼采的存在主义彰显了人类生存的有限性，一个人自出生之日起就被抛入了一个未必顺遂其意愿的世界之中，他或她的成长与发展，都深受命运的各种决定要素的制约。尽管如此，在命运的种种限制下，一个自由人仍然可以在不乞灵于神秘的主体概念或自由意志概念的条件下，在有限的可能性之中主动承担责任，尽力发展自己实际拥有并真正有兴趣发展的才能。

可见，尼采的存在主义所倡导的自由与责任，深深扎根于尼采对人类生存有限性的深刻领会之中。面对人类生存的有限性，面对人类生活中的种种苦难，面对人类生活于其中的世界的残酷，尼采并没有采纳一种厌世或避世的消极态度，而是致力于通过自身的创造来肯定生命，而尼采的永恒复归学说最为典型地反映了这种肯定生命的态度。所罗门不赞同海德格尔的相关诠释，他没有将永恒复归作为一个宇宙论或本体论的学说，而是将之作为一种尼采倡导的人生态度。作为对肯定生命的人生态度的终极检验，永恒复归提出如下问题：一个人是否愿意不断重复经历他的一生，而不管这一生中包含了多少苦难、不幸与其他不尽如人意之处？尼采认为，肯定生命就是对生命整体的肯定（"我怎么能不感谢我的整个人生呢？"），它将苦难与挫折视为整个人生的必要组成部分，因此，它必然会对这个问题做出肯定的答复。所罗门进一步补充说，永恒复归所引发的并不是一种临终前的反思，而是当下生活中的一种个人反思。它意指的是一个人在意识到自身的种种不足或生活的种种遗憾乃至苦难时，仍然以肯定生命的态度积极面向未来的人生态度。有人说，"一个人在漫长的一生中至少会长大三次：第一次是在发现自己不是世界中心的时候。第二次是在发现即使再怎么努力，终究有些事是无能为力的时候。第三次是在明知道有些事可能无能为力，但终究还是会尽力争取的时候。"或许，尼采希望通过永恒复归学说激发的正是最后这种成熟的人生态度。

在罗伯特·所罗门的精心解读下，尼采就不再是一个否认所有传统道德，疯狂鼓吹权力暴行的"非道德主义者"。恰恰相反，尼采的"非道德主义"教诲撼动的是"大写的道德"的思想教条，尼采在伦理学上并不是一个彻底的相对主义者和虚无主义者，而是积极明确地倡导着激情的生活与高贵的美德。通过批判"大写的道德"，尼采希望提升的是现代道德哲学的精神气质与现代人的品性才华。所罗门暗示，通过"与尼采一起生活"的阅读体验，大多数当代的读者都将获得一种塑造高贵品性与发展卓越才华的可贵契机。

当然，也有人质疑"与尼采一起生活"这种说法偏离了尼采只为少数人写作的精英主义立场。然而，所罗门在本书的开头就已经明确表示，他的这本书并非主要致力于"合理重建"一个"真实的"尼采，而是试图以尼采的哲学激发人们进行自我反思、自我审验、自我转化与自我超越，进而将人们导向一种丰富、高雅而又激情洋溢的内在生活。不难看出，所罗门由衷地相信，任何一个不甘于空虚、平庸与颓废的人，都将从尼采的哲学中自由地提炼出让自己的品性更加坚强，让自己的生活更加丰富，让自己的生命更加富有激情的生活方式。

在翻译本书的过程中，借助罗伯特·所罗门的阐释，我也深深感受到了尼采思想的激情与魅力。在与这些文字和思想互动的过程中，我也不断地进行着自我反思与自我重塑，并由此获得了不少对生命与生活的积极领悟。不仅如此，我的翻译工作也得到了来自多方面的支持、鼓励与帮助。感谢本书作者的妻子凯瑟琳·希金斯教授为我提供了与西方文化风俗有关的背景信息，感谢张卜天、詹文杰与亓学太等好友澄清了翻译中的诸多疑难问题，感谢其他的朋友和同事以各种方式与我讨论尼采哲学所带来的启发，感谢我的妻子姜妍在生活各方面给予我的支持和帮助，最后，还要感谢李佳女士以及生活·读书·新知三联书店的相关工作人员提供的种种帮助。我衷心希望，借助本书的译介，尼采提升生命与振奋生命的自由思想，能在更多读者的内心深处激起历久弥新的生命激情。

郝苑

中国社会科学院哲学所

2016 年 11 月